TITUS
VERLAG

Die Autorin

Gabriele Krassnitzer wurde 1965 geboren, studierte klassischen Gesang und hatte in der Vergangenheit eine rege Konzerttätigkeit und einige Rundfunk- und Fernsehauftritte. In den letzten Jahren ist sie verstärkt als Atem- und Stimmtrainerin tätig und schon seit über 25 Jahren astrologische Beraterin.

Weitere Informationen im Internet unter **www.titus-verlag.de**

Zeitzeugin

von

Gabriele **K**rassnitzer

TITUS
VERLAG

Copyright by
Titus Verlag, Wiesbaden, 2014

Testleser: Nicole Volkmann

Druck: Sowa

1. Auflage 2014

Bibliografische Information der Deutschen Bibliothek
Die Deutsche Bibliothek verzeichnet diese Publikation in der Deutschen Nationalbibliografie; detaillierte bibliografische Daten sind im Internet über http://dnb.ddb.de abrufbar.

ISBN 978-3-944935-10-2

Vorwort der Autorin Schon viele Jahre haben mich immer wieder bei meinen Vorträgen oder auch privat viele Menschen gefragt, wann ich denn endlich einmal ein astrologisches Buch schreibe. Oft bin ich kurz davor gewesen und hatte auch schon so manches Thema ins Auge gefasst - doch keines schien mir so wichtig, dass ich wirklich darüber schreiben wollte.

Durch die Arbeit mit Menschen ist mir jedoch immer wieder aufgefallen, wie sehr unsere Gesellschaft noch Probleme mit dem Thema der Homosexualität hat. Viele Menschen verdrängen es und versuchen, nicht nach ihren Gefühlen zu leben. Auch in der Astrologie und in den meisten esoterischen Büchern wird das Thema immer noch negativ bezeichnet. Man spricht von weiblich und männlich als Ideal und der einzig richtigen Lebensform. In Wirklichkeit ziehen sich die Seelen an, unabhängig vom Geschlecht. Ehrliche, tiefe Liebe ist daher auch bei homosexuellen Paaren nur positiv.

Aus diesem Grund erschien mir dieses Thema sehr wichtig. Ich habe mich in diesem Buch auf die weibliche Sexualität beschränkt, da es mir unmöglich gewesen wäre, allen verschiedenen Richtungen gerecht zu werden. Ich habe versucht, Einblick in die Seele der Menschen zu geben, sowohl der Protagonisten als auch der Beteiligten. Mein Bemühen ist es, mit dem Buch zu einem besseren Verständnis und zu einem besseren Miteinander beizutragen.

Alle Personen, Handlungen und Orte sind frei erfunden und dienen nur dazu die Sensiblität der Leser und Leserinnen zu aktivieren!

Viel Freude beim Lesen!

KAPITEL 1 - HERBST 2013

Es ist noch einer von diesen schönen Spätsommertagen. Sie schneidet mit Vorsicht ihre Lieblingsblumen, lässt aber von den noch vollblühenden Astern, einige auch für den Garten stehen. Sie will sich später, beim Blick aus dem Wohnzimmer, an dem Blühenden erfreuen. Auch wenn jetzt Jahreszeit bedingt der Garten sie nicht mehr in allen Farben erfreuen kann, liebt sie den Duft der verschiedenen Zeiten und das langsame Verfärben der Blätter. Man kann nun schon den Herbst riechen, die klare Luft mit dem Duft der Apfelernte und der zarten Feuchtigkeit des Grases. Sie blickt zum Himmel, und ein Gefühl der Dankbarkeit umgibt sie. Sie beobachtet das farbige Himmelsspiel des langsamen Sonnenunterganges, und an den tiefroten Streifen kann man die Frische des nächsten Tages erkennen.

Eine Weile beobachtet sie noch den Flug der Vögel, dann atmet sie tief, bereit all die Schönheiten in sich aufzunehmen. Die abendliche kühle Brise lässt sie ein wenig frösteln, und sie knöpft daher ihre Strickjacke zu. Langsam streift sie noch um ihre Gartenbeete, entdeckt ganz hinten noch ein paar Himbeeren, und mit fast kindlicher Freude verspeist sie diese noch am selben Ort. Mit Reflexionen spielt die untergehende Sonne, mit ihrem noch immer vollen, langen Haar. Hell erleuchtet und fast ein wenig majestätisch, steht sie inmitten ihres wild gewachsenen, aber nicht ungepflegten Gartens. Die Frau ist noch immer, trotz ihrer nun schon fast 54 Jahre, ein schöner Anblick.

Langsam geht sie zum Ende des Gartens, beschließt aber, nicht durch die Terrasse nach innen zu gehen, sondern noch einen Blick auf die Rosen beim Eingang des Hauses zu werfen. Lächelnd sieht sie auf ihre Steinelfe, die in allen Farben schillernd vor vielen Monaten in liebevoller Arbeit von ihr gestaltet wurde. Mit Andacht geht sie die Stufen zur Eingangstür hinauf, und ihr Blick bleibt bei dem Türschild hängen. Sanft streicht sie über das sorgfältig angefertigte Namensschild. Mit großen, gut leserlichen Buchstaben steht für jeden sichtbar: Eleonora und Margarethe Brückard.

Ein sanftes Ziehen vom Nabelpunkt beginnend erfüllt ihren Körper. Es ist noch immer ein wunderschönes Gefühl. Sie hält noch kurz inne, und in der Woge des Empfindens verbleibend öffnet sie die Haustüre. Mit raschen Schritten geht sie anschließend in das Haus, um den Blumen in ihrer Hand endlich das ersehnte Wasser zu spenden. Sie nimmt einen von ihr bunt verzierten Krug, füllt ihn mit Wasser und gibt liebevoll die von ihr mit Sorgfalt geschnittenen Blumen hinein. Voller Zufriedenheit stellt sie ihn auf den Küchentisch, und ihr Blick gleitet zum Küchenfenster hinaus. Ihr Herz schlägt vor Freude ein wenig schneller, denn gerade kommt ein ihr nur allzu gut bekanntes Auto die Straße entlang und fährt mit Schwung auf den Parkplatz vor dem Haus.

Nicht weniger temperamentvoll, steigt eine attraktive, schwarzhaarige Frau aus dem Auto. Es dauerte noch eine Weile, bis sie all ihre Einkaufssäcke zum Tragen aufgeteilt hat. Man sieht ihr den langen Arbeitstag an, aber auch die Freude auf das Daheim. Schnell geht sie die Stufen zum Haus empor, schließt die Haustüre auf, und mit fröhlicher Stimme kündigt sie ihr Heimkommen an. Mit einer schnellen Bewegung stellt sie den Einkauf im Vorraum ab, um sich dann sorgfältig im Spiegel anzusehen.

Ihre schwarzen Haare fallen sanft ins Gesicht umspielend bis zur Schulter herab, und ihre blauen Augen fixieren das eigene Spiegelbild. Der energische Mund wird sanft von einem hellbraunen Lippenstift betont, während ihre Augenbrauen zart ihr Gesicht markieren. Dank ihrer natürlichen Größe, könnte sie auf hohe Absätze verzichten, doch gerade diese gefallen ihr. Nun ist sie jedoch froh, sich diesen entledigen zu können und öffnet barfuß mit einem Lächeln die Küchentüre. Ihr freundlicher Blick trifft auf Marga, die schon wissend zur Tür blickt. Heute ist ein besonderer Tag für die beiden. Viele Jahre sind sie nun schon zusammen. Ein Paar. Doch nicht immer war alles so leicht, vieles war lange nicht geklärt, und viele Hürden ließen am Anfang fast keine Möglichkeiten. Auch später war es oft nicht klar, wie es mit ihnen weitergehen sollte.

KAPITEL 2 - MARGA

Margarethe Brückard wurde in eine konservative, gut bürgerliche Familie geboren. Drei Geschwister, Brüder und Schwester alle älter als sie, sowie Eltern, die, wie es sich für christliche Familien gehörte, zusammenblieben, aber eigentlich nicht zusammengehörten.

Schon früh konnte sie Dinge erkennen und wahrnehmen, die anderen verschlossen waren. Es wurde jedoch darüber nicht gesprochen, nur in kreativen Betätigungen erkannte man ihr Anderssein an. Der Glaube war immer ein fixer Bestandteil ihrer Empfindungen und wurde auch nie in Frage gestellt. Marga, so wurde sie von allen genannt, ließ es nie zu, dass man ihr diese Tiefe nahm. Schon früh erkannte sie, dass es für sie wesentlich mehr gab, als andächtig in der Kirche den Worten des Pfarrers zu lauschen. Sie billigte keinen strafenden Gott, und auch der Tod konnte ihr keine Angst machen.

Im Alter von 12 Jahren konnte sie bereits Körperablösungen bewusst erleben. Machte es ihr Anfangs noch Angst, so konnte sie schon bald damit umgehen. Nicht zuletzt deshalb, da sie sich entsprechende Literatur zu diesen Themen besorgte, und so eine Erklärung für ihre Erlebnisse fand.

Auch Naturereignisse wurden von ihr schon Tage vorher besonders wahrgenommen. Als es einmal ein stärkeres Erdbeben gab, hatte sie schon

Tage zuvor die kleinen, für andere nicht wahrnehmbaren Erschütterungen gespürt. Ein paar Stunden vor dem unmittelbaren Beben hatte sie Kopfschmerzen, Übelkeit, starke Bauchschmerzen und den starken Wunsch, das Haus zu verlassen und ins Freie zu gehen. Ihr Umfeld blieb jedoch von diesen Begabungen unbeeindruckt. Sie fanden es nur eigenartig, dass Marga in diesen Situationen die gleiche Unruhe wie ihre Hauskatze Timothy hatte.

In der Pubertät gab es jedoch etwas, mit dem sie sich schwertat. Sie konnte nicht wie ihre Freundinnen, verzückt und hysterisch in den Bann der jungen Burschen gezogen werden. Es war ihr eher unangenehm, von diesen angestarrt oder umworben zu werden. Manchmal versuchte sie trotzdem, bei der Schwärmerei mitzuhalten, und es fiel keiner der Freundinnen Margas innere Ablehnung auf.

Als sie dann einige Jahre später den ersten Freund hatte, er war einige Jahre älter und schon reifer als die anderen, die sie umgaben, kam es dann nach Monaten zu der Situation, dass der Freund drängte. Er wollte mehr. War schon längst dazu bereit. Doch sie konnte nicht. Auf einmal, gerade noch im Liebesrausch, war sie ganz ernüchternd und schob ihn weg. Nichts war mehr für sie spürbar. Gerade noch entzückt und genussvoll die Liebkosungen des Freundes spürend, war es jetzt jäh vorbei mit den positiven Empfindungen.

»Ich möchte noch nicht. Hör auf!« Marga schob ihn von sich, und abrupt stand sie auf. »Es wäre für mich ein sehr großer Schritt, und außerdem müsste ich mir dann deiner Liebe ganz sicher sein.«

Enttäuscht ließ er von ihr ab. Der junge Mann konnte ihre übertriebene Reaktion nicht verstehen. Nicht nur an diesem Abend, auch in den folgenden Wochen folgten nun immer wieder Streitgespräche, in denen Margas Freund ihr klarmachte, wie wichtig es für sie beide wäre. Schon fast verunsichert, da auch ihre Freundinnen sie nicht verstanden, und zermürbt durch viele Gespräche, wollte sie schon fast einwilligen, als sie in der Nacht träumte, wie er mit einer anderen zusammen war. Sie sah ihn in der Vereinigung mit einer Frau. Schweißgebadet wachte sie auf. Was war geschehen? Hatte er sie betrogen?

Marga wusste, dass sie ihren Träumen trauen konnte und hinterfragte ihre Gefühle. Was war nun geschehen? Sollte sie um in kämpfen, ihm sagen, was sie gesehen hatte? Sie blieb die ganze Nacht wach, um sich ihrer Gefühle im Klaren zu sein. Es war ihr bewusst, dass wenn ihr Zögern der Grund für ihn war, sich einer anderen zuzuwenden, dann konnte sie ihm nicht soviel bedeuten. Waren denn alle anderen Empfindungen im Vergleich zum sexuellen Vollzug so nichtig? Konnten denn all die Liebkosungen und gegenseitigen Berührungen nicht vorerst ausreichen?

Im Morgengrauen stand eindeutig ihre Entscheidung fest. Für sie wäre es ausreichend gewesen, und auch die geistige Übereinstimmung war ein nicht unwesentlicher Bestandteil einer Beziehung. Sie konnte nicht gegen sich selbst handeln und etwas bei sich selbst erzwingen, für das sie nicht bereit war.

So kam es, dass sie am Nachmittag desselben Tages, ihn zu einem Gespräch bat. Sie saßen sich gegenüber, und mit zärtlichem Blick sah er sie an. »Warum warst du am Telefon so aufgeregt und hast mich mit ernstem Tonfall in dieses Café bestellt? Was ist geschehen, Liebes?«

Mit großer Überwindung begann Marga: »Ich hatte heute Nacht einen sehr intensiven Traum.«

Erwartungsvoll sah ihr Freund sie an.

»Es war nicht so angenehm, wie du nun vielleicht denkst«, sagte Marga. »Es war so, als ob ich Zeuge von einem sehr intensiven Erlebnis war, das dich und eine andere Frau betraf.« Marga setzte sich ganz gerade auf und blickte fest in seine Augen. »Ich konnte sehen, wie ihr euch innig umarmt und letztendlich miteinander geschlafen habt. Ich fühlte mich, wie gelähmt, wollte dich rufen, dir sagen, dass du dies nicht tun kannst, da wir beide zusammengehören, du mich doch liebst. Aber kein Ton kam von meinen Lippen. Und selbst wenn, du hättest mich wohl nicht hören können, da ihr mich nicht sehen konntet. So war ich gezwungen, eure Liebe zu beobachten, ohne auch nur das Geringste dagegen tun zu können. Ich wachte dann schweißgebadet auf und fühlte mich richtig elend. Voll Schmerz dachte ich, dass ich dich an diese andere Frau verloren hätte. Ich konnte mich danach stundenlange nicht beruhigen. An Schlaf war dann nicht mehr zu denken.« Sie senkte ihren Kopf und schämte sich, als sie an die Bilder der vergangenen Nacht dachte. »Deshalb habe ich dich heute angerufen und zu diesem Gespräch gebeten. Ich wollte dir gegenüber sitzen, mir sicher sein, dass alles nur Ängste von mir sind, nichts davon stimmt.« Nun zitterte ihre Stimme, und ein paar Tränen rannen ihr über die Wangen.

Es entstand Schweigen. Zu lange. Nichts geschah, dass Marga ihr Bangen nehmen konnte. Er äußerte sich nicht.

»Was ist los? Warum antwortest du nicht? Erkläre mir meinen Traum als nicht real!« Verzweifelt rang Marga um ihre Stimme.

»Es stimmt.« Mit kräftiger Stimme warf er ihr die vernichtenden Worte zu. »Ja, du hast recht, wahrscheinlich hat dir Sabines Freundin alles erzählt. Die Geschichte mit dem Traum nehme ich dir nicht ab.« Wütend sah er sie an. »Ich habe dich heute Nacht betrogen. Aber daran bist du schuld! Du wusstest, was ich wollte, hast mich immer vertröstet und weggedrängt. Ich habe nun mal meine Bedürfnisse. Ich bin da wie jeder andere. Nur du mit deiner konservativen Erziehung kannst das nicht verstehen.« Kurz hielt er inne, um dann mit Nachdruck fortzufahren. »Überhaupt sind eigentlich deine Eltern daran schuld, dass du so verklemmt bist!« Seine Stimme war laut geworden und selbstsicher. Ohne einen Funken von Reue sah er sie an. Er lehnte sich zurück und fast wohlwollend bot er ihr an, ihrer Liebe noch eine Chance zu geben. Sie müsse nur endlich bereit sein, eine normale Beziehung mit ihm zu führen.

Zunächst war Marga elend zumute, doch als er so unverschämt und ohne schlechtem Gewissen *ihr* verzeihen wollte und nach diesem Vertrauensbruch wagte, Forderungen zu stellen, war es für sie beendet. Traurig, ihre Grenzen zu erkennen, aber dennoch erleichtert sich nicht zu sehr auf ihn eingelassen zu haben, beendete sie noch in diesem Gespräch die Beziehung. Er war jedoch sehr erbost und bezeichnete sie als gefühlskalt und verklemmt.

»Wach endlich auf, so ist das Leben!« Mit diesen Worten ging er wütend aus dem Café.

Der Trümmerhaufen Margas erster Liebe schmerzte, und sie beschloss, vorerst keine neue Bindung mehr einzugehen. Sie konzentrierte sich nunmehr auf ihre Schulausbildung.

KAPITEL 3 - ELEONORA

Eleonora Seidart wuchs als einziges Kind bei ihrer liebevollen, alleinerziehenden Mutter auf. Diese legte Wert darauf, dass Eleonora sich auch Abgrenzen konnte, ein starkes Kind wurde und sich nicht so leicht beeinflussen ließ. Der Bildung wurde ein großer Stellenwert eingeräumt, und nur die besten Schulen und Ausbildungsmöglichkeiten wurden in Betracht gezogen. Sehr früh prägten sie Selbstständigkeit und Zielstrebigkeit.

Die Mutter hatte zwar immer wieder Partnerschaften, wollte der Tochter jedoch die Nähe einer ihrer Männer nicht zumuten. Es hätte alles perfekt sein müssen, dass ein Zusammenleben funktionieren hätte können. So aber wollte die Mutter ihr Kind nicht überfordern. Eleonora war ein ehrgeiziges junges Mädchen, das gerne in die Schule ging, da ihr das Lernen Freude bereitete. Sie verstand sich mit ihren Lehrern gut und konnte mit ihren männlichen Schulkollegen ungezwungener umgehen als mit ihren Mitschülerinnen. Sie hatte zwar auch Interesse an Mode, aber zu wenig, um dies zu ihrem Lebensmittelpunkt zu machen. Auch sonst fand sie kaum gemeinsame Interessen mit anderen Mädchen. Dennoch suchte sie deren Nähe und versuchte sich in Gesprächen mit ihren wenigen Freundinnen. Sie war jedoch stets auf inneren Abstand bedacht und hatte keine sonst in diesem Alter übliche Busenfreundin.

Schon sehr früh entdeckte sie, dass sie der weibliche Körper wesentlich mehr interessierte als der männliche. Daher beteiligte sie sich nie an irgendwelchen Schwärmereien und wies auch alle um sie werbenden Burschen zurück. Eleonora befand sich im 18. Lebensjahr, als sie bei ihrem Schachverein einer etwas älteren Vereinskollegin körperlich näherkam. Diese hatte schon lange die Zuneigung von Eleonora gespürt und fand das hübsche Mädchen sehr anziehend und liebenswert. Es folgten aufregende Wochen, in denen Eleonoras Gefühlsleben Achterbahn fuhr. Sie war erfüllt von den noch unbekannten Empfindungen. Es gefiel ihr, wie sie einander ihre Körper liebkosten und die schon etwas erfahrenere Freundin sie sanft in die weibliche Sexualität einführte. Sie verbrachten fast die gesamte Freizeit miteinander und wurden immer vertrauter.

Als die Freundin, sie eines Tages unerwartet von der Schule abholte, lief sie voller Freude auf diese zu, um sie heftig zu umarmen und es trafen sich ihre Lippen. Mitten in der stürmischen Begrüßung wurden sie auf einmal von einigen Mitschülern umkreist. Einige lachten nur etwas dümmlich, andere jedoch beschimpften sie mit ordinären Ausdrücken, die dieser unbekümmerten Begrüßung nicht gerecht waren.

Auf einmal hörte man eine energische Stimme und eine Professorin bahnte sich den Weg zu ihr. »Sofort aufhören! Was soll dieses Theater? Hier gibt es keine Versammlungen. Geht nach Hause!«

Eleonora war froh über das plötzliche Eingreifen ihrer Lehrerin, und erleichtert sah sie, wie alle sich mit raschen Schritten entfernten. Doch die ältere Pädagogin sah keinen Grund, ihr mit Freundlichkeit zu begegnen. Mit schneidendem Ton forderte sie Eleonora auf, sich für den nächsten Morgen im Lehrerzimmer zu melden. Eleonora wusste nicht, wie ihr geschah, und bedrückt traten die beiden Freundinnen den Heimweg an.

Der Älteren waren solche Reaktionen nichts Ungewohntes. Die Jüngere aber war wie geschockt. Nach einer unruhigen Nacht, in der das Ungewisse über das kommende Gespräch beträchtlich die Nachtruhe störte, ging Eleonora pünktlich zur verabredeten Zeit zum Lehrerzimmer.

Mit strengen Blicken wurde sie dort schon von der Professorin erwartet. Diese war nicht alleine, sondern wartete mit Eleonoras Klassenvorstand auf sie. Ohne ein Lächeln oder aufmunternde Worte kamen sie sehr schnell auf den Punkt. Eleonora wurde zu ihrer gestrigen Freundin befragt: in welchem Verhältnis sie zu ihr stehe und ob ihr der Auftritt in der Öffentlichkeit und deren Konsequenz bewusst war.

Am Ende des Gespräches stand es fest. Die Schule würde solch ein öffentliches Verhalten nicht nochmals billigen. Ihre Jugend und die guten Leistungen im schulischen Bereich würden die Direktion dazu veranlassen, noch einmal darüber hinwegzusehen. Würde sie in Zukunft zu ihren

Neigungen stehen, müsste man sich von Eleonora verabschieden. Falls sie bereit sei ihre Entgleisung zu erkennen, sollte sie sich jedoch an die ihr gegebene Adresse, einer anerkannten Psychologin, wenden, um das Problem in den Griff zu bekommen. Klare Worte dieser katholischen Privatschule, und ein Schreiben an die Mutter beendeten das Gespräch.

Es war ihr fürchterlich übel und mit zitternden Beinen, musste sie an ihren tuschelnden, teils angewiderten, teils spöttisch grinsenden Mitschülern vorbeigehen. Niemand stand ihr tröstend zur Seite, auch in der Klasse hatte man kein Verständnis. Ihre Sitznachbarin setzte sich sogar demonstrativ auf einen andern Platz. Es war demütigend, und Eleonora wäre vor Scham am liebsten versunken.

Auch das Gespräch Zuhause verlief nicht positiv. Ihre Mutter hatte nicht so viel Verständnis wie bei anderen Themen. Sie verstand zunächst überhaupt nicht, worum es eigentlich ging. Sie konnte mit dem Inhalt des von der Schule mitgegebenen Briefes nichts anfangen.

Fragend sah sie ihre Tochter an. »Was soll das alles heißen? Warum schreibt man hier solche absurden Anschuldigungen? Das können wir auf keinen Fall so hinnehmen. Noch morgen werde ich in die Schule gehen und um Aufklärung bitten. Das ist doch alles absurd!«

Die Mutter wollte mit diesen Worten das Gespräch beenden, doch Eleonora konnte ihre Freundin nicht verleugnen und begann, ihrer Mutter Einblick in ihre Seele zu geben. »Ich habe mich noch nie für Burschen interessiert. Ich fühle mich in der Gegenwart von Frauen wohler. Es ist mir angenehmer und natürlicher. Ich empfinde keine erotischen Gefühle für Männer, konnte noch nie eine sexuelle Anziehung zu ihnen spüren. Ich empfinde es als wesentlich angenehmer, mich mit Frauen zu unterhalten. Ein Kribbeln im Bauch spüre ich nur bei meiner Freundin. Ich habe zum ersten Mal das Gefühl, auch meinen Körper annehmen zu können. Kannst du das alles nicht verstehen?« Verzweifelt, aber dennoch hoffend verstanden zu werden, sah Eleonora nach ihrem Bekenntnis die Mutter an.

Als diese von den lesbischen Erfahrungen und von den verliebten Sinnen ihrer Tochter hörte und von deren Sicherheit, dass sie nur Interesse an Frauen hätte, wollte sie nichts mehr davon hören. Entsetzt fiel sie ihr ins Wort und verbat ihr den Umgang mit der verdorbenen Freundin.

»Das bist nicht du, was aus dir spricht, sondern der Einfluss deiner Freundin.« Die Stimme der Mutter war hart und erduldete keine Unterbrechung. »Sie hat dich für ihre Experimente verführt und benutzt. Es ist deine Unschuld, die diese Verführung zuließ und dich verwirrt.«

Die Mutter berührte nicht der flehende Blick ihrer Tochter und deren Versuche das Gespräch fortzuführen. Ohne weitere Worte zu verlieren, ging sie zum Telefon und vereinbarte einen Termin bei der empfohlenen Psychologin. Eleonoras Mutter war zu keiner weiteren Diskussion bereit, wollte nichts von den Empfindungen hören, ignorierte das Weinen und wollte diese Albernheit schnellstens bereinigen.

Die ganzen Jahre hatte die Mutter in die Bildung ihrer Tochter investiert, sah die besten beruflichen Möglichkeiten für sie und war nun nicht bereit, dabei zuzusehen, wie sie sich alles durch unmoralische Lebensführung zerstörte. Sie vertraute der routinierten Psychologin und glaubte, somit dieses Problem rechtzeitig lösen zu können.

Unter großer Überwindung ging Eleonora zu dem vereinbarten Termin. Von Anfang an war ihr die Psychologin unsympathisch. Schon die erste Begegnung fiel unangenehm aus. Die Therapeutin sah sie überlegen, mit leichtem, schiefen Lächeln an, das sofort zeigte, dass sie ihre junge Klientin nicht ernst nahm. Die Frau war schon um die 60, hatte verhärtete Gesichtszüge, um ihre Mundwinkel verliefen strenge Falten, und der hellblond gefärbte, streng frisierte Knoten unterstrich ihre unnahbare Strenge.

Die Sitzungen waren für Eleonora sehr erniedrigend, da die Psychologin nur bemüht war, ihr aus ihrer, wie sie sagte, Verwirrung zu helfen, um ihr einen neuen Weg zu zeigen. Sie zeigte klar ihre Linie, konnte einer gleichgeschlechtlichen Liebe nichts abgewinnen und lächelte müde über Eleonoras anfängliche Verteidigung und Liebesbeteuerung. So blieb dem jungen Mädchen nunmehr die Möglichkeit, der Therapeutin ihre Bereitschaft und Einsicht vorzuspielen, da ihr die Gefahr der Isolation und des Rauswurfs aus der Schule bewusst wurde.

Da Eleonora regelmäßig die Termine der Sitzungen wahrnahm, durfte sie einige Monate später die Matura mit sehr guter Auszeichnung an ihrer Schule ablegen. Jedoch war der Preis dafür sehr hoch. Sie hatte den Kontakt zu ihrer Freundin abbrechen müssen und konnte nicht mehr ihre Gefühle ausleben. Eleonora hatte gelernt, gegenüber den anderen ihre Sexualität zu verleugnen. Sie belog ihre Mutter, die Psychologin und ihr gesamtes Umfeld. Nach bestandener Matura war die Belohnung ein Aufenthalt in London für ein Jahr. Alle dachten, dass hiermit das Problem für immer gelöst war.

KAPITEL 4 - MARGAS STUDIENBEGINN Nach der ersten Liebeserfahrung, konzentrierte sich Marga ganz auf ihre Ausbildung. Kreativität war ihr immer sehr wichtig, und sie versuchte, eine Möglichkeit zu finden, dies auch beruflich einsetzen zu können. Sie war keine Frau, der die Mode so wichtig war, aber es gefiel ihr, Neues zu entwerfen und zu gestalten. Eine

Ausbildung in Mode und Design begann sie, um dann den Weg der Kostümbildung zu gehen. Freudig und neugierig zog sie, um die Ausbildung vollenden zu können, nach Wien.

Dort war sie umgeben von einigen sehr exzentrischen jungen Menschen, deren Zielsetzungen und Lebensphilosophien sie nicht ansprachen. Trotzdem versuchte sie zuerst, mit allen auszukommen. Doch der Studienalltag gestaltete sich immer schwieriger. So beschloss sie, lieber ein Studium als Lehrerin für ›Werken‹ und ›Bildnerische Erziehung‹ zu beginnen. Dort war neben der Kreativität auch Genauigkeit gefragt. Oft war sie bis in die Nacht mit Werkstücken beschäftigt.

Sie traf ein paar nette Freundinnen, mit denen sie viele interessante Gespräche über esoterische Erfahrungen führte. Da es finanziell nicht möglich war, alleine eine Wohnung zu erhalten, teilte sie schon nach einigen Wochen eine praktische 2-Zimmerwohnung mit einem Studenten. Jeder hatte sein eigenes Zimmer. Küche und Bad wurden gemeinsam benutzt. Eigentlich eine ideale Lösung, und mit dem jungen Mitbewohner kam sie anfangs sehr gut aus. Richard war schon einige Jahre älter, hatte bereits ein Studium abgeschlossen und ergänzte dieses nun mit einem zusätzlichen. Sie konnten sehr viel miteinander lachen, aber auch ernste Gespräche waren möglich. Außenstehende dachten, dass die beiden ein Paar seien.

Es wäre eigentlich alles gut verlaufen, wenn Marga auf einmal nicht diese immer wiederkehrenden Schmerzen plagten. Zuerst dachte sie, dass es sich um eine Blasenentzündung handeln würde, aber als es immer heftiger wurde und auch Fieber dazukam, wurde sie in der Nacht mit dem Rettungswagen in ein Krankenhaus gebracht.

Marga kam in ein Zimmer mit weiteren sieben Frauen. Jede mit unterschiedlichen Beschwerden. Sie fühlte sich unbehaglich, da niemand auf ihre Fragen einging und das ganze Krankenhauspersonal sehr unhöflich war. Die Nacht war sehr unruhig. Erst in den Morgenstunden schlief sie allmählich ein. Doch schon um sechs Uhr kam eine schlecht gelaunte Schwester ins Zimmer. Die Patienten wurden barsch zum Waschen aufgefordert, während die Betten frisch überzogen wurden. Margas Wunsch, wegen der Schmerzen liegenbleiben zu können, wurde nicht erhört.

Die Untersuchungen zogen sich anschließend in die Länge. Noch immer war niemand zu einem Gespräch bereit. Man wollte sie an Infusionen anschließen und ihr Medikamente geben. Dies verweigerte sie jedoch, da man noch nicht die Ursache abgeklärt hatte. Nun sah man Marga als lästig und verrückt an. Das Personal des Krankenhauses war noch weniger zu aufklärenden Gesprächen bereit.

Am Nachmittag kam zu Margas Bettnachbarin der behandelnde Arzt. Er stand am Ende des Bettes und teilte dieser ohne Umschweife mit, kühl und distanziert, dass man ihr die Brust entfernen müsse. Das Weinen der Patientin erfüllte den Raum. Sie teilte dem Arzt am Boden zerstört mit, dass erst vor vier Monaten ihr Mann plötzlich gestorben sei und sie sich nun mit der ganzen Situation völlig überfordert sah.

»Nun ist es doch ganz einfach. Sie haben doch dann keinen Grund zur Verzweiflung.« Er winkte beruhigend ab. »Sie sind schon fast 50 Jahre und ohne Mann, unter diesen Umständen ist eine Brustamputation nicht so tragisch.« Der Mediziner sah damit das Gespräch als beendet an. Ohne Mitgefühl verließ er das Krankenzimmer. Die restlichen Patientinnen hatten das Gespräch verfolgen können und sahen sich erschrocken um. Niemand sprach. Nur ein leises Wimmer der Betroffenen erfüllte den Raum.

Dies war für Marga bisher die schlimmste Erfahrung, wie man mit Frauen umging. Sie beschloss, auf sich zu achten und sich keine Behandlung aufdrängen zu lassen, mit der sie nicht einverstanden war.

Am nächsten Tag teilte man Marga mit, dass ihr Unterleib übersät von Zysten sei. Eine Operation wäre da das Sinnvollste. Nachdem man ihr aber bestätigte, dass keine Lebensgefahr bestünde, beschloss sie, das Krankenhaus zu verlassen, um sich nach andern Behandlungsmethoden umsehen zu können. Anschließend suchte sie einen Heilpraktiker in Deutschland auf. Dieser behandelte sie unter der Vorrausetzung, dass sie sich mit ihrem Körper auseinandersetze und ihre Ernährung und Lebensführung ändere. Sie nahm es sich zu Herzen und befolgte sehr genau den neuen Ernährungsplan.

Richard war besorgt. Sie ließ zum ersten Mal Liebkosungen seinerseits zu. Durch die Erkrankung wollte sie nicht mehr an ihrer Jungfräulichkeit festhalten. Sie hatte in den letzten Wochen ihre Meinung dazu geändert und beschloss, sich auf dieses Abenteuer einzulassen.

Es war für sie ein sehr enttäuschendes Erlebnis. Gefühle, wie von ihren Freundinnen beschrieben, spürte sie nicht. Am nächsten Morgen hatte sie sodann Schwierigkeiten mit der Raumwahrnehmung. Es war, als ob der Boden für einige Minuten Wellen hätte.

Zwei Tage später erzählte sie ihrem Heilpraktiker davon, denn obwohl dies nur kurz andauerte, machte es ihr Angst. Er ließ sich alles genau beschreiben und erklärte ihr, dass sie eine Karmaverletzung erlebt hätte.

Da sie alles nicht genau verstand, nahm er sich die Zeit, um es ihr in Ruhe zu erklären: »Du bist nicht verrückt. Du bist eine sehr sensitive, junge Frau, und nur wenige Menschen sind in der Lage, solche Veränderungen wahrzunehmen. Wir haben alle schon gelebt, und nicht mit allen Menschen hatten wir nur positive Erlebnisse in den letzten Leben. Die Seele unterscheidet beim Wiedersehen zuerst nicht. Man hat nur das

Gefühl sich sehr vertraut zu sein, unabhängig von dem vergangenen Erlebten. Wenn es aber nicht vorgesehen war, dass man sich wieder so nahe kommt, kann es passieren, dass man dann anschließend diese karmische Verletzung durch solche Veränderungen wahrnimmt. Du siehst also, deine Seele wollte dir nur etwas mitteilen. Es liegt nun an dir, wie du mit diesem Wissen umgehst.«

Diese Worte verstand Marga. Mit dieser Erklärung konnte sie etwas anfangen. In Gedanken versunken fuhr sie nach Hause. Sie entschied sich aber mit Richard nicht über ihre Erfahrung zu sprechen. Er war nicht so sensitiv und hatte auch keine besonderen Wahrnehmungen. Ihm ging es gut. Für ihn war alles in Ordnung, denn nun waren sie ein Paar.

KAPITEL 5 - ELEONORAS AUFBRUCH NACH LONDON

Eleonora war glücklich, da sie endlich niemanden mehr belügen musste und keine sinnlosen psychologischen Sitzungen mehr zu ertragen hatte. Auch die Angst ihrer Lügen überführt, verhöhnt und ausgestoßen zu werden, war nun vorbei. Es waren schreckliche Monate mit viel Tränen und Verzweiflung. Nun war sie allerdings in der Freiheit, und niemand beobachtete sie.

London war von Anfang an ein herrlich freier Ort für sie. Noch nie sah sie so viele verschiedene Nationalitäten in einer Stadt. So viele Gegensätze. Ein anders Lebensgefühl. Wegen ihrer guten Noten wurde sie ohne Schwierigkeiten an einem renommierten College angenommen. Sie begann ein Studium für englische Literatur und kam mit anderen Studenten rasch in Kontakt. Es gefiel ihr, dass sie sich immer besser in der englischen Sprache ausdrücken konnte. Schon bald träumte sie sogar in dieser Sprache. Nächtelang las sie englische Literatur, um sich dann auch mit anderen darüber auszutauschen. Ihr Zuhause rückte immer weiter weg. Bis auf die regelmäßigen Pflichtanrufe an ihre Mutter, hatte sie keinen Bezug mehr zur Heimat.

Mit ihrer Zimmerkollegin verstand sie sich von Anfang an sehr gut. Suzan war ein offenes und fröhliches junges Mädchen, und einige Sommersprossen verliehen dem Gesicht auch etwas Keckes. Sie war sehr belesen, und es gab fast kein Thema, zu dem sie nicht Bescheid wusste. Es kam sehr schnell zu großer Vertrautheit und Freundschaft zwischen den beiden. Sie besuchten fast alle Vorlesungen und Kurse gemeinsam. Aber auch in der Freizeit sah man sie oft zusammen.

Die Wochen und Monate vergingen wie im Fluge. Langsam veränderte sich die Stadt in ein vorweihnachtliches Lichtermeer. Durch das intensive Studium bemerkte Eleonora erst jetzt, dass sie sich mit riesigen Schritten den Feiertagen näherte. Glitzernde Sterne, leuchtende Girlanden und unzählige rote Päckchen zierten die Geschäfte und Fassaden. Besonders in den frühen Abendstunden gefiel ihr diese verzauberte Atmosphäre, da alles in Helligkeit erstrahlte. Mit leichtem Herzen schlenderte sie gerne die Oxfordstreet entlang, und besonders gut gefiel ihr, wenn dekorative, bunte Weihnachtsstrümpfe über einem Kaminsims baumelten.

Diesmal konnte sie dem bevorstehenden Weihnachtsfest entspannt entgegensehen. Ihre Mutter war schon seit einigen Monaten in einer neuen, festen Beziehung, und es schien ihr diesmal ernst zu sein, da sie zum ersten Mal den Wunsch hatte, das Fest mit ihrem Freund und dessen Familie zu feiern. Sie stellte es Eleonora frei, ob sie in England das Jahresende verbringen wollte. Gern nahm sie daher von Suzan die Einladung zum Weihnachtsfest an. Sie war schon neugierig auf die neuen Bräuche, auf das Essen und natürlich auf die Familie ihrer Freundin. Sie wusste aus deren Erzählungen, dass es eine große herzliche Familie war mit viel Zusammengehörigkeitsgefühl und sehr viel sozialem Engagement. Eleonora besorgte noch einige Kleinigkeiten für die Familie, und auch für ihre Mutter, kaufte sie einen wunderschönen Kaschmirschal, den sie sorgfältig eingepackt als Weihnachtspäckchen aufgab. Eleonora fühlte sich mit ihrer Mutter noch immer sehr verbunden, und es schmerzte, an das vergangene Jahr zu denken.

Am 22. Dezember wurden sie dann von Patrick abgeholt - Suzans älterem Bruder. Mit freundlich blitzenden Augen stand er vor ihr und schüttelte länger als angebracht die Hand zur Begrüßung. Zuhause angekommen wurden sie von Suzans jüngeren Geschwistern stürmisch begrüßt, und auch die Eltern brachten ihr große Herzlichkeit entgegen. Das ganze Haus roch nach frischgebackenen Keksen, und alles war schon liebevoll weihnachtlich dekoriert. Um das Treppengeländer rankten sich Tannenäste mit roten Bändern, und an vielen Plätzen sah sie kleine, bunte Kugeln und Sterne. Mistelzweige hingen über fast allen Türen. Eleonora war so einen liebevollen Aufwand nicht gewohnt. Ihre Mutter war eher sachlich und hielt nichts von kitschigen, unnötigen Dekorationen. Eleonora fühlte sich sofort wohl. Die ganze Familie gab ihr sofort das Gefühl dazuzugehören.

Die Zeit bis zum Heiligen Abend verlief wie im Fluge. Die Gespräche gingen nie aus. Alle waren von einer fröhlichen Offenheit, und die ganze Familie spielte auch mit den Jüngeren lustige Brettspiele. Immer wieder durchdrang herzhaftes Lachen das ganze Haus. Ein wunderbar duftender Plump-Pudding sowie andere bisher nicht gekannte Köstlichkeiten wurden festlich aufgetischt. Es schmeckte alles fantastisch, und Eleonora konnte nicht aufhören, die Kochgenüsse ihrer Gastmutter zu loben. Die Geschenke überreichte man sich erst am Morgen des 25. Dezember. Man hatte auch an den Gast gedacht und Eleonora mit einigen kleinen Päckchen überrascht.

Am Nachmittag kamen andere Verwandte zu Besuch. Eleonora wurde von diesen mit freundlicher Neugierde begrüßt. Nun begegnete sie zum ersten Mal Samantha, einer Cousine von Suzan. Als diese den Raum betrat, durchzuckte es Eleonora. Langes blondes Haar mit goldrotem Schimmer glitt Samantha bis zur schlanken, aber dennoch feminin betonten Hüfte. Durch den dunkelgrünen Pullover hoben sich ihre Haare auffallend, fast wie ein helles Leuchten ab, und gleichzeitig wurden ihre ausdrucksstarken, grünen Augen betont. Ein fast scheues Lächeln umspielte ihren Mund, als man sie vorstellte. Sie fanden sehr schnell im Gespräch zueinander und konnten viele gemeinsame Interessen erkennen. Sie hatten die gleichen Lieblingsautoren, liebten dieselbe Musik und hatten übereinstimmende Abneigungen gegen Sportveranstaltungen.

Patrick beobachtete die beiden schon eine ganze Weile, und als seine Cousine in die Küche gerufen wurde, nahm er die Gelegenheit wahr, um Eleonora aufzuklären: »Ich muss dich warnen«, sagte er. »Samantha ist nur an Frauen interessiert. Bleib lieber in meiner Nähe.«

In Eleonora überschlugen sich die Gedanken. Gefühle, die sie so lange verdrängt hatte, kamen in dieser Sekunde wieder an die Oberfläche. Als Samantha wieder den Raum betrat, verbrachte sie auch die restlichen Stunden, bis spät in die Nacht mit Eleonora. Sie kamen sich immer näher und zogen sich dann zurück, um nicht allen Blicken ausgeliefert zu sein.

Zuerst berührten sich zaghaft ihre Hände. Vorsichtig wurde Eleonora von Samantha geküsst, und als diese ihre Erwiderung wahrnahm, vereinten sich immer stürmischer ihre Lippen. Samantha nahm sie bei der Hand und zog sie in das Gästezimmer, wo sie sich zärtlich und immer fordernder berührten und liebkosten. Sie entkleideten sich gegenseitig, und die Körper kamen der Sehnsucht nach Verschmelzung nach. Sie liebten sich mit einer Heftigkeit und zugleich auch Sanftheit, von der beide nicht genug bekommen konnten.

Die restliche Familie hatte natürlich davon Wind bekommen. Keiner reagierte jedoch bestürzt oder negativ darauf. Eleonora hatte zu Beginn Angst, dass Suzans Familie sie als verdorben ansah und sie nicht mehr bei ihnen willkommen war. Eleonora war jedoch erleichtert, als sie sah, dass diesmal niemand Anstoß nahm. Nun konnte sie entspannt in dem Gefühl aufgehen.

Samantha blieb noch bis zur Abreise, und das Paar wurde von allen toleriert. Einzig Patrick resignierte, der sich wohl ähnliches von Eleonora erhofft hatte.

KAPITEL 6 - MARGAS ERSTE FESTE BEZIEHUNG

Marga konzentrierte sich ganz auf das Studium und war oft nächtelang mit Werkstücken beschäftigt. Daneben befasste sie sich immer mehr mit esoterischen Themen aber auch mit Ernährung, Umweltproblematiken und Literatur. Bücher waren für sie schon immer die besten Freunde, und schon seit ihrer Kindheit war sie Mitglied in drei Büchereien.

In Bezug auf Richard geschah nichts Außergewöhnliches. Der Alltag mit ihm hatte sich durch die zusätzliche sexuelle Aktivität nicht besonders verändert. Sie schliefen zwar immer wieder miteinander, aber es entstand dadurch keine zusätzliche Nähe oder Liebe. Beide versuchten, mit dem Studium vorwärts zu kommen, und sie musste sich in der freien Zeit auch immer wieder mit Studentenjobs über Wasser halten.

Für ihre Eltern war es eine Studentenwohngemeinschaft, was ihre Mutter auch immer wieder betonte. Sie wollte nicht wahrhaben, dass ihre Tochter in einer Beziehung lebte und behandelte sie wie ein kleines, unmündiges Kind. Der Erfolg des Studiums musste regelmäßig nachgewiesen werden, da es sonst keine finanzielle Unterstützung mehr gegeben hätte.

Richard war sehr stolz auf seine Freundin und war darauf bedacht, dass seine ganze Familie sie kennenlernte. Seine Mutter war zuerst skeptisch, änderte aber rasch ihre Meinung, als sie das kluge, vernünftige Mädchen kennenlernte. Auch sein Vater hieß die Freundin seines Sohnes herzlich willkommen. Beim ersten Besuch gewann Marga sofort auch das Herz der Großmutter. Diese war entzückt über das natürliche Mädchen, lange schon hatte sie sich Gedanken über ihren Enkel gemacht und im Stillen immer befürchtet, dass er keine liebenswerte Partnerin finden würde. Nun aber suchte sie immer wieder die Nähe des Mädchens auf und zeigte ihr auch mit vertrauten Gesten die Familienalben.

Als es Zeit zum Schlafen wurde, tätschelte sie ihr liebevoll die Wange, und mit ernster Miene flüsterte die Großmutter ihr ins Ohr: »Bevor du zu Bett gehst, drehe dich im Raum und blicke nacheinander in alle Ecken des Zimmers. In der ersten Nacht kann man durch dieses Ritual seine Zukunft erträumen.«

Mit verschwörerischem Blick sah sie Marga an und wünschte ihr dann noch mit einem Kuss auf die Wange wunderschöne Träume.

Marga hatte eine unruhige Nacht, und einige Male erwachte sie sogar schweißgebadet. Ihre Träume waren nicht angenehm und entspannt gewesen, sondern ließen vielmehr negative Aussichten zu.

Voller Neugierde wurde sie am Morgen von der Großmutter begrüßt. Marga sah den freundlichen, hoffenden Blick und konnte ihr unmöglich die Wahrheit sagen. Zu sehr würde sie damit die alte Dame enttäuschen.

So erzählte sie ihr etwas von einer Schifffahrt und Sonnenuntergängen, aber nicht, dass sie sah, dass sie sich von Richard getrennt hat und in seiner Familie zwei Personen schwer erkranken würden.

Man sah trotzdem die Enttäuschung der Großmutter. Diese hatte offensichtlich eine ganz andere Erzählung erwartet. Forschend sah sie Marga an und versuchte, die Wahrheit herauszufinden. Man sah ihr an, dass sie dem jungen Mädchen nicht ganz glaubte. Resigniert ging sie dann mit müder Haltung aus der Küche und begegnet ihrem Enkel, der sie verwirrt ansah. Er wusste nicht, um was es ging, konnte sich die plötzliche Traurigkeit seiner Großmutter nicht erklären. Er ging dann raschen Schrittes auf Marga zu, um sie in die Pläne der nächsten Tage einzuweihen. Er hatte für die kommende Zeit viele Ausflüge geplant, da er ihr auch einiges von der Umgebung zeigen wollte.

Obwohl Marga auch selbst ein wenig traurig über die nächtlichen Ereignissen war, versuchte sie, eine schöne Zeit mit der freundlichen Familie zu verbringen. Einmal fuhr sie mit Richards Mutter zum Einkaufen in die Stadt. Sie hatten fast eine Stunde Anfahrtszeit, die mit einem angenehmen Gespräch fast zu schnell verging. In den Geschäften herrschte zwischen den beiden Frauen wohlige Übereinstimmung, und sie hatten miteinander viel Spaß. Bei der Rückfahrt bekam die Stimme seiner Mutter einen ernsten Tonfall.

»Nun bin ich beruhigt, das mein Jüngster einmal gut versorgt sein wird.« Lächelnd sah sie Marga an. »Ich bin glücklich über die Wahl meines Sohnes und kann mir keine nettere Partnerin für ihn vorstellen.« Sie strich über Margas Arm und fuhr mit begeisterter Stimme fort. »Am besten ist es, wenn ihr gleich nach dem Studium heiratet. Wozu warten? Wir würden alle darüber sehr glücklich sein, und wir freuen uns, dich in der Familie aufnehmen zu können!«

In dieser Sekunde gab es einen lauten Knall. Erschrocken fuhren sie an den Seitenrand, um das Auto zu begutachten. Es war sofort sichtbar, dass es sich um einen Reifenplatzer handelte, und es dauerte eine Weile, bis dieser von netten Helfern gewechselt wurde. Angesichts der Geschwindigkeit hatten sie Glück gehabt, dass nicht mehr passiert war.

Bei der übrigen Rückfahrt kam kein richtiges Gespräch mehr zustande. Vor dem Aussteigen bat die Mutter Marga, den anderen von dem Vorfall nichts zu erzählen. Sie bat Marga auch um Entschuldigung, dass sie beim Gespräch schon auf eine baldige Hochzeit gedrängt hatte. Sie beteuerte, dass sie nicht vorhatte, sie unter Druck zu setzten. Marga war irritiert, entschloss sich aber dennoch, den Wunsch der Mutter zu erfüllen, und erzählte Richard nichts von dem Vorfall.

Mit dem Studium ging es gut voran, und da bei Richard schon bald der Abschluss in Sicht war, überlegten sie nun, wie es danach weitergehen sollte. Für ihn war klar, dass er, den für ihn schon angebotenen Job, fast 300 Kilometer entfernt annehmen würde. Sie jedoch würde noch ein Jahr benötigen, und ein Wechsel in eine andere Universität war unmöglich. Sie entschieden, eine Fernbeziehung zu führen, bis auch Marga mit der Ausbildung fertig war. Als Richard sein Studium beendete, beschloss sie, die restlichen Semester alleine in der Wohnung zu bleiben.

KAPITEL 7 - ELEONORA UND SAMANTHA

Zurück im College fühlte sich Eleonora wie auf einer Glückswolke. Sie konnte noch immer nicht ganz verstehen, wie ihr geschah, aber sie genoss dieses leichte, prickelnde Gefühl, dass mit heißen Wogen ihren Körper erfüllte. Suzan verhielt sich dazu total offen, und das freundschaftliche Verhältnis war durch die Liebesbeziehung nicht getrübt, sondern sogar noch fester geworden. Jeden Tag telefonierte sie mit Samantha, aber auch lange leidenschaftliche Briefe vertieften die Beziehung der beiden. Wie elektrisiert ging Eleonora zu den Vorlesungen, und sehr oft musste Suzan sie mit sanftem Stoß in die Gegenwart zurückholen, da sie nur zu gerne an die schönen Tage dachte.

Nach vier Wochen konnten sie sich endlich wieder in die Arme schließen. Wie liebte sie diesen Duft von Vanille und Rose, der Samantha umgab? Immer wieder versank sie in diese wunderbaren Augen, die soviel Tiefe besaßen, so verständnisvoll und klug blickten, aber sie auch voll Innigkeit und Zärtlichkeit ansahen. Die dunkle Stimme war ein reizvoller Kontrast zu ihrem blonden, hellen Typ und verlieh ihr noch mehr Anziehung und sogleich auch etwas Geheimnisvolles. Sie hätte ihr unendlich lange nur zuhören können, so verzaubert war sie von ihr. In ihrem Liebesspiel gingen sie immer mehr mit Zärtlichkeit aufeinander ein, um sich dann in einer Woge von Empfindungen einander hinzugeben. Ihre Beziehung beruhte nicht nur auf sexuelle Gefühle, sondern sie konnten sich auch stundenlang in Gespräche vertiefen. Hand in Hand ging sie mit der Freundin den Campus entlang, um Samantha einen Einblick in ihr Leben zu geben. Manchmal trafen sie erstaunte Blicke, einige sahen angestrengt zur Seite, andere lachten nur hysterisch auf. Zuerst war es Eleonora schon etwas unangenehm. Sie hatte Angst vor eventuellen, verletzenden Reaktionen der anderen, da die Wunden vom letzten Jahr noch sehr tief waren. Aber es kam zu keiner öffentlichen Anfeindung. Es gab auch kein vernichtendes Gespräch. Man ließ sie mit ihrer Partnerschaft in Ruhe.

Es fiel ihr schwer, sich nach diesem Wiedersehen von der geliebten Freundin zu verabschieden. Zu schön waren die glücklichen Tage mit ihr. Alles hatte sich so leicht, so selbstverständlich angefühlt. Sie hatte kein schlechtes Gewissen, wenn sie an ihre Mutter dachte. Sie war glücklich, dass sie endlich selbst ihr Leben und ihre Liebe bestimmen konnte. Sie versuchte, die Tatsache, dass ihre Familie nichts von der neuen Beziehung wusste, einfach zu verdrängen. Sie musste sich nun nicht mit ihnen auseinandersetzen. Es erforderte im Moment keine Rechtfertigung. Stattdessen konnte sie ihren Körper annehmen, empfand sich und ihre Weiblichkeit als positiv. Sie genoss es, von Samantha begehrt zu werden, und spürte ihre eigene Erregtheit ohne Schamgefühle. Als sie wieder alleine war, vertiefte sie sich mit neuer Kraft ins Studium, da sie die Sicherheit hatte, Samantha bald wiederzusehen.

Mitten im Prüfungsstress kam ein Telegramm von daheim. Mit ein wenig Angst öffnete sie das Kuvert und erschrak. Es kündigte völlig unerwartet den baldigen Besuch der Mutter an. Sollte die Mutter von ihrer neuen Liebesbeziehung erfahren haben? Sie war sich nicht sicher, wie sie ihr entgegentreten sollte, aber sie wusste, dass sie diesmal um ihre Liebe kämpfen würde. Als sie ihre Mutter vom Flugplatz abholte, mischte sich in die Wiedersehensfreude ein dumpfes, unangenehmes und ablehnendes Gefühl.

Nachdem ihre Mutter im Hotel eingecheckt hatte, gingen sie in ein gemütliches Restaurant. Sie fand, dass ihre Mutter jung und entspannt aussah, ganz anders als beim Abschied vor einigen Monaten. Sie hatte ihr Haar nicht streng, sondern eher locker und fast ein wenig verspielt hochgesteckt, ihre Augen mit perfektem Make-up sehr vorteilhaft betont, und ihre Lippen leuchteten in einem angenehmen Rot. Ein elegantes dunkelblaues Kostüm betonte sehr feminin ihre schlanke Figur, welche durch die schicken, hohen Schuhe noch mehr zur Geltung kam. Ihre Nägel waren frisch maniküre, und auf ihrer Hand steckte am Ringfinger, ein wunderschöner Goldring, dessen Mitte eine Perle zierte, umgeben von wunderschön geschliffenen blauen Saphiren. Verwundert sah Eleonora ihre nun etwas verlegen blickende Mutter an.

Sie verstand, was dieser Ring bedeutete, aber konnte kaum glauben, dass ihre Mutter sie so aus ihrem Leben ausgeschlossen hatte. In keinem Telefonat hatte sie davon erzählt oder auch nur etwas angedeutet. Sie begriff nun, dass sie sich in diesen Monaten sehr fremd geworden waren. Sie wussten nichts mehr voneinander. Es gab keine Offenheit mehr zwischen ihnen. Sie ließen einander nicht mehr an ihren wichtigsten Ereignissen teilhaben. Viele Jahre hatten sie ein entspanntes, liebevolles Verhältnis. Nun saßen sie sich steif und unterkühlt gegenüber. Bitterkeit überkam Eleonora, als sie an das rigorose Verhalten der Mutter im letzten Jahr dachte.

Mit dem Versuch Nähe zu demonstrieren, legte diese ihre Hand auf den Arm ihrer Tochter. Ein wenig hilflos begann sie, Eleonora von der bevorstehenden Hochzeit zu berichten. »Ich bin mir nun ganz sicher, in

Roman den richtigen Mann gefunden zu haben. Er geht auf meine Bedürfnisse ein, ist zuvorkommend, respektiert meine Selbstständigkeit, und ich bin es müde, mein Leben allein verbringen zu müssen.« Sie spitzte bei den letzten Worten ihre Lippen. »Du weißt, ich habe mein ganzes Leben auf dich Rücksicht genommen. Alles war auf dich abgestimmt und nach deinen Zukunftsplänen ausgerichtet. Ich habe es gerne gemacht, und ich will dir diesbezüglich keine Vorwürfe machen.« Sie hielt kurz inne und sah zum Fenster hinaus. »Wir hatten ein schönes gemeinsames Leben, die letzten Monate deiner Verwirrung waren die einzige Ausnahme. Ansonsten aber hatten wir uns doch immer gut verstanden, nicht wahr?«

Sie sah nun ihre Tochter an, doch Eleonora konnte ihr nicht antworten. Sie fühlte sich ihrer Mutter so fremd und so verletzt. Was sollte sie ihr darauf antworten? Sie empfand keine Nähe. Es war, als ob ihr eine Fremde gegenübersaß. Die Mutter wartete nicht auf eine Antwort. Sie sah nicht deren Zögern und spürte nicht die Ablehnung.

»Schon im Sommer wollen wir die Beziehung fixieren und ein gemeinsames Haus beziehen. Natürlich ist auch für dich ein hübsches Zimmer geplant, wo du deine Sachen unterbringen kannst und jederzeit dort ein Daheim hast.« Die Worte der Mutter wurden nun immer sicherer und lauter.

Sie bemerkte nicht, dass ihre Tochter immer mehr zurückwich. Nun lehnte sie sich zurück, und mit feierlicher Miene sah sie Eleonora an. Sie hatte noch eine besondere Überraschung und wollte die Reaktion ihrer Tochter genauer beobachten. Mit fester Stimme, aber fast einem Strahlen im Gesicht begann sie, das Gespräch fortzusetzen.

»Eigentlich war ein Jahr Aufenthalt in England für dich geplant, aber die neue finanzielle Situation könnte nun auch eine Verlängerung um noch weitere zwei Jahre ermöglichen. Das heißt, du könntest wenn es dein Wunsch wäre, dein vollständiges Studium in London absolvieren. Roman wäre in seiner Großzügigkeit bereit, die Kosten dafür zu übernehmen. Was sagst du dazu?« Gespannt sah die Mutter sie an.

Zu viele Gedanken stürmten gleichzeitig auf Eleonora ein. Nie mehr die Wohnung, ihr vertrautes Zimmer, den Blick zum Fenster hinaus, in den angrenzenden Park und die schon lange bekannten Nachbarn sehen. Ein fremdes Haus mit einem ihr nicht vertrauten Mann an Mutters Seite als Daheim zu sehen. Es fröstelte ihr ein wenig, es war zu unvorbereitet auf sie zugekommen. Zugleich durchfuhr sie eine Freude, ein glückliches Gefühl, hier in dem ihr schon so vertrauten London zu bleiben - ungestört ihr Leben und die Beziehung mit Samantha leben zu können. Dies löste in ihr ein unbeschreiblich erleichterndes Gefühl aus. Es war nicht notwendig, ihrer Mutter von der neuen Beziehung zu erzählen - um diese zu kämpfen. Sie konnte nun auch die nächsten zwei Jahre ihr Leben ohne Kontrolle leben.

Mit Freuden stimmte sie der Verlängerung zu und versprach auch, gerne zur Hochzeit zu kommen. Der Ausblick auf ein freies Leben in London gab ihr die Kraft, der Mutter mit Freundlichkeit zu begegnen und ihr zu deren kommender Vermählung zu gratulieren. Sie verbrachten noch eine Weile mit höflicher Konversation. Eleonora erzählte ihrer Mutter vom Unialltag und von der Stadt, verschwieg ihr aber die neue Beziehung und ihre geheimen Zukunftswünsche. Eleonora hatte begriffen, dass sich ihr Leben in eine neue Richtung entwickelt hatte - weit weg von ihrem ehemaligen Zuhause. Sie spürte, dass es nichts mehr Gemeinsames zwischen ihnen gab. Sie hatte sich von ihrer Mutter entfremdet. Sie verabschiedete sich ohne Streit, höflich und mit dem Versprechen, bei der Hochzeit anwesend zu sein.

KAPITEL 8 - MARGAS ENTSCHEIDUNG

Zuerst war es etwas ungewohnt, ganz alleine zu wohnen, aber mit der Zeit fand Marga daran immer mehr Gefallen. Gemütlich, bis in die Nacht hinein plaudernd verbrachte sie sehr viel Zeit mit ihren Freundinnen. Sie tauschten sich in esoterischen Erfahrungen aus und erzählten von ihren Liebeserlebnissen. Sie gingen gerne zusammen zu klassischen Konzerten und liebten auch Theaterbesuche. Es kam nie Langeweile auf, und auch das Studium benötigte viel Energie. Langsam wurden die Zukunftspläne immer konkreter. Marga überlegte schon einige Zeit, ob sie im Schulbereich am richtigen Platz war, fand aber keine Alternative. Es tröstete sie der Gedanke, dass sie noch ein wenig Zeit für diese Entscheidung hätte.

Durch Zufall bekam sie das Angebot, in einer Theatergruppe mitzuwirken. Sie sah es als ganz neue Erfahrung, da sie ansonsten eher die Öffentlichkeit scheute. Am Anfang fiel es ihr noch schwer, die kritischen Blicke der Mitspieler und die manchmal doch sehr harten Anweisungen der Regie, als positive Kritik zu sehen. Doch sie wurde immer unbefangener, und es machte ihr Spaß, in verschiedene Rollen zu schlüpfen. Als sie einmal ein paar Vorschläge zu den Kostümen unterbreitete, bat man sie, ihnen mit ihrem Geschick und ihren Ideen auszuhelfen. Man schätzte ihre Talente, und es gab von allen Seiten Komplimente. Noch nie hatte sie sich so motiviert und anerkannt gefühlt. Sie kam mit fast allen sehr gut aus, obwohl sie noch nie mit so unterschiedlichen Menschen zu tun hatte. Michael, der Hauptdarsteller, war ein verträumter junger Mann, dessen Eltern ihn aber zum Jurastudium zwecks späterer Kanzleiübernahme gezwungen hatten. Der Regisseur war schon um die 40 und hatte außer dieser Gruppe auch hauptberuflich im Theater seine Berufung gefunden. Er hatte ein dominantes Auftreten, und mit präziser Sicherheit, wusste er immer genau, was er wollte. Er forderte dies auch von seinen Schauspielern ein. Manchmal war er fast zu autoritär, aber wenn die Probe vorbei war, konnte er ganz entspannt und freundlich sein. Nur sein Wechsel an Freundinnen war sehr hoch, da er es mit der Treue nicht so genau nahm. Für ihn gab es keine, die ihm seine Freiheit nehmen durfte. Er lebte für die Kunst und, wie er sich ausdrückte, für die freie Liebe.

Die Autorin des Stückes hieß Waltraud und war keine von seiner Sammlung, da sie, wie sie gleich anfangs Marga erzählte, nur an Frauen interessiert war. Marga wusste zuerst nicht, wie sie auf dieses Geständnis reagieren sollte, bemerkte aber bald, dass daraus kein Geheimnis gemacht wurde, sondern Waltraud ganz offen dazu stand. Oft kam auch Bernadette ihre Freundin zur Probe, und ungeniert küssten sie sich dann und wann in der Öffentlichkeit. Es war Marga manchmal ein wenig unangenehm, und verlegen sah sie dann zur Seite. Der Rest war eine bunte Truppe von verschiedensten Persönlichkeiten. Rosi, die Verheiratete mit drei Kindern, Bernd, der Medizinstudent, und Angela war gerade frisch geschieden und suchte eine neue Herausforderung. Martha war eine nicht allzu ambitionierte Mathematiklehrerin, Franz seit drei Jahren in Pension und früher Volksschuldirektor, Britta war eine Friseurin, Helga und Rainer waren ein Musikerpaar, die auch beruflich miteinander konzertant auftraten, und Oliver war sehr umweltbewusst, der schon einige Male in Indien war, aber sich noch für keine Lebensweise entscheiden konnte. Dazu kamen viele andere grundverschiedene, aber sehr offene Persönlichkeiten, die dieser Theatergruppe angehörten.

Am Tag der Premiere kam dann auch Richard, der zwar, wie er es Marga deutlich sagte, für diesen Unsinn nicht viel über hatte, aber ihr zuliebe sie mit seiner Anwesenheit unterstützen wollte. Marga war schon sehr aufgeregt, wie er und auch ihre Freundinnen auf das Stück reagieren würden. Nach anfänglicher Unsicherheit kam sie sehr schnell in ihre Rolle und begeisterte das Publikum. Während der ganzen Vorstellung kam es zu keiner unangenehmen Störung, und alle Schauspieler gaben ihr Bestes. Es war ein beglückendes Gefühl die fröhlichen Gesichter im Publikum zu sehen und deren begeisterten Applaus aufzunehmen. Immer wieder mussten sie sich verbeugen und strahlten sich gegenseitig an. Nachdem der Vorhang gefallen war, umarmten sie sich hinter der Bühne vor Freude an der gelungen Vorstellung. Die wochenlangen Proben hatten sich bezahlt gemacht. Mit glühenden Wangen eilte Marge zu ihren Freunden, um anschließend mit ihnen zur Premierenfeier zu gehen.

Alle waren in bester Stimmung, und die reservierte Gaststätte war belebt von allen Theaterbeteiligten, deren Angehörigen und Freunden. Richard war stolz auf seine Freundin, und Marga beeilte sich, allen ihre Freunde vorzustellen. Alle unterhielten sich sehr angeregt und entspannt, und immer wieder hörte man von allen Seiten fröhliches Lachen.

Mitten in der ausgelassenen Stimmung, erhob der Regisseur sein Glas und bat um eine kurze Aufmerksamkeit. »Ich bedanke mich bei euch allen für eure Geduld und Ausdauer bei den Proben und die vielen Stunden die ihr dafür geopfert habt.« Zufrieden sah er in die Runde und voll des Lobes fuhr er fort. »Ihr wart alle wunderbar, es war eine sehr gelungene Vorstellung, ihr habt meine Anerkennung. Wir wollen aber auch nicht vergessen, dass ein besonderer Applaus unserer erfolgreichen Autorin dieses Stückes gilt.« Sein anerkennender Blick wandte sich nun Waltraud zu.

Fast ein wenig unsicher erhob sich die junge Frau, und alle klatschten begeistert Beifall. Auch Richard hob das Glas mit anerkennendem Blick, erstarrte aber wenige Sekunden später, um sich mit einem eisigen Gesichtsausdruck wieder schnell zu setzen. Bernadette erhob sich zu Waltraud, umarmte sie fest und belohnte sie mit einem innigen, lang andauernden, nicht an Intensität minder werdenden Kuss. Angewidert verfolgte Richard diese Szene. Den ganzen Abend wich er dann den beiden bewusst aus, und zum Abschied verweigerte er deren Hand.

Zu Hause angekommen hatten Marga und er einen fürchterlichen Streit. Er nannte Waltraud und ihre Freundin ekelige Feministinnen ohne moralische Werte, und er wolle nicht, dass seine zukünftige Frau mit solchen Personen Umgang hätte. Er verbiete es ihr. Der ruhige, sonst so besonnene Richard wollte sich nicht mehr beruhigen. Marga sah hilfesuchend ihre Freundinnen an, doch auch diese fanden keine positiven Worte.

»Männlich und weiblich muss sich ergänzen, da man sonst in keine höhere Ebene kommt. So etwas gehört therapiert - am besten mit einer Rückführung«, meinten sie.

Marga war innerlich total zerrissen und verunsichert. Sie konnte nichts Böses an der Liebe der beiden erkennen und fühlte sich ihren Freunden sehr fremd. Vielleicht hätten sie es nicht so öffentlich zeigen sollen, aber ansonsten fand sie, eigentlich sei es deren Angelegenheit.

»Abartig ist das!«, schrie ihr Freund. »Mit ihren Perversionen verhöhnen solche Frauen die moralischen Werte, die unsere Gesellschaft lebt und anerkennt.« Seine Stimme überschlug sich fast.

»Du kommst in eine schlechte Schwingung, wenn du dich mit denen umgibst«, sagten ihre Freundinnen.

Richard, der ansonsten nichts von ihren esoterisch angehauchten Freundinnen hielt, war nun froh, Unterstützung zu bekommen. Es war ein hässlicher Ausklang dieses so wunderbar begonnen Abends.

Am nächsten Morgen verabschiedeten sie sich noch immer im Streit, da Marga nicht bereit war, die Theatergruppe zu verlassen. Richard fuhr wütend nach Hause, und Marga spürte, dass sie nie mehr so unbefangen mit ihren Freundinnen zusammen sein konnte, wobei sie sich nicht mehr sicher war, ob sie noch weiter befreundet sein wollte. Was ihren Freund betraf, so war es für sie nun klar, dass sie ihn niemals heiraten könne - doch das, würde sie ihm zu einem späteren Zeitpunkt in Ruhe mitteilen. Nun war nicht der richtige Augenblick gewesen. Es erschien ihr als unmöglich, die Frau eines solch intoleranten Mannes zu werden. Niemandem stand es zu, solch verletzende Beurteilungen über gleichgeschlechtliche Liebe zu fällen. Ihren Eltern wollte sie von dem Streit nichts erzählen. Sie spürte, dass sie wohl ähnlich wie Richard denken würden, und sie hatte keine Lust, auch noch mit ihnen Schwierigkeiten zu bekommen.

Bei der nächsten Theaterprobe erwähnte sie bei niemandem die heftige Auseinandersetzung mit ihren Freund, aber es kam ihr so vor, als wenn Waltraud sie immer genau beobachten würde. Vielleicht hatte sie doch die ablehnende Reaktion von Richard bemerkt.

KAPITEL 9 - DIE HOCHZEIT VON ELEONORAS MUTTER

Eleonora war glücklich über die unerwartete Verlängerung ihres Studiums in England. Als Suzan davon erfuhr, war sie ebenso begeistert und Samantha befand dies als große Chance für ihre Beziehung. Für Eleonora war es nun noch mehr Ansporn, und sie lernte mit noch mehr Ehrgeiz für die bevorstehenden Prüfungen. Sie konnte es auch gut überwinden, dass eine Studienkollegin, mit der sie sich eigentlich immer gut verstand, seit ihrem offenen Bekennen zu Samantha, mit ihr nicht mehr sprach. Zuerst wollte Eleonora sie noch um ein Gespräch bitten, aber Suzan riet ihr davon ab, da dies nur unnötigen Wirbel verursachen würde. So stürzte sie sich mit Begeisterung auf das Lernen, und ihr Einsatz wurde am Ende des Jahres mit sehr guten Noten belohnt.

Samantha war bei einer Zeitung als Journalistin tätig, und ihre Arbeit erforderte viele Recherchen, hohen Arbeitseinsatz und brachte nur wenig Gehalt ein. Sie wusste aber um ihr Ziel, und daher war sie ehrgeizig bei der Sache. Als man über die Sommermonate eine Praktikantenstelle ausschrieb, setzte sie sich für Eleonora tatkräftig ein. So kam es, dass Eleonora die Chance bekam, über dem Sommer bei der Zeitung zu arbeiten. Die beiden waren sehr glücklich, da sie nun die Aussicht hatten, den ganzen Sommer gemeinsam zu verbringen. Die Wohnung von Samantha war zwar klein, aber sehr gemütlich ausgestattet. Es war für Eleonora ein aufregender Gedanke, viele Wochen mit der geliebten Freundin zusammenzuleben.

Als sie dann kurz vorher zur Hochzeit ihrer Mutter fuhr, war diese von den Ferienwünschen ihrer Tochter nicht sonderlich begeistert. Da sie aber von deren Beziehung zu Samantha nichts wusste, stimmte sie trotzdem den Plänen der Tochter zu - nicht zuletzt auch deshalb, da sie mit der Einrichtung des neuen Hauses beschäftigt war.

Für den Partner ihrer Mutter konnte Eleonora nicht viel Sympathie empfinden. Er war gekünstelt freundlich, aber es war spürbar, dass er kein Interesse an ihr hatte. Sie war eben das Anhängsel der Mutter, das er nun großzügig unterstützen musste. Der Rest seiner Verwandtschaft musterte sie mit Neugierde, da sie niemanden kannten, der in England studierte. Sie behandelten sie fast wie einen kleinen Star, und es amüsierte Eleonora ein wenig.

Es waren überraschend viele Gäste eingeladen. Von der eigenen Verwandtschaft kam auch Tante Lore, die Schwester ihrer Mutter, die, wie es ihre Art war, überall ihre Hilfe anbot. Geschickt koordinierte sie ankommende Gäste in den festlich geschmückten Garten, wo ein dekoratives Buffet aufgebaut war. Ein kleiner Chor gab sein Bestes und wurde musikalisch von einem Quartett, bestehend aus zwei Geigen, einem Cello und einer Querflöte, begleitet. Tante Lore war eine begeisterte Musikerin, und mit ihren Kontakten war es für sie eine Leichtigkeit, eine gute Gesangsgruppe und ausgezeichnete Instrumentalisten zu bekommen. Angenehme musikalische Klänge empfingen so die Eingeladenen und verkürzten geschickt die Zeit bis zur Trauungszeremonie.

Mit einem schrillen Schrei der Freude wurde Eleonora von ihrer Patentante begrüßt. Ein Jahr lang hatten sie sich nicht mehr gesehen, was die darauffolgende genaue Begutachtung ihrer Tante erklärte. Es fiel ihr sogleich auf, dass ihr Patenkind ein Strahlen in den Augen sowie einen stolzen, weiblichen, hüftbetonten und selbstbewussten Gang hatte. Ganz anders hatte sie sie in Erinnerung, als Eleonora sich vor einem Jahr verabschiedet hatten. Sie war sehr froh, dass es ihrer Nichte in London augenscheinlich so gut ging. Auch Eleonora freute sich, Tante Lore zu sehen, da sie sich eigentlich ihr immer sehr nahe gefühlt hatte. In der vergangenen schweren Zeit versuchte ihre Tante, bei der Schwester für sie zu intervenieren, doch diese verbot ihr die Einmischung und zwang sie zum tatenlosen Zusehen. Wie hatte sie damals mit ihr mitgelitten und konnte das Verhalten der Schwester nicht verstehen. Es gab daher ein stilles Verstehen zwischen den beiden, und auch jetzt konnten sie sich ohne Worte verständigen. Lore spürte die Lebendigkeit ihrer Nichte und freute sich für sie - in der Ahnung, dass diese nun ihren Weg gefunden hatte. Ein wenig Schadenfreude empfand sie auch beim Gedanken an ihre Schwester, die von all dem nichts ahnend, die beiden lächelnd betrachtete.

Onkel Harald, der Bruder ihrer Mutter, kam mit seiner ganzen Familie stolz als Familienoberhaupt vorangehend mit einem Trachtenanzug farblich abgestimmt zum Trachtenkleid. Auch seine streng blickende Ehefrau und die restliche Familie kam im festlich ländlichen Kleide. Dies war nun der Augenblick, in dem Eleonora es schnell vorzog, nach kurzer Begrüßung die Flucht in das Haus anzutreten. Aber es nützte nichts, der Onkel versperrte ihr den Weg, um ihr prüfend in die Augen zu sehen. Er war damals maßgebend an den Verboten und den regelmäßigen Therapiestunden beteiligt. Seine Frau, eine verbitterte Kindergartenpädagogin, sah sogar die Schuld bei ihrer Schwägerin, da deren partnerloses Leben dem Kinde keine väterliche Orientierung gab. Sie kamen sogar ernsthaft mit dem Vorschlag, Eleonora bis zur Matura, wenn notwendig auch länger, bei sich aufzunehmen, um sie im Schoße der Familie auf den richtigen Weg zu bringen. Der Vorschlag war aber von der Mutter auf das Schärfste zurückgewiesen worden, und Onkel Harald hatte sich daraufhin beleidigt zurückgezogen. Nun war das Ehepaar zufrieden, da die heutige Eheschließung der Tochter endlich den richtigen Weg weisen würde.

»Was macht das Studium?«, fragte er mit barscher Stimme. »Hast du schon gute Kontakte geschlossen?«

Mit einigen mühsam freundlichen Sätzen berichtete Eleonora dem strengen Onkel vom Studienerfolg, von der bald angehenden Praktikumsstelle und den vier weiteren Semester in London. Da er mit den Plänen zufrieden war, ließ er sie gnädig in das Haus verschwinden.

Es war groß, viel grösser als sie es sich vorgestellt hatte. Zwei Stockwerke mit unzählig vielen Zimmern, große Balkone, die zum Verweilen einluden, ein riesiges Wohnzimmer, ein ebenso geräumiges Speisezimmer, eine moderne, kaum genutzte Küche, eine weitreichende Terrasse umgeben von vielen Rosenbäumchen, ein großes Schlafzimmer, ein Arbeitszimmer, mehrere Gästezimmer und ein wunderschönes Erkerzimmer im obersten Stock, verbunden mit einem großzügigen Badezimmer. Dies sollte, wie man ihr bei ihrer Ankunft mitteilte, nun ihr Reich sein. Sie erkannte in einigen Kisten, die zum Auspacken bereit standen, ihre alten Habseligkeiten aus ihrem ehemaligen Zimmer. Die Wand war in einem zarten Beige gestrichen, und die Bettdecke hatte den gleichen Farbton, wurde aber noch mit zarten Blumenmotiven verschönert. Ein großer, dunkelblauer Teppich setzte einen farblichen Akzent zum hellen Parkettboden, und die blauen Vorhänge gaben dem Raum etwas Kühles, fast Unangenehmes. Es fröstelte Eleonora ein wenig, sie konnte sich nicht vorstellen, dies alles als ihr zukünftiges Zuhause zu sehen. Sie fühlte sich fehl am Platz und hatte auf einmal große Sehnsucht nach Samantha. Wie schön wäre es jetzt, von ihr in den Arm genommen zu werden, ihren Duft wahrzunehmen und ihre für Eleonora schon so vertraute Stimme zu hören. Schmerzhaft verspürte sie ihre Einsamkeit, und die Tränen rannen ihr über die Wangen.

»Kind wo bleibst du?« Mitten in ihrer Traurigkeit vernahm sie nun das Rufen der Mutter, die zur Eile drängte, da sie in die Kirche mussten.

Rasch wischte Eleonora sich die Tränen aus dem Gesicht und eilte die Treppen hinunter. Es war für sie eigenartig, dass ihre Mutter sowohl standesamtlich als auch kirchlich heiratete. Sie fand, dass es im kleinen Kreise beim Standesamt genügt hätte.

In der Kirche drängten sich alle auf ihre Plätze, und kaum saßen sie, ertönte die mächtige Orgel. Fast angsteinflößend empfand Eleonora den dröhnenden Klang der Orgel. Unbarmherzig ertönte fast zehn Minuten das Spiel der eifrigen Organistin. Dann wurde das Spiel unterbrochen und die sanften Töne des ›Ave Maria‹ von Schubert erschallten. Ein kräftiger Sopran erklang und bekam sofort die ganze Aufmerksamkeit der Hochzeitsgesellschaft. Mit viel Gefühl und dennoch kräftiger Stimme erfüllte der Gesang die Kirche. Einige ältere Damen benötigten schon jetzt ihre Taschentücher, aber auch die jüngeren waren davon nicht unbeeindruckt.

Nun schritt langsam Eleonoras Mutter zum Altar, und ein langes, ihre Figur umspielendes, winterweißes Kleid mit zarter Stickerei sowie ein kleiner graziöser Schleier, gaben ihr ein edles Erscheinungsbild. Sie war sehr anmutig, und man sah ihr das Alter nicht an. Ihr Zukünftiger wirkte fast ein wenig derb an ihrer Seite. Er war von großer Gestalt, die fast ein wenig ungeschickt wirkte. Seine dunklen Haare waren schon von leicht gräulichen Schläfen umrandet, sein Blick hatte etwas Scharfes und gleichzeitig Kühles. Die blauen Augen wurden von einer dunklen Brille umrandet und gaben dem Gesicht ein sehr strenges, aber doch müdes Aussehen. Sein schwarzer Anzug saß eng und erlaubte keine zu heftigen Bewegungen.

Eleonora verstand ihre Mutter immer weniger. Sie konnte sich nicht vorstellen, dass das der Mann war, den ihre Mutter liebte. War es ihretwegen? Wollte die Mutter allen beweisen, dass alles bei ihnen in Ordnung war und sie eine normale Familie waren. Oder war es wegen des Geldes? Denn davon hatte er anscheinend genug. Eleonora versuchte, sich auf die Zeremonie zu konzentrieren, aber sie hatte irgendwie das Gefühl, nicht mehr zu ihrer Mutter und der ganzen Familie zu gehören.

Sie war froh, als alle wieder im Garten waren, wo nun in der Zwischenzeit eine festliche Tafel aufgebaut wurde. Das Essen war hervorragend, und alle genossen es. Es wurde getanzt und gelacht, man hatte das Gefühl, dass es für alle ein gelungenes Fest war.

Spät in der Nacht saß sie dann noch ein wenig mit ihrer Mutter zusammen. Diese wirkte angespannt, der Tag war lange und anstrengend gewesen.

»Dein Kleid war wunderschön, und ich wünsche dir alles Gute für deine Partnerschaft.« Eleonoras Stimme klang trotz Bemühungen ein wenig kratzig. »Das Zimmer gefällt mir auch sehr gut, aber leider kann ich meine Sachen nicht auspacken, da ich morgen schon wieder zurückfliegen muss. Du weißt ja, in ein paar Tagen beginnt mein Praktikum bei der Zeitung. Vielleicht lässt du alles in den Kisten, ich räume meine Sachen ein anderes Mal ein.«

Unsicher sah sie ihre Mutter an und bemerkte wie Roman den Raum betrat. Sein Eintreten war ihr unangenehm, sie wollte lieber auf ihr Zimmer und hatte keine Lust mehr auf ein Gespräch. Er legte seine Hand auf die Schultern seiner Frau und versuchte ein Lächeln. Man sah ihm aber an, dass er keine wirkliche Sympathie für die Tochter empfand.

»Es ist schon spät. Wir werden dich morgen früh zum Flughafen fahren. Dein Zimmer werde ich dann in den nächsten Tagen für dich einrichten. Gebe dein Bestes beim Praktikum, und melde dich regelmäßig. Nun wollen wir aber alle zu Bett gehen, der Tag war lang.« Mit diesen Worten erhob sich die Mutter, strich Eleonora noch kurz über die Wange und beendete somit das Gespräch. Schnell stand Eleonora auf, wünschte den beiden eine gute Nacht und ging rasch in ihr Zimmer.

Als sie sich gewaschen und für die Nacht zurechtgemacht hatte, öffnete sie das kleine Erkerfenster und schaute in die klare Sommernacht. Alles war nun anders, nichts erinnerte mehr an das vergangene Leben. Ein großes Haus, eine ungewohnte Umgebung und ein ihr völlig fremder Mann an der Seite ihrer Mutter. Sie konnte seine Ablehnung ihr gegenüber sehr wohl spüren, niemals würde Roman ihr vertraut werden. Er konnte kein Vater für sie werden. Wie konnte sich ihr Leben in den letzten beiden Jahren so sehr verändern? Sie war froh, dass die Mutter mit ihren Ferienplänen einverstanden war. Es wäre für sie unerträglich gewesen, den ganzen Sommer hier zu verbringen. Sie legte sich auf das Bett aber sie konnte nicht einschlafen. Kaum geschlafen, fuhr sie schon früh zum Flugplatz und erleichtert saß sie wenig später im Flieger und ließ Wien hinter sich.

KAPITEL 10 - MARGAS NEUES LEBEN

Es war im Moment alles sehr kompliziert. Marga wusste, dass sie eine Entscheidung treffen musste. Aber zugleich waren jetzt auch die Endprüfungen, und auch die Diplomarbeit nahm sehr viel Zeit in Anspruch. Marga hatte alle Vorstellungen mit der Theatergruppe genossen, für ihre Freundinnen hatte sie jedoch kaum mehr Zeit. Einmal hatten sie noch eine rege Diskussion über gleichgeschlechtliche Liebe, die Marga sehr nachdenklich machte. Ihre Freundinnen zeigten ihr in diversen Büchern, dass immer nur Frau und Mann vereint in eine höhere Bewusstseinsstufe gelangen konnten. Alles andere müsste in Ordnung gebracht werden, da man bei der Inkarnation sich noch nicht rechtzeitig von der alten Hülle trennen konnte, die Erinnerung an das damals gelebte Geschlecht noch zu stark einwirkte.

Aufgeregt redeten sie auf sie ein und beschworen sie, Abstand von solchen sexuellen Neigungen zu nehmen. Alle ihre hellseherischen Fähigkeiten würde sie ansonsten verlieren, könnte nicht mehr weitere Einweihungen bekommen. Sie hatten alle zusammen eine Reiki-Ausbildung gemacht, und eigentlich wollten sie im Sommer die dritte Einweihung bekommen, aber unter diesen Umständen könnten die Freundinnen nicht mehr mit ihr weiter die Ausbildung besuchen. Marga verstand die ganze Aufregung nicht. Sie empfand die Liebe von Waltraud und Bernadette als völlig in Ordnung. Sie sah wie respektvoll und liebevoll die beiden miteinander umgingen, jede für die andere da war und sie in ihren Träumen unterstütze. Als man ihr dann auch noch vorwarf, sich immer mehr unweiblich zu präsentieren, reichte es Marga. Sie hatte keine Lust mehr auf solch eine unproduktive Unterhaltungen. Diese angeblichen Spirituellen nervten sie, und sie verspürte keine Lust mehr, sich länger mit dieser Gruppierung zu treffen.

Sie ging in die Buchhandlung und versuchte in der esoterischen Literatur, Bücher über dieses Thema zu finden. Doch in den Büchern fand man einheitlich negative Stellungnahmen. Einige sprachen sogar von dem Verlust von sensitiven Wahrnehmungen und Begabungen. Man wies immer wieder darauf hin, dass nur die Vereinigung zwischen männlichen und weiblichen Wesen in höhere Bewusstseinsebenen führen könnten. Man konnte sogar lesen, dass es bei der körperlichen Liebe zwischen zwei Frauen zu aufgestauten, nicht frei fließenden Energien kommt, die letztendlich zu schweren Erkrankungen führen. Die Aura würde sich negativ verändern, sie würde Risse bekommen und geschwächt werden. Man bezeichnete es schließlich als ungesund und empfahl durch eine Rückführung diese Verwirrung aufzulösen. »*Wir wechseln immer wieder unser Geschlecht in den verschiedenen Leben, um aus allen Perspektiven zu lernen, da kann es schon einmal vorkommen, dass der Wechsel zu schnell vollzogen wird und wir verwirrt sind.*« So und ähnlich lauteten alle Erklärungen.

Marga war verwirrt. Sie konnte sich mit diesen Aussagen in keinster Weise identifizieren. Sie hatte schon so viel gesehen, so viel auf astralen Ebenen erlebt, sie konnte sich nicht vorstellen, dass ehrliche Liebe, solch negative Konsequenz hätte. Außerdem konnte sie in letzter Zeit immer stärker die Aura von anderen wahrnehmen. Die Verletzungen, die sie im

Aurabereich feststellte, waren bei sogenannten schnell sexuell wechselnden Partnern zu sehen. Bei Waltraud und Bernadette konnte sie nie irgendeine diesbezüglich negative Auswirkung sehen. Ganz im Gegensatz zum Regisseur der Theatergruppe, der einige Verletzungen durch seine ewigen, meist überschneidenden Liebesaffären aufwies. Sie entdeckte immer mehr, dass die Autoren dieser Bücher nur mit der Theorie aber nicht mit der Praxis der Wahrnehmungen vertraut waren. Auch ihre Freundinnen wollten die Fähigkeiten besitzen, konnten aber bei den meisten Themen nur theoretische Erfahrungen vorweisen. So beschloss sie, dass Thema ein wenig zur Seite zu legen, um sich nun in Ruhe um ihre Diplomarbeit und ihre Beziehung zu kümmern.

Letzteres erforderte nun immer mehr eine Klärung, da Richard immer öfter über die Zukunftsplanung reden wollte. Hatten anfangs ihre Eltern der Beziehung nicht so viel Beachtung geschenkt, so hatte sich dies im letzten Jahr gewandelt. Ihr Vater empfand ihn als gute Partie. Man sah an seinem Verhalten, dass er erleichtert war, dass seine eigenwillige, überkritische und rebellische Tochter, deren Denkweise für ihn noch nie nachvollziehbar war, bald versorgt war, wie er sich ausdrückte. Auch ihre Mutter hatte sich nun mit dem Gedanken angefreundet, außerdem wollte sie sich finanziell nicht mehr einschränken und war froh, dass die Tochter nun mit dem Studium fertig wurde, und die ganze Last dadurch von der Mutter genommen wurde. Außerdem sollte ihre Tochter endlich einmal sehen, wie man ein Leben mit der Verantwortung einer Ehefrau und Mutter leben musste. Es war also nicht mehr so einfach, aus dieser Beziehung auszusteigen.

An einem Wochenende, als Richard zu Besuch war, kam es wieder einmal durch Kleinigkeiten zum Streit. Sie hatte es so satt, immer die gleichen endlosen Diskussionen über sich ergehen zu lassen. Seit Richard im Berufsleben stand, wurde er immer herrschsüchtiger und dominanter. Sein Ehrgeiz wurde immer verbissener, und er befand sich mit allen Arbeitskollegen im Konkurrenzkampf. Mit niemandem konnte er sich anfreunden, war kritikunfähig und wurde in seiner Denkweise immer konservativer.

»Wir müssen nun endlich den Hochzeittermin fixieren. Mutter meinte, am besten sei es noch um den Herbstbeginn, da können wir noch im Garten feiern«, zufrieden sah Richard sie an.

»Aber ich möchte doch im Herbst in einer Schule beginnen, das ist mir dann viel zu stressig«, entsetzt wehrte Marga den frühen Termin ab.

»Wo ist das Problem?« Er verstand nicht was Marga wollte. »Vorerst ist doch die Kinderplanung vorrangig, und auch Mutter meinte: gleich die Kinder hintereinander kriegen, dann haben sie mehr voneinander. Beruflich ist doch vorerst kein Thema, wir können dann in ein paar

Jahren, wenn die Kinder größer sind, darüber nachdenken. Keine Sorge, ich verdiene genug, und das Elternhaus wird ausgebaut.« Stolz richtete er sich auf und sah Marga erwartungsvoll an.

»***Neeein!***« Marga schrie mit voller Stimme.

Völlig überrascht reagierte Richard auf ihren Gefühlsausbruch. Sie konnte nicht mehr. Alles Aufgestaute machte sich mit Schreikrämpfen Luft. Sie fühlte sich so unverstanden, so ungeliebt. Und dann konnte er ihren Redeschwall nicht mehr abstoppen. Sie redete über alles, das sie schon seit Jahren gelähmt hatte. Nichts verschwieg sie mehr, stundenlang erklärte sie ihm ihre Empfindungen, teils mit Tränen, teils mit Wutausbrüchen begleitet. »Ich kann dich nicht heiraten. Ich will kein liebloses Leben mit einem selbstgerechten Mann an meiner Seite führen. Ich bin auch nicht bereit, meinen Beruf nicht auszuüben, nur um dich zu bedienen und mich dir unterzuordnen. Ich werde mein Leben selbst bestimmen und mich nicht immer von anderen bestimmen lassen. Wenn ich einmal Kinder habe, sollen sie zur Toleranz erzogen werden, nicht von Vorurteilen geprägt sein. Ich will die Liebe erleben, nicht Gleichgültigkeit und Machtkämpfe. Ich will leben!« Mit diesen Worten beendete sie erschöpft.

Er verstand überhaupt nichts mehr. Nach Stunden ging er resignierend und wissend, dass es kein Zurück mehr gab.

Marga saß noch eine Weile auf dem Sofa. Tief atmend versuchte sie, sich zu beruhigen. Es war nun ganz still in der Wohnung. Während des Streites hatten die Nachbarn einige Male an der Wand geklopft - verärgert wegen des ungewohnten Lärmes. Marga konnte das Pulsieren des Herzens in den Ohren wahrnehmen. Langsam sah sie sich im Raum um. Alles schien unverändert. Sie strich das Sofa glatt, wo gerade noch ihr Ex-Freund saß. Ganz fest und entschlossen glättete sie die Stelle. Sie hatte das Gefühl ihm aus ihren Leben zu streichen. Es breitete sich in ihrem Körper eine angenehme Wärme aus, und ein großes Gefühl der Erleichterung und Freiheit überkam sie. Sie war nun frei, bereit für ihr neues Leben. Keine Trauer, kein Bedauern schlich sich im Herzen ein, sondern eine innere Ruhe und Stolz über ihren Mut und ihre Entschlossenheit. Sie war nun bereit ihr Leben zu planen. Sie konnte nun ganz alleine entscheiden, wie es weitergehen würde. Alles war offen. Sie konnte nun über ihre Zukunftspläne nachdenken.

Am nächsten Morgen war sie bereit, ihre Eltern anzurufen, um ihnen von der Trennung zu berichten. Gerade wollte sie mit großem Unbehagen die Nummer wählen, als das Telefon klingelte. Es war ihre Mutter. Ihr Ton war hart und unbarmherzig, von Anfang an wurde sie mit Vorwürfen bombardiert. Die Mutter teilte ihr mit, dass Richard ihr zuvorgekommen war und ihnen alles mitgeteilt hatte.

»Wir sind entsetzt über dich, wie unreif bist du eigentlich?« Ihre Stimme klang schrill, und sie setzte mit einem weinerlichen Unterton fort. »Wir haben hart gespart, dir eine Universitätsausbildung ermöglicht und dich gut auf das Leben vorbereitet, und nun möchtest du dein Lebensglück so einfach opfern!« Sie ließ ihre Tochter nicht zu Wort kommen, sondern ihr Ton wurde noch eindringlicher und härter. »Richard hat uns mitgeteilt, mit welchen Leuten du derzeit verkehrst und dass es dir im Moment an moralischen Werten fehlt. Anscheinend hast du zum gegenwärtigen Zeitpunkt keine Glaubenswerte und soziale Vorstellungen mehr, und es macht dir offensichtlich Spaß, die Menschen, die dich lieben, vor den Kopf zu stoßen und zu demütigen.« Nun begann sie auch noch zu weinen und gab Marga keine Chance zu widersprechen. »Wir sind von dir so fürchterlich enttäuscht, und du kannst von Glück reden, dass Richard noch immer bereit ist, dich zu heiraten. So einen Mann findest du nicht mehr, und ich erwarte mir von dir, dass du dich unverzüglich bei ihm entschuldigst. Du kannst nur froh sein, dass er seinen Eltern nichts von dem Gespräch mitgeteilt hat. Die haben ja keine Ahnung, wen sie sich da ins Haus holen.« Sie lachte nun schrill und gekünstelt auf. Marga kam nicht dazu, ihre Gefühle zu erklären, sofort wurde sie immer wieder unterbrochen und mit neuen Vorwürfen konfrontiert. »Werde endlich erwachsen und übernimm die Verantwortung für deine Handlungen! Wir sind deiner rebellischen Art müde.«

Als ihre Mutter einmal tief Luft holte um ihren Monolog fortzusetzen, unterbrach Marga sie. »Es ist mein Leben, und ich werde mich bei niemandem entschuldigen! Ihr müsst es akzeptieren, und ich bin zu keinem Gespräch mehr bereit. Lasst mich doch alle in Ruhe!« Sie hörte noch, wie ihre Mutter zu neuen Vorwürfen aushole und beendete daher ohne weiterer Erklärung das Gespräch. Danach legte sie den Hörer auf, um ihn anschließend neben das Telefon zu legen. Nun war sie nicht mehr erreichbar! Sie war nicht mehr bereit, sich ihr Leben von anderen bestimmen zu lassen. Tief atmend setzte sie sich, und es fühlte sich gut an.

KAPITEL 11 - EIN SOMMER MIT SAMANTHA

Es war ein wunderschöner Sommermorgen, die Vögel kündigten mit fröhlichem Gesang einen warmen mit vielen Sonnenstunden erfüllten Tag an. Es roch nach der Frische des gemähten Rasens, und ein wolkenloser Himmel lud zur Fröhlichkeit und Unbeschwertheit. Suzan und Eleonora nahmen für die nächsten Wochen voneinander Abschied. Es war so viel Vertrautheit zwischen ihnen, dass es beiden ein wenig schwer fiel. Sie versprachen miteinander, regelmäßig zu telefonieren, um sich auf dem Laufenden zu halten. Suzan wollte den Sommer bei ihrer Großmutter in Irland verbringen, um dort in deren Hotel ein wenig auszuhelfen. Sie freute sich schon sehr darauf, da sie auch in ihrer Kindheit viele Sommer bei den Großeltern verbracht hatte. Sie liebte die endlose Weite der irischen Landschaft und verstand sich mit der Mentalität der dort lebenden Menschen.

Eleonora wurde von Samantha abgeholt. Schnell wurde das Gepäck im Auto verstaut, um endlich gemeinsam in die ersehnten Wochen zu starten. Immer wieder sahen sie sich an. Eleonora war glücklich, aber sie hatte auch ein wenig Angst vor dem Praktikum. Sie wollte auf keinen Fall ihre Freundin durch ungeschicktes Verhalten blamieren. Sie hoffte, dass sie den Anforderungen gewachsen war. Samantha hatte die Wohnung auf Hochglanz gebracht und den Tisch wunderschön, romantisch gedeckt. Die ganze Wohnung war vom Duft des Parfüms erfüllt, und im Badezimmer hing ein Handtuch mit Eleonoras Sternzeichen. Der Tisch war mit wunderbaren Köstlichkeiten gedeckt, und sie genossen den gemeinsamen Brunch.

Als sie ihre Kleider im Schrank verstauten, fand Samantha, dass sie sich für die Arbeit vielleicht ein oder zwei Kleider besorgen sollte. Eleonora hatte in ihrer Garderobe hauptsächlich Jeans, die sie mit T-Shirts oder Pullover kombinierte. So kam es, dass sie gleich anschließend zum Shoppen fuhren. Im dritten Geschäft wurden sie dann endlich fündig, da sich die Suche als nicht so einfach gestaltete. Ein knallrotes Kleid begeisterte Samantha, und sie überredete ihre Freundin zur Anprobe. Eleonora war groß und schlank, aber mit ihren Jeans und weiten Pullovern betonte sie kaum ihre Figur. Dieses Kleid passte sich jedoch, wie eine zweite Haut ihrer Figur an, betonte mit einem weiten Ausschnitt ihren gutgeformten Busen und endete sehr weit oberhalb ihrer Knie. Sie war sich unsicher, aber das Blitzen in Samanthas Augen zeigte deren Begeisterung. Sie wollte noch ein wenig überlegen, aber der Reisverschluss klemmte, sodass sie ihre Freundin bat, ihr zu helfen. Diese kam in die Umkleidekabine, aber anstatt ihr aus dem Kleid zu helfen, umarmte sie diese sanft von hinten und umfasste ihre Brüste. Eine Woge der Leidenschaft erfasste Eleonora, und als Samantha immer fordernder wurde, gab Eleonora ihren Gefühlen nach. Stürmisch begegneten sich ihre Lippen, während Samantha langsam das Kleid nach oben schob, um sie in ihren intimsten Zonen sanft zu berühren. Die Lust wurde immer stärker, und ein Stöhnen begleitete ihre Empfindung.

Genau dieses Geräusch, veranlasste die Verkäuferin nach dem Rechten zu sehen. »Kann ich Ihnen helfen?«

Der scharfe, strenge Ton ernüchterte die beiden und sofort beendeten sie ihr Liebesspiel. Schnell ging Samantha aus der Kabine und erklärte der Verkäuferin, dass der Reisverschluss zuerst nicht funktionieren wollte, nun aber alles in Ordnung sei. Der skeptische, prüfende Blick machte Eleonora ein wenig Angst und schnell zog sie sich um. Währenddessen ging Samantha zur Kasse und bezahlte das Kleid. Kaum zu Hause angelangt, liebten sie sich mit einer Innig- und Heftigkeit wie noch nie zuvor. Es war ein immerfort währendes Aufflammen der Lust und Eleonora wünschte, es würde niemals enden.

Am nächsten Morgen gingen sie gemeinsam zur Redaktion, kurz vorher wurden aber noch einige Verhaltensregeln besprochen. Offiziell war nun Eleonora nur die Freundin der Cousine. Die Gefühle der beiden durfte keiner auch nur ahnen, da der Chef für diese Themen nicht aufgeschlossen war. Das hieß, vorsichtig sein und rein freundschaftlich miteinander verkehren. Mit unbehaglichen Gefühlen betraten sie das Gebäude. Der Chefredakteur war ein kleiner, etwas untersetzter Mittfünfziger, der sie mit festem Händedruck freundlich begrüßte. Eleonora durfte ihn bei seinem Vornamen nennen, und er freute sich, eine Praktikantin aus Österreich zu haben. Henrik war sehr geduldig und führte sie mit ruhiger Stimme in ihren Arbeitsbereich ein. Anfangs kamen nur schleppend Gespräche zu Stande, da die neuen Kollegen sie zwar neugierig musterten, aber sehr distanziert waren. Das restliche Team war im Durchschnitt um die Dreißig, eher verbissen und sehr konzentriert arbeitend. Sie hatte sich einen Zeitungsbetrieb immer locker und entspannter vorgestellt. Der Alltag hier war jedoch sehr hektisch und fordernd. Sie musste überall ein wenig einspringen und auch viele Botengänge erledigen. Am anstrengendsten jedoch war es, die Gefühle zu verbergen, da Samantha ihren Blicken bewusst auswich und nicht die kleinste Geste der Vertrautheit zuließ. Sie verstand, dass ihre Freundin beruflich aufsteigen wollte, aber sie fühlte sich auch zurückgestoßen, und immer öfter kam auch die Eifersucht hoch, wenn sie sah, wie so mancher Kollege sich um ihre Samantha bemühte. So kam es, dass sie mit aufgestauten Gefühlen nach Hause kamen und sich manchmal schon im Vorraum mit Leidenschaft einander hingaben.

Mit der Zeit veränderte Eleonora immer mehr ihr Äußeres, betonte immer mehr ihre weiblichen Zonen und lief nicht mehr mit ihren geliebten Turnschuhen herum, sondern zeigte mit schicken, hohen Sandalen ihre schlanken, langen Beine. Dies wurde von Samantha mit großem Gefallen gelenkt, und anfängliche Unsicherheiten Eleonoras wurden durch die Aufmerksamkeit und Leidenschaft der älteren Freundin belohnt. Wie elektrisiert fühlte sie sich durch deren Berührungen, und heiße Wogen setzen ihren Körper in ewige Lust. Sie fühlte sich so stark zu ihr hingezogen, dass es schon fast schmerzte.

Die Wochen vergingen viel zu schnell, und sie wusste nicht, wie sie am College ohne Samantha leben sollte. Am Tage der Rückfahrt war es still im Auto. Keine der beiden verspürte Lust zum Sprechen, zu intensiv waren die Wochen, um jetzt so jäh in den alleinigen Alltag zu gehen. Aber das Studium musste fortgesetzt werden, da Eleonora keine qualifizierte Arbeitsmöglichkeit bei einem Abbruch hätte. Außerdem wollte Samantha auf keinen Fall, dass Eleonora ihre Ausbildung nicht fortsetzte, da ihr der Bildungsstatus der Freundin wichtig war.

Eleonora wurde von Suzan schon freudig erwartet, die ununterbrochen auf sie einredete. So vieles hatte sie zu erzählen, da sie sich zum ersten Male, so richtig verliebt hatte.

»Er heißt Fred, ist schon 25 Jahre und der süßeste Mann, den ich jemals gesehen habe!« Suzans Stimme überschlug sich fast vor Begeisterung. »Es hat bei uns beiden sofort gefunkt. Wir haben uns dann jeden Tag getroffen, und es war einfach wunderbar mit ihm. Ich bin mir so sicher: er oder keiner! Sieh nur, ich habe auch einige Bilder von ihm. Wie gefällt er dir?« Sie zeigte Eleonora stolz ein großes Foto von ihm.

Freundlich, fast ein wenig keck blickten seine blauen Augen, und blonde, fast struppige Haare umrandeten sein Gesicht. Er wirkte groß und hatte eine sportliche Figur, die er aber eher lässig zur Schau stellte.

»Er sieht wirklich sehr sympathisch aus.« Eigentlich hatte Eleonora überhaupt keine Lust auf dieses Gespräch. Sie wollte viel lieber an Samantha und die wunderschöne Zeit mit ihr denken. Aber sie wollte Suzan nicht verletzten.

»Sympathisch? Siehst du nicht, wie gut er aussieht? Seine wunderschönen Augen, sein liebliches Lächeln, seine super Figur? Er ist der absolute Traummann!« Suzan war nicht mehr zu bremsen.

Ein Wortschwall der Begeisterung ging über Eleonora, und sie musste nun unzählige Bilder betrachten und immer wieder beteuern, wie gut er aussah. Suzan war so glücklich und sprühte voll Energie, sodass ihr die Veränderung der Freundin zuerst nicht auffiel. Erst viel später, als sie sich wieder ein wenig beruhigt hatte, sah sie Eleonoras neue Garderobe. Ihr Blick fiel verwundert auf die neuen, femininen Kleider. Sie war irritiert, dass deren Kleidung nun so sexy war und nichts mehr an ihren ehemaligen legeren Studentenlook erinnerte. Sie wollte aber die Freundschaft nicht gefährden und daher schwieg sie.

Es folgten nun Wochen, die für Eleonora die reine Qual waren. Sie sehnte sich so sehr nach Samantha, und so manche Nacht, weinte sie sich in den Schlaf. Die beiden telefonierten zwar regelmäßig und schrieben sich auch Briefe mit sinnlicher Innigkeit, aber das alles konnte die Sehnsucht nicht stillen. Eleonora hatte sich ganz bewusst, sehr viele Vorlesungen eingeteilt und war daher manchmal bis spät in die Nacht mit der Arbeit beschäftigt, um sich ein wenig abzulenken.

Samantha war beruflich sehr stark eingeteilt, und so kam es, dass sie erst am 14. November wieder zu Eleonora kommen konnte. Eleonora hatte sich mit Suzan seit Tagen nach einem passenden Geburtstagsgeschenk für Samantha umgesehen. Der Tag des Treffens war nämlich Samanthas Geburtstag - aber sie fanden kein entsprechendes Geschenk. Mehr im Spaß machte ihr Suzan den Vorschlag sich doch selbst als Geschenk zu verpacken. Eleonora aber ließ dieser Gedanke nicht mehr los.

Sie versuchte, ein dementsprechendes Band zu bekommen. Nach aussichtsloser Suche jedoch, bat sie in einem Geschäft um Dekorationsmaterial. Man gab ihr ein endlos langes, breites und rotes Band, für das man keine Verwendung mehr hatte. Am Tage des Geburtstages probierten die beiden Mädchen ausgelassen, wie Eleonora als Geschenk verpackt aussehen würde. Schließlich einigten sie sich darauf, dass sie im roten Kleid sitzend, wie ein Paket, mit dem roten Band und mit Masche verschnürt auf ihre Freundin warten sollte. Suzan führte Samantha noch ins Zimmer, dann ließ sie die beiden alleine.

Als Samantha eintrat, sah sie zuerst verwundert auf die ihr so reizvoll angebotene Freundin. Dann aber ging sie langsam zu ihr und schaute sie lange, ohne ein Wort zu sagen eindringlich an. Eleonora fand es auf einmal nicht mehr angenehm. Der eigenartige Blick ihrer Freundin und deren Schweigen löste bei ihr eine Unsicherheit aus. Doch dann begann Samantha langsam und mit Bedacht, das Band zu lösen und nahm sich ihrer Freundin mit wachsender Begierde an. Sie hatte keine Lust, ihr die Gelegenheit zu geben, sich zu entkleiden, sondern sie befreite den ihr angebotenen Körper mit einer Forderung und Entschlossenheit, wie sie sich ihr noch nie genähert hatte. Zentimeter für Zentimeter eroberte sie den nun völlig willenlosen, nach ihr sehnenden Körper und brachte ihre Freundin mit immer heftigeren, intensiven Berührungen zur völligen Hingabe. Ein Zittern voll Ekstase brachte den Körper zum Schwingen, und sie holte alles nur Mögliche an Empfindungen aus Eleonora heraus, bis diese sich nur mehr schluchzend immer wieder und wieder mit ihr vereinte. Es war ein stundenlanges Liebesspiel, das die beiden füreinander entflammte, bis sie erschöpft, zitternd und kraftlos eng umschlungen einschliefen.

KAPITEL 12 - MARGAS START INS BERUFSLEBEN

Marga hatte sich in den letzten Monaten nur noch auf ihren Abschluss konzentriert, und die Mühen lohnten sich. Sie bestand ihr Studium mit Auszeichnung. Durch die Intervention des Regisseurs ihrer Theatergruppe, bekam sie für den darauffolgenden Herbst in einem Wiener Gymnasium die Zusage als Werk- und Zeichenlehrerin. Sie war unendlich erleichtert. Das Studium war nun vorbei, es begann der große Schritt in die Berufswelt und daher die langersehnte Unabhängigkeit vom Elternhaus. Die Eltern waren trotz erfolgreich absolvierten Studiums noch immer nicht bereit zum Einlenken und kamen daher nicht einmal zur Abschlussfeier. Richard hatte noch einige Male versucht, sie umzustimmen. Doch er hatte keinen Erfolg. Für Marga war die Beziehung vorbei, und sie war nicht an einer Weiterführung der Beziehung interessiert. Sie blickte nun vorwärts und war nicht mehr bereit, sich von anderen ihr Leben vorschreiben zu lassen. Es gefiel ihr der Gedanke, bald im Schulbereich tätig zu sein, und sie freute sich schon auf das Unterrichten. Den ganzen Sommer über spielte sie noch Theater, da die Truppe auch für Deutschland einige Aufführungen bekam. Es machte ihr noch immer großen Spaß, und sie verstand sich seit der Trennung von ihrem Freund mit allen noch besser.

Dann endlich kam der erste Schultag! Den Direktor der Schule hatte sie schon vor ein paar Monaten kennengelernt, aber das restliche Kollegium war ihr noch fremd. Etwas unsicher und nervös stand sie im Konferenzzimmer und wurde vom Schulleiter den anderen vorgestellt. Es wurden ihr viele Hände gereicht, und Namen prasselten auf sie nieder. Sie konnte sich keinen einzigen merken, aber mit gespielter Selbstsicherheit ging sie zu ihrem Platz. Es war ein großes Gymnasium, und dementsprechend viele Lehrer waren in dortiger Lehrtätigkeit. Die Überzahl von den 62 Lehrenden waren Frauen in allen Altersklassen. Einige blickten sie freundlich lächelnd, andere bittersüß an. Einige ignorierten sie, und andere musterten Marga von oben bis unten, um dann leise tuschelnd ein Kommentar abzugeben. Es war keine angenehme Situation, aber sie meistere sie letztendlich ohne Schwierigkeiten. Direktor Hanser und ihre neue Kollegin, der Klassenvorstand der 6A Frau Gitschthaler, begleiteten sie in die Klasse, wo sie ihre erste Zeichenstunde abhalten sollte. Es war die einzige Oberstufenklasse. Ansonsten bekam sie nur Unterstufenklassen - hauptsächlich erste und zweite Jahrgänge.

Die Klasse verhielt sich, schon wegen der Anwesenheit der beiden anderen Professoren, sehr höflich, und man zählte Marga die Arbeitsthemen des letzten Jahres auf. Als die Professoren sie mit der Klasse alleine ließen, fand sie schnell und problemlos Zugang zu den Jugendlichen, und die Stunden vergingen wie im Fluge. Auch die darauffolgenden Tage verliefen mit den anderen Klassen ohne Probleme. Mit den Kleinen hatte sie besondere Freude, und geschickt führte sie die Kinder zur Kreativität. Nach einigen Wochen ging sie schon sehr routiniert mit ihrer neuen Position um, und mit der Oberstufenklasse hatte sie schon einen sehr erfolgreichen Museumstag hinter sich gebracht. Sie war bei ihren Schülern sehr beliebt, und man brachte ihr sehr viel Vertrauen entgegen.

Den Pausen im Konferenzzimmer versuche sie auszuweichen, was leider nicht immer möglich war. Es war dort meistens eine sehr angespannte Atmosphäre, und es gab immer die gleichen Gruppierungen, die sich miteinander austauschten und verstanden. Sie hatte noch zu keiner Zugang gefunden und stand daher meist alleine in einer Ecke, die anderen beobachtend. Einzig eine etwas ältere Kollegin, versuchte sie immer wieder in ein Gespräch zu verwickeln. Silvia, so hieß die Aufgeschlossene, hatte eine angenehme Ausstrahlung und war mit ihren 45 Jahren schon über zwei Jahrzehnte in dieser Schule tätig. Sie leitete die Schülerzeitung und war eine auch ansonsten sehr engagierte Pädagogin. Seit 22 Jahren mit einem Juristen verheiratet und als Mutter zweier erwachsener Kinder erwartete sie nun schon mit Freude, ihr erstes Enkelkind. Sie nahm sich gerne ihrer erst 24-jährigen Kollegin an, die sie stark an eine ihrer Töchter erinnerte.

Marga nahm einige Wochen später mit Freude eine Einladung in deren Heim an. Sie beschloss der Gastgeberin, ein kleines von ihr gemaltes Bild mit hübschen Blumenelfen zu schenken. Es wurde von ihr geschickt gerahmt und anschließend mit buntem Papier dekorativ verpackt. Sie war nicht der einzige Gast, sondern ein etwas reiferer nicht unattraktiver Mann saß schon am Tisch, als sie ins Wohnzimmer geführt wurde. Erwin, so wurde er ihr vorgestellt, musterte sie interessiert mit auffallend blauen Augen, die seine schon ergrauten Schläfen unbedeutend machten. Er war ein Kollege von Siegbert, dem Mann von Silvia, und von Anfang an lenkte er geschickt die gesamte Unterhaltung. Er beherrschte eine exzellente Rhetorik, und seine kräftige Stimme konnte mit vielen Nuancen eindrucksvoll Erzählungen wiedergeben. Es war interessant ihm zuzuhören, und als der Abend sich dem Ende neigte, hatte Marga nicht nur mit dem Ehepaar Freundschaft geschlossen, sondern verabredete sich mit dem welterfahrenen Mann zu einem Opernbesuch für den kommenden Samstag, da er zufällig, wie er ihr strahlend mitteilte, zwei Opernkarten für den ›Freischütz‹ hätte.

Die ganze Woche freute sich Marga schon auf den Kulturabend, und am Samstag, holte Erwin sie pünktlich und gutgelaunt mit elegantem schwarzen Anzug ab. Sie hatte sich ihr dunkelblaues Taftkleid, das schlicht aber dennoch elegant wirkte, mit einer kurzen, durchsichtigen und im gleichen Farbton gut dazu passenden Jacke angezogen. Ihre Haare waren hochgesteckt, und die Perlenohrringe ließen sie älter erscheinen, als sie war.

»Welch wunderschöne Frau ist heute an meiner Seite. Ich werde wohl von allen Männern beneidet werden.« Lächelnd nahm er nach seinen galanten Worten ihren Arm, und mit sichtbarem Stolz führte er sie in die

Oper. Es war eine gelungene Vorstellung, und sie genoss die wunderbaren Klänge.

Anschließend gingen sie in ein elegantes, romantisches Restaurant, wo er einen Tisch reserviert hatte. Sanfte Musik erfüllte den Speiseraum, und sie wurden mit fast übertriebener Höflichkeit zum Tisch geführt. Marga überließ ihm die Speisenwahl, da sie sah, wie wichtig es ihm war, ihr zu zeigen, wie kultiviert und wissend, er auswählen konnte. Sie fanden viele interessante Gesprächsthemen, und vor allem sein Engagement für Friedensarbeit machte ihn ihr sympathisch. Es wurde ein angenehmer Abend, und mit Freude sagte sie schon für den nächsten Nachmittag für einen Ausflug ins Grüne zu.

In den folgenden Wochen trafen sich die beiden regelmäßig und kamen sich langsam immer näher. Silvia verfolgte die ganze Situation eher skeptisch. Sie kannte Erwin schon sehr lange und wusste auch von seinen nicht so positiven Eigenschaften. Sanft riet sie Marga zur Vorsicht, nicht zuletzt auch wegen des großen Altersunterschieds von 25 Jahren und weil sie die Sensibilität ihrer Freundin richtig einschätzte. Es waren vor allem die Gespräche, die Marga so faszinierten, und der ruhige, fast väterliche Umgang mit ihm. Sie hatte nie ein besonders gutes Verhältnis zu ihrem Vater und genoss daher sein sanftes Werben. Sie machten zusammen viele Ausflüge, und er versuchte, sich ihr auch körperlich zu nähern. Sie wies ihn aber immer wieder sanft zurück, da sie sich sicher war, ihn nicht zu lieben.

Durch Zufall erfuhren ihre Eltern, dass sie sich mit einem wesentlich älteren Mann regelmäßig traf. Sie kamen daher unangekündigt nach Wien, um ihre Tochter zur Rede zu stellen. Es fielen sehr hässliche Worte, die Marga tief trafen.

»Du bist ein Flittchen«, rief ihr Vater. »Was soll das alles? Willst du einen Mann der dein Vater sein könnte? Bist du nun total verrückt? Du bist nicht in Hollywood. Keine dieser berühmten, überspannten Schauspielerinnen, bei denen so etwas alltäglich ist. Du bist eine kleine Lehrerin, die sich damit lächerlich macht, wodurch alle mit dem Finger auf dich zeigen werden. Ich schäme mich für dich. Du bereitest uns nur Kummer.« Wütend wendete sich ihr Vater ab.

Nun aber begann das Schluchzen ihrer Mutter. »Ich kann nicht mehr. Was haben wir alles in dich investiert? Immer habe ich zurückgesteckt, das ganze Geld für deine Ausbildung zusammengespart. Und nun das. Ich will nicht mehr leben, wenn du diesen Mann heiratest. Dann brauchst du auch nicht an mein Grab kommen. Du kannst dann deinen Geschwistern sagen, warum ich nicht mehr wollte.« Sie konnte nicht mehr weiterreden. Es folgte nur mehr ein hysterisches Weinen.

Ihr Vater beendete dann das Gespräch mit der Forderung, dass sie sofort den Umgang mit ihrem neuen Freund beenden sollte, da sie ansonsten keinen Kontakt mehr zu ihr wollten.

Marga verstand überhaupt nichts mehr. Sie war sich keiner Schuld bewusst und hatte es satt, dass man sich auf solche Art in ihr Leben einmischte. Der unschuldige Kontakt zu Erwin wurde nun von ihr überdacht, und sie überlegte sich ernsthaft, ob sie mit ihm eine nähere Beziehung eingehen sollte.

Eigentlich hatte sie es nicht vor, da sie schon ein halbes Jahr, bevor sie ihn zum ersten Mal sah, von ihm geträumt hatte. Es war aber kein schöner Traum. Sie konnte sehen wie sie sich kennenlernten, sah wie sie eine Tochter bekamen und wie sie sich von ihm trennte. Nicht sehr aufbauend und gerade das hatte sie bisher davon abgehalten, seinem Drängen nachzugeben. Nun aber war die Situation eine andere. Sie fühlte sich derartig von ihren Eltern gedemütigt, sodass sie beschloss, mit ihm eine Partnerschaft einzugehen.

Er war glücklich, als sie seinem Drängen nach körperlicher Nähe nachgab. So kam es, dass sie sich von nun an, fast jeden Tag trafen. Er war natürlich viel erfahrener als Richard und umwarb sie sanft mit seinem Liebesspiel. Es gab aber einen ganz wesentlichen Unterschied in der sexuellen Begegnung mit ihm. Er drängte nicht gleich wie Richard zur Vereinigung, sondern setzte gekonnt seinen Mund für zärtliche Liebkosungen in ihren intimsten Zonen ein. Zum ersten Mal konnte sie bei sich, ein sehnendes Gefühl der Hingabe wahrnehmen und spürte ein sichtbares Verlangen nach diesen Berührungen. Einen gemeinsamen Höhepunkt konnte sie jedoch noch immer nicht spüren, da ihr die Vereinigung weiterhin unangenehm war. Er verstand es immer geschickt, sie zu Liebkosungen zu bewegen, und weiterhin vereinnahmte er sie immer mehr. Mit ihren Eltern hatte sie seit dem Gespräch nur telefonischen Kontakt, und sie ließ sie in der Annahme, dass diese sich durchgesetzt hatten.

In der Schule lief es sehr gut und mit allen Klassen wurden weihnachtliche Motive gestaltet. Im Werkunterricht bastelten die Unterstufenklassen mit Eifer Weihnachtsgeschenke für ihre Eltern, und mit der sechsten Klasse führte Marga oft sehr emotionale Gespräche. Die junge Lehrerin wurde für die Jugendlichen eine Vertrauensperson.

Silvia bat sie für die Schülerzeitung das Layout zu gestalten, da sie künstlerisch nicht so bewandert war und daher die Zeitung bislang eher unscheinbar strukturiert hatte. Mit Freude nahm Marga die neue Aufgabe an, und schon die nächste Ausgabe gestaltete sie derart fröhlich und ansprechend, dass sogar einige andere Kolleginnen und Kollegen sie anerkennend lobten. Sie fühlte sich wohl in der Schule, und da sie jetzt auch finanziell besser gestellt war, suchte sie sich eine neue Bleibe. Es dauerte nicht lange, und so fand sie eine hübsche Zweizimmerwohnung mit einem großen Balkon in einer ruhigen Wohngegend nahe der Schule. Der Umzug verlief schnell, da ihr einige Kollegen halfen und sie auch hauptsächlich neue Möbel besorgte. So konnte Marga noch vor den Feiertagen in ihr neues Domizil ziehen, dass sie mit viel Sorgfalt weihnachtlich dekorierte.

KAPITEL 13 - WEIHNACHTEN IN WIEN

Eleonora fiel es schwer, sich wieder auf den Alltag zu konzentrieren. Zu intensiv war das erlebte Wochenende, und die Sehnsucht steigerte sich nun in ein schmerzhaftes Verlangen. Wäre nicht Suzan hilfreich zur Seite gestanden, hätte Eleonora es nicht einmal geschafft, zu den Vorlesungen zu gehen. Ihre Gedanken kreisten fast ausschließlich um die geliebte Freundin. War es ihr vorher noch wichtig, sich mit den anderen auszutauschen, so zog sie sich nun immer mehr zurück. Sie wollte für sich alleine sein, die Anwesenheit der anderen war für sie unangenehm, und Kontakte mit anderen Studierenden hielt sie für nicht notwendig. Einzig der Gedanke, Weihnachten mit Samantha zu verbringen, hielt sie aufrecht und motivierte sie, sich wenigstens auf ihre Prüfungen zu konzentrieren. Suzan war ihr dabei eine große Hilfe, wenn gleich diese immer mehr Bedenken wegen ihrer Cousine hatte. Sie fand den Einfluss, den sie auf Eleonora ausübte, nicht mehr in Ordnung. Das aber wurde von beiden mit Heftigkeit zurückgewiesen.

Es kam aber noch viel schlimmer. Sie bekam völlig unerwartet ein Telegramm, das keine Diskussion ermöglichte. »*Erwarten dich am 22. Dezember - Flugticket kommt in den nächsten Tagen - Anwesenheit dringend erforderlich - Kuss Mutter.*«

Eleonora konnte es nicht fassen. Sie fand aber keine Ausrede, um den Flug abzusagen. Samantha versuchte, ihre fassungslose Freundin am Telefon zu trösten, aber diese weinte sich jeden Abend in den Schlaf.

Suzan freute sich schon sehr auf das Weihnachtsfest, da sie zum ersten Mal der ganzen Familie ihren Freund vorstellen konnte. In aller Früh des 20. Dezember wurde die schon Ungeduldige von Fred abgeholt. Eleonora fand ihn sehr sympathisch, und beim gemeinsamen Frühstück plauderten sie unbefangen. Sie freute sich für ihre Freundin. Fred war humorvoll, einfühlsam und weltoffen. Seine Augen blickten immer wieder verliebt zu Suzan hinüber, und eine sichtbare, ehrliche Zuneigung verband die beiden.

Leider musste ihre Freundin schon bald aufbrechen, und Eleonora blieb alleine im dem nun sehr stillen Zimmer. Der ganze Campus war schon fast leer, da die meisten schon in die heißersehnten Weihnachtsferien gefahren waren. Eleonora öffnete das Fenster. Die kalte Luft strömte in den Raum, aber sie befreite sie nicht von ihrer Traurigkeit. Von draußen erklang der Jubelschrei von einer Studentin, und Eleonora sah, wie diese stürmisch von ihrem Freund umarmt wurde. Schnell wurden die Gepäckstücke im Kofferraum des Wagens verstaut und fröhlich fuhren die beiden vom Campusgelände fort.

Eleonora fühlte sich so allein. Die Einsamkeit und Sehnsucht nach Samantha erfüllte sie mit bleierner Traurigkeit. Da es sie fröstelte, schloss sie das Fenster und setzte sich müde und resignierend auf ihr Bett. Das Ticken der Uhr empfand sie als unangenehm, und um der drückenden Stille auszuweichen, drehte sie das Radio an. Leise ertönte Weihnachtsmusik, und sie beschloss, die Päckchen für die Familie fertig zu machen. Sie war gerade beim letzten Geschenk, als es an der Tür klopfte. In der Annahme, dass Suzan etwas vergessen hatte, öffnete sie mit einem Schwung die Tür. Sie erstarrte vor Freude, konnte es nicht fassen, wen sie sah.

Sanft schob Samantha sie in das Zimmer, um sie sogleich liebevoll in die Arme zu nehmen. Als Samantha die vorbereiteten Geschenke für die Familie sah, reichte sie Eleonora mit einem Lächeln das mitgebrachte Präsent. »Merry Christmas, Darling.«

Fast ein wenig verlegen nahm Eleonora das aufwendig verpackte Geschenk entgegen. Beim Auspacken steigerte sich ihre Verlegenheit, da sie von ihrer Freundin beobachtet wurde. Es war ein schwarzes kurzes Kleid mit großem Ausschnitt, aber von schlichter Eleganz. Halterlose schwarze Seidenstrümpfe und ein schwarzer Büstenhalter, der mit seinen zarten Spitzen und dünner durchsichtiger Seide mehr eine Andeutung darstellte und nicht seine sonstige Funktion erfüllen sollte. Auch das knapp sitzende schwarze Seidenhöschen ließ alle Einblicke zu.

»Zieh es an, Darling, ich will sehen, wie es dir steht.«

Auf Drängen der Freundin zog Eleonora alles an, um sich dann deren prüfenden Blick zu stellen.

»Du bist wunderschön Liebste, und ich finde wir sollten dem Kleid einen Auftritt geben.« Lächelnd sah Samantha Eleonoras Unsicherheit. Es gefiel ihr, wie diese noch immer etwas unschuldig wirkte, und sie führte sie stolz in ein elegantes Restaurant aus.

Als sie eintraten, fielen viele bewundernde Blicke auf die beiden. Besonders Eleonora wurde von anzüglichen Blicken fixiert. Samantha amüsierte sich sichtlich, und immer wieder sah sie mit leidenschaftlichen Blicken hinüber. Man sah ihr an, dass sie stolz auf die reizvolle Freundin war, und es entstand ein immer größeres Knistern zwischen den beiden.

Als sie nach Hause kamen, hatte sich ihr Verlangen fast bis zu Schmerzgrenze gesteigert. Samantha befreite sie von ihrem schwarzen Kleid und sah den ihr so frei angebotenen schönen Körper genussvoll an. Die schwarze, neue Unterwäsche peitschte ihr Verlangen zu heftiger Forderung. Mit ihren Berührungen wurde Eleonoras Körper zum Instrument, das nur Samantha mit einer Heftigkeit spielen durfte, um eine Melodie von unendlicher Lust und Leidenschaft erklingen zu lassen.

Den nächsten Tag verbrachten sie in großer Innigkeit. Doch am Abend musste ihr Samantha ihre neuen beruflichen Pläne mitteilen. Eleonora konnte es nicht glauben. Ihre geliebte Freundin bekam das Angebot, für mindestens drei Jahre nach New York in die Hauptzentrale der Zeitung gehen. Schon ab dem ersten Januar musste sie dort ihr Arbeitsverhältnis beginnen. Für sie war es, wie sie sagte, eine einmalige Chance, die sie nicht ausschlagen konnte. An ihrer Beziehung würde sich nichts ändern. Mit ein paar Stunden Flugzeit, könne man sich regelmäßig sehen. Die Entscheidung war gefallen, und Samantha war zu Diskussionen nicht bereit.

Sie holte ein kleines Etui aus der Handtasche, und es kam eine kurze Goldkette mit einem kleinen Herz zum Vorschein. Hell leuchtende kleine Diamanten blitzten zwischen roten Rubinen auf dem zarten goldenen Herz. Es war kein ganzes Herz, sondern nur eine Hälfte, die mit einer zarten Öse an der Kette befestigt war. Samantha trocknete das Tränen nasse Gesicht ihrer Freundin. Mit sanfter Zärtlichkeit legt sie ihr die Kette um. »Diese Kette soll uns beide verbinden. Es soll für alle ein sichtbares Zeichen unserer Liebe sein. Bitte, trage sie immer, und denke mit Liebe an mich. Ich werde die andere Hälfte des Herzens tragen.« Mit diesen Worten zeigte Samantha die zweite Kette im Etui. Diese legte Eleonora ihr an.

Mit diesem besonderen Geschenk hatte sie Eleonoras Herz erreicht und ihr auch ein wenig Trost gegeben. Es war zwar schrecklich, an die Entfernung zu denken, aber diese Geste gab ihr ein Gefühl der Sicherheit und der Verbundenheit. Für Eleonora war es wie ein Versprechen der immerwährenden Treue. Sie strich behutsam über das Herz. Noch nie war ihr ein Geschenk so wertvoll.

Am nächsten Morgen brachen sie schon sehr früh auf, um rechtzeitig am Flughafen zu sein. Mit Jeans, einem dicken Winterpulli und festen Stiefeln war Eleonora reisebereit. Samantha sah ein wenig enttäuscht auf ihr Outfit, verstaute dann aber ohne Worte deren Gepäck ins Auto. Sie kamen zügig voran, aber keiner der beiden hatte das Bedürfnis zu reden.

Kurz vor dem Flughafen bog Samantha plötzlich rechts in einen verlassenen Parkplatz ein. Sie stellte den Motor ab, und sie sahen sich an. Langsam zog sie Eleonora den Pullover aus, um dann schon mit weniger Sanftheit ihr die Jeans zu öffnen. »Damit du mich nicht vergisst«, flüsterte sie ihr ins Ohr. Sie legte den Beifahrersitz um, damit sie genug Platz hatten und begann sie mit einer Heftigkeit und ohne Unterbrechung zu erobern.

Eleonora wusste nicht, wie ihr geschah. Noch nie hatte Samantha sie so fordernd berührt. Samantha gab ihre keine Möglichkeit mehr, sich zu bewegen. Der ganze, willige Körper wurde mit einer wilden Kraft von ihr beherrscht. Eleonora hatte keine Kontrolle mehr über sich. Alles schwang sich sehnend nach ihr. In ihren Ohren entstand ein pulsierender Druck, ihr ganzer Körper vibrierte, und sie hatte das Gefühl die Besinnung zu verlieren. Samantha aber steigerte ihre Wildheit, bis ein Zittern den ganzen Körper ihrer Freundin erfüllte.

Nur langsam kam wieder Kraft in Eleonora, und während Samantha wieder die Fahrt fortsetzte, zog sie sich ungeschickt und noch immer zitternd an. Sie wurde erst fertig, als sie am Flughafen ankamen. Sie war noch immer nicht ganz bei sich, als sie von Samantha zum Abschied geküsst wurde und langsam in den Gateway ging. Während des ganzen Fluges, konnte sie noch die Berührungen ihrer Freundin spüren. Unsicher stieg sie in Wien aus, wo sie schon von ihrer Mutter erwartet wurde.

Zu Hause brachte sie sogleich ihren Koffer in ihr Zimmer und staunte, wie liebevoll ihre Mutter alles gestaltet hatte. Ihre Sachen waren in Regalen und Kästen untergekommen, und unzählige, hübsch gerahmte Bilder zierten die Wände. Es waren Kinderfotos, aber auch Bilder von einigen Reisen, die sie mit ihrer Mutter unternommen hatte. Über ihren großen Schreibtisch war ein wunderschönes Poster, das den ›Big Ben‹ und die typischen englischen Busse sowie die roten Telefonzellen von London zeigte. In der rechten Ecke des Zimmers war eine kleine gemütliche Sitzecke, und auf einem kleinen Tisch stand ein neuer Fernseher. Das ganze Zimmer roch nach frischem Lavendel, und man konnte sehen, wie sehr sich die Mutter bemüht hatte, ihr ein gemütliches Zuhause zu schaffen. Als Eleonora später in das Wohnzimmer hinunterging, konnte sie nur Staunen.

Mit viel Geschick hatte die Mutter alles liebevoll, weihnachtlich geschmückt, und der Duft von frisch gebackenen Vanillekipferln durchflutete as ganze Haus. Es war ungewohnt, dass ihre Mutter so einen Aufwand wegen des Weihnachtsfestes betrieb. Sie hatte ansonsten immer alles als unnötigen Kitsch abgetan und die Räume kaum geschmückt. Gut gelaunt forderte man Eleonora auf, sich zu ihnen zu setzten und von London zu erzählen. So berichtete sie über das Studium und über Suzans neuen Freund. Erwähnte aber, obwohl es ihr fast das Herz zerriss, mit keiner Silbe ihre Freundin.

Aber auch ihr konnte man eine neue freudige Nachricht mitteilen. Mit feierlicher Miene sah die Mutter sie an. »Du bekommst ein Geschwisterchen. Ich bin im vierten Monat schwanger, und du kannst dir nicht vorstellen, wie sehr wir uns freuen. Wir wollten dir nicht schreiben oder am Telefon diese wunderbare Nachricht übermitteln, sondern dir diese Neuigkeit persönlich mitteilen.« Sie nahm Romans Hand und lächelnd fuhr sie fort. »Bei deinem nächsten Besuch wird es dann bei uns schon ziemlich laut und ungewohnt zugehen. Es wird also richtig Leben ins Haus kommen, und wir glauben, es wird ein Junge!« Die beiden strahlten bei den Worten, und man konnte sehen, wie sehr sie sich darüber freuten.

Damit hatte Eleonora niemals gerechnet, da ihre Mutter schon 42 Jahre alt war. Voller Stolz umarmte Roman seine Frau und strich ihr liebevoll über den Bauch, der schon die Schwangerschaft erahnen ließ. Erwartungsvoll sahen sie die Tochter an und hofften auf eine freudige Reaktion. Eleonora umarmte ihre Mutter und versuchte, glücklich zu wirken, obwohl sie keinerlei Verständnis für die Situation hatte.

Die Tochter wollte aber nicht verletzend sein und zwang sich mit freundlicher Stimme zur Gratulation. »Herzlichen Glückwunsch, ich hatte ja keine Ahnung! Darauf wäre ich niemals gekommen. Ich wusste nicht, dass ihr noch Kinder geplant hattet, und ich freue mich darauf, einen Bruder zu bekommen.«

Roman sah sie mit schmalen Lippen an. »Es wird dein Halbbruder, aber danke.« Seine Stimme klang hart und abweisend. Er ließ keinen Zweifel: Eleonora gehörte nicht in die Familie.

Mutter jedoch erzählte weiterhin von ihren Zukunftsplänen, von der Gestaltung des Kinderzimmers, und auch Roman geriet ins Schwärmen. Eleonora ließ sie weiterreden. In Gedanken war sie aber nur bei Samantha.

Am Weihnachtsabend hatte ihre Mutter einen gefüllten Truthahn mit vielen Beilagen vorbereitet. Fast ein wenig zu beladen wirkte der weihnachtlich gedeckte Tisch mit all den Speisen. Unzählige Tannenästchen mit Lametta und goldenen Kugeln besteckt, goldene Kerzenleuchter mit den gleichfarbigen Kerzen, winzige kleine Engelchen, von denen jeder ein anderes Instrument hielt, und ein prunkvoller, großer Engel in der Mitte zierten den Tisch. Eine riesige Tanne stand in der Mitte des Raumes - mit zarten Kugeln in allen Farben, kleinen Engeln, goldenen Tannenzapfen, Weihnachtsmännern, Rentieren und vielen Strohsternen in allen Größen. Man hatte elektrische Kerzen gewählt, um entspannt die Lichter zu genießen. Es hätte vielleicht ein schönes Fest werden können, wenn nicht ohne Voranmeldung Onkel Harald samt Familie aufgetaucht wäre.

Er war seit der Hochzeit sehr bemüht, seinem Schwager näherzukommen. Daheim erwähnte er bei jeder Gelegenheit Roman, der in Österreich ein anerkannter Chirurg war und auch immer wieder Lehrtätigkeiten im

In- und Ausland nachkam. Es war ihm ein großer Wunsch, in dessen angesehene Kreise zu gelangen. Jetzt erst entdeckte Eleonora, dass Maria, ihre gleichaltrige Cousine, schwanger war. Sie war im siebenten Monat, verlobt, wie ihr Ring es zeigte, und würde, wie Onkel Harald laut verkündete, am 14. Mai heiraten. Mit rotem Kopf legte er eine Hochzeitseinladung für die Familie auf den Tisch. Eleonora interessierte dies nicht. Die Familie löste bei ihr nur Unbehagen aus.

Mit einem spitzen Schrei näherte sich die ungeliebte Tante und fasste, ohne zu fragen, nach der Kette von Eleonora. Nun sahen alle ungläubig auf das Herz und warteten auf eine Erklärung. Wütend stieß Eleonora ihre Tante von sich. Wie konnte sie es wagen, das Herz zu berühren? Nun interessierte sich auch die Mutter für die Kette ihrer Tochter, da diese so heftig reagiert hatte.

»Lasst es gut sein«, erklang nun auf einmal die Stimme von Tante Lore, die durch den Wirbel von niemandem beim Eintritt in das Zimmer gehört wurde. »Ich habe es mir erlaubt, meinem Patenkind diese hübsche Kette zu schicken, damit sie uns nicht vergisst. Wie ich sehe, steht sie ihr sehr gut. Und nun, erst einmal Frohe Weihnachten«.

Alle Blicke gingen nun zur Eintretenden. Die Kette wurde unwichtig. Das Weihnachtsfest konnte beginnen.

KAPITEL 14 - MARGA UND ERWIN

Das Semesterende nahte, und Marga musste zum ersten Mal ihre Schüler und Schülerinnen beurteilen. Es fiel ihr nicht leicht, da es für sie wichtiger war, die Jugendlichen zur Kreativität zu motivieren. Sie konnte nicht verstehen, dass im Schulbereich den Werk- und Zeichenlehrern so wenig Beachtung geschenkt wurde. Beim vergangenen Elternsprechtag hatte sich kaum ein Elternteil für ihre Unterrichtsmethoden interessiert. Sie beschloss, allen eine gute Note zu geben, was ihr heftigste Kritik von einigen Kolleginnen und Kollegen einbrachte. Man wollte, dass sie die Noten auf das gesamte Leistungsniveau des jeweiligen Schülers abstimmte.

Marga weigerte sich erbost und begann eine heftige Diskussion. Silvia versuchte, ihre junge Kollegin zu beruhigen, und sie riet ihr, sich auf kein Gespräch mehr einzulassen. Die erfahrene Freundin hatte in den vielen Dienstjahren ihren eigenen, ruhigen Weg gefunden. Sie war eine sehr engagierte Pädagogin, die es immer wieder schaffte, ihre Schüler für das Lesen und Schreiben zu motivieren. Auf ihr Bestreben hin gab es seit einigen Jahren eine schuleigene Bibliothek, und immer wieder veranstaltete sie Lesungen und lud bekannte österreichische Autoren ein. Diese Veranstaltungen wurden gerne von den Oberstufenschülern und einigen

Kollegen besucht. So ging Marga auf kein weiteres Gespräch mehr ein und beurteilte nach ihrem Ermessen.

In den Semesterferien entwarf Marga mit Eifer die Kostüme für ihre Theatergruppe. So konnte sie mit ihnen wenigstens Kontakt halten, da sie mit dem Theaterspielen pausierte. Ins neue Semester startete sie wieder mit Elan und vielen Ideen.
Mit ihrem Freund besuchte sie regelmäßig die Oper, und auch Konzert- und Museumsbesuche begeisterten beide gleichermaßen. Bei vielen Themen hatten sie aber nicht die gleiche Meinung. Einmal nannte er sie eine Anarchistin, weil sie sich gegen Atomkraft einsetzte und bei einer Demonstration für Frieden und Abrüstung teilnahm. Sie konnte es nicht verstehen, da er immer wieder betonte, wie wichtig ihm der globale Gedanke war. Außerdem hob er immer wieder sein Engagement für Frieden hervor. Doch sie konnte immer weniger davon sehen. Langsam kamen ihr immer mehr Bedenken. Er versuchte immer, seine Meinung durchzusetzen, und war nie zu neuen Anschauungen bereit.
Trotzdem planten sie für den Sommer einen gemeinsamen Urlaub in Ungarn, und sie hoffte, dass man sich durch die gemeinsame Zeit vielleicht auch bei diesen sensiblen Themen annähern konnte. Akribisch teilte er alle geplanten Unternehmungen ein. Er buchte das Hotelzimmer und verlangte mit einer Selbstverständlichkeit, dass sie für ihren Anteil aufkommen musste. Es überraschte sie, da er mindestens viermal soviel verdiente wie sie, und eigentlich hatte sie damit gerechnet, dass er die Kosten übernehmen würde. Da Geld für sie nicht das Wichtigste war, zahlte sie ohne Einwand.
Der Urlaub war jedoch sehr anstrengend, und schon am vierten Tag bekam sie mit außergewöhnlichen Schmerzen ihre Monatsblutung. Da diese sehr stark war, passierte es ihr, dass es einmal auf ihrer weißen Hose Spuren gab. Pikiert starrte Erwin darauf, und angewidert begleitete er sie, mit versteinertem Gesicht zurück zum Hotel, damit sie sich umziehen konnte. Es war ihr fürchterlich peinlich, und ob dies nicht unangenehm genug war, sagte er mit scharfer Stimme, dass er bei einer Frau, Wert auf Reinlichkeit lege.
Es war demütigend, und Marga war nicht im Stande, darauf etwas zu erwidern. Sie wollte keinen Streit, so ging sie wortlos ins Bad. Die folgenden Tage waren von andauernden Schmerzen geprägt, aber sein Programm wurde penibel eingehalten. Sie war froh, als der Urlaub vorüber war und ging gleich am nächsten Tag zu ihrem Frauenarzt.

Die Assistentin forderte sie auf, in eine Kabine zu gehen, sich dort bis auf die Unterhose zu entkleiden und auf das Eintrittssignal zu hören.

Marga ging hinein, aber sie blieb angezogen, da sie bei der Begrüßung nicht unbekleidet vor dem Arzt stehen wollte. Als sie hineingerufen wurde, sah der Arzt sie missmutig an und verstand nicht, warum sie sich nicht an die Anweisungen gehalten hatte. Sie erklärte ihm freundlich, dass sie es nicht in Ordnung fand, dass man sich schon bei der Begrüßung entkleidet dem Arzt präsentieren sollte.

»Ich halte nichts von Emanzen, und meine Zeit ist für solche sinnlosen Aktionen zu kostbar. Ich bin Arzt und nicht an ihrem Aussehen interessiert.« Verärgert wandte er sich ab, und bei der Untersuchung war er grob und rücksichtslos.

Marga presste den Mund zusammen. Sie verkrampfte, und die Untersuchung war so schmerzhaft, dass ihr die Tränen in die Augen schossen.

Er überging ihren sichtbaren Schmerz und kaum war er fertig, unterrichtete er sie vom Ergebnis der Untersuchung. »Sie haben eine Eileiter- und Gebärmutterentzündung, welche nun mit dementsprechenden Medikamenten behandelt werden muss. Ich sehe auch keine Möglichkeit mehr für künftige Schwangerschaften, da die Eileiter zu sehr in Mitleidenschaft gezogen und total verklebt sind.« Unsensibel und hart kamen seine unbarmherzigen Worte. Er war auch zu keinem weiteren Gespräch mehr bereit.

Wie betäubt ging Marga nach Hause. Verzweifelt rief sie ihre Freundin an, und Silvia beruhigte sie - versprach, mit ihr am nächsten Tag in die Uniklinik zu fahren. Dort kannte sie einen befreundeten Gynäkologen.

Wie versprochen wurde Marga von Silvia in die Gynäkologie begleitet, wo sie von einem freundlichen, älteren Mediziner in Empfang genommen wurden. Die Untersuchung verlief sehr gewissenhaft, so verwendete er auch den Ultraschall und nahm sich nach der Untersuchung viel Zeit, um ihr in einem ausführlichen Gespräch ihren Gesundheitszustand zu erklären. Leider konnte er die erste Diagnose nicht nur bestätigen, sondern er entdeckte auch Zysten, die seiner Ansicht nach operativ entfernt werden sollten. Marga sollte in zwei Tagen wiederkommen, damit sie Genaueres besprechen konnten. Silvia hatte die völlig aufgebrachte Freundin nach Hause gefahren, doch Marga wollte nun mit ihrem Kummer alleine sein.

Als Erwin am Abend kam, klammerte sie sich schluchzend an ihn. Sie war sicher, von ihm Trost zu bekommen, da er in vielen vorhergegangen Gesprächen immer betont hatte, keine Kinder zu wollen. Diese Situation würde nun gut in seine Lebensplanung passen, und er würde ihr sicher eine Unterstützung sein. Wie gut, dass sie keinen Partner hatte, für den noch auf Grund seines jungen Alters eine Familienplanung wichtig war. Aufgelöst erzählte sie von den Untersuchungsergebnissen. Letztlich lehnte sie sich hilfesuchend an ihn.

Er löste sich langsam von ihr und stand auf. »Ich bin ziemlich getroffen. Ich habe nicht damit gerechnet, dass du unfruchtbar bist. In letzter Zeit hatte ich immer mehr den Wunsch nach Familiengründung. Ich habe schon über dementsprechende Umbaumaßnahmen nachgedacht.« Seine zuerst zögernde Stimme bekam nun einen rauen Ton. »Ich weiß nicht ob ich darauf verzichten kann. Ich will versuchen, dir entgegenzukommen. Aber im Moment komme ich damit nicht zurecht. Andere Männer würden in dieser Situation sicher die Beziehung beenden. Aber ich will für dich Verständnis haben, es ist sicherlich nicht leicht, keine vollwertige Frau zu sein.«

Seine Worte waren für Marga wie Ohrfeigen. Tief verletzt brachte sie zuerst kein Wort heraus. Ihre Gedanken überschlugen sich. Wie konnte er nur mit ihr so reden? Wo war seine seelische Unterstützung? Marga war so verletzt, dass sie zu keinem Gespräch mehr bereit war. Sie bat ihn zu gehen, und beleidigt ging er raschen Schrittes hinaus.

Als er gegangen war, versuchte sie, ihre Gedanken zu ordnen. Der Schmerz war tief, und sie war fassungslos über sein Verhalten. Aber noch mehr ließ sie der Gedanke verzweifeln, niemals ein Kind zu haben. Sie verstand es nicht. So oft hatte sie von ihrem Kind, einem Mädchen geträumt. Konnte sie ihren Fähigkeiten nicht mehr vertrauen? Wie würde ein Leben ohne eigene Kinder verlaufen? Wie trostlos und leer sah nun ihre Zukunft aus? Sie vergoss viele Tränen, und vom vielen Weinen müde legte sie sich aufs Bett.

Erschöpft schlief sie irgendwann ein und wurde mitten in der Nacht von einem pfeifenden Geräusch geweckt. Alles war hell erleuchtet, und geblendet war es ihr nicht möglich, sich zu bewegen. Sie erkannte schemenhaft Gestalten um ihr Bett und fühlte, wie sie im unteren Bereich ihres Körpers kaum spürbar von etwas berührt wurde. Es dauerte nur kurz an, und anschließend fühlte sie wie angenehme Wärme den ganzen Körper erfüllte. Die schemenhaften Gestalten verschwanden und mit ihnen das helle Licht. Es war nun wieder finster und eine bleierne Müdigkeit zwang sie zum Schlaf.

Am nächsten Morgen wachte sie völlig entspannt und seit Wochen erstmals ohne Schmerzen auf. Die tiefe Traurigkeit war weg, der Vortag war wie verschwommen und kam ihr nicht mehr greifbar vor. Den ganzen Tag fühlte sie sich körperlich und seelisch in nie gekannter Hochform. Sie wollte eigentlich den Arztbesuch ausfallen lassen, entschied sich dann aber doch hinzugehen.

Um die genaue Position der Zysten abzuklären, beschloss der Arzt nochmals das Ultraschall einzusetzen. Immer wieder schaute er auf den Bildschirm und verstand nicht, was er sah. »Was um alles in der Welt haben Sie gemacht? Wie ist das möglich? Oder sind Sie die Zwillingsschwester und erlauben sich mit mir einen schlechten Scherz?« Fragend sah er sie an, man erkannte dass er verärgert war. »Es kann sich solch ein Zustand über Nacht nicht so drastisch verändern. Bitte, klären sie mich auf. Ich bin zu alt für solche Albernheiten.« Sein Tonfall verriet nun keine Freundlichkeit mehr.

Marga war überrascht über sein Verhalten und verstand seine Aufregung nicht. Sie versicherte ihm, nichts gemacht zu haben und die Gleiche zu sein. Er konnte es nicht glauben. Die Eileiter waren frei. Es gab keine Zysten. Der alte Mediziner wusste sich keinen Rat. Immer wieder sah er auf den Bildschirm. Marga hörte kaum mehr zu, und als sie einige Minuten später das Untersuchungszimmer verließ, blieb ein ratloser Gynäkologe zurück.

KAPITEL 15 - ERSTER AUFENTHALT IN NEW YORK

Eleonora war froh wieder aus den Weihnachtsferien zurück zu sein, da es, bedingt durch die vielen Verwandtschaftsbesuche, sehr anstrengend war. Sie konnte noch immer nicht verstehen, warum ihre Mutter so glücklich über den zu erwartenden Zuwachs war. Vielleicht wollte sie nun allen beweisen, dass sie eine ganz normale, glückliche Familie waren. Sie konnte sich nicht vorstellen, dass eine innige Beziehung zu ihrem Stiefvater und dem noch ungeborenen Geschwisterchen möglich wäre. Sie fand Roman sehr steif und unterkühlt. Manchmal sah sie, wie er sie prüfend musterte und dann mit dünnen Lippen wieder seinen Blick von ihr wandte. Er machte ihr fast ein wenig Angst, da sie nicht wusste, was er in diesem Augenblick dachte.

Suzan, die als Verlobte wiederkam, fand es aufregend und süß, dass Eleonora bald zur Schwester werden würde. Sie glaubte fest daran, dass dadurch die Familie zusammenwachsen würde. Die Kette mit dem goldenen Herzen fand sie wunderbar romantisch und hatte nun keine Bedenken mehr. Eigentlich fand sie, dass dies doch ebenso eine Form von Verlobung war. Bald hatte Eleonora der Alltag wieder und sie bemühte sich die besten Leistungen zu erzielen, da sie es Samantha versprochen hatte.

Diese fühlte sich nach anfänglichen Schwierigkeiten in New York sehr wohl. Sie hatte sich innerhalb kürzester Zeit schon ganz gut eingelebt und versprach, Eleonora in den Semesterferien ein Flugticket zu schicken, sodass sie am 24. Februar ihren 20. Geburtstag gemeinsam feiern konnten. Nur mit diesem Lichtblick, konnte sie diese schmerzhafte Sehnsucht nach ihr überstehen. Sie telefonierten regelmäßig, aber wegen der Zeitverschiebung, gestaltete es sich nicht immer als einfach. Seit einigen Tagen, hatten sie nun auch im Zimmer ein Telefon, und so manches Mal, wurde Eleonora um zwei Uhr in der Früh durch Samanthas Anruf geweckt. Sie tauchte dann mit dem Telefon unter ihre Bettdecke, damit Suzan ihre manchmal sehr intimen Telefonate nicht mitbekam. Mit hauchend, dunkler Stimme forderte Samantha sie auf, sich an den von ihr erotisch beschriebenen Stellen und mit der von ihr geforderten Intensität zu berühren. Allein durch die Stimme und der Art wie sie mit ihr sprach, war Eleonora bereit, alles zu tun und zitterte vor Verlangen nach ihr. Nach Beendigung des Gespräches war der ganze Körper vor Sehnsucht verzerrend und alles in ihr schmerzte und wollte von der geliebten Freundin erhört werden. Das Gefühl war kaum zu ertragen, und es war schwer, am Morgen den Pflichten nachzukommen.

Endlich war das Semester geschafft, und das ersehnte Ticket kam eingeschrieben mit der Post. Ihre Eltern waren mit dem erwartenden Nachwuchs beschäftigt, und man hatte ihr den Aufenthalt in New York erlaubt - im Glauben, dass Eleonora mit Suzan und deren Eltern flog.

Nur die Aussicht bald von Samantha in die Arme geschlossen zu werden, gab Eleonora den Mut für den langen Flug. Es war ihr schon ein wenig mulmig, als sie pünktlich in New York landete. Schon vom Flugzeug aus, sah sie ein wenig ängstlich auf diese große Metropole. Es dauerte ziemlich lange, bis sie den Zollbereich verlassen durfte und ihr Gepäck entgegennehmen konnte. Suchend blickte sie um sich, und sie war erleichtert, Samantha zu sehen.

»Welcome, honey, ich freue mich so sehr!« Samantha lief ihr entgegen und nahm sie in die Arme. »Wie war dein Flug? Konntest du ein wenig schlafen?« Übermütig wirbelte sie Eleonora um sich herum und strahlte sie an.

Durch den langen Flug war Eleonora noch etwas unsicher auf ihren Beinen, und nur mit großer Mühe gelang es ihr, Balance zu halten. »Der Flug war in Ordnung aber ich konnte keine Sekunde schlafen. Dazu war ich viel zu aufgeregt.« Sie sah in Samanthas Augen und war so unendlich glücklich, wieder mit ihr zusammen zu sein. »Du hast mir so gefehlt«, ihre Stimme zitterte, und es rannen ihr Tränen über das Gesicht.

Samantha nahm mit der einen Hand ihren Koffer, und die andere presste sie fest um Eleonoras schlanken Körper. Eng umschlungen verließen sie die Halle und fuhren dann anschließend in einem Taxi zu Samanthas Appartement. Nun saß Eleonora zum ersten Mal in einem von diesen berühmten, typisch gelben Taxen, und sie konnte es noch kaum glauben. Sie sah aus dem Auto und hatte noch nie eine so belebte Stadt gesehen. Jedoch nicht nur auf den hochfrequentierten Straßen auch auf den Gehwegen wälzten sich Massen von Menschen. Unzählige, denen man ihre verschiedene Herkunft ansah, komplettierten das Stadtbild, und riesige Wolkenkratzer erstreckten sich in die Höhe. Eleonora reckte ihren Kopf, aber es gelang ihr nicht den Himmel zu sehen. Nach über einer halben Stunde erreichten sie die Wohnung, und Samantha trug ihr fürsorglich den Koffer hinauf.

Die Wohnung war nicht besonders groß, aber gemütlich ausgestattet. Die Fenster wurden nicht nach innen geklappt, sondern beim Öffnen nach oben geschoben. Außen befand sich, an der Hauswand montiert, eine alle Stockwerke verbindende Feuerleiter. Samantha wollte ihr gleich nach dem Auspacken ein wenig von der Stadt zeigen. Es war ihr gelungen, ein paar Tage frei zu bekommen, und sie wollte der Freundin ihr neues Zuhause präsentieren. Eleonora hatte mehr Lust auf Samantha, wollte sie endlich wieder spüren. Sie traute sich aber nicht, ihre Wünsche mitzuteilen, und so ging sie ein wenig später mit einem viel zu kurzem Rock für diese Jahreszeit mit ihrer Freundin aus.

Samantha ging mit Eleonora völlig überraschend ganz ungeniert in der Öffentlichkeit um. Sie stellte sie sogar einigen ihrer Kollegen als ihre Partnerin vor. Ganz anders als in London, wo sie nicht zu ihr stand. Eleonora taumelte vor Glück, dass ihre geliebte Freundin sie so in ihr Leben einführte. Es war aufregend mit ihr in dieser großen Stadt zu sein, und sie empfand keine Angst mehr. Der lange Flug und die Zeitumstellung waren Eleonora langsam zu viel, und so fuhren sie in das Appartement zurück.

Müde und geschafft stieg Eleonora unter die Dusche. Doch schon nach wenigen Augenblicken kam Samantha und begann, sie sanft einzuseifen.

»Warst du mir auch immer treu?«, flüsterte Samantha ihr fragend ins Ohr.

Verstört sah Eleonora sie an. Wie konnte sie nur denken, dass sie sich jemals für irgendeine andere interessieren würde?

»Zeig mir, dass du nur mich liebst«, flüsterte Samantha und drängte sie an die Duschwand. Ihre Lippen verbanden sich wild, und Samanthas Hände ergriffen von ihr Besitz. Sie akzeptierte nicht die Müdigkeit ihrer Freundin, sondern forderte von ihr das Tribut der Hingabe. Bis zur kompletten Erschöpfung betrieben sie ihr Liebesspiel und sanken dann ermattet ins Bett.

Am nächsten Tag erkundeten sie weiter die Stadt, und Eleonora konnte von den Hamburgern nicht genug bekommen. Dieser Köstlichkeit konnte sie nicht widerstehen. Die U-Bahn war ihr in New York nicht geheuer, obwohl sie in Wien ohne Probleme damit fuhr. Die dichtgedrängten Menschenmassen und der stickige Geruch machten ihr Angst. Samantha ließ nie ihre Hand los. Diese spürte die Ängste der Freundin. Der Tag verging viel zu schnell, und für den Abend hatte Samantha einen Besuch in einer Bar angekündigt.

Von Anfang an bemerkte Eleonora, dass keine Männer in der Bar waren. Sie fand dies sehr eigenartig. Doch Samantha klärte sie auf, dass dies eigens eine Bar für Frauen war. Ihre von der Freundin bestellten Getränke waren rosarot, und an einem Halm steckte eine Erdbeere. Dieses Getränk mit angenehmer Süße war Eleonora nicht bekannt, und sie genoss es. Überall sah man Frauen in vertrauten Gesten, und wenn eine alleine kam, blieb sie es nicht lange. In England konnten sie in einem öffentlichen Bereich nie so deutlich ihr Verhältnis demonstrieren. Es gefiel Samantha und Eleonora, dass sie von einigen neidvoll beobachtet wurden, aber sich niemand daran stieß. Eleonora wurde auch von so mancher Frau mit langem, verheißungsvollen Blick angesehen. Dies aktivierte bei Samantha den Besitzanspruch, und sie begann ihre Freundin hingebungsvoll zu küssen. Eleonora fühlte sich befreit, da sie endlich öffentlich ihre Liebe zeigen durfte und begann unter den Blicken der anderen, die Freundin zu verführen. War es der Alkohol oder im Rausch der Gefühle, auf jeden Fall überließ sie letztendlich Samantha die Führung.

Mit Scham erinnerte sich Eleonora am nächsten Tag an ihre Entgleisung, die durch Samanthas Liebesspiel geschah. Sie hatte sich derart zur Schau gestellt, als ob ihr jedes Tabu fremd war und sich vor aller Augen mit ungezähmter Lust ihrer Freundin hingegeben.

»Guten Morgen Geburtstagskind!« Samantha war gut gelaunt und verwöhnte Eleonora mit zärtlicher Liebkosung. »Gestern Abend war es aufregend mit dir. Es war wunderschön, dass du so aus dir herausgegangen bist.« Sie flüsterte Eleonora mit ihrer tiefen Stimme ins Ohr.

Nun waren wieder alle Bedenken unbedeutend, und Eleonora genoss die Zuwendungen ihrer Freundin. Anschließen gingen sie shoppen, und sie bekam von ihr ein Kleid in Fuchsia. Die Farbe passte wunderbar zu ihrem vollen, dunklen Haar, und ihr Gesicht bekam dadurch einen frischen, lebendigen Ausdruck. Der Schnitt schmeichelte jeder ihrer Bewegungen und zeigte mit Großzügigkeit ihre langen, schlanken Beine. Samantha sah sie zufrieden an, und ihr Blick zeigte ihre Lust auf mehr. Eleonora behielt das Kleid gleich an, und Samantha führte sie in ein schickes Restaurant.

Hier fiel ihr auf, dass Samantha den Schmuck nicht trug. »Wo ist deine Kette? Trägst du sie nicht?« Eleonoras Stimme klang unsicher.

Schnell griff Samantha in ihre Handtasche und zeigte ihr ein kleines Etui. »Hier ist sie, Darling! Ich habe sie immer und überall mit dabei, du Schäfchen.«

Eleonora gab sich damit zufrieden. Sie wollte keinen Unfrieden oder Streit, und daher stießen sie schon wenig später mit Innigkeit auf ihren Geburtstag an.

Am nächsten Tag kam ein Telegramm für Eleonora, die verwundert war, dass man ihre Adresse wusste. »*Sofortiges Heimkommen erforderlich - Mutter im Krankenhaus - Bitte um sofortigen Anruf - Gruß, Roman*«

Beunruhigt rief sie zu Hause an und erfuhr, dass die Mutter in den Tiefschlaf versetzt wurde, nachdem sie eine Fehlgeburt hatte. Nun musste alles schnell gehen, und Samantha half ihr sofort einen Rückflug zu bekommen. So kam es, dass sie schon nach wenigen Stunden im Flugzeug saß und ganz ihre geliebte Freundin unerwartet viel zu früh verlassen musste.

Kaum zu Hause angekommen, brachte Roman sie zu ihrer Mutter. Der Anblick war entsetzlich. Sie war überall an Schläuchen und Apparaten angeschlossen, und man konnte sie kaum erkennen, so eingefallen und fahl war ihr Gesicht. Bei diesem Anblick brach Eleonora in Romans Armen zusammen. Als sie zu sich kam, befand Eleonora sich im Bett und in einem weißen, sterilen Zimmer. Sie sah sich verwirrt um, wusste nicht, wie ihr geschah und entdeckte die Krankenschwester. Diese kam sofort zu ihr, als sie Eleonoras Aufwachen bemerkte, und erklärte, dass sie zusammengebrochen und für kurze Zeit bewusstlos war. Man hatte ihr eine kreislaufstärkende Spritze gegeben und sie vorsichtshalber in ein Krankenzimmer gelegt.

Die Schwester benachrichtigte nun Roman, der ins Zimmer kam, ihren Blutdruck maß und ihr schließlich erlaubte, sich langsam aufzusetzen. Es drehte sich noch ein wenig in Eleonoras Kopf, und sie spürte eine Schwäche am ganzen Körper. Doch ihr Stiefvater ermutigte sie zum langsamen Aufstehen. Mit zittrigen Füßen versuchte sie, Halt zu finden und ein paar Schritte zu gehen. Allmählich kam wieder Kraft in ihre Beine, und auch die Hände spürte sie wieder.

»Mach dir keine Gedanken! Du hattest nur eine kleine Schwäche. Der Flug und die Aufregung um deine Mutter waren wohl doch zu viel. Ich bringe dich nun nach Hause, und morgen kannst du wieder zu deiner Mutter.« Er sah müde aus, und man sah seine Sorgen.

Gemeinsam verließen sie langsam die Klinik. Zu Hause legte sie sich sogleich in ihr Bett und schlief fast zehn Stunden durch.

Die nächsten Tage brachten keine sonderliche Besserung. Der Zustand der Mutter wollte sich nicht verändern. Rund um die Uhr wurde sie beobachtet, und man versuchte alles nur Mögliche. Roman verständigte das College, und man akzeptierte, dass Eleonora den Semesterbeginn verschob. Stundenlang verbrachte Eleonora bei ihrer Mutter auf der Intensivstation. Sie hatte sich nun schon auf die Geräusche der Maschinen gewöhnt, und auch die Messgeräte waren ihr nun schon vertraut. Dann endlich, nach vielen Tagen erwachte ihre Mutter, und sie hatte zur Erleichterung und Verwunderung aller keine Folgeschäden zu erwarten. Es würde zwar noch Monate dauern bis sie wieder belastbar war, aber sie würde wieder ganz gesund.

Sehr dankbar war Eleonora allen Ärzten, und zum ersten Mal dachte sie darüber nach, wie oberflächlich doch ihr Studium war. Sie wollte auch etwas Sinnvolles leisten. Menschen helfen. Sie dachte, es wäre doch schön, wenn sie nach New York gehen könnte, um dort Medizin zu studieren und ganz bei ihrer Geliebten zu sein. Der Gedanke beflügelte sie, und an einem Abend nahm Eleonora ihren ganzen Mut zusammen. Sie sprach Roman auf die Ausbildung an.

Ernst sah er sie lange an. »Der Dekan der Universität in London ist ein alter Freund von mir, und er hat mich von Anfang an von der Geschichte mit deiner Freundin unterrichtet.«

Entsetzt sah ihn Eleonora an, während er mit schneidender Stimme fortfuhr.

»Es hatte daher auch bisher keine Konsequenz für dich, da mein Freund dir immer unbemerkt geholfen hatte. So hatte deine Neigung keine Auswirkung auf deinen Unialltag. Ich habe keine Lust, mich in dein Liebesleben einzumischen, dass steht mir nicht zu, aber ich werde es niemals dulden, dass du einmal deine Freundin in mein Haus einlädst. Deine Mutter hat keine Ahnung, und ich habe auch nicht vor, ihr von deiner lesbischen Beziehung zu berichten.«

Eleonora wollte etwas entgegnen, aber er ließ sie nicht zu Wort kommen.

»Ich bin bereit dir eine Ausbildung in einer Eliteuniversität in Amerika zu ermöglichen, und ich habe auch genug Kontakte, dir eine Aufnahme ermöglichen, aber nicht unter diesen Bedingungen«

Eleonora nutzte die kurze Pause. »Was soll das heißen, unter diesen Bedingungen?«

»Ganz einfach! Ich bin nicht bereit, deine fragwürdige Beziehung zu fördern und zu bezahlen. Wenn du dir sicher bist, dass der medizinische Beruf für dich das Richtige ist, so musst du mich erst durch ein Medizinstudium in Wien davon überzeugen, bevor du es in der USA vertiefen kannst.« Mit diesen Worten beendete er das Gespräch. Er war nicht mehr bereit auf eine weitere Diskussion und ließ die völlig Niedergeschlagene zurück.

Er wusste alles. Eleonora war verzweifelt und konnte sich nicht vorstellen, wie sie nun mit ihm umgehen sollte. Er hatte ihr zwar gesagt, dass er der Mutter nichts von dem Gespräch und von ihrer Beziehung zu Samantha berichten würde, aber sie wusste nicht, ob sie ihm trauen konnte. Die Erinnerung an die Therapie und die erzwungene Beendigung ihrer damaligen Beziehung versetzte Eleonora in Panik. Sie konnte nicht mehr länger hierbleiben. Sie musste so schnell wie möglich wieder nach

London. Dort würde sie vor eventuellen Einmischungen sicher sein. Sie konnte auf keinen Fall Samantha aufgeben, dann hätte ihr Leben keinen Sinn mehr.

Nachdem es nun der Mutter wieder besser ging, flog sie, ohne das Gespräch mit Roman fortzusetzen, schon zwei Tage später nach London. Sie versuchte, sich zu beruhigen. Sie würde nun in Zukunft vorsichtiger sein, niemanden von ihrer Beziehung erzählen, und da Samantha in New York war, würde auch der Dekan keinen Einblick mehr bekommen. Erleichtert landete sie in London. Sie fühlte sich geborgen und daheim.

KAPITEL 16 - MARGAS SCHWANGERSCHAFT

»Du bist gesund? Keine Entzündungen und Zysten mehr? Was soll das Marga? Du kannst dir nicht selbst etwas vormachen. Tatsache ist, du bist keine vollwertige Frau, und damit müssen wir uns abfinden.« Erwin war nicht mehr bereit, sich ihre Geschichte nochmals anzuhören und zweifelte an ihrem Verstand.

»Ich wollte es dir erzählen. Ich hatte in der Nacht ein sehr intensives Erlebnis, wo ich anscheinend von irgendwelchen Wesen geheilt wurde.« Sie unterbrach sich, da sie sah, wie ihr Freund sie entsetzt anstarrte.

»Bist du total verrückt? Bist du nun in einer Sekte gelandet, oder hast du zu viele esoterische Bücher gelesen?« Er war nun außer sich und konnte sich nicht mehr beruhigen. »Glaubst du tatsächlich selbst diesen Schwachsinn? Oder hältst du mich für so blöd?« Er stand nun vor ihr und sein Blick war voll Verachtung.

»Es gibt solche Erscheinungen in den Astralwelten. Das ist keine Einbildung!« Tapfer versuchte Marga, ihre erlebte Nacht zu verteidigen, biss sich dann aber auf ihre Lippen und schwieg als sie Erwins Entsetzen sah.

»Du brauchst Hilfe Marga, du musst mit einem Therapeuten deine Unfruchtbarkeit aufarbeiten, ansonsten sehe ich für unsere Beziehung keinen Sinn mehr.« Er sah sie lange an, und zögernd setzte er fort. »Du bist eine schöne Frau, aber ich kann es mir nicht leisten, mich in der Öffentlichkeit mit dir zu blamieren. Solche Hirngespinste müssen weg, ansonsten sind wir geschiedene Leute.«

Er wollte nun nicht mehr weiter darüber reden, und auch Marga erkannte die Sinnlosigkeit des Gespräches. Sie beendeten an diesem Abend nicht die Beziehung, sondern gingen miteinander in das schon lange geplante Konzert.

Marga war froh, dass die Ferien zu Ende gingen, und es war schön, wieder vertraute, aber auch neue Gesichter zu sehen. Gleich in der ersten Woche bekam ihre siebte Klasse die Erlaubnis, das Klassenzimmer neu zu gestalten. Voll Begeisterung half sie ihnen, die Wände zu streichen und dem Klassenzimmer mit bunten, fröhlichen Motiven eine persönliche Note zu geben. Sie hatte viele Projekte für das neue Schuljahr geplant, und sie konnte sich der Begeisterung ihrer Schüler und Schülerinnen sicher sein. Silvia war jetzt oft als Babysitter für ihre Enkelin eingeteilt und hatte nun nicht mehr so viel Zeit. Da die Theatergruppe aber mit der Bitte kam, bei den Kostümen zu helfen, hatte sie selbst auch wenig Zeit für die Freundin. Trotz Erwins Protests verbrachte sie viele Stunden vor der Nähmaschine, damit die Kostüme rechtzeitig fertig wurden. Die Premiere wurde ein großer Erfolg, und auch die Kostüme ernteten großen Beifall.

Mit Erwin war sie noch immer zusammen, und sie hatte ihm in dem Glauben gelassen in einer Gesprächstherapie ihr Problem aufzuarbeiten. Marga hatten in der letzten Zeit nie wieder darüber gesprochen, und ihre Beziehung bestand nur mehr hauptsächlich aus Sexualität. Bei der Premierenfeier begleitete Erwin sie, und der Abend endete anschließend bei ihr mit einem routinierten Beischlaf.

Langsam wurde es immer kälter, und es gab schon den ersten Schnee. Marga liebte es, den Schneeflocken zuzusehen. Es kam dann wieder etwas kindliche Freude in ihr auf. In der Schule wurden die Fenster weihnachtlich geschmückt und eifrig in den Werkstunden für den großen Weihnachtsbasar gebastelt, der diesmal auf Vorschlag Margas zugleich mit dem Elternsprechtag stattfand. Er wurde ein voller Erfolg - auch finanziell, um kommende Schulprojekte unterstützen zu können.

Marga hatte von Anfang an ihre Schwangerschaft wahrgenommen, ihre Brustwarzen wurden empfindlich, und der Busen spannte. Sie spürte in ihrer Gebärmutter ein leichtes, nicht unangenehmes Ziehen, und sehr oft war ihre Stimme belegt. Sie wollte aber ihre Beobachtungen noch niemandem mitteilen und genoss die Weihnachtszeit. Silvester verbrachte sie ausgelassen mit ihrer Theatergruppe, da Erwin am Tag zuvor für zwei Wochen beruflich nach Frankreich musste. Es war ohne ihn viel ungezwungener, sie unterhielt sich ausgezeichnet, und sie alberte mit Waltraud und Bernadette, mit denen sie sich immer besser verstand. Vor einem Jahr war sie meist eher verlegen in deren Gegenwart gestanden. Nun aber gab es immer interessante Gespräche und oft gleiche Ansichten bei vielen Themen.

Bernadette war Behindertentherapeutin und erzählte von ihrer Arbeit. Sie war totale Gegnerin von Impfungen, da sie schon oft mit impfgeschädigten Kindern gearbeitet hatte, und Waltraud war nicht nur Autorin, sie engagierte sich stark in der Politik, war aktiv bei der Frauenbewegung und arbeitete ehrenamtlich bei der Seelsorge und dem erst kürzlich gegründeten Frauenhaus. Marga bewunderte beide ein wenig, da ihnen kaum etwas Angst machen konnte.

Waltraud beherrschte zwei Kampfsportarten und war nie um eine Antwort verlegen. Ihr naturrotes Haar stand etwas widerspenstig nach allen Richtungen und wurde manchmal liebevoll von Bernadette in Ordnung gebracht. Bernadettes braunes Haar war zu kurz, um Eigendynamik zu entwickeln. Mit vielen positiven Gedanken und Wünschen der anderen, begann Marga das neue Jahr, das für sie so vieles verändern würde.

Die Weihnachtsferien waren vorbei, und die vielen Klassenkonferenzen ermüdeten Marga. Schon seit einiger Zeit fiel Silvia das blasse Gesicht ihrer Freundin auf. Als sie auch sah, wie sie Unmengen von Süßigkeiten aß, sprach sie Marga darauf an. Diese zeigte ihr stolz den Mutter-Kind-Pass und bat sie, noch ein wenig das Geheimnis zu wahren, da Erwin noch nichts wusste. Silvia umarmte die Freundin voll Freude und konnte es kaum glauben. Sofort bot sie ihr Babywäsche und Kinderwagen an. Ihre 13 Monate alte Enkelin war aus den Sachen schon längst herausgewachsen. Marga freute sich über die Reaktion der Freundin und nahm ihr Angebot gerne an.

Erwin war wieder zurück, und am Abend bereitete sie für die Begegnung ein wunderbares Essen. Der Tisch war romantisch gedeckt, und im Hintergrund spielte leise Tschaikowskys ›1. Klavierkonzert‹ in b-Moll. Pünktlich kam ihr Freund zum Essen und brachte ihr ein Gedichtbändchen von Rilke mit, da er wusste, wie sehr sie dessen Gedichte liebte. Er war gut gelaunt, da er beruflich wieder einige große Erfolge verbuchen konnte und die letzten Monate ihn auch finanziell einen großen Spielraum ermöglichten. Vor wenigen Stunden hatte er gerade Aktien von über einer Million Schilling angekauft und war überzeugt von deren schnellen Gewinn.

Genussvoll nahm er den wohltuenden Geruch der eben servierten Speisen wahr und setzte sich mit Vorfreude an den so hübsch gedeckten Tisch. Er sah wohlwollend auf die eigens für ihn gestaltete Dekoration und sah auf die kunstvoll gesteckten Blumen. Neben diesen blitzte gelb ein kleines Büchlein, das neugierig von Erwin betrachtet wurde. Bei genauerem Hinsehen erstarrte er jedoch und bat Marga um eine Erklärung. Voller Freude zeigte sie ihm ihren Schwangerschaftspass und erklärte ihm, dass sie Ende des Sommers Eltern werden würden.

Er sprang auf, stieß den Stuhl um und sein wütender Gesichtsausdruck flößte Marga augenblicklich Angst ein. »Du hast mich reingelegt, es absichtlich auf eine Schwangerschaft angelegt. So läuft das nicht! Ich lass mich nicht so hintergehen und mir eine Vaterschaft aufdrücken. Ich bin nicht bereit für eine Familie. Dieser finanzielle Aufwand ist bei mir im

Moment nicht möglich!« Ohne noch auf eine Entgegnung zu warten, verließ er wütend die Wohnung.

Das konnte nicht sein. Marga hatte das Gefühl, sich in einem nicht endenden Alptraum zu befinden. Was war eben geschehen? Mit dieser Reaktion hatte sie in keinster Weise gerechnet. Kannte sie diesen Mann wirklich? Wie konnte sie sich nur so in einem Menschen täuschen. Sie hatte sich den Abend so romantisch vorgestellt, sich so sehr bei den Vorbereitungen bemüht und wollte dieses für sie so glückliches Ereignis mit großer Freude mit ihm feiern. Nun war die Ernüchterung eingetreten, die Freude zerstampft und ihr tiefste Verletzung zugefügt.

So endete der Abend für Marga mit einer schmerzhaften Erkenntnis. Sie wusste, niemals konnte sie ihm mehr vertrauen, und sie würden sicherlich nicht mehr lange zusammenbleiben. Viele Risse hatte schon ihre Beziehung, nun aber war sie zerbrochen. Mit schweren Schritten ging sie zum Plattenspieler und beendete die sanften klassischen Töne. Sie ertrug nun keine Musik. Es war still, lange saß sie nur einfach da und starrte durch das Fenster in die dunkle Nacht.

Nach ein paar Wochen versuchte Erwin einzulenken und wollte mit ihr zusammenziehen. Bernadette und Waltraud rieten ihr ab, da sie fanden, dass er sie zu stark gedemütigt hatte. Silvia aber gab zu Bedenken, dass das Kind eine Chance auf Mutter und Vater haben sollte und überredete sie, ein Zusammenleben mit ihm zu versuchen, die eigene Wohnung aber vorerst nicht ganz aufzugeben. So kam es, dass Marga im März trotz seines Drängens die eigene Wohnung nicht aufgab, sondern vorerst nur mit dem Notwendigsten und der schon reichlich erstandenen Babywäsche bei ihm in seinem Haus einzog.

Als sie ihren Eltern die Neuigkeiten mitteilte, reagierten diese sowohl auf die Partnerschaft als auch über die Schwangerschaft mit Entsetzen und Ablehnung. Ihre Mutter begann wieder ihr altes Spiel und drohte, sich das Leben zu nehmen. Sie tat dies natürlich nicht, wobei Marga keine Lust mehr auf diese Konflikte hatte und sich zurückzog. Sie wollte sich nun ganz auf ihre Beziehung konzentrieren. Sie hatte kein gutes Gefühl dabei, wollte aber sich und dem Kind die Möglichkeit für eine intakte Familie geben.

Erwin hatte jetzt verstärkt Lust auf Sexualität, und es gefiel ihm, wie ihre Brüste, die immer sehr klein waren, immer größer und voller wurden und die Brustwarzen sich sowohl in der Form als auch in der Farbe veränderten. Er bemühte sich jetzt nicht mehr um ein ausgedehntes Vorspiel, sondern kam schnell und ohne Umwege zur Vereinigung.

Für Marga wurde es immer unliebsamer. Sie wollte ihn nicht mehr spüren. Das Eindringen war ihr unangenehm, und sie hatte Angst, dass es dem Kind schaden könnte. Außerdem hatte sie danach immer Schmerzen. Er nahm darauf keine Rücksicht und wollte es mindestens einmal am Tag, da sie nun zu ihm gehörte und es völlig normal war, wie er ihr klarmachte.

Sie strich das Kinderzimmer in einem zarten rosaroten Farbton, stellte ein von ihr weiß lackiertes Gitterbett mit einem lustigen Himmel hinein und dekorierte die Wände liebevoll mit Zwergen und Elfen. Der Mutterschutz begann erst in den Schulferien, und so konnte sie noch das ganze Schuljahr unterrichten. Ende Juni lud sie einige Freunde und Freundinnen sowie Kolleginnen ins Haus ein, um dort ihren Geburtstag zu feiern. Eigentlich wollte sie alles alleine vorbereiten, doch ihre Freundinnen halfen ihr mit selbstgebackenen Kuchen, Salaten und Unmengen von belegten Sandwiches. Es wurde ein wunderschönes Fest, und sie bekam entzückende Dinge für ihr noch ungeborenes Kind. Sie freute sich schon auf ihr Baby, und man konnte ihr das Mutterglück ansehen.

»Wir werden immer für dich und dein Kind da sein. Gerne bin ich auch zum Babysitten bereit. Du wirst sicherlich eine ganz liebevolle Mutter werden.« Sanft wurde sie von Bernadette umarmt und Waltraud nickte zustimmend ihren Worten zu.

Die beiden waren schon die ganze Schwangerschaft über immer wieder mit Trost und liebevollen Gesprächen für Marga da. Sie war dankbar über diese gute Freundschaft und auch gerührt, wie alle sie liebevoll feierten.

Erwin war nicht anwesend. Er musste beruflich ins Ausland, aber Marga war darüber froh, die Geburtstagsfeier wäre ansonsten sicherlich nicht so angenehm verlaufen. Erst Tage später kam er nach Hause, und als er die vielen Geschenke sah, fand er den Aufwand total übertrieben. Ohne große Emotionen sah er sich die vielen nützlichen Präsente für sein noch ungeborenes Kind an. Marga schmerzte sein unsensibles Verhalten, aber sie hoffte, dass sich sein Verhalten nach der Geburt ändern würde, wenn er erstmals seine Tochter im Arm wiegen könnte

KAPITEL 17 - PRAKTIKUM IN NEW YORK

Suzan arbeitete mit ihr das Versäumte nach und war ganz schockiert über das Geschehen. Noch nie war sie mit solch einer Situation konfrontiert worden. Sie hatte eine Schwangerschaft nie als lebensbedrohende Situation für eine Frau gesehen. Keiner in ihrer Verwandtschaft hatte Probleme bei den Schwangerschaften, und eine Cousine von ihr hatte drei unkomplizierte Hausgeburten. Nun aber hatte sie Angst, da sie mit Fred schon diesbezügliche Pläne geschmiedet hatte. Nach ihrem Studium wollten sie heiraten und bald möglichst eine Familie gründen. Einzig der Gedanke, dass sie jünger und daher wohl auch körperlich belastbarer war, gab ihnen Hoffnung. Eleonora bekam von zu Hause regelmäßig positive Berichte über die Genesung ihrer Mutter, und langsam fing sie wieder an, sich zu beruhigen. Auch Samantha war ihr die ganze Zeit mit tröstenden Telefonanrufen und zärtlichen Briefen zur Seite gestanden. Sie war froh, dass sich ihre Freundin nun wieder aufs Studium konzentrieren konnte und versprach, bald nach London zu kommen.

Eleonora hatte ihr noch nicht von der Unterhaltung mit ihrem Stiefvater erzählt, da sie erst für sich selbst klar sein wollte. Als sie sich sicher war, dass es ihr Wunsch war, Ärztin zu werden, schrieb sie Samantha einen langen Brief, wo sie ihr sowohl über die Unterredung als auch über ihrer Berufswünsche berichtete. Sie wollte von ihrer geliebten Freundin hilfreiche Ratschläge.

Diese war außer sich, dass Samantha beruflich in eine andere Richtung gehen wollte und beschwor sie, auf jeden Fall den Abschluss in London zu machen und dann erst eine Entscheidung zu treffen. Sie fand es nicht gut, dass Eleonora ernsthaft überlegte, in Wien zu studieren und daheim zu wohnen. Sie befürchtete, dass Roman dann den Kontakt zueinander unterbinden würde und machte sie auf seine unehrlichen Pläne aufmerksam. Stattdessen organisierte Samantha für Eleonora in einer High School in der Nähe von ihrem Appartement eine Stelle als Aushilfslehrerin für Deutsch in den Sommermonaten. So könnte sie nach Semesterende sofort zu ihr fliegen und auf diese Weise den ganzen Sommer gemeinsam in New York verbringen.

Eleonora zögerte keine Sekunde und bat Samantha alles dafür in die Wege zu leiten. Sie konnte ihr Glück kaum fassen, und ihre neuen ursprünglichen Berufsaussichten hatten nun keine Bedeutung mehr. Der Gedanke, für drei Monate bei der Freundin zu leben, gab ihr die Kraft, sich auf das Studium zu konzentrieren.

Fred kam mit seiner Zwillingsschwester zu Suzan, und sie gingen zu viert ins Kino. Kathleen sah Fred überhaupt nicht ähnlich, da sie zweieiige Zwillinge waren. Sie hatte braune dichte Locken, war von kleiner zierlicher Statur und hatte keck blitzende blaue Augen. Man konnte mit ihr herrlich Lachen, da sie immer alles sehr humorvoll verpackte und vor Charme sprühte. Sie unterhielten sich großartig bis in die frühen Morgenstunden. Beide übernachteten in ihren Schlafsäcken am Boden des Zimmers, und die restlichen Stunden bis zum Morgen waren mit Kichern erfüllt.

Um zwei Uhr in der Nacht rief Samantha voll Sorge an, da sie am Vorabend ihre Freundin nicht erreicht hatte. Als sie vom Besuch erfuhr, ließ sie sich von Eleonora alles ganz genau erzählen. Danach begann sie zärtlich ihrer Freundin liebkosende Worte ins Telefon zu flüstern, sodass diese von einer warmen Woge der Zärtlichkeit erfasst wurde. Sie erinnerte sie an die vergangenen, intensiven Begegnungen mit genauer Schilderung des damaligen erotischen Geschehens, sodass Eleonora von einer wilden Sehnsucht ergriffen wurde. Sie konnte nicht aufhören, die geliebte Stimme ihrer Freundin zu hören und den vergangenen, unbefangenen und unbeschwerten Besuch der Zwillinge, empfand sie nun als unangenehm und als Verrat gegenüber ihrer Geliebten. Schluchzend und sich nach ihr sehnend beendete sie das Telefonat.

Eine Woche später kam Post von ihrer Freundin. In einem wunderschönen, herzförmigen Rahmen war ein großes Foto von Samantha. Intensiv blickten ihre großen, grünen Augen, und ihr langes Haar glänzte golden auf. Sie hatte ihre Figur verführerisch zur Schau gestellt und lag seitlich aufgestützt auf ihrem Bett in ihrem Appartement. Auf die Rückseite des Fotos hatte sie mit ihrer gleichmäßig, kleinen Schrift geschrieben, dass sie sehnsüchtig auf Eleonora warten würde und schon alles für den gemeinsamen Sommer vorbereitet war. Auf die Vorderseite schrieb sie am unteren linken Rand: »*Ich liebe dich!*«

Eleonora stellte das Bild ihrer geliebten Samantha weinend vor Sehnsucht auf ihrem Schreibtisch auf.

Die Wochen vergingen mit viel Prüfungsstress, und außer Lernen gab es in Eleonoras Leben keine besonderen Höhepunkte. An einem Samstagabend kam wieder einmal Fred mit seiner Schwester, doch die Wiedersehensfreude hielt sich bei Eleonora in Grenzen. Sie ging noch nicht einmal ins Kino mit. Als sie zurückkamen saß Eleonora am Schreibtisch und schrieb gerade an einer Arbeit. Kathleen sah ihr neugierig über die Schulter und entdeckte dabei das neue herzförmig, gerahmte Bild von Samantha. Sie nahm es in die Hand und sah es lange an. »Wer ist diese hübsche Frau? Ist das deine Mutter oder eine ältere Schwester?« Mit unschuldiger Miene sah sie dabei die anderen an.

»Das ist meine Cousine Samantha, die mit Eleonora schon seit langer Zeit eine glückliche Beziehung führt, und an deiner Stelle würde ich nun wieder das Bild zurückstellen.« Der scharfe Ton von Suzan verunsicherte Kathleen und sofort befolgte sie deren Anweisung.

»Das ist also deine New Yorker Freundin! Sie ist wirklich eine auffallend schöne Frau. Ich freue mich für dich.« Kathleen sah Eleonora freundlich an, aber wie sehr sich auch bemühte, es kam keine rechte Stimmung mehr auf. Die herzliche Unbeschwertheit war weg, und in dieser Nacht war es im Zimmer still, sodass alle bald einschliefen.

Die Mutter war nun wieder gesund, und man sagte Eleonora, dass sie sich keine Sorgen mehr machen müsste. Da eine Schwangerschaft nicht mehr möglich war, würde die Mutter nie mehr gefährdet sein. Roman aber rief sie nochmals alleine an und erinnerte sie an die damalige Unterhaltung. Er wollte wissen, wie es mit ihren Plänen für das Medizinstudium aussah. Als Eleonora von ihren Sommerplänen berichtete, war er sehr reserviert. Er registrierte, dass ihr nur die Liebe zu Samantha wichtig war. Er beendete sodann kühl das Telefonat und rief sie nicht mehr an. Als Eleonora ihrer Mutter von ihren Plänen berichtete, freute sich diese über die einmalige Chance so lange, ohne Kosten in New York zu sein. Sie dachte, dass es sich um eine verwandte Familie von Suzan handeln würde. Sie hatte noch immer keine Ahnung von der lesbischen Beziehung ihrer Tochter. Roman hatte wirklich sein Wort gehalten, er hatte ihr nicht von der Unterredung berichtet.

Es waren alles Bestnoten, die Eleonora erreichte, und Samantha war sehr stolz auf sie. Das Flugticket hatten Eleonora diesmal ihre Eltern bezahlt, obwohl auch ihre Freundin dafür aufkommen wollte. Alles war schon gepackt, und da sie schon einen Tag vor Suzan abreiste, begleitete sie diese zum Flughafen. Eleonora war froh darüber, denn mit dem vielen Gepäck war es in der U-Bahn sehr umständlich. Herzlich verabschiedeten sie sich und Eleonora war dann endlich auf dem Weg zu ihrer Geliebten.

Die Stunden kamen ihr unendlich lang vor, bis sie sich endlich umarmen konnten. Samantha führte die Freundin in ihr nun für drei Monate gemeinsames Domizil. Kaum im Appartement angekommen zog sie Eleonora auf das Bett, erhörte endlich den sehnsuchtsvollen Körper mit totaler Vereinnahmung und verlangte willenlose Unterwerfung.

In der ersten Woche hatte Eleonora noch frei, und als Samantha die stellvertretende Leitung als Chefredakteurin übertragen wurde, feierten sie dies mit vielen Kolleginnen und Kollegen am darauffolgenden Abend. Die Redaktion umfasste über 200 Mitarbeiter. Fast ein Viertel von ihnen kam, und dazu gratulierten auch Prominente, die mit der Zeitung verbunden waren, der ehrgeizigen 32-Jährigen.

Sie wurde von Samantha auch einer der führenden Zeitungsfotografinnen vorgestellt. Zoey war schon um die vierzig und viele Jahre in diesem Metier tätig. Vor einiger Zeit war sie oft auch monatelang mit Reportagen im Ausland beschäftigt. Seit einigen Jahren war sie stadtbekannt mit einer Oscar gekrönten Schauspielerin liiert. Da sie auch einmal längere Zeit in Wien war, verwickelte sie Eleonora begeistert in ein Gespräch über deren Heimatstadt. »Ich liebe Wien - diese gemütliche historische Stadt, deren Kultur einzigartig ist!«. Begeistert entführte sie Eleonora in eine ruhige Ecke, wo sie nicht von den anderen gestört wurden. Sie kannte noch viele Plätze und schwärmte von der Kaffeekultur dieser Stadt. »Ich habe aber auch noch andere Teile von Österreich kennengelernt, und in die Stadt

Salzburg habe ich mich verliebt«, schwärmerisch klang nun die Stimme von Zoey. »Dieses wunderbare Flair dieser Stadt. Man kann die Musik Mozarts überall wahrnehmen, und ›Jedermann‹ am Domplatz war ein einmaliges Erlebnis. Nicht zu vergessen auch ›The Sound of Music‹ und die legendäre Trapp-Familie. Du kommst von einem wunderbaren, mit kultureller Vielfalt ausgestatteten Land.« Sie geriet immer mehr ins Schwärmen, und Eleonora war über die Gesprächsbereitschaft froh, da sie, obwohl Samantha sie stolz präsentierte, sich in der bunten Gesellschaft eher verloren fühlte.

Es kamen ihr die meisten sehr übertrieben und teilweise auch affektiert vor. Es war eine oberflächliche, glitzernde Welt, in der jeder seinen Sonnenplatz ergattern wollte. Teils schrille Persönlichkeiten, deren einzige Sorge das perfekte Aussehen und die Klatschpresse waren. Alle ließen den Eindruck erwecken, als ob sie bestens miteinander befreundet waren. Doch in Wirklichkeit herrschte verbitterte Konkurrenz.

Es befremdete Eleonora, wie gut sich Samantha in dieser Gesellschaft bewegen konnte, aber sie verstand, dass deren Beruf dies wohl erforderte und nicht ihrem eigentlichen Wesen entsprach. Wenn sie alleine waren, dann war diese sensibel und einfühlsam. Durch ihre Belesenheit gab es viele Themen, die sie intensiv besprachen. Samantha konnte globale Zusammenhänge erkennen, und in der Politik war sie bewandert - hatte den interessierten Durchblick. Nun aber lächelte sie freundlich und führte oberflächliche, eigentlich unnütze, dümmliche Gespräche.

Eleonora war froh, als sie endlich nach Stunden engumschlungen ins Taxi stiegen, um die Heimfahrt anzutreten. Sie hatte Verständnis für die Freundin und war auch irgendwie stolz auf deren Erfolg, aber deren Arbeit machte ihr auch Unbehagen. Sie konnte die Sinnhaftigkeit darin nicht erkennen. Sie wollte ihr aber nicht die Freude nehmen - daher schwieg sie. Es war ein großer Tag für ihre Freundin, den sie aber nun daheim mit vertrauter Nähe innig ausklingen ließen.

Eleonora war am ersten Tag ihres Praktikum sehr aufgeregt und unsicher, da sie in der High School niemanden kannte. Sie wurde als Sprachassistentin einem dortigen Deutschlehrer zugeteilt, der sie freundlich begrüßte und sie den Schülern als Native-Speaker vorstellte. Nach anfänglicher Unsicherheit gefiel ihr der anfangs eher ungewöhnliche Unterricht, und es machte ihr Spaß, die Schüler zum Sprechen anzuregen. Immer wieder musste sie auch Fragen zu ihrem Herkunftsland beantworten, da noch keiner von ihren Schülern in Österreich war. Anfangs dachten viele wegen derselben Sprache Deutschland wäre gleichbedeutend mit Österreich. Auch ansonsten wusste man, außer von einigen Komponisten und dem zweiten Weltkrieg, nicht viel von ihrem Land, und man hatte eher das Bild von Tracht und ländlicher Idylle.

Sie bemühte sich in den darauffolgenden Wochen ihnen mit ausführlichen Erzählungen auch andere Einblicke zu geben. Die anderen Lehrer behandelten Eleonora alle respektsvoll und voller Neugierde. Es gab keine größeren Schwierigkeiten im Umgang mit dem anderen. Trotzdem konnte sie sehr wohl den Unterschied zum österreichischen Bildungssystem erkennen. Bei genauerem Beobachten konnte sie den Einheitsdruck erkennen, die Einordnung in die Gruppe, die Unmöglichkeit, sich als Schüler auch einmal zurückzuziehen, den langen Unterrichtstag, der keine individuelle Planung der Nachmittage zuließ und schließlich das Bewachungssystem, die Kontrolle, der alle ausgesetzt waren. Manchmal wurden schon kleinste Vergehen mit ernsten Gesprächen und Strafen rigoros bekämpft, und dann wurde wieder bei Gewalt und Demütigungen weggesehen. Auch dem übertriebenen Fahnenkult und dem überzogenen Patriotismus konnte sie nichts Positives abgewinnen. Und dass jeden Morgen die Schüler auf Waffen kontrolliert wurden, machte die Stadt nicht sicherer.

Eines Abends kündigte Suzan telefonisch ihren baldigen Besuch an. Sie käme mit Fred und ihrer Schwägerin in spe, und sie würden sich alle auf ein Wiedersehen freuen. Eleonora freute sich ebenfalls und bemerkte nicht, dass Samantha sich im Anschluss des Telefonats sehr still und abweisend verhielt. Zwei Tage später kam Zoey zu Besuch und hatte ihre teure Fotoausrüstung dabei. Samantha bat die Kollegin um ein paar schöne Aufnahmen von ihnen beiden. Sie überredete Eleonora zum aufreizenden schwarzen Kleid und der, wie sie fand, dazugehörigen Wäsche für darunter. Zuerst machten sie ein gemeinsames Porträt, dann aber bat Zoey sie, sich auf das Bett zu legen. Zärtlich legte Samantha ihren Arm um sie und lächelte sie an, um sie dann sogleich innig zu küssen. Zoey bemühte sich, die beiden in ihrer Linse optimal einzufangen. Samantha aber streifte sanft ihrer Freundin das Kleid herunter, sodass sie nunmehr lediglich mit dem zarten Büstenhalter und dem leichten Höschen vor ihr lag. Es war Eleonora unangenehm, sich so halbnackt vor der Fotografin zu präsentieren.

»Du bist wunderschön. Alles ist in Ordnung, und du gehörst zu mir«, flüsterte ihr Samantha leise ins Ohr, und geschickt begann sie mit einem zärtlichen Liebesspiel.

Es gelang ihr, dass ihre Freundin die Anwesenheit der Fotografin vergaß, und das sanfte Spieles steigerte sich langsam zu starker Begierde, in dessen Forderungen sich Eleonora mit bebender Hinwendung unterwarf. Sie waren nun völlig entblößt, und ihre nackten Körper verbanden sich mit einer flammenden Leidenschaft. Indessen versuchte Zoey, das Geschehen sensibel mit ihrer Kamera einzufangen, und bevor Eleonora zur Besinnung kam, saß diese schon gemütlich einen Kuchen verzehrend in der Küche. In der Annahme, dass die Fotografin schon längere Zeit da saß, konnte sich Eleonora beruhigen, während Samantha sanft lächelnd die Kollegin zur Tür begleitete.

Einige Tage später zeigte ihr Samantha die Aufnahmen, und Eleonora begriff, dass Zoey die ganze Zeit anwesend war und unzählige Szenen vom Liebesakt mit ihrer Kamera einfing. Ihre Freundin aber überzeugte Eleonora, dass es ein wunderbarer, gegenseitiger Liebesbeweis war und zeigte ihr im Schlafzimmer über dem Bett hängend stolz ein riesengroßes, goldgerahmtes Bild von ihnen beiden. Es zeigte Eleonora, deren Körper völlig entblößt, hemmungslos und ohne die geringste Kontrolle, sich sehnend ihrer Freundin anbot. Samantha fand es wunderschön, sah es als Zeugnis ihrer gegenseitigen tiefen Zuneigung und konnte keinen Grund zur Scham erkennen. Nach anfänglichem Zögern fand es nun auch Eleonora in Ordnung und wurde von ihrer Freundin mit sofortiger Zärtlichkeit belohnt.

Ein paar Tage später kamen die Freunde, und sie begrüßten sich herzlich. Samantha war sehr zuvorkommend und bewirtete mit viel Geschick die Cousine und deren Begleiter. Sie war eine charmante Gastgeberin aber sie übersah nicht, dass Kathleen Eleonora immer wieder anstrahlte. Sie erzählte von aufregenden Erlebnissen und Begegnungen in ihrer Arbeitswelt, und alle hörten gespannt den farbig schillernden Ausführungen zu. Nach dem Essen lud sie die Gäste zu einem Wohnungsrundgang, um allen dieses typisch amerikanische Appartement zu zeigen. Am Ende der Wohnungsbesichtigung zeigte sie ihnen das Schlafzimmer.

Alle Blicke gingen sofort zum Bild. Suzan war es zu intim. Sie sah daher sofort zur Seite und ging zum Fenster, um sich die Feuerleiter anzusehen. Fred grinste breit und sah die beiden zwinkernd an. Kathleen konnte den Blick nicht von dem Bild wenden. Sie konnte ihr Entsetzen und auch zugleich ihre Erregtheit nicht verbergen, und erst, als sie Samanthas prüfenden Blick wahrnahm, senkte sie verlegen den Blick und verließ wortlos das Schlafzimmer.

Alle gingen anschließend in eine Bar, da ihnen Samantha auch ein wenig vom Nachtleben zeigen wollte. Kathleen vermied den Augenkontakt mit Samantha und war den ganzen Abend nicht sehr gesprächig. Ziemlich spät begleiteten Samantha und Eleonora ihre Freunde zu deren Hotel und gingen gutgelaunt nach Hause.

In der Früh betonte Samantha immer wieder das hübsche Aussehen von Kathleen, sodass Eleonora keine Lust mehr auf weitere Unternehmungen mit den Freunden hatte. Samanthas Lippen kräuselten sich zu einem verborgenen Lächeln, und sie akzeptierte den Wunsch ihrer Freundin.

Am letzten Arbeitstag bekam Eleonora von ihren Schülern eine kleine Freiheitsstatue überreicht. Sie freute sich darüber und war fast ein wenig traurig über den Abschied. Einigen versprach sie in Kontakt zu bleiben. So neigte sich der Sommer dem Ende zu, und der Rückflugtermin kam immer näher. Sie waren sich in den drei Monaten vertraut geworden und hatten viele gemeinsame Ausflüge unternommen. Sie wurde vielen interessanten Leuten vorgestellt, und es gab viele Augenblicke mit vertrauter Innigkeit.

Streit war Eleonora und Samantha fremd, da nie ein böses Wort zwischen ihnen fiel und sie fast immer einer Meinung waren. So war es nicht einfach, sich für längere Zeit zu trennen. Mit vielen Tränen saß Eleonora im Flugzeug, um in London ihr letztes Jahr des Studiums zu absolvieren.

KAPITEL 18 - MARGAS KLEINE FAMILIE

Anfang September hatte Marga immer wieder ein leichtes Ziehen in der Gebärmutter, und der Rücken schmerzte meist den ganzen Tag. Bernadette versuchte sie mit einer speziellen, sanften Massage, von den Schmerzen zu erleichtern. Durch die Brustwarzen kam manchmal eine dünne, weiße Flüssigkeit, die Marga am Anfang sehr verunsicherte, da ihr niemand davon berichtet hatte.

»Das nennt man im Volksmund Hexenmilch«, wusste Waltraud. »Es zeigt nur die Bereitschaft des Körpers für die Muttermilchproduktion.«

Marga hatte sich gegen eine Hausgeburt entschieden, da sie immer wieder von übermäßig viel Blut bei der Geburt träumte, und immer rief eine Stimme in ihrem Inneren, dass sie in ein Krankenhaus müsste. Ihr Frauenarzt beruhigte sie, viele Frauen hätten solche Alpträume.

Mitte September war es dann so weit. Nachts bekam sie Schmerzen und entdeckte eine leichte Schmierblutung, die sie sofort dazu veranlasste, in die Gynäkologie zu fahren. Dort sah man bei der Untersuchung, dass der Muttermund schon einige Zentimeter geöffnet war. Da es nun nicht mehr lange dauern würde, kam sie in den Kreißsaal. Obwohl ansonsten viele Mütter zu fast gleicher Zeit entbanden, hatte Marga heute das ganze Ärzteteam für sich alleine, da sie die einzige Entbindende war. Erwin war ebenfalls dabei, da in seinem Bekanntenkreis alle bei der Geburt ihre Frauen unterstützen. Er betrachtete es als tolles Erlebnis und hatte seine Filmkamera dabei, um die Ankunft des Babys festzuhalten.

Es ging alles sehr schnell. In nur vier Stunden kamen immer stärkere Wehen, verbunden mit fast unerträglichen Schmerzen. Marga konnte sich kaum von einer Wehe zur anderen erholen. Erwin stand untätig und irritiert daneben und ließ die beiden Hebammen den Schweiß abwischen und tröstende Worte sprechen. Er verstand nicht, warum Marga sich so gehen ließ. Schweißgebadet stöhnte sie fast ununterbrochen und steigerte alles mit schrillen Schreien. Es stieß ihn ab, und er hatte keine Lust die Kamera zu betätigen.

Dann ging alles sehr schnell. Mit einer für Marga fast unendlich langen Presswehe, rutschte mit Hilfe der Hebamme ein gesundes Mädchen in deren vorbereiteten Hände. Sofort begann es, mit starker Stimme seine Ankunft zu verkünden, und wurde der Mutter auf den Bauch gelegt. Drei Ärzte waren ebenfalls anwesend, und als Marga ihnen mitteilte, dass ihr auf einmal schlecht wurde, nabelten sie ihr sofort das Kind ab.

In diesem Augenblick spürte Marga, wie ihr das Blut herausspritzte. Sogleich bekam sie eine Spritze, während einer der anderen Mediziner sich auf sie warf, um die Nachgeburt rauszudrücken. Sie sah noch wie das Blut weiterfloss. Sie erwachte erst, als man ihr das eingerissene Gewebe nähte. Man erklärt ihr, dass sich die Gebärmutter nicht zusammengezogen hatte und es daher zu einer übermäßig starken Sturzblutung kam.

»Ich habe in meiner 20-jährigen Berufslaufbahn noch nie so eine starke Blutung gesehen. Normalerweise ist dies vererbt durch Mutter oder Großmutter.« Er sah nun ein wenig vorwurfsvoll auf Marga. »Haben Sie nicht darüber in ihrer Familie erfahren? Sie hätten uns davon unterrichten müssen. Erst seit zehn Jahren gibt es dieses Medikament, dass bei sofortiger Einspritzung die Gebärmutter zusammenzieht, daher die Blutung stoppt und so das Leben der Frauen retten kann.« Er schüttelte missbillig seinen Kopf. »Zu Hause wären Sie verblutet. Sie hätten keine Chance gehabt.«

Nun wurde Marga bewusst, welch großes Glück sie hatte, und sie versicherte ihm, in ihrer Familiengeschichte nichts derartiges gehört zu haben.

Aus Erwins Sicht verlief die Geburt auch nicht positiv. Nachdem die junge Lernschwester beim Anblick des vielen Blutes zusammenbrach, wurde auch er kreidebleich. Als man das Kind abgenabelt hatte, wollte er es nicht in Empfang nehmen. Sie schoben ihn zur Tür hinaus, der Kinderarzt nahm das Kind in Empfang, und so wurde es gewaschen, gewogen und genau untersucht. Erwin weigerte sich anschließend noch immer, das Kind aufzunehmen, und so wartete man, bis Marga wieder zu sich kam, um ihr das Kind zu bringen. Während man sie nähte, legte sie es an ihre Brust. Reflexartig begann das Baby zu saugen. Später wurde noch ein Foto von Estelle-Mariella gemacht, und es kam der Fußabdruck des Babys, zusammen mit der genauen Geburtsuhrzeit auf eine vorbereitete Karte.

In der folgenden Nacht bekam Marga hohes Fieber, und man holte daher den Arzt, der ihr eine Spritze verabreichte. Am nächsten Morgen erklärte man ihr, was geschehen war - da sie nichts von den nächtlichen Schwierigkeiten mitbekommen hatte. Stattdessen hatte sie geträumt, dass sie sich in ein Grab legen wollte, doch man zog sie wieder heraus und erklärt ihr, dass sie noch nicht gehen durfte. Sie musste den Menschen helfen, im Heilbereich tätig sein und sie in die Liebe führen.

Durch den starken Blutverlust durfte Marga zuerst nicht aufstehen, trotzdem durfte sie tagsüber das Kind bei sich haben, versorgt wurde es aber von der anwesenden Schwester. Man brachte ihr alle zwei Stunden kleinen Mahlzeiten, und jeder kümmerte sich rührend um sie. Sie bekam erstklassige Verpflegung und Betreuung, obwohl ihr Versichertenstatus dies eigentlich nicht zuließ.

Zwei Tage hatte sie hohes Fieber und für alle unerwartet schoss in Mengen die Milch ein. Erwin kam am zweiten Tag und kritisierte ihre gekrümmte Haltung, während sie das Kind hielt.

»Pass doch auf! Siehst du nicht, wie das Kind schräg liegt. Sitz doch gerade und leg das Kissen darunter. Warum stillst du überhaupt? Heutzutage ist das doch gar nicht mehr notwendig! Für das Kind ist Muttermilch sicher nicht das optimale Nahrungsmittel.« Ungeduldig und belehrend fielen seine Worte.

Für Marga war alles noch sehr anstrengend, aber sie bemühte sich. Seine Worte verletzten sie, und Tränen schossen ihr in die Augen.

»So geht das nicht.« Mit diesen energischen Worten schob die Krankenschwester Erwin zur Türe. »Mutter und Kind brauchen Ruhe und sollen keinem Stress ausgesetzt werden. Wenn es ihrer Frau besser geht, kann sie wieder Besuch empfangen. Jetzt aber bitte ich Sie zu gehen!«

Trotz heftigen Protestes von Erwin schob sie ihn zur Türe hinaus. Man hörte noch von draußen seinen Einspruch, aber die Schwester blieb ruhig und ließ sich davon nicht beeindrucken. Marga war alles sehr unangenehm, dennoch war sie froh, dass er nun nicht mehr anwesend war.

»Sie machen alles richtig. Ihrer kleinen Tochter geht es gut, und sie saugt schon kräftig und genug.« Die Schwester strich Marga sanft über die Schulter und lächelte ihr zu. »Sie haben sehr viel Blut verloren, und es wird wohl noch eine Weile dauern, bis sie wieder bei Kräften sind. Bis dahin ist es wohl besser, dass ich Aufregungen von Ihnen fernhalte.« Nachdenklich sah die Schwester Mutter und Kind an.

Da Erwin sich auch weiterhin sehr unsensibel verhielt, verbot ihm der Arzt den Besuch im Zimmer, da es die Genesung verzögern würde. Erwin war empört, drohte mit rechtlichen Schritten, und beleidigt kam er dann erst Tage später zum Abholen. Durch die gute Betreuung besserte sich schnell Margas Zustand. Man bat sie aber bei der Entlassung sich daheim auf jeden Fall zu schonen und um Unterstützung im Familienkreis zu suchen. Nur unter diesen Bedingungen könne man sie mit dem Baby nach Hause entlassen, hieß es in der Klinik.

Erwin holte sie zwar ab, aber er ließ sie den ganzen folgenden Tag alleine. Er hatte wichtige berufliche Termine. Marga rief ihre Schwester an und bat diese um Unterstützung, doch diese wehrte empört ab. Sie hätte doch selbst eine Familie zu versorgen. Marga hatte jedoch keine Lust ihre Mutter um Hilfe zu bitten. Im Krankenhaus hatte sie dieser die Ankunft der Enkelin mitgeteilt, doch noch immer zeigte sie nur Ablehnung über Margas Lebensführung. Als ihr Marga von der Sturzblutung berichtete, kam die schnippische Antwort, dass das in der Familie liegen würde, sie hatte aber keine Lust ihr dies mitzuteilen, da sie ja ansonsten auch nicht auf sie hörte.

Unverständlich war es Marga, wie eine Mutter ihre Tochter vor dieser Gefahr nicht warnen konnte. Mit der Kenntnis zu diesem Verhalten ihrer Mutter hatte Marga keine Lust auf deren Besuch. Sie schämte sich, dass ihre Familie so egoistisch war und wollte daher auch ihre Freundinnen nicht um Hilfe bitten.

In der ersten Woche musste sie noch jeden Tag zur Kontrolle in das Krankenhaus. Es war alles in Ordnung und langsam begann sie, stärker zu werden. Marga konnte immer leichter den Alltag bewältigen. Zuerst war alles noch ein wenig umständlich, aber mit der Zeit ging alles immer schneller. Beim Wickeln und Waschen verhielt sich Estelle immer ganz ruhig und geduldig. Beim Stillen klappte es von Anfang an, da bei Marga schon am Tag nach der Geburt die Milch einschoss. Sie wollte auf jeden Fall solange wie möglich stillen. Bernadette hatte ihr schon während der Schwangerschaft ein Buch zur Anleitung des natürlichen Umgangs mit dem Nachwuchs gegeben. Daher wusste sie, dass durch das Stillen weniger Allergien beim Kind entstehen konnten. Außerdem entschloss sie sich, ihrem Kind nicht die üblich empfohlenen Impfungen zuzumuten.

Erwin nahm seine Tochter ganz selten auf den Arm, und wenn er sie wickelte, schrie sie ununterbrochen. Das Waschen funktionierte bei ihm überhaupt nicht, da sich die Kleine vor Schreien vollkommen verkrampfte. So beteiligte er sich mit der Zeit überhaupt nicht mehr.

Bei Marga war unterdessen alles gut verheilt, und eigentlich hätte sie laut des Arztes schon wieder sexuellen Verkehr haben können. Erwin war während der Schwangerschaft sehr fixiert darauf, nun aber rührte er sie nicht mehr an. Zuerst war es Marga recht, zu sehr war sie mit der Pflege des Neugeborenen beschäftigt, sodass sie sich zu müde für die Zweisamkeit gefühlt hätte.

Im Schlafzimmer hatte das Gitterbett keinen Platz, um aber nachts nicht immer wieder aufzuschrecken, nahm Marga Estelle in das große Doppelbett und legte es in die Mitte. Erwin war erzürnt und verlangte von ihr, dass Kind sofort in das Gitterbett zu legen. Er fand das Estelle nun im wahrsten Sinne zwischen ihnen lag. Außerdem war er der Meinung, dass dies das Kind verweichlichen würde. Es sollte sich von anfang an auf ein eigenes, dunkles Zimmer gewöhnen.

Als Marga sich weigerte, traute sie ihren Augen nicht. Er hob die Matratze und den Lattenrost aus dem Bett und stellte dies nun als seine eigene Schlafstelle im Wohnzimmer auf. Nun war neben ihr ein großes Loch. Er wollte nicht diskutieren, er käme erst dann wieder, wenn das Kind im Gitterbett läge. Um im Schlafe nicht aus Versehen hineinzufallen, füllte sie die Öffnung mit einigen Polstern und Decken und spannte anschließend eine große Decke über alles. Estelle behielt sie im Schlafzimmer.

In der zweiten Woche kam andauernd Besuch von lieben Freundinnen und Kolleginnen. Alle waren sehr aufmerksam und brachten viele nützliche Dinge für das Baby. Silvia kam sogar öfter, damit Marga sich ein wenig hinlegen konnte, wenn die Nacht zu unruhig war. Von ihren Schülern bekam sie eine ganz reizende, selbstgebastelte Glückwunschkarte, die von allen unterschrieben wurde. Einmal kamen sogar ein paar von den älteren Schülerinnen persönlich vorbei und brachten ihr Blumen und einen Teddy für das Baby. Marga bewirtete sie im Garten mit Saft, und alle durften der Reihe nach ein wenig das Kind halten. Estelle gefiel das. Sie lächelte alle an und verhielt sich ganz ruhig.

Waltraud und Bernadette konnten sich an der Kleinen nicht satt sehen. So oft es ging, kamen die beiden vorbei, um keine Phase der Entwicklung zu versäumen. Bernadette war begeistert, dass Estelle von Anfang an den Kopf selbst heben und selbstständig zur Seite legen konnte. Das konnten normalerweise Kinder erst im zweiten oder dritten Lebensmonat.

Den Termin für die Taufe hatten Marga und Erwin schon beim Pfarrer gemacht, da sie es nicht aufschieben wollte. Marga bat Waltraud und Bernadette die Patenschaft zu übernehmen. Die beiden freuten sich sehr. Die Feierlichkeit fand im kleinen Kreise statt, da Erwin gekränkt war, dass zwei Lesben die Patenschaft übernahmen und nicht seine Schwester. Er bezeichnete die Beziehung der beiden als Peinlichkeit. Er behauptete, dass sie nur einmal einen richtigen Mann kennenlernen müssten, dann wurden sie schon sehen, wo sie hingehörten. Solange sie sich aber als Vollemanzen aufspielten, würde daraus nichts werden.

»Männer wollen sanfte Frauen«, sagte er, »ohne maskuline Züge.«

Marga ignorierte seine Äußerungen und hütete sich, es ihren Freundinnen zu berichten. Es wurde dennoch eine schöne Feier mit einem wunderschönen Taufkleid, genäht von Marga. Sie hatte daheim in stundenlangen Vorbereitungen zusammen mit den Taufpaten alles für ein gemütliches Feiern nach der Kirche vorbereitet.

Mit Erwin wurde es immer schwieriger. Er half ihr weder beim Haushalt noch beim Kind. Er fand, dass sie das alleine schaffen müsste - wie andere Frauen. Er hatte sich in Laufe ihres Zusammenlebens immer mehr verändert. Wenn sie nicht einer Meinung waren, hüllte er sich oft auch für zwei Tage in Schweigen. Er strafte sie dann mit Nichtachtung und verweigerte jedes Gespräch. Sie führten keine Beziehung, sondern eher einen Krieg. Er wollte noch immer keine körperliche Nähe, und so suchte sie das Gespräch.

Erwin hielt sich nicht lange zurück, sondern sagte ihr direkt, dass er sie nicht berühren wollte. Er bekäme den Anblick der Geburt nicht mehr aus seinem Kopf, und er spüre zu ihr keine sexuelle Anziehung.

Sie wusste, dass es durchaus Männer gab, die während der Geburt einen Schock erlebten. Daher riet sie ihm zu einer Psychologin zu gehen. Er war außer sich. »Bei mir ist alles in Ordnung! Du brauchst Hilfe, da du immer mehr in die Fänge dieser Emanzen kommst und nicht mehr erkennst, was wirklich deine Aufgabe ist.« Er holte tief Luft und setzte mit lauter Stimme fort. »Du warst ein nettes, einfaches Mädchen, und jetzt wirst du schon selbst eine von denen. Wahrscheinlich graust es mich einfach nur vor dir, vielleicht bist du schon eine abartige Lesbe und hast mit denen herumgemacht.« Sie wollte diese Unterhaltung nicht mehr länger fortsetzen, aber er stand mit drohender Gebärde vor ihr und schrie: »Eine Frau hat sich dem Mann unterzuordnen, ihm stärkend den Rücken freizuhalten und für Kind und Haushalt zu sorgen. Aber anscheinend zählen in unserer Beziehung diese moralisch wichtigen Werte nicht mehr, obwohl deine Eltern dies in vorbildlicher Weise vorgelebt hatten.«

Es fielen viele verletzende Worte, Ansichten die demütigend und veraltet waren, keinen Spielraum für Kompromisse ließen. Durch den Streit fing Estelle zum Weinen an. Als Marga die Kleine tröstend auf den Arm nahm, stürmte Erwin aus dem Zimmer und warf krachend die Haustüre hinter sich zu.

Es war Silvester, und Marga beschloss am Nachmittag, Estelle in einer Babytrage fest am Oberkörper tragend, noch einen kleinen Spaziergang zu unternehmen. Es war fast niemand auf den Gassen, und der Park war fast leer. Alle bereiteten sich anscheinend für die lange Nacht vor, daher konnte Marga ganz in ihren Gedanken versunken, ungestört die Stille genießen. Nur von Weitem hörte man ein paar verfrühte Raketen, und ein paar Böller schreckten sie manchmal auf.

Estelle schlief friedlich, und so kamen sie erst nach zwei Stunden nach Hause. Zuerst versorgte sie die Tochter, dann bereitete sie das festliche Abendessen, deren Zutaten sie schon am Vorabend besorgt hatte. Erwin hatte sich finanziell nicht daran beteiligt. Er war der Annahme, dass sie durch die freie Benutzung der Wohnung die Lebensmittel übernehmen könne. Er kam erst, kurz bevor das Essen fertig war und setze sich gelangweilt an den hübsch gedeckten Tisch. Obwohl sich Marga große Mühe gegeben hatte, kam kein Wort des Lobes oder der Anerkennung. Stattdessen hüllte er sich wieder in Schweigen und verweigerte jedes Gespräch.

Als Marga nach dem Essen Estelle wickelte, erschrak sie fürchterlich. In der Windel war eindeutig Blut. Voller Panik rannte sie zu Erwin, zeigte ihm die Windel und rief, dass man sofort in das Krankenhaus müsse. Erwin verstand diese Aufregung nicht, fand es unnötig, deshalb in das Krankenhaus zu fahren, wenn das Kind größer gewesen wäre, hätte man das Blut gar nicht bemerkt, das könne schon mal vorkommen. Als Marga gerade ein Taxi rufen wollte, erklärte er sich schlussendlich dazu bereit, mit ihnen in das Krankenhaus zu fahren.

Kopfschüttelnd ging er dann einige Meter hinter ihnen zur Notaufnahme. Er wollte damit demonstrieren, dass er mit dieser Handlung nichts zu tun hatte, und keiner der anderen Wartenden kam auf den Gedanken, dass es sich bei ihm um den Vater handelte. Er strich einen zirca fünfjährigen Buben tröstend über den Kopf, da dieser sich an einem Eierschneider verletzt hatte. Der Junge hatte sein sofortiges Mitleid, und verständnisvoll unterhielt er sich mit den aufgeregten Eltern.

Als Marga Estelles Zustand schilderte wurde sofort ein Arzt gerufen, da es in diesem Alter auch leicht zu Darmverschiebungen kommen konnte. Dies wäre dann lebensgefährlich. Der herangeeilte Mediziner lobte Marga wegen ihrer schnellen Reaktion, und sie musste nun mit Estelle in das Röntgenzimmer.

Doch während der Untersuchung fielen alle Geräte aus. Es herrschte große Unruhe und Ratlosigkeit, da nichts funktionierte. Man beschloss daher, eine alte Methode der Untersuchung zu wählen, und versuchte, durch eingelassene Luft etwas zu erkennen. Schließlich gab man für den jetzigen Zeitpunkt Entwarnung, bereitete aber für sie und Estelle ein Zimmer vor, da man das Kind weiter Beobachten musste.

Erwin war erbost dass Marga dableiben musste. Er verstand den ganzen Aufwand nicht. Ohne Abschiedsworte verließ er wütend das Krankenhaus, und zurück blieb Marga, immer wieder ängstlich auf ihr Kind blickend. Estelle zeigte aber im Moment keine Anzeichen von Schmerz, stattdessen schlief sie mit einem zufriedenen Lächeln ein. Nun also verbrachten die beiden ihren ersten gemeinsamen Silvester im Krankenhaus.

Draußen wurde es immer lauter. Von überall her hörte man das Feuerwerk und das Läuten der Glocken. Die Tür ging auf, und der behandelnde Arzt und auch zwei freundliche Schwestern sahen nach Estelle und reichten Marga die Hand. »Alle Gute zum neuen Jahr für Sie und Ihr Kind!« Sie plauderten noch ein wenig und wünschten dann eine gute Nacht.

Als Marga mit Estelle wieder alleine war, musste sie weinen. Es war eine schreckliche Situation. Sie fühlte sich völlig überfordert, und ihr wurde nun schmerzhaft ihre kalte Beziehung bewusst. Sie erkannte, sie musste bald handeln, konnte sich und ihrem Kind nicht mehr länger diese Zurückweisung zumuten. Es war ein offensichtlicher Hinweis, dass sich nun ihr Leben ändern musste.

Fast eine Woche mussten sie in der Klinik bleiben, und man fand nichts Akutes, riet aber zur Vorsicht und bat sie bei einer Wiederholung, sofort wieder das Krankenhaus aufzusuchen. Da sie Estelle stillte, konnte sie selbstverständlich bei ihr bleiben, aber man riet ihr für die Zukunft eine Zusatzversicherung abzuschließen, da es nur dann gewährleistet war, dass sie ihre Tochter begleiten könne.

Sie fuhren mit dem Taxi nach Hause, da Erwin keine Zeit hatte sie abzuholen, und sie fand das Haus unaufgeräumt vor. Er hatte in den ganzen Tagen nicht einmal sein gebrauchtes Geschirr abgewaschen und hatte überall Unordnung hinterlassen. Da sie keinen Streit wollte, begann sie Ordnung zu schaffen. Sie fand es wichtiger, mit ihm über die notwendige Versicherung zu beraten. Als sie Erwin am Abend darauf ansprach, reagierte er hart und abweisend.

»Das ist mir meine Tochter nicht wert.«

Marga glaubte nicht richtig gehört zu haben, doch Erwin stand zu seinen Worten. Er wollte keine Mehrkosten und fand es unverschämt, dass sie es wagte, mit solcher Forderung an ihn zu treten. Marga erklärte ihrem Partner, dass er nicht einmal die gesetzlichen Alimente bezahlte und daher wenigstens die Versicherungskosten übernehmen könne. Sie bat ihn auch die eben gesagten Worte zurückzunehmen, da sie ansonsten keine Möglichkeit für ein weiteres Zusammenleben sah. Er stand zu seiner Aussage und ergänzte diese noch mit weiteren verletzenden Bemerkungen.

Unter diesen Umständen hatte Marga keine Wahl. Sie ging in das Schlafzimmer, unfähig zu einer sofortigen Handlung, da seine Worte sie tief verletzten. Sie sah ihre Tochter an und wurde von einer großen Traurigkeit erfasst. Estelle würde es ohne diesen lieblosen Vater besser haben, sie könnte sich ansonsten nicht ohne große seelische Verletzungen entwickeln. Beide hätten es alleine viel besser. Marga bereute, dass sie sich von Silvia zum Zusammenziehen mit Erwin überreden ließ, und langsam begann sie das Notwendigste für sich und ihr Kind zusammenzupacken.

Beim Frühstück teilte sie Erwin ihren Auszug mit und beendete die trostlose Beziehung. Er reagiert überhaupt nicht, hüllte sich in Schweigen und ging in sein Büro. Marga zog mit ihrer Tochter in ihre alte Wohnung, und Waltraud brachte ihr die restlichen Sachen. Erleichtert bereitete sie Estelle das Kinderzimmer, die sich neugierig in den neuen Räumen umsah. Die nächsten Tage richtete sie alles babygerecht her, gestaltete liebevoll das Mädchenzimmer und bereitete sich und ihrer Tochter ein gemütliches Heim. Schnell gewöhnten sie sich daran und verbrachten eine stressfreie, harmonische Zeit.

Von Erwin hörte sie nichts, und er verweigerte auch ihre Anrufe. Einmal kam unangemeldet die Frau von einem Kollegen zu Besuch. Sie war 47 Jahre und hatte erst vor ein paar Monaten Erwins Kollegen geheiratet. Marga war durch die damals anstehende Geburt nicht bei der Hochzeit und war nun überrascht über deren Erscheinen. Entzückt bewunderte die Bekannte das Baby und kam schnell zum Grund des Besuches.

»Erwin war bei uns und ist völlig fertig! Er hat uns von Ihrer Überforderung berichtet.« Sie blickte sich im Zimmer um und wischte mit einem Finger etwas Staub vom Regal. »Er meinte, dass Sie nicht einmal mit den gewöhnlichen häuslichen Pflichten und schon gar nicht mit der Pflege des Kindes zurechtkommen.« Sie sah nun herablassend auf Marga und mit schiefem Lächeln setzte sie fort. »Sie sind ja noch sehr jung und vielleicht auch nicht der häusliche Typ, vielleicht wäre es besser wenn Sie mir und meinem Mann das Kind überlassen. Ich kann keine Kinder mehr bekommen, und ich garantiere Ihnen, wir würden sehr gut für Ihre Tochter sorgen.«

Marga hatte keine Lust mehr auf Höflichkeit. Wütend unterbrach sie die Frau und forderte sie auf, sofort die Wohnung zu verlassen. Zitternd schloss sie hinter ihr die Türe und setzte sich anschließend noch im Flur auf den Boden. Ihre Füße konnten sie kaum mehr halten, und es drehte sich um sie. Es war unfassbar, sie konnte kaum glauben, was sich soeben abgespielt hatte. Nur langsam beruhigte sie sich, ging dann zu Estelle, nahm diese auf den Arm und schwor ihr für immer mit ihr zusammenzubleiben. Sie schämte sich für Erwins Verhalten, und daher konnte sie das eben Erlebte auch niemandem erzählen.

Nach ein paar Wochen bekam sie die gerichtliche Aufforderung, einem Vaterschaftstest ihrer Tochter zuzustimmen. Es war sehr verletzend, aber es gab für sie keinen Grund ihn zu verweigern, da sie wusste, dass nur er als Vater in Frage kam. Dies bestätigte auch das Ergebnis, und er musste, die von ihm zuerst verweigerten Alimente von nun an regelmäßig bezahlen. Langsam kehrte wieder Ruhe im Alltag der beiden ein. Dank ihres

Karrenzgeldes und den Alimenten kam sie gut mit dem Geld aus. Sie wollte keinen Kontakt mehr zu Erwin. Ihr Leben bestand nun ausschließlich aus der Beziehung zu Estelle.

KAPITEL 19 - ELEONORA IN NÖTEN

Obwohl Eleonora in New York weitere Treffen verweigerte, nahm es ihr Suzan nicht übel, und ihre Freundschaft war weiterhin stabil. Suzan war nun auch bei einer Literaturgruppe, wo regelmäßig eigene Werke vorgetragen wurden. Sie wollte auch Eleonora dazu überreden, doch diese entschied sich lieber für das Wahlfach Psychologie. Sie bereute schon sehr bald diesen Schritt, da die Professorin eine alte, verbisse und konservative Frau war, die keine andere Meinung gelten ließ.

Normalerweise war Eleonora eine eher zurückhaltende Studentin, die sich niemals mit ihren Professoren anlegte. Als eines Tages sexuelle Störungen besprochen wurden, fixierte die Lehrbeauftragte Eleonora, sodass auch die anderen auf sie aufmerksam wurden. Man hörte Tuscheln, und ein paar lachten hysterisch auf. Lange und ausführlich beschrieb die Vortragende, dass homosexuelle Tendenzen krankhaft wären und therapiert werden müssten. Sie fand es unakzeptabel, in öffentlichen Bereichen Menschen mit solchen Anlagen Führungspositionen zu geben, und Eltern mit solchen sexuellen Orientierungen sollte das Sorgerecht entzogen, da die Kinder das Recht auf eine normale Familie hätten. Denn nur mit nicht gleichgeschlechtlichen Eltern wäre eine optimale Entwicklung möglich.

Nun konnte sich Eleonora nicht mehr länger zurückhalten. »Das ist nicht krank, sondern die Einstellung der anderen muss sich ändern. Die Liebe von Gleichgeschlechtlichen ist nicht schlechter, sondern anders, und wenn Sie solch eine Einstellung haben, dann dürfen sie auch in kein Kino mehr gehen oder ins Theater, da viele berühmte Künstler diese Veranlagung haben.« Ihre Stimme überschlug sich fast, und sie überhörte zuerst die Aufforderung zum Schweigen.

»Ruhe, das ist keine Diskussion!« Die Professorin verwies sie des Hörsaals, und mit barschem Ton wurde sie aufgefordert, bis zur Beendigung der Stunde vor dem Büro des Dekans auf sie zu warten. Das Lachen so mancher Studenten begleitete sie beim Verlassen des Saales.

Es war entsetzlich. Sie fühlte sich in ihre Schulzeit zurückversetzt. Beim Dekan wurde es noch schlimmer. Er gab ihr klar zu verstehen, dass nur wegen seiner guten Beziehungen zu ihrem Stiefvater, sie keine Konsequenz zu erwarten hätte. »Von nun an werden Sie sich aber an die Regeln halten, und ich erwarte von Ihnen, dass sie in der Öffentlichkeit nicht zu Ihrer Neigung stehen, da ich mich ansonsten, trotz alter Freundschaft zu

Ihrem Stiefvater, gezwungen sehe, über andere Maßnahmen nachzudenken. Es ist auch meine Pflicht an den Ruf unseres renommierten Institutes zu denken.« Mit diesen Worten wurde sie entlassen.

Sie fühlte sich gedemütigt und ihrer Würde beraubt, traute sich aber nicht zu widersprechen. So versuchte sie in Zukunft, bei den Vorlesungen keine Reaktionen mehr zu zeigen und sich nicht mehr zu äußern.

Die Wochen vergingen mit intensivem Lernen. So war es eine willkommene Abwechslung als Fred und Kathleen zu Besuch kamen. Am Abend wollten Suzan und Fred alleine ausgehen, nur seine Schwester blieb bei Eleonora. Seit New York war ihr Verhältnis zu Kathleen sehr angespannt, da sie wegen Samantha eifersüchtig war. Als diese einen Rahmen mit einem Bild ihrer Freundin in die Hand nahm, entriss es Eleonora ihr voller Zorn. »Was willst du von ihr? Wir sind schon sehr lange ein Paar, und ich möchte, dass du dich aus unserer Beziehung raushältst.«

Völlig verstört sah Kathleen sie an, und nun verstand sie das Missverständnis. Nur sehr stockend begann sie mit ihrem Geständnis. »Nicht Samantha gefällt mir. Ich habe mich schon lange in dich verliebt. Hast du denn gar nichts bemerkt? Eleonora schüttelte den Kopf, war aber nicht im Stande sich dazu zu äußern. Es war ihr fürchterlich unangenehm, und sie wollte Kathleen nicht verletzten.

Diese aber fühlte sich durch das Schweigen bestärkt und setzte mit der Beichte fort. »Schon bei unserer ersten Begegnung haben wir uns doch so gut verstanden. Ich dachte, es würde dir ebenso ergehen. Ich finde, wir würden viel besser zusammenpassen. Ich habe doch gesehen, wie sehr du dich Samantha unterordnest. Das ist nicht gut für dich!«

»Nein, rede bitte nicht weiter!« Entsetzt fiel Eleonora Kathleen ins Wort. »Du hast keine Ahnung wie sehr wir uns lieben!«

Doch Kathleen wollte nicht so schnell aufgeben. »Ihr lebt doch in total verschiedenen Welten, und sie bestimmt doch völlig dein Leben. Sie erstickt dich!«

Das war nun zu viel. Wütend wies sie Kathleen zurück. Niemals würde sie ihre Liebe zur Freundin in Frage stellen. Die innige Verbundenheit der beiden Liebenden war seit dem Sommer noch viel stärker geworden, und sie empfand es schon als Verrat, der unglücklich Verliebten zuzuhören. Eleonora hatte genug gehört. Wortlos ging sie aus dem Zimmer und ließ die Weinende alleine zurück.

Als sie am nächsten Abend mit Samantha telefonierte, erzählte sie ihr von der unglücklichen Begegnung. Samantha hatte die Lage von Anfang an richtig eingeschätzt. Sie hatte geschickt die Rivalin verscheucht und war froh über diesen Ausgang. Sie gab sich Eleonora gegenüber aber als überrascht und unwissend. Anschließend belohnte sie diese mit erotischem Liebesgeflüster.

Die beiden folgenden Semester vergingen schnell und wurden nur von zwei Besuchen in New York unterbrochen, da es Samantha durch die vergangenen Schwierigkeiten mit dem Dekan besser fand, nicht mit ihr in London gesehen zu werden. Jeder Besuch vertiefte die Beziehung der beiden, und Eleonora vertraute ihr alles an. Während des Jahres wurde ihr immer mehr bewusst, dass die Berufschancen mit diesem abgeschlossenen Studium nicht gut standen, und so entschloss sie sich, trotz des Protestes ihrer Freundin, im Herbst ein Medizinstudium in Wien zu beginnen, um es dann mit guten Noten in New York fortzusetzen. Sie beendete ihr Studium mit Auszeichnung, und ohne Widerspruch gestatteten ihr die Eltern, wieder die ganzen Sommermonate in New York zu verbringen.
Mit ein wenig Wehmut verließ sie London, die Stadt hat ihr so viel Gutes gegeben, soviele glückliche Stunden hatte sie dort erlebt und auch ihre große Liebe gefunden. Sie wusste, dass sie in Suzan immer eine Freundin haben würde und auch jederzeit in deren Familie willkommen war. Noch einmal ging sie mit dieser zu ihren Lieblingsplätzen, sah auf die geliebte Themse, die durch die Regenfälle der letzten Tage, mit enormer Kraft und großer Geschwindigkeit floss, und ihr Blick ging zum imposanten Parlamentsgebäude. Voller Wehmut lauschte sie dem Glockenklang des Big Bens, und Eleonora beobachtete mit Traurigkeit den Flug der Möwen. Beide gingen dann noch in ein Pub, und niedergeschlagen traten sie den Rückweg ins College an. Tränenreich verabschiedeten sie sich am nächsten Morgen, es fühlte sich für Eleonora, fast wie ein Abschied für immer an. So flog sie diesmal mit der Trauer des Abschieds von London und zugleich mit sehnsuchtsvoller Wiedersehensfreude zu ihrer geliebten Freundin.

Eleonora war eigentlich in der Annahme, dass sie für diesen Sommer ein Praktikum in Samanthas Redaktion hätte. Diese hatte allerdings eine Überraschung für sie. Sie hatte sich schon vor einigen Monaten in Eleonoras Namen für die Columbia University beworben. Diese hatte Eleonora aufgenommen, nun aber müsse sie nur noch zu einem persönlichen Gespräch kommen. Den Termin hatte Samantha schon für den nächsten Tag vereinbart.
Eleonora verstand nicht wie sie das tun konnte. Niemals würde ihr Stiefvater für ein Studium in New York aufkommen. Samantha beruhigte sie, da es auch Begabtenstipendien gab, und außerdem konnte Samantha sie ebenfalls finanziell unterstützen. Eleonora war jedoch total aufgelöst. Der Gedanke, hier zu studieren, war herrlich, aber sie glaubte nicht an

diese Möglichkeit. Samantha versuchte, sie auf das Gespräch vorzubereiten, und verriet ihr viele Tricks, mit denen sie gut punkten konnte. Die ganze Nacht versuchten sie, sich vorzustellen, was das für ihre Beziehung bedeuten würde, und sie waren wie elektrisiert bei den Gedanken, für immer zusammen zu leben. Diesmal begann Eleonora mit dem Liebesspiel, und Samantha genoss es, von ihr verführt zu werden.

Am nächsten Tag fuhren sie zur Universität, wo man sie schon erwartete. Das Gespräch wurde ganz ruhig geführt, es waren drei Personen anwesend. Zwei der Anwesenden stellten ihr viele, teils sehr persönliche Fragen, während der Dritte sie nur beobachtete. Dank Samanthas Vorbereitung konnte sie mit klarer Stimme auf alle Fragen geschickt eingehen und wich auch dem prüfenden Blick der Kommission nicht aus. Ihr Englisch wurde in den letzten drei Jahren für sie schon fast zur Selbstverständlichkeit, und durch Samantha hatte sie nicht mehr das typisch Britische, sondern schon etwas Amerikanisches im Akzent. Fast eine Stunde dauerte die Unterhaltung, und man versprach ihr, in den kommenden Tagen Bescheid zu geben. Anschließend führte Samantha sie über den Campus. Alles war riesengroß, und trotz des Semesterendes, war das gesamte Gebäude von Studenten belebt. Es war mit einer Lebendigkeit erfüllt, die Eleonora nicht kannte. In London war das College eher klein, und auch mit der Wiener Universität konnte man dieses Treiben nicht vergleichen. Es gefiel ihr gut, und sie wünschte sich von ganzem Herzen, dass es für sie möglich würde, obwohl der einzige Grund wohl nur das Zusammensein mit Samantha war. Aufgewühlt fuhren sie ins Appartement, um ihre Eindrück zu besprechen.

Das Warten viel ihnen schwer, und erst nach einer Woche, bekam Eleonora endlich eine Nachricht. Man hatte sich für sie entschieden, aber die Bewerbung für ein Stipendium kam für das kommende Semester zu spät. Sie müsse daher die vollen Studiengebühren schon innerhalb des laufenden Monats bezahlen, da ansonsten ihr Studienplatz anderswertig vergeben werden würde. Aufgeregt rief Eleonora ihre Mutter an und deportierte bei ihr den Wunsch, beim Stiefvater für sie um Unterstützung für ein Studium in der Columbia University zu bitten. Eleonora erklärte ihrer Mutter, dass man sie genommen hätte, aber sie eventuell erst im dritten Semester ein Stipendium erhalten könne. »Es wäre meine berufliche Chance. Sie würden mich nehmen. So eine Möglichkeit habe ich nie mehr.« Eleonora flehte ihre Mutter an, sich für sie einzusetzen.

Ihre Mutter versprach, ihr Bestes zu geben, aber der spätere Anruf des Stiefvaters machte alle Pläne zunichte. Er war aus den ihr schon erklärten Gründen nicht bereit, dafür aufzukommen. Wenn sie nicht nach Wien kommen würde, sehe er sich gezwungen, ihre Mutter über alles in Kenntnis zu setzen.

Alle Träume zerplatzen in diesem Augenblick. Es hatte auch keinen Sinn, eine Arbeit anzunehmen, da sie dafür keine Aufenthaltsgenehmigung hatte. Nur als ordentlicher Student der Columbia University wäre ein Aufenthalt möglich, doch dafür fehlte das Geld. Samantha wollte dafür einen Kredit aufnehmen. Sie war bereit, alles Erdenkliche zu tun, aber sie bekam in keiner Bank das erhoffte Darlehen, da sie einen befristeten Arbeitsvertrag hatte und Europäerin war.

Nun erkannte Eleonora ihren Fehler, sich nur auf das Medizinstudium in Wien konzentriert zu haben. Sie konnte sich nicht mehr vorstellen, nach Hause in diese für sie so bedrückende Atmosphäre zu gehen und andauernd kontrolliert zu werden. Sie begriff jetzt, was es hieß, das Samantha niemals das Haus betreten durfte. Doch es war zu spät. Sie musste nun versuchen, mit der Situation klarzukommen. Sie klammerten sich aneinander, um sich gegenseitig Trost zu spenden, wussten aber nicht mehr, wie es weitergehen sollte.

Wann immer Samantha Zeit hatte, versuchten sie einige Ausflüge zu unternehmen und gingen auch ein paar Mal in eine Bar. Aber die meiste freie Zeit verbrachten sie zu Hause im Appartement, wo sie sich ungestört ihrer Liebe hingeben konnten. Die Monate vergingen viel zu schnell, und eine Woche vor dem Rückflug wollte Eleonora ihrer Freundin einen Liebesbeweis erbringen. Sie gingen in ein Tatoostudio und sie ließ sich eine rote Rose und den Namen ihrer Geliebten stechen. Zuerst wollte sie es auf ihrer linken Brust, dann aber entschieden sie sich für ihren linken Oberarm. Es schmerzte mehr, als Eleonora sich gedacht hatte und zärtlich küsste ihr die Freundin die Tränen vom Gesicht. Es wurde durch den Schriftzug größer als geplant, und Samantha betrachtet es immer wieder stolz.

In den letzten Tagen verbrachten sie jede Minute miteinander. Wie eine Ertrinkende klammerte sich Eleonora an sie, und sie wurde nicht müde, sich Samantha immer wieder hinzugeben. Sie hatte schon längst, die Kontrolle über ihren Körper Samantha übergeben, die diesen derartig zum Aufbäumen brachte, dass er nicht mehr zur Ruhe kam. Eleonora wollte für immer mit ihr verschmolzen sein, die Wärme ihres Körpers spüren, ihren Atem hören, den Duft der Haut einatmen, die weichen Lippen spüren sowie die Kraft ihrer Zunge und ihre starken fordernden Hände, die so viele Facetten des Liebesspieles kannten. Betäubt vom Schmerz des Abschieds saß sie die ganzen Stunden regungslos im Flugzeug. Als sie den Landeflugplatz von Wien sah, weinte sie bitterlich.

KAPITEL 20 - WIEDER IM SCHULDIENST

Als Estelle die erste Impfung bekam, reagierte sie mit erhöhter Temperatur, und schrill klang ihr Stimmchen, als sie ununterbrochen weinte. Bernadette war gerade anwesend und verständigte sofort einen bekannten Kinderarzt. Dieser schätzte die Situation richtig ein und gab Estelle einige homöopathische Tropfen. Er überwachte mit regelmäßigen Besuchen auch die nächsten Tage und erklärte Marga, dass das schrille Schreien ein Zeichen war, dass die Hirnhaut reagierte. Da man aber schnell gehandelt hätte, hatte sich alles beruhigt, und es wären keine Folgeerscheinungen zu erwarten. Nur wenn es zu Wetterveränderungen kam, reagierte Estelles Kreislauf empfindlich, und als es einmal sehr schneite, lief sie für einige Sekunden sogar blau an. Vor weiteren Impfungen hatte der Arzt dringend abgeraten, und auch Flugreisen sollten in der nächsten Zeit vermieden werden. So kam es, dass Estelle zum Entsetzen der meisten Bekannten keine Impfungen mehr bekam.

Eines Tages kam Erwin unangemeldet, um sich wegen der Zahlungen mit Marga zu besprechen. Es kam zu einer sehr lauten Auseinandersetzung, sodass Estelle zu weinen anfing. Mit dem Kind auf dem Arm versuchte Marga, ihm mit Ruhe und Sachlichkeit zu begegnen. Doch auf einmal packte er Marga mit all seinem Jähzorn am Hals. Mit ihrer letzten Kraft versuchte sie, einen energetischen Schutzkreis für sie und ihr Kind zu aktivieren. Kraftlos ließ er sofort von ihr ab und taumelte zur Wand.

Kreidebleich kauerte er auf dem Boden und forderte sie mit weinenlicher Stimme auf, diesen Druck von ihr zu nehmen. Er schrie vor Angst auf, und sie dachte, er verliere seinen Verstand. Sie ging zum Telefon, um Hilfe zu holen. In diesem Augenblick verließ er blitzartig die Wohnung. Sie wollte den Vorfall einfach vergessen, brachte ein zusätzliches Sicherheitsschloss an und hatte keinen Kontakt mehr zu ihm.

Umso entsetzter war sie dann einige Wochen später, als sie zuerst zur Polizei und später ins Gericht bestellt wurde, da er sie wegen Körperverletzung, Erpressung, Freiheitsberaubung und Nötigung angezeigt hatte. Es war so ungerecht, aber durch seine hervorragenden Kontakte konnte er sich vieles erlauben.

Waltraud verwies Marga auf eine mit ihr befreundeten Juristin. Diese half ihr mit den richtigen Worten und der schriftlichen Stellungnahme, die Sache ins Positive zu wenden. Nie hätte Marga gedacht, dass sie in solch eine Situation käme. Waltraud aber machte sie mit einer Frauengruppe bekannt, wo alle Beteiligten bereits mit Gewalt nach der Trennung konfrontiert waren. Sie fühlte sich dort verstanden, und es tat ihr gut, über ihre Ängste zu sprechen. So bekam sie immer mehr Selbstbewusstsein, und auch Estelle entwickelte sich zu einem fröhlichen Kleinkind. Nur einmal, als Erwin unangemeldet erschien, war wieder Blut in der Windel, ansonsten hatte sie nie mehr dieses Problem.

Estelle wurde als Baby immer bei Marga am Oberkörper getragen und kam dann ab dem sechsten Monat in eine Rückentrage, wo sie fröhlich die Welt von oben entdeckte. Mit ihren fast zwei Jahren brauchte sie auch keinen Wagen, da sie liebend gerne mit ihren kleinen energischen Schrittchen alles erkundete. Sie war ein unkompliziertes Kind, die jedes Spiel mit der Mutter genoss, aber sich auch gerne alleine beschäftigte. Da Marga ab Herbst wieder arbeiten musste, fand sie mit Hilfe von Bernadette eine nette Tagesmutter, die schon Monate vorher immer wieder von ihnen besucht wurde, sodass Estelle sich ihr schon vertraut fühlte.

Es war ungewohnt nach dem Alltag mit dem Kind, wieder in der Schule zu sein. Bei der Anfangskonferenz gab es auch einige Neuerungen zu besprechen, da es wieder Kürzungen im Schulbudget gab. Ein paar Kolleginnen und Kollegen waren in der Zwischenzeit in den Ruhestand gegangen und wurden nun neu besetzt. Für Silvia war es heuer das letzte Schuljahr, dann würde auch sie in Pension gehen, da sie ein Angebot zum früheren Ausscheiden des Dienstes in Anspruch nahm.

Marga bekam zum ersten Mal als Klassenvorstand eine Klasse. Sie freute sich, dass sie mit einer ersten Klasse beginnen durfte und diese sowohl im Werk- als auch im Zeichenunterricht hatte. Aufgeregt saßen sie Kleinen vor ihr, und 32 Augenpaare sahen sie neugierig an. Marga hatte sich schon ein paar Tage vorher die Namensliste angesehen und kleine, lustige Kärtchen angefertigt. Sie schob mit den Kindern jeweils zwei Bänke zueinander, sodass quadratische Sitzgelegenheiten entstanden. Diese wurden dann locker im ganzen Klassenzimmer verteilt. Es gab ein ungewöhnliches Bild, aber so vermied Marga den Kampf um das Zusammensitzen. Alle bekamen ihr Namensschild und stellten es für alle sichtbar vor sich auf. So konnten die Schüler einander schnell kennenlernen, und auch Marga konnte sie sofort mit dem Namen anreden. In den ersten Stunden durfte jedes Kind ein Erlebnis von den Ferien berichten. Es gab viele lustige Geschichten, und es war eine fröhliche Stimmung.

Ansonsten hatte Marga dieses Jahr viele Oberstufenklassen, was ihr aber recht war, da sie mit den Jugendlichen gut auskam. Sie hatte auch während der Karenzzeit beim Layout der Zeitung geholfen, und jetzt war sie sogar bei den Redaktionssitzungen dabei und korrigiert mit Silvia zusammen die Beiträge. Schon nach kürzester Zeit hatte sie sich wieder in den Schulalltag eingelebt und fühlte sich sehr wohl. Estelle holte sie stets sofort nach Unterrichtsende ab, um dann mit ihr den restlichen Tag zu verbringen. Bei der Tagesmutter gab es keine Probleme, da sich ihre Tochter dort wohlfühlte und gerne mit den vier anderen Kindern spielte. Es war für Marga angenehm jederzeit ihre Tochter abholen zu können.

In der Liebe ergab sich nichts Neues, da Marga kaum Zeit hatte, sich auf Bekanntschaften einzulassen. Sie verbrachte ihre Freizeit hauptsächlich mit ihrer Tochter und traf sich regelmäßig mit ihren Freundinnen und der Theatergruppe. In der Schule gab es einen neuen Kollegen der immer wieder ihre Nähe suchte. Er hatte die Fächer Deutsch und Italienisch, und sie hatten durch einige Klassen gemeinsame Besprechungen. Jürgen kam von einem Knaben-Gymnasium, hatte einen strengen Umgangston und war um die dreißig Jahre. Er war Junggeselle, und ihm gefiel die Kollegin. Nur die Tatsache, dass sie alleinerziehende Mutter war, hielt ihn zurück. Beim Wandertag ihrer Klasse erklärte er sich aber sofort dazu bereit, als zweite Begleitperson zur Verfügung zu stehen.

Es war einer der letzten warmen Spätherbsttage, das Blätterkleid der Bäume erstrahlte in verschiedenen Farbtönen, und die Luft war klar und rein. Sie hatten als Ziel die Gloriette, und es war angenehm durch die Frische der Bäume langsam die Anhöhe zu erobern. Der Boden war etwas nass und vorsichtig versuchten sie, nicht durch die schon am Boden liegenden feuchten Blätter, den Halt zu verlieren. Alle kamen unversehrt oben an, und der Ausblick versöhnte die Strapazen des Anstieges.

Nachdem die Kinder das Ziel erreicht hatten, begannen sie, sich aufgeregt trockene Plätze für die Rast zu suchen. Gemütlich wurde nun der Proviant ausgepackt, manchmal sogar getauscht, um genüsslich verspeist zu werden. Die Kinder waren mit sich selbst beschäftigt, und so konnte sich Marga ungestört mit Jürgen unterhalten. Sie unterhielten sich über ihre Interessen, und er war überrascht, dass Marga bei einer Theatergruppe war.

»Ich liebe das Theater, aber ich hatte nie den Mut selbst irgendwo mitzuwirken. Mein Lampenfieber würde mich umbringen!« Er machte dazu einen so verzweifelten Gesichtsausdruck, dass er bei Marga einen kleinen Lachkrampf auslöste. »Wirklich, ich bewundere deine Courage, und ich würde auch gerne einige deiner Kostümentwürfe sehen. Könnte ich bei einer Probe zusehen? Ich verhalte mich auch ganz unauffällig!«

Marga freute sich über sein Interesse, und sie sah keinen Grund, weswegen er nicht einmal zusehen konnte. Sie freute sich über seine Begeisterung, da aber die Kinder unruhig wurden, mussten sie langsam den Rückweg antreten. Immer wieder entdeckte ihre Klasse Sehenswertes, und so konnten sie ihr Gespräch nicht mehr fortsetzen.

Eine Woche später, nahm sie ihn zur Probe mit und stellte ihn allen vor. Seine sonst so steife Art, konnte man an diesem Abend nicht entdecken. Er führte gewitzte, angeregte Gespräche und brachte auch geschickt sein Literaturwissen hinein. Es entstand immer mehr Vertrautheit zwischen den beiden, und Marga schmeichelten seine Komplimente. Am Wochenende lud sie im zum ersten Mal zu sich ein, und er lernte ihre Tochter kennen. Estelle verhielt sich nicht so aufgeschlossen wie sonst gegenüber Fremden. Weinend versteckte sie sich hinter ihrer Mutter, und erst mit viel Geduld gelang es Marga, sie zur Kontaktaufnahme zu bewegen.

Jürgen ging mit der für ihn ungewohnten Situation sehr unsicher um. Erst als sie zu einem gemeinsamen Spaziergang aufbrachen, lockerte sich die angespannte Stimmung.

Immer öfter unternahmen sie nun gemeinsam etwas, und langsam baute sich Vertrauen zwischen ihnen auf. Sie ließen sich für ihre erste intime Begegnung viel Zeit, da Marga immer ablehnend reagierte. Erst nach einem halben Jahr war sie bereit, dem Drängen nachzugeben und war enttäuscht, wie wenig sie dabei empfand. Jürgen glaubte, dass sich das sicher noch ändern würde und war bedacht ihre Wünsche herauszufinden.

KAPITEL 21 - ELEONORAS HOFFNUNGSLOSIGKEIT

Die Universität gefiel ihr von Anfang an nicht. Schon der Geruch des Gebäudes, löste bei ihr Unbehagen aus, und sie fand zu niemandem richtig Anschluss. Einige waren zu Beginn besonders freundlich und wollten mit ihr gesehen werden, da sie wussten, wer ihr Stiefvater war. Schnell aber wurden sie von ihr zurückgewiesen, da Eleonora auf solche Kontakte verzichten konnte. Leider begegneten ihr auch einige aus ihrer alten Schule, und die waren nicht müde, die damaligen Gerüchte in Umlauf zu bringen. So manches Mal wurde sie als »dreckige Lesbe« beschimpft, und die weiblichen Kommilitoninnen vermieden es, mit ihr gesehen zu werden.

Nur beim Lernen, da sollte sie ihnen helfen. Die Hörsäle waren hoffnungslos überfüllt, und sie hatte fast nie einen Sitzplatz, da keiner ihr einen besetzte. Oft musste sie am Boden sitzend die Vorlesungen besuchen, und der Umgang der Professoren war unpersönlich und kühl. Eleonora versuchte trotzdem, das Beste daraus zu machen, da sie unbedingt gute Noten brauchte, um ein Stipendium für die USA zu bekommen. Der Lernstoff war wesentlich trockener, als sie dachte. Vor allem Chemie machte ihr zu schaffen. Aber sie wusste um ihr Ziel und lernte mit Fleiß und Genauigkeit.

Daheim war es für sie unerträglich. Sie fühlte sich von dem Stiefvater beobachtet und vermied jedes persönliche Gespräch mit ihm. Ihre Mutter war nun nicht mehr berufstätig und verbrachte sehr viel Zeit mit den Ärztefrauen. Sehr oft hatten sie auch abends Gäste, und man verlangte von Eleonora, dass sie sich freundlich vorstellte und manchmal auch einige Zeit mit ihnen, am reichlich gedeckten Tisch verbrachte. Oft musste sie von London und New York berichten. Es kostete Eleonora sehr viel

Überwindung, da sie mit keiner Faser ihres Herzen, andere an dieser schönen Zeit teilhaben lassen wollte. Manchmal brachten die Gäste sogar ihre Söhne mit, und die Mutter sah sie dann strahlend und fröhlich an. Sie wollte eine gute Partie für ihre Tochter, vom Medizinstudium hielt sie nicht sonderlich viel.

Nachdem der Bruder der Mutter nun stolzer Großvater war, liebäugelte auch sie mit dem Gedanken. Sie könnte Eleonora dann bei der Erziehung unterstützen, und es wäre eine schöne Aufgabe für sie. Sie wurde in letzter Zeit ihrem Bruder immer ähnlicher. Man konnte diese Veränderung nicht übersehen. Eleonora ließ sich nie auf ein Gespräch über dieses Thema ein, und Roman biss sich auf die Lippen und schwieg.

Zum Telefonieren musste Eleonora immer auf das Postamt gehen, da Samantha bei ihr zu Hause nicht anrufen durfte. Ihr Stiefvater hatte ihr das in der ersten Woche der Heimkehr klargemacht. Nun gab es daher keine nächtlichen Anrufe mehr für Eleonora – dabei wär es so tröstend für sie gewesen. Einmal, als sie es vor Sehnsucht nicht mehr aushielt, schlich sie sich in der Nacht in das Arbeitszimmer von Roman und versuchte leise, mit der Freundin ein liebevolles Gespräch zu führen. Doch das tröstende Gespräch wurde jäh von Roman getrennt, in dem er den Telefonstecker aus der Wand zog. Er erinnerte sie vehement, dass hier seine Regeln befolgt werden müssten und befahl ihr barsch, in ihr Zimmer zu gehen. So blieben Eleonora und Samantha nur die Briefe, in denen sie zärtlich einander Trost gaben und sich alles erzählten.

So vergingen viele qualvolle Wochen, bis es eines Morgens zu einem nicht vorgesehen Zwischenfall kam. Es war früh morgens, und Eleonora wusch sich gerade ihr Haar, als die Mutter unangemeldet in das Badezimmer kam. Sie blickte irritiert auf den Oberarm ihrer Tochter und wollte eine Erklärung. Eleonora hatte keine Lust mehr auf all diese Lügen und Ausreden. Sie erzählte ihrer Mutter von ihrer schon jahrelangen Beziehung zu Samantha und von dem Plan, wieder zu ihr nach New York zu gehen. Am Ende der Beichte war Eleonora erleichtert, endlich zu ihrer Liebe stehen zu können. Mit keinem Wort hatte ihre Mutter sie unterbrochen. Ihre Augen waren schmal, der Mund zusammengepresst. Ohne Worte verließ sie die Tochter und ging die Treppen hinunter. Eleonora wusste nicht, wie sie sich verhalten sollte, und nachdem die Mutter nicht mehr zurückkam, ging sie hinunter in das Wohnzimmer. Kalt wurde sie von ihrer Mutter angesehen.

»Ich lasse mir von dir nicht mein Leben zerstören. Ich bin derart von dir enttäuscht, dass ich nicht zu einem Gespräch bereit bin.« Verachtend sah sie ihre erschrockene Tochter an. »Du bist eine Schlampe geworden, und ich werde nicht zulassen, dass du dein Leben so weiterführst.« Sie ging hinauf in das Zimmer ihrer Tochter und nahm aus der Tischlade deren Pass.

»Was soll das? Gib mir meine Pass! Ich bin kein kleines Kind mehr, so kannst du mit mir nicht umgehen!« Eleonora wollte der Mutter den Pass entwenden, aber sie hatte keine Chance.

Mit einem harten Stoß wurde sie von der Mutter zurückgedrängt. »Du wirst diese schmutzige, verkommene Frau nie mehr wiedersehen.«

Mit diesen Worten ging ihre Mutter und Eleonora blieb völlig verzweifelt zurück.

Was war da soeben geschehen? Eleonora konnte keinen klaren Gedanken mehr fassen. Keine einzige Träne kam ihr, alles war wie erstarrt. Ihre Beichte hatte ein kleines Erdbeben verursacht. Sie beschloss es für heute zu lassen und erst Morgen wieder das Gespräch zur Mutter zu suchen. Sie würde ihr dann sicher in Ruhe noch einmal alles erklären können. Jetzt sollte sich die Mutter erst einmal beruhigen.

Zitternd zog Eleonora sich an und fuhr zur Uni. Sie versuchte, sich auf die Vorlesung zu konzentrieren, aber es gelang ihr nicht. Sie verließ den Hörsaal und ging zum schwarzen Brett, um nachzusehen, ob es schon erste Prüfungsergebnisse von der wichtigen Chemiearbeit gab. In diesem Augenblick kam ihr der Professor entgegen. Er teilte ihr mit, dass ihr Prüfungsergebnis negativ war und er keinen Sinn dabei sehe, wenn sie weiterhin das Studium fortsetzen würde.

»Begnügen Sie sich doch mit ihrem Abschluss. Gehen Sie in die Berufswelt. Glauben Sie mir, es wäre besser für Sie.«

Eleonora sah ihn entsetzt an. Sie konnte nicht glauben, was sie da gerade gehört hatte. »Aber ich habe doch das Recht dreimal zur Prüfung anzutreten«, ihre Stimme wurde unsicher und kläglich. »Wo war meine größte Schwäche, und in welchen Teilgebieten soll ich noch verstärkt lernen?«

Unwillig sah er sie an. Er wollte sich keine Zeit mehr für ein weiteres Gespräch mehr nehmen. »Ich sagte Ihnen bereits, dass es keinen Sinn hat. Sie werden in keiner der beiden Prüfungen bestehen, und es ist nur Zeitverschwendung.« Er ließ sie einfach stehen. Es kümmerte ihn nicht, dass sie völlig fertig war.

Eleonora konnte es nicht fassen. Ohne den Schein in Chemie konnte sie das Studium nicht fortsetzen, und er hatte ihr klar zu verstehen gegeben, dass er sie niemals durchlassen würde. Kein Stipendium war nun mehr möglich. Wie in Trance fuhr sie nach Hause und ging ihr Zimmer.

Aber wie sah es dort aus? Alle Schränke waren durchwühlt, die Bücher aus dem Regalen geworfen und auf dem Bett ihre wertvollen Briefe von Samantha in viele Stücke zerrissen - ebenso die Fotos. Eleonora stürzte aus dem Haus und lief zum Postamt, um Samantha anzurufen. Doch sie konnte sie nicht erreichen. Sie probierte es solange, bis das Postamt schloss und kraftlos ging Eleonora dann nach Hause.

Dort wurde sie von ihrer Mutter und Roman mit versteinerter Miene erwartet. »Wir sind entsetzt, wie weit du dich auf diese Frau eingelassen hast, und deine Mutter verbietet dir jeden weiteren Kontakt zu ihr.« Kalt und abweisend sah Roman sie an.

»Versucht mich doch zu verstehen! Ich liebe Samantha über alles.« Mit flehendem Blick sah sie zu ihrer Mutter. »Bitte, Mutter, ich möchte keinen Streit mit dir, aber ich bin erwachsen und durchaus in der Lage, für mich alleine zu bestimmen. Ich werde niemals Samantha aufgeben! Ich werde zu ihr in die USA gehen. Wir werden sicherlich auch für mich beruflich eine Lösung finden.«

»Was willst du mit deiner Ausbildung dort?« Roman fiel ihr ins Wort und sein rechter Mundwinkel, zog sich spöttisch nach oben. »Ohne Geld kannst du deine Träume vergessen. Es ist nicht das Land der unbegrenzten Möglichkeiten, und diese Frau wird wohl kaum für dich aufkommen können.« Das schrille Lachen der Mutter begleitet seinen Spott.

»Wir lieben uns, und ihr braucht keine Angst zu haben, wir werden gemeinsam nicht dieses Haus betreten. Ich möchte nur, dass ihr meine Beziehung akzeptiert. Eine lesbische Beziehung ist nichts Abartiges - es ist genauso normal. Es ist Liebe!« Eleonoras Stimme wurde nun laut und energisch. Sie war bereit um ihre Liebe zu kämpfen.

»Es ist nun genug! Ich möchte kein Wort mehr hören!« Eleonora hatte Roman immer nur mit ruhiger, sachlicher Stimme gekannt, nun aber schrie er in aggressivstem Ton, der keinerlei Mut zum Widerstand zuließ. »Wir werden von nun an jeden deiner Schritte beobachten, den Pass bekommst du vorerst nicht mehr, bis wir für dich weitere Lösungen gefunden haben.«

Nun stellte sich die Mutter mit wütendem Gesichtsausdruck ganz nahe vor Eleonora. »Ich habe Unfassbares in den Briefen gelesen. Ich schäme mich für dich.« Man sah es der Mutter an, welche Kraft es ihr kostete an Eleonora keine Gewalt anzuwenden. »Wir haben ihr in deinem Namen telegraphiert und die Beziehung beendet.«

»Nein, dass konntet ihr doch nicht!« Eleonoras Stimme kippte in ein verzweifeltes Weinen.

»Das können wir sehr wohl«, mischte sich Roman ein. »Wir haben geschrieben, dass du keinerlei Kontakt mehr möchtest und nun in einer neuen Beziehung bist. Du wirst uns dafür eines Tages danken. Du bist derzeit nicht in der Lage, dies zu erkennen, aber wir werden nicht untätig zusehen, wie du dein Leben zerstörst.«

Schon längst hatte sich Eleonora auf die Treppe gesetzt. Sie hörte die Worte wie aus weiter Ferne und bemerkte zuerst auch nicht, dass damit das Gespräch beendet war und sie ganz alleine im Vorhaus saß. Irgendwann begann sie, sich dann langsam aufzurichten, und mit bleiernen Schritten ging sie hinauf ins Zimmer.

Langsam und kraftlos öffnete sie ihre Türe, setzte sich auf ihr Bett und starrte stundenlang untätig auf die zerrissenen Briefe. Sie war fassungslos über das Geschehene, spürte wie sich immer mehr ihre Brust verengte und zitterte vor Angst und Hoffnungslosigkeit. Sie hatte keine Ahnung, wie sie nun handeln sollte, sah keine Möglichkeit zur Flucht, erkannte keinen Ausweg. Wie gelähmt saß sie auf ihrem Bett, nicht fähig das Chaos zu beseitigen oder sonst irgendeine Handlung zu vollziehen.

Es war spät in der Nacht, als Eleonora noch immer wie betäubt, leise in das Arbeitszimmer schlich und zitternd die Nummer von Samantha wählte. Sie musste ihr alles erzählen und aufklären, dass das Telegramm nicht von ihr war. Samantha durfte sie auf keinen Fall verlassen. Eleonora konnte sie nicht erreichen und probierte es immer und immer wieder. Sie bekam kaum mehr Luft, ihre Beine versagten, und sie sank zu Boden. Lange sah sie auf das Muster im Parkettboden, sah sich im kalten, kargen Arbeitszimmer um und starrte auf das Telefon, das ihr keine Möglichkeit zum Gespräch mit ihrer geliebten Freundin gab. Alles war nun aus. Samantha hatte nun sicher schon das Telegramm erhalten, und Eleonora konnte nicht zu ihr, da sie ohne ihren Pass das Land nicht verlassen konnte.

Vielleicht durfte sie auch das Haus nicht mehr verlassen. Es gab für ihre Eltern dafür sicher keinen Grund mehr, da sie auf der Uni versagt hatte. Jeden ihrer Schritte würde man nun beobachten, wollte sie zu einem anderen Leben zwingen, in die Rolle als Ehefrau und Mutter, angepasst und gesellschaftlich vertretbar, so sollte sich nun ihre Zukunft gestalten.

Nochmals versuchte sie, Samantha zu erreichen und irgendwann, erkannte sie die Sinnlosigkeit ihres Tuns. Wie in Trance ging sie aus dem Zimmer. Sie spürte nur Leere und Aussichtslosigkeit. Es kam keine Träne mehr, und auch die über ihre nackten Füße aufsteigende Kälte nahm sie nicht mehr wahr. Sie griff im Vorraum Romans Autoschlüssel, und mit hölzernen Schritten ging sie durch eine Seitentüre in die Garage. Sie nahm sich eine langen Schlauch, befestigte ihn am Auspuff des Autos, legte das Ende auf den Vordersitz des Mercedes, setzte sich auf den Fahrersitz und ließ den Motor an. Es gab für sie keine Zukunft mehr, ihr Leben hatte keinen Sinn mehr, und es gab keine Hoffnung für ihre Liebe.

Die Luft wurde immer knapper und stickiger. Sie spürte wie ihr der Hals schmerzte und ihr Brustkorb sich immer enger anfühlte. Immer kraftloser wurde der Körper, und langsam erfasste sie eine bleierne Müdigkeit. Noch einmal versuchte sie sich, an den Duft ihrer Freundin zu erinnern, deren liebes Gesicht und ihren geliebten, warmen Körper zu spüren. Es war Eleonora so kalt. Das Denken fiel ihr immer schwerer.

»Samantha«, sie flüsterte noch einmal den Namen der geliebten Freundin und verlor dann das Bewusstsein.

Sie versuchte die Augen zu öffnen. Nur langsam gelang ihr das Aufwachen. Der Kopf dröhnte, und sie konnte weder ihre Beine bewegen noch die Hände spüren. Alles schmerzte. Kaum konnte sie sich auf die Seite zu drehen. Sie sah, dass sie in einem Krankenzimmer lag und neben ihr eine Schwester saß. Eleonora wollte sprechen, aber der Hals fühlte sich an wie eingedrückt. Er tat fürchterlich weh, und es kam nur ein Krächzen.

»Das wird schon wieder«, sagte die Krankenschwester. »Das ist nur von der Vergiftung und weil man Sie in der Erstversorgung beatmen musste.«

Erschöpft schlief Eleonora wieder ein.

Als sie später wieder erwachte, sah sie ihre Mutter und Roman. Man teilte ihr mit, dass Roman sie in letzter Sekunde gefunden hätte und sie nun im Krankenhaus in der psychiatrischen Abteilung wäre, wo man versuchen würde, ihre Labilität zu therapieren. Die nächsten Tage verbrachte Eleonora durch die vielen Medikamente in einem Dämmerzustand.

Sie hatte keine Ahnung, dass Samantha nach dem Telegramm sofort mit dem ersten Flug nach Wien gekommen war und zum Elternhaus von Eleonora fuhr. Die Freundin ahnte, dass es Probleme mit den Eltern gab, wollte Eleonora helfen und sie aus dem Haus holen. Den ganzen Flug über hatte sie Angst um sie, war voller Unruhe und Hoffnungslosigkeit.

Als die Eltern sie erkannten, wurde sie von ihnen grob und mit der Drohung, die Polizei zu holen, vom Grundstück gejagt. Eine geschwätzige Nachbarin verfolgte die ganze Situation, rief Samantha zu sich und erzählte ihr von Eleonoras Selbstmordversuch und dass diese in letzter Sekunde gerettet und in das Krankenhaus gebracht wurde.

Samantha war so betroffen, dass sie mit lautem Weinen fast zusammenbrach. Die Nachbarin brachte ihr ein Glas Wasser und rief ihr ein Taxi, dass sie schnellstens zu Eleonora gelangte.

Dort ließ man sie trotz stundenlangem Flehens nicht in das Zimmer von Eleonora. So sah Samantha nur mehr die Möglichkeit, Suzan um Hilfe zu bitten, die dann auch sofort am nächsten Tag mit Fred kam und sich mit Tante Lore in Verbindung setzte. Da Lore die Einstellung ihrer Schwester kannte, wusste sie, dass sie das junge Mädchen sicherlich jahrelang therapieren lassen würde. So kam es, dass Suzan mit Fred zu Eleonoras Eltern fuhren, um angeblich völlig ahnungslos Eleonora zu besuchen.

Man bat sie herein, um ihnen vom labilen, seelischen Gesundheitszustand der Tochter zu berichten. Als Fred auf die Toilette ging, ließ er Samantha ins Haus. Diese ging nach der Beschreibung von Lore in Eleonoras Zimmer. Man hatte alles so gelassen, wie am Abend des Streites. Es war schrecklich, das ganze Chaos zu sehen, und Samantha konnte sich nur zu gut vorstellen, was sich hier abgespielt hatte. Es fiel ihr schwer ein paar persönliche Dinge zusammenzupacken, sie sah sich noch kurz im Zimmer um, denn sie wollte sehen, wie Eleonora in den letzten Monaten hier gelebt hatte. Es zerriss ihr fast das Herz, und sie zwang sich zum schnellen Verlassen des Raumes.

Leise schlich sie in das Arbeitszimmer. Margas Mutter hatte ihrer Schwester von der Passabnahme erzählt, und daher wusste Samantha, dass der Pass in der Schreibtischlade lag. Unter dem Pass lag auch noch ein Sparbuch mit Eleonoras Namen, das sie zusammen mit dem Pass mitnahm. Leise schlich sie mit den Sachen zur Haustür hinaus und gab Suzan das vereinbarte Zeichen.

Schnell fuhren sie nun alle zur Klinik, wo schon Tante Lore mit Eleonora, die kraftlos im Rollstuhl saß, im Hofbereich wartete. Es blieb nicht viel Zeit für Wiedersehensfreude. Noch im Taxi halfen sie Eleonora beim Anziehen, da sie schnellstens zum Flugplatz mussten. Nur knapp erreichten sie die Maschine nach Irland, für die sie schon die Tickets besorgt hatten.

Eleonora konnte es nicht glauben. Immer wieder weinte sie, und Samantha hielt sie liebevoll in den Armen. Durch die vielen Medikamente die ihr im Krankenhaus verabreicht wurden, war der Flug für sie sehr anstrengend. Als sie bei der Großmutter von Suzan und Samantha ankamen, wurde Eleonora in ein Zimmer gebracht, wo sie sofort in Samanthas Armen einschlief.

KAPITEL 22 · MARGAS NEUE LIEBE

Silvia hatte zu einer großen Abschiedsfeier eingeladen, und da fast das gesamte Kollegium kam, fand die Party in einem gemütlichen Lokal statt. Man hatte Marga gebeten, heimlich ein Portrait von der Freundin zu malen. Gerne kam sie der Bitte nach, und mit viel Geschick gelang es ihr dem Gesicht, die typischen Charakterzüge zu verleihen. Es wirkte sehr lebendig, und alle lobten das Kunstwerk. Mit großer Freude nahm Silvia das Geschenk entgegen, und man sah ihr an, dass ihr der Abschied ein wenig schwer fiel.

Auch für Marga war es nicht leicht, da sie in den Pausen hauptsächlich mit ihr zusammen war und sie auch durch die Schülerzeitung viele Stunden miteinander verbrachten. Die Zeitung übernahm nun Jürgen, und so musste sie von nun an mit ihm die Leitung der Schülerzeitung teilen.

In den Sommerferien fuhr Marga mit Estelle für ein Wochenende zu ihren Eltern. Sie wollte ihrer Tochter den Kontakt zu den Großeltern ermöglichen und hatte schon deshalb vor längerer Zeit eingelenkt. Sie war bemüht, dass ihre Tochter von den Spannungen nichts mitbekam und vermied auch jedes Streitgespräch. Anschließen fuhren sie mit Waltraud und Bernadette nach Italien. Die Kleine liebte den Sand und platschte unter der Aufsicht der drei Frauen auch fröhlich im Meer. Sie hatten ein Appartement gemietet, sodass sie gemütlich selbst kochen konnten. Es war ein fröhliches Zusammensein. Sie scherzten und spielten mit Estelle, und am Abend saßen sie am Balkon und redeten bis weit in die Nacht miteinander.
Oft beobachtet Marga nachdenklich, den liebevollen Umgang von Waltraud und Bernadette miteinander. In der letzten Zeit dachte sie immer öfter daran, wie es sich mit einer Frau anfühlen würde. Sie glaubte, dass es wohl nur die Neugierde wäre und nicht selbst die Veranlagung dazu. Niemals aber würde sie sich getrauen, über ihre Gedanken so offen zu sprechen. Sie ahnte nicht, dass ihre Freundinnen ihre Überlegungen sehr wohl wahrnahmen, aber ihr die Zeit ließen, darüber ins Klare zu kommen. Sie verbrachten einen entspannten Urlaub miteinander und kamen gut gelaunt wieder nach Hause.

Jürgen wollte keine gemeinsame Reise mit dem Kind, da ihm dies zu anstrengend war. Er fand, Estelle bekäme zu viel Aufmerksamkeit, und er wollte lieber Zeit mit Marga allein verbringen. »Mir ist nach einem Kultururlaub, und Estelle kannst du bei Freunden oder deinen Eltern unterbringen. Es wird ihr sicherlich an nichts fehlen.« Selbstsicher wirkten seine Worte.
Marga machte ihm klar, dass er sie samt dem Kind akzeptieren müsste, da es sonst nicht funktionieren könnte. Außerdem wollte sie, dass er eine Vaterfigur für Estelle war, da diese keinen Kontakt zum leiblichen Vater hatte. Er bat um Zeit und fuhr daher alleine in den Urlaub. Trotzdem versuchten sie, die Beziehung weiter zu führen, und sie gingen sehr oft ins Theater oder machten gemeinsame Radtouren. Im sexuellen Bereich wurde es immer komplizierter. Je mehr er sich bemühte, desto verkrampfter wurde sie.
Eines Tages begleitete sie auf Waltrauds Bitte diese zu einer Vereinskollegin. Karin war 35, hatte dunkelbraunes, schulterlanges Haar, ihr Gesicht war ein wenig kantig und wurde von sehr großen, dunkelbraunen Augen auffallend betont. Sie war groß, hatte eine sehr feminine Figur und

ein selbstbewusstes Auftreten, das von einer kräftigen Stimme unterstützt wurde. Sie war Juristin und hatte sich auf Scheidungen spezialisiert, und sie war, wie sie selbst sagte, überzeugte Lesbe.

Es war ein entspannter Abend. Marga fand sie sehr sympathisch, und daher verabredete sie sich schon für den nächsten Nachmittag mit ihr. Sie gingen mit Estelle in den Park, und sie unterhielten sich über Margas Beziehung.

»Ich glaube, du stehst auf Frauen«, sagte Karin. »Man kann es aus deinen Erzählungen heraushören. Du verhältst dich in deinen sexuellen Begegnungen immer passiv und warst noch nie befriedigt. Hattest du wirklich noch nie Interesse an einer Frau?«

In diesem Augenblick unterbrach Estelle das Gespräch. Mit lauter Stimme wollte sie nach Hause. Sie hatte Hunger und keine Lust mehr, weiter auf dem Spielplatz zu sein. So schuldete Marga Karin die Antwort. Sie lud die neue Freundin aber ein, noch mit nach Hause zu kommen. Gemütlich genossen sie das von Marga schnell zubereitete Abendessen und spielten noch ein wenig mit Estelle.

Nach einer langen Gute-Nacht-Geschichte schlief Estelle schnell ein, und die beiden Erwachsenen machten es sich mit einem Glas Rotwein gemütlich. Marga war ein wenig unsicher und nervös zugleich, fand aber sie ihre neue Freundin sehr anziehend. Karin blieb das nicht verborgen, und sanft strich sie ihr über Margas Schultern.

»Willst du es niemals herausfinden, ob dir Frauen besser gefallen?«, fragte sie leise.

Sanft berührte sie mit ihren Lippen den vor Angst trockenen Mund Margas. Ihre Hände schoben den Rock hoch, und sie berührte deren Schenkel. Hitze fuhr in Margas Körper, und sie verspürte Lust auf diese Frau. Sie wollte deren Brüste berühren und ihren Körper sehen. Karin entblößte sich langsam vor ihr und legte die Hände von Marga auf ihren Busen.

»Lass es zu, lass dich von deinen Empfindungen treiben. Denke nicht nach«, flüsterte Karin ihr zu.

Marga wollte es geschehen lassen und begann es auch zu zeigen. Zunächst langsam und zögerlich, dann aber immer mutiger fordernd. Mit eigenen Gefühlen, die ihr bisher fremd waren, wurde Marga in dieser Nacht konfrontiert. Sie spürte eine Lust, die noch kein Mann bei ihr ausgelöst hatte. Sie hatte in dieser Nacht zum ersten Mal einen Orgasmus. Nun wusste sie es: Sie stand auf Frauen.

Eigentlich wollte Marga sofort die Beziehung zu Jürgen beenden. Aber es war nicht einfach, da sie auch in der Schule miteinander zu tun hatten. Sie wusste nicht, wie sie es erklären sollte - hatte Angst vor seiner Reaktion. Angst, dass er es auch anderen Kollegen erzählen würde. Sie beschloss daher, vorerst zu schweigen und drückte sich immer mit Ausreden, wenn er mit ihr intim werden wollte. Es fiel ihm nicht auf, da sie auch vorher kaum miteinander schliefen.

In der Schule hatte er jetzt nach dem Ausscheiden Silvias die Bibliothek übernommen. Er war daher mit dem Organisieren von Lesungen und mit dem administrativen Ablauf der Bibliothek sehr stark eingeteilt. Für Karin stellte es kein Problem dar. Sie wollte nur eine lockere Verbindung und fand, dass Marga den Schritt für sich selbst machen musste. Sie trafen sich häufig, und die Erfahrene führte Marga in ihre Welt ein. So vergingen einige Monate, bis es nicht mehr möglich war zu schweigen.

Jürgen drängte immer mehr und hatte kein Verständnis für ihre zurückhaltende Art. So gestand Marga ihm, dass sie herausgefunden hatte, dass sie Frauen liebte.

»Es tut mir leid! Ich wollte nicht deine Gefühle verletzen, aber ich kann nicht mehr mit Männern schlafen, da ich dabei nichts empfinde.«

Sie sah wie er nach Worten rang und bemühte sich es ihm zu erklären.

»Es hat nichts mit dir zu tun. Es ist meine sexuelle Orientierung, zu der ich nun gefunden habe. Du hast nichts falsch gemacht, aber ich interessiere mich für eine gleichgeschlechtliche Beziehung.« Sie bat ihn, es zu verstehen, aber er wollte es nicht glauben. Tiefverletzt verließ er die Wohnung, ohne das Gespräch fortzusetzten. Marga hoffte, dass er ihr verzeihen würde und ein normaler Umgang in der Schule möglich war.

Er sprach mit ihr kein Wort mehr, und in der Schule bemerkten es alle. Ein paar Kolleginnen fragten, wer Schluss gemacht hätte und sahen ihn dann bedauernd an. Doch es kam noch schlimmer. Da er von ihren Neigungen einem Kollegen berichtet hatte, verbreitete sich das Unfassbare rasch im Kollegium. Es gab sogar Kolleginnen, die schrill auflachten, wenn sie sich zu ihnen setzte und dann ganz schnell etwas zu erledigen hatten. Andere sahen sie angewidert an, und manche Männer grinsten unverschämt. Schließlich wurde sie eines Tages vom Direktor zu einem Gespräch gebeten. Er machte sie darauf aufmerksam, dass sie in einem öffentlichen Bereich tätig war und pädagogische Arbeit leisten müsse. Es war daher solch ein lockerer Lebenswandel nicht angebracht. Sie sollte sich darüber Gedanken machen und dementsprechend ihr Privatleben gestalten. Es war ein peinliches, demütigendes Gespräch. Geknickt ging sie in den Unterricht und versuchte, sich abzulenken.

Waltraud fand es empörend, dass in der heutigen Zeit solch eine Reaktion geboten wurde, und Karin erklärte Marga, dass sie durchaus entlassen werden könne. So war Marga froh, dass die Sommerferien begannen und hoffte, dass im Herbst wieder Ruhe eintreten würde.

KAPITEL 23 - ELEONORA IN IRLAND

Es war schrecklich, wie sehr sich Eleonora verändert hatte. Sie war immer sehr müde und ingesamt sehr schwach. Alle waren zu ihr sehr liebevoll, und man versuchte alles, um sie zu stabilisieren. Die Großmutter wusste, dass man nicht einfach so die starken Antidepressiva absetzten durfte, die ihr im Krankenhaus verabreicht wurden. Sie holte daher eine Heilpraktikerin, die auch energetisch arbeiten konnte, und diese gab Eleonora homöopathische Mittel und versuchte, sie mit Chakrareinigung zu stärken. Ansonsten fand sie, dass Eleonora einfach nur Ruhe und viel Liebe brauchte, man sollte ihr die Zeit lassen. Deren Seele war über Jahre hinweg zu sehr von der Familie verletzt worden und befand sich in einem schockartigen Zustand.

Samantha war außer sich vor Sorge und ließ die geliebte Freundin keine Minute aus den Augen. Sie machte sich fürchterliche Vorwürfe, Eleonora nicht schon früher aus ihrer unglücklichen Lage befreit zu haben und weinte immer wieder bei dem Gedanken, dass sie die Geliebte beinahe für immer verloren hätte. Die Großmutter versuchte, die Unglückliche zu beruhigen, da niemand vor ein paar Monaten wissen konnte, dass Eleonoras Familie so hart und unbarmherzig war.

In der Nacht schrie Eleonora oft im Traum auf und suchte Samantha. Diese umarmte dann die Freundin ganz fest und hielt sie die ganze Nacht. Sie gingen miteinander zuerst nur kurze Wege, dann oft stundenlang durch die raue Landschaft, und es tat ihr gut die klare Luft und die brausenden Wogen der Wellen aufzunehmen. Es war, als ob ihr Kopf wieder frei würde, und ihre Seele begann wieder zu atmen. Ganz vorsichtig bemühte sich Samantha um sie. Langsam begann sich Eleonoras Körper nach ihr zu sehnen, und schon bald bäumte sie sich ihr mit derselben Hingabe entgegen, wie sie sich schon so oft stundenlang geliebt hatten.

In den letzten Tagen wurde Samanthas Anwesenheit immer dringender in New York verlangt, und man legte ihr nahe, sich baldigst einzufinden. Sie wollte ihre Freundin nicht alleine lassen und überlegte, sie mit zu sich zu nehmen. Die Großmutter aber fand es nicht klug, Eleonora dort stundenlang mit sich alleine zu lassen und riet Samantha, Eleonora bei ihr zu lassen, damit sie sich in Ruhe erholen könne. Sie hatte auch eine Psychologin ausfindig gemacht und würde es gut finden, wenn sie zu einigen Sitzungen gehen würde, da man das Geschehene auch mit professioneller Hilfe aufarbeiten sollte. Alle beide sahen ein, dass der Vorschlag der alten Dame wohl doch richtig war, und so flog Samantha schweren Herzens ohne die geliebte Freundin, aber in der Sicherheit, dass alles für ihre Genesung getan wurde.

Eleonora ging nun regelmäßig zur Therapeutin, die ihr schon bei der ersten Sitzung klarmachte, dass sie nicht ihre sexuelle Orientierung behandelte, die sie als völlig in Ordnung sah, sondern ihr helfen wollte, mit dem Geschehen fertig zu werden, um sich unabhängig von ihrer Familie entwickeln zu können. Wie bei einem großen Puzzle versuchten sie gemeinsam, Eleonoras Leben zu einem für sie annehmbarem Bild zu gestalten. Durch die Sitzungen erfuhr die Therapeutin auch, dass Eleonora immer alles perfekt machen musste und so einem gewaltigen Druck ausgesetzt war, der sie immer mehr verunsicherte. Sie verstand, dass sie sich von den Wertvorstellungen der Familie abwenden musste, da sie sonst daran zerbrechen würde und dass es auch völlig in Ordnung war, dass sie sich derzeit nirgendwo beruflich finden konnte, da sie zuerst mit sich selbst ins Reine kommen musste.

Nach einigen Wochen kamen zwei große Koffer von zu Hause. Es war ihr nicht möglich diese zu öffnen, da sie Angst hatte, mit irgendetwas Unangenehmen konfrontiert zu werden. Sie war noch nicht so stark, dass sie sich neuerlich mit Vorwürfen oder Maßregelungen auseinandersetzten konnte. Suzan, die wegen ihrer Hochzeitsvorbereitungen vor Ort war, öffnete daher die Koffer, um deren Inhalt zu prüfen. Man hatte ihr die Kleidung, sämtliche Zeugnisse und ihre restlichen Dokumente gesendet, und oben auf waren in einem Plastikbeutel unordentlich verpackt alle von der Mutter damals zerrissenen Briefe und Photos.

Mit zitternder Stimme las ihr Suzan den beigelegten Brief vor. »Wir werden dich von nun an nicht mehr Tochter nennen! Mit dem Abbruch deiner Therapie und deiner sinnlosen Flucht hast du uns vor dem ganzen Krankenhaus blamiert und der Lächerlichkeit preisgegeben. Wir haben davon Abstand genommen, diese Frau wegen Einbruch in das Arbeitszimmer und der Entwendung des Passes anzuzeigen. Mit deiner erneuten Aufnahme dieser Beziehung hast du dich nun für ein Leben ohne dein Elternhaus entschieden. Deine sexuelle Orientierung hat nun anscheinend auch kriminelle Anlagen in dir hervorgebracht. Wir haben den Diebstahl des Sparbuches mit Entsetzen bemerkt. Damit hast du nun dein, von uns sorgsam gespartes Zukunftsgeld genommen. Dein restliches Eigentum haben wir dir nun hiermit mit den Koffern überbracht. Damit gibt es nun für dich kein Zimmer mehr in unserem Haus. Wir wünschen keinen Kontakt mehr. Sehe dich von nun an ohne Familie. Du kannst nun dein Leben nach deinen Vorstellungen leben.«

Suzan zeigte die kalten Worte ihrer Großmutter, und die beiden ließen Eleonora den ganzen Tag nicht mehr aus den Augen. Auch die Therapeutin kam zu einem Gespräch. In der Nacht stand Eleonora auf, knipste das kleine Licht bei ihrem Nachtkästchen an und breitete die zerstörten Briefe vor sich aus. Mit Akribie fügte sie stundenlang die Briefe richtig zueinander, reparierte sie mit einem Klebeband, um sie sodann sorgfältig aufeinander gelegt, mit einem roten Band versehen, vorsichtig in das Kästchen zu legen. Der Himmel verkündigte schon den langsamen Beginn des Morgens, als sie sich mit einem Lächeln ins Bett legte und bis in die Mittagsstunden schlief.

Suzan war mit Begeisterung mit ihren Hochzeitsvorbereitungen beschäftigt und froh, dass im kleinen Hotel der Großmutter die Feier stattfinden sollte. So würden alle Verwandten und Bekannten untergebracht werden, und man könne in großer Runde das Ereignis feiern, dass erst in einigen Monaten stattfinden sollte. Alle Einladungen waren in diesen Tagen schon versendet worden. Das Hochzeitsmenü stand schon fest, die Musik wurde schon gebucht, nur das Hochzeitkleid konnte von Suzan bisher noch nicht ausgesucht werden. Sie hätte so gerne ihre beste Freundin zur Beratung gehabt, doch bisher hatte sie sich noch nicht getraut, Eleonora mit dieser Bitte entgegenzutreten. Ganz überraschend bot diese einige Tage später selbst ihre Begleitung an. So fuhren beide mit guter Laune in der darauffolgenden Woche nach Dublin, um ein Brautkleid für Suzan auszusuchen.

Die Auswahl war riesig, und sie brauchten den ganzen Tag, bis mit kritischen Augen der beiden endlich ein langes, mit zarter Spitze und kostbarer Perlenstickerei versehenes, weißes Kleid und der dazugehörige lange Schleier für passend befunden wurde. Nach langer Zeit konnten die beiden unbeschwert und fröhlich den Tag genießen. Alle Sorgen waren für den Moment nicht präsent, und sie fühlten sich wie in ihrer gemeinsamen Zeit auf dem College.

Die nächsten Monate waren für Eleonora nicht immer einfach, da sie an manchen Tagen noch immer sehr schwach und antriebslos war und die noch immer regelmäßig besuchten Sitzungen, sie auch manchmal ziemlich aufwühlten und viele ihr zugefügten seelischen Misshandlungen ihrer Familie an die Oberfläche brachten. Sie hatte erst durch die Sitzungen erkannt, dass die von ihr liebevoll geglaubte Kindheit, strenge Erwartungshaltungen und hohes Prestigedenken beinhalteten. So lange sie alle Anforderungen der Familie erfüllte, gab es keine Schwierigkeiten. Auch das Fehlen von tiefen Gefühlen und die wenigen Umarmungen ihrer Mutter wurden ihr erst jetzt bewusst. Sie hatte immer perfekt funktioniert und Bestleistungen erbracht, sodass es keinen Anlass für Konfrontationen gab, aber daher auch keine eigene Entwicklungsmöglichkeit und Selbstfindung stattfand. Es war für sie nicht einfach, sich mit diesen Schmerzen auseinanderzusetzen, aber es war notwendig, damit ihre Seele heilen konnte. Oft ging sie nun auch schon alleine hinaus in die Natur, sah stundenlang dem Treiben der Wellen zu und beobachtete den Himmel, dessen Bild durch das schnelle Vorüberziehen der Wolkengebilde, sich immer mit Schnelligkeit veränderte. Der Wind spielte mit ihren Haaren, aber die immer stärker werdende Sonne ließ kein Frösteln mehr zu und wärmte angenehm ihren Körper.

Allmählich wurde sie immer stabiler. Sie beteiligte sich ein wenig in der Küche, nahm an alltäglichen Gesprächen teil, und manchmal konnte sie schon wieder zu den Späßen der anderen lachen. Aus versicherungstechnischen Gründen hatte man sie im Hotel als Arbeitskraft angemeldet, aber beruflich hatte sie für sich noch keine Orientierung gefunden.

KAPITEL 24 - MARGAS BEKENNTNIS

Marga stellte in den Sommerferien viele ihrer Kunstobjekte fertig, da sie im Herbst ihre erste eigene Ausstellung hatte. Man war schon vor zwei Jahren an sie herangetreten und bat ihr dafür Räume in einem bekannten Kloster an. Es war ein altes, schönes Gewölbe mit hohen, Stuck verzierten Wänden und einer fast ehrfurchtserbietenden Ausstrahlung. Die Ausstellung wurde gut beworben, und so kam es, dass zu der Vernissage unerwartet viele Besucher kamen. Zuerst war Marga sehr aufgeregt, da sie noch nie vor so vielen Leuten gesprochen hatte, und sie war es nicht gewöhnt sich in den Mittelpunkt zu stellen. Doch es waren viele vertraute Gesichter anwesend, und daher konnte sie mit Selbstbewusstsein diese Anforderung meistern. Man kam aber nicht nur zum Bestaunen, sondern viele Werke wurden reserviert, um nach der Ausstellung den Besitzer zu wechseln. Es war ein großer Erfolg, und sogar ihre Eltern waren eigens dazu gekommen. Völlig unerwartet kam auch Richard mit seiner erst vor kurzem frisch vermählten Frau. Er klopfte Marga wohlwollend auf die Schulter. Er hätte es ihr nicht zugetraut, sagte er und blickte sie ein wenig von oben herab an. Seine Frau Barbara sah Marga ein wenig ablehnend an, und ihr Blick zeigte, dass sie auf keine freundschaftliche Begegnung aus war. Es war ein unangenehmes Wiedersehen, auf das Marga gern verzichtet hätte. Richard wurde von ihren Eltern freundlich begrüßt, und ihre Mutter sah seine Frau mit leidender Miene an, um dann sogleich Marga einen vorwurfsvollen Blick zukommen zu lassen.

Marga hatte ihnen bisher noch nichts von der veränderten privaten Situation mitgeteilt und hatte es eigentlich auch gar nicht vor. Ihre Eltern standen mit einem Sektglas in der Hand, als Jürgen sie freundlich begrüßte.

»Hast du deinen Eltern schon deine neue Freundin vorgestellt«, fragte er zynisch, und sein Mund bekam ein schiefes, leichtes Lächeln. »Marga hat nun die Seiten gewechselt und ist in einer Beziehung mit einer Frau. Wussten Sie nicht, dass wir schon seit Monaten nicht mehr zusammen sind? Ein Mann kann Marga im Bett nicht mehr ausreichen, daher zieht sie es vor, sich der gleichgeschlechtlichen Liebe hinzugeben. Wie sich das allerdings bei ihr beruflich auswirken wird und wie auf Vorbildfunktion gegenüber ihrer Tochter ist noch nicht entschieden.« Mit diesen Worten verließ Jürgen die kleine Gruppe.

Es entstand ein peinliches Schweigen, bis Richard in unangenehmes, lautes Lachen verfiel, um dann mit aggressiver Stimme zu betonen, dass er geahnt hätte, dass irgendwann der Einfluss ihrer tollen Freudinnen dazu führen würde. Noch immer höhnisch lachend, legte er seinen Arm um Barbara, und die beiden verließen mit abwertendem Grinsen und ohne Verabschiedung die Ausstellung. Noch einmal hörte man das hysterisch, schrille Auflachen seiner Frau, dann war alles still, und mit versteinerten Mienen sahen die Eltern auf Marga.

Diese hatte keine Lust auf eine Erklärung und ging nach vorne zu der interessierten Kundschaft, ohne sich um den entsetzen Blick ihrer Mutter und dem bleichen Gesicht des Vaters zu kümmern. Sie vermied den ganzen Abend deren Gesellschaft, kümmerte sich um Verkaufsgespräche, beantwortete Fragen über ihre verwendeten Techniken und begrüßte ihre Freunde und Bekannte.

Erst spät am Abend, nur mehr wenige waren noch da, fiel es ihr auf, dass die Eltern ohne Verabschiedung gefahren waren. Es war ein sehr erfolgreicher Abend für Marga, und erst zu Hause dachte sie über die unangenehme Begegnung nach. Sie hatte keine Angst vor der kommenden Reaktion der Eltern. Sie lebte seit langem ein selbstständiges Leben und war auf die Zustimmung der Eltern nicht angewiesen. Sie erhoffte sich nicht deren Verständnis, aber sie würde auch keine Einmischung in ihr Liebesleben mehr dulden.

Als ihre Eltern sie am nächsten Tag anriefen, erklärte Marga ihnen daher mit fester Stimme, dass die Behauptungen der Wahrheit entsprachen und sie es akzeptieren müssten. Sie bat sie nur, trotz dieser veränderten Situation, Estelle zuliebe den Kontakt weiterhin aufrechtzuerhalten. Ihre Mutter beschwor Marga zu erkennen, dass sie auf keinen Fall lesbisch sein konnte, da es nie in der Jugend Anzeichen dafür gegeben hatte und sie in einer intakten Familie aufgewachsen war. Keiner war bei ihnen derartig entgleist, und die Mutter hatte mit Vater nachgedacht: Es gab auch keine psychischen Erbkrankheiten. Sie vermutete eine vorübergehende Störung und falschen Umgang. Alles würde sich wieder schnell bereinigen lassen, wenn irgendwann der Richtige käme. Sie wollte sich in keinster Weise vorstellen, was ihre Tochter mit einer Frau treiben würde. Zu abartig war ihr der Gedanke, und sie könne sonst nicht mehr mit ihr an einem Tisch sitzen. Außerdem gab es da auch noch die schlimme Krankheit Aids, die alle Homosexuellen angeblich hätten. Marga würde damit auch ihre Tochter gefährden, wäre eine Gefahr für alle. Die Verwandten und Bekannten dürften auf keinen Fall von dieser Perversität erfahren. Niemals sollte sie sich mit dieser Frau in der Öffentlichkeit sehen lassen und auf keinen Fall ihre Anstellung gefährden. Weinkrämpfe begleiteten das gesamte Gespräch aber sie versprach, wegen der Enkelin den Kontakt nicht abzubrechen, da das Kind, wie sie sagte, nichts dafür konnte.

In der Schule gestaltete sich der Umgang mit Jürgen immer schwieriger, da er es schaffte das ganze Kollegium in zwei Lager zu spalten. Im Konferenzzimmer wurde es für Marga vor allem in den Pausen immer unerträglicher, da Jürgen immer wieder Anspielungen auf ihre sexuelle Orientierung machte. Marga zeigte nie eine Reaktion und vermied jedes Gespräch darüber. Er weigerte sich mit ihr noch länger im Redaktionsteam zu sein und kritisierte mit unangebrachter Schärfe und sehr beleidigend ihr Layout. Seit Herbst war er auch Lehrervertreter. Er wurde auch immer mehr politisch aktiv und hatte dadurch gute Kontakte zum Landesschulrat. Man schätzte sein Engagement in der Schulbibliothek, bei der Zeitung und beim neugegründeten Schultheater.

Aber auch bei ihren Oberstufenschülerinnen und Schülern gab es unangenehme Reaktionen, da das Gerücht schon zu ihnen durchgedrungen war. Ein paar Burschen grinsten sie unverschämt musternd an, und manche Mädchen wichen bei den Gesprächen mit ihr sichtbar zurück. Es war manchmal nicht mehr leicht, den Unterricht in gewohnter Ungezwungenheit abzuhalten, und Marga wurde immer weniger von ihren Schülern ins Vertrauen gezogen. Eines Tages bekam sie einen Brief von der Schulbehörde, worin man sie zu einem Gespräch einlud.

Dieses war sehr unangenehm, und sie hatte das Gefühl bei einem Verhör zu sein. Man sprach sie ganz direkt zu dem, wie man sagte, »unangemessenen Verhalten« an und wies sie auf mögliche Konsequenzen hin. Als man ihr Gelegenheit zu einer Stellungnahme gab, wollte sie zuerst überzeugt zu ihrem Handeln stehen. Als sie aber den kalten Blick des Landesschulrates sah und ihr bewusst wurde, dass sie damit ihren sicheren Beruf und daher ihre und Estelles Existenzgrundlage gefährden würde, verleugnete sie ihre Orientierung und ihre Beziehung zu Karin. »Sehen Sie, mir ist das alle sehr unangenehm, aber alles ist nur ein Rachefeldzug meines Ex-Freundes. Ich habe die Beziehung beendet und habe ihm keine Chance zu einer Versöhnung gegeben.« Stockend fuhr sie fort. »In ... in Zukunft werde ich bemüht sein, diesen Konflikt nicht in den Schulbereich zu ziehen, und ich möchte auch weiterhin in dieser Schule bleiben, da ich mich dort ansonsten sehr wohl fühle.«

Man sah sie erleichtert an und der Landesschulrat versuchte seiner Stimme etwas Versöhnliches zu geben. »Versuchen Sie bitte in Zukunft Ihre privaten Probleme zu lösen. Sollten aber weiterhin noch diese Spannungen bleiben, wäre es ratsam die Schule zu wechseln. Ich würde dann bei Ihnen einen Wechsel vorschlagen, aber sehen wir uns die nächsten Monate an.«

Damit sah man das Gespräch als beendet an, und man hoffte auf eine zukünftige gute Zusammenarbeit.

Waltraud war entsetzt aber Bernadette verstand Marga ein wenig, da es in der Entscheidung auch um Estelle ging. Waltraud versuchte, ihr klar zu machen, dass sie alles mit der Lüge nur verschlimmert hatte, da sie schon wegen ihrer selbst dazu stehen müsse. Außerdem hatte sie mit ihrer Lüge wissentlich eine Behörde getäuscht. Dies wäre ein Vertrauensbruch und könnte auch, wenn sich die Unwahrheit herausstellen sollte, eine fristlose Kündigung bedeuten.

Karin meinte, es sei ihre Entscheidung. Waltraud respektierte sie, obwohl sie dabei kein gutes Gefühl hatte. Marga wollte nicht mehr darüber nachdenken. Sie versuchte, das Gespräch zu verdrängen und ging, um Estelle von der Tagesmutter abzuholen. Dort erwartete sie der nächste, völlig unerwartete Schock. Mit ernstem Gesicht erzählte ihr die Tagesmutter, dass Jürgen den Mann der Tagesmutter von der derzeitigen Situation informiert hätte. Es würde ihr zwar nichts ausmachen, aber ihr Mann fände es nicht in Ordnung und auch die Tagesmutter hatte nun Angst, dass man ihr keine Kinder mehr anvertrauen würde. Es wäre daher besser, wenn sich Marga um einen anderen Platz für Estelle umsehen würde.

Marga wusste, dass sie so schnell keinen neuen Platz für ihre Tochter bekommen würde, und daher kamen ihr die Lügen leicht von den Lippen. Sie erzählte ihr, dass Jürgen es nicht verkraften konnte, dass sie einen anderen Mann lieben würde und ihr seither das Leben schwer machte. Die Scheidungsanwältin wäre nur eine gute Freundin, die ihr immer juristische Ratschläge in Bezug auf die Alimente von Erwin gab. Jürgen würde die Lügen leider überall herumerzählen. Marga dachte angeblich auch schon daran, ihn anzuzeigen, wollte aber vorerst davon absehen.

Die Tagesmutter glaubte ihr sofort und war entsetzt über derartig, schmutzige Verleumndungen. Sie würde natürlich mit ihrem Mann reden und versicherte ihr, dass Marga Estelle gerne weiterhin bringen konnte. Marga war erleichtert, noch einmal alles abgewandt zu haben, und hatte erkannt, dass es noch nicht möglich war, zu ihren Gefühlen zu stehen.

KAPITEL 25 · WIEDER MIT SAMANTHA IN NEW YORK

Suzans großer Moment war gekommen, und schon zwei Tage vorher kam Samantha, die von Eleonora mit vielen Tränen begrüßt wurde. Jeden Tag hatten sie miteinander telefoniert und sich innige lange Briefe geschrieben, wo sie sich all ihre Empfindungen und Gedanken mitteilten. Sehr lange mussten sie aber auf ihre Berührungen verzichten. Samantha war glücklich über Eleonoras Genesungsfortschritte. Sie war der Großmutter so dankbar, und immer wieder sah sie zärtlich ihre Freundin an.

Es war bei der Hochzeit von Suzan ein fast wolkenloser, warmer Sommertag, und die vielen Gäste freuten sich mit dem verliebten Brautpaar. Die Braut strahlte. Sie hatte in Fred ihren Vertrauten und Geliebten gefunden, und man sah ihnen beiden das Glück an. Als sie den Brautstrauß warf, fing in Eleonora auf. Samantha und sie sahen sich schmerzvoll an, da sie sich bewusst wurden, dass man ihnen diesen Schritt immer verwehren würde. Keiner würde sie segnen, niemals dürften sie sich öffentlich im Beisein von allen Verwandten und Freuden in einer Kirche das ewige Versprechen zueinander geben. Niemals würde ihre Beziehung gesetzlich anerkannt und geachtet werden. Immer würde man sie höchstens als Paar ohne Rechte akzeptieren. Es würde auf ihrer Liebe immer etwas Verbotenes, von manchen oft nur als schmutzig und abartig Gesehenes liegen. Oft würden sie auch ihre Liebe sogar verleugnen oder verstecken müssen, und niemals würde sie jemals ganz von der Gesellschaft angenommen werden. Doch wo war der Unterschied? Sie liebten sich und waren füreinander da, halfen sich und trösteten sich, waren Geliebte und Freundin, konnten sich alles anvertrauen und hatten ebenfalls nur den Wunsch miteinander glücklich zu sein. Ihnen jedoch wird man dies nie in dieser Form gewähren wie soeben dem Hochzeitpaar. Eleonora legte ihren Kopf auf Samanthas Schulter, und diese zog sie ganz zärtlich zu sich.

Das Essen war hervorragend, die Musik spielte fröhlich bis in den frühen Morgenstunden, und anschließend verabschiedete man mit lautem Getöse das Hochzeitspaar in die geplanten Flitterwochen. Alle hatten sich gut unterhalten, und mit vereinten Kräften, beseitigte man die Spuren der Hochzeitsgesellschaft. Auch am nächsten Tag halfen Samantha und Eleonora um wieder die gewohnte Ordnung herzustellen. Es verließen langsam auch die letzten Gäste das Hotel, und es trat wieder Ruhe ein. Anschließend saßen sie mit der Großmutter und der Therapeutin um ihre weitere Lebensplanung zu besprechen, die sich aber als sehr schwierig erwies, da sich Eleonora beruflich noch immer nicht finden konnte und, wie die Psychologin betonte, noch nicht ganz belastbar war. Obwohl sie sich in Irland wohlfühlte, wollte sie nicht länger ohne die Freundin sein. So nahm sie das Angebot von Samanthas Kollegin an, als Au-pair-Mädchen deren achtjährige Tochter täglich einige Stunden zu beaufsichtigen und ihr Deutschunterricht zu geben. Sie müsse weder bei ihnen im Haus leben noch hätte sie sonst Verpflichtungen. Eleonora wäre versichert und könne für vorerst ein Jahr in New York bei Samantha leben.

Die Großmutter fand es noch etwas zu früh, hoffte aber, dass deren Liebe der Genesung helfen würde. Die Therapeutin wies darauf hin, dass Eleonora noch psychologische Betreuung bräuchte und sie gerne mit ihr in Kontakt bliebe, falls es in den Staaten zu einem Rückschlag kommen sollte. Ansonsten würde sie das gemeinsame Zusammenleben auf jeden Fall begrüßen, da es den Heilungs- und Selbstfindungsprozess beschleunigen würde.

Das Paar waren überglücklich über die Entscheidung und bereiteten alles für die Abreise vor. Es fiel Eleonora ein wenig schwer, sich von der liebgewonnen alten Dame zu verabschieden, die ihr in den letzten Monaten so liebevoll zur Seite stand und sie ganz in der Familie aufgenommen hatte. Nie zuvor wurde Eleonora solch eine Geborgenheit zugeteilt und ihr ohne Forderung soviel Liebe und Aufmerksamkeit geschenkt. Die Großmutter sah diese nun wie ihr eigenes Enkelkind an, und es viel ihr schwer, sie ziehen zu lassen. Aufgeregt flogen die beiden in ihr nun gemeinsames Zuhause.

Im Flugzeug lehnte sich Eleonora mit dem Kopf auf die Schulter ihrer Freundin. Sie war so glücklich, und immer wieder strich ihr Samantha zärtlich über den angeschmiegten Kopf, um sie so dann mit Küssen zu verwöhnen. Sie waren so sehr mit ihrem Glück beschäftigt, dass sie die beobachtenden, meist unfreundlichen Blicke der anderen Passagiere nicht wahrnahmen.

»Jetzt reicht es aber«, schrie auf einmal ein älterer Mann hinter ihnen. »Muss man sich denn so etwas ansehen? Gibt es denn keine Moral mehr?«

Die Stewardesse kam und versuchte ihn zu beruhigen. Doch einige andere Passagiere sahen sich nun auch aufgefordert, ihre Ansichten kundzutun. Eine zweite Stewardesse kam nun dazu, und man forderte alle auf, sich ruhig zu verhalten. Sie wandten sich an die beiden Freundinnen und baten sie höflich, den anderen Fluggästen keinen Anlass mehr zur Beschwerde zu geben.

Samantha wollte sich schon voll Wut dazu äußern, aber der bittende Blick Eleonoras zwang sie, sich ohne Widerstand zu fügen. Auf der andern Seite des Ganges, saß ein junges Pärchen das sich schon während des ganzen Fluges unüberhörbar und für alle sichtbar liebkoste und sich auf sehr intimen Stellen berührte. Als man die Freundinnen ermahnte, unterbrach der junge Mann sein Liebesspiel, um sich kopfschüttelnd und angewidert die beiden anzusehen. Er gab lautstark dem alten Mann recht und setzte sein Tun, mit sichtbarer Zustimmung der andern fort.

Samantha versuchte, die erschrockene Eleonora mit einem leisen, flüsternden Gespräch über ihre nun kommende Zukunft abzulenken. Später, als ihre Freundin ein wenig eingeschlafen war, sah sie sorgenvoll die Jüngere an - wie zerbrechlich sie ihr doch erschien. Es war offensichtlich, dass sie im Moment mit solchen Anfechtungen nicht zurecht kam. Es wurde ihr bewusst, dass Eleonoras Verletzungen noch nicht verheilt waren, aber sie wusste, dass sie in Zukunft immer wieder mit solchen Situationen rechnen mussten.

»Herzlich willkommen in unserem Zuhause, Darling!« Mit diesen Worten betrat Samantha mit ihrer Freundin das Appartement. Es war noch so wie vor über einem Jahr. Alles war ihr in Erinnerung geblieben, Eleonora vertraut und sie war glücklich, endlich hier bei ihrer geliebten Freundin zu sein. Behutsam legte Samantha Eleonoras Dokumente und ihre wenigen Kleinigkeiten in eine Lade, dann hängte sie deren Kleider auf und legte das restliche Gewand ordentlich in die freigeräumten Regale. Alles, was Eleonora besaß, war nun untergebracht.

In der Zwischenzeit erholte sich die erschöpfte Freundin in einem entspannenden Bad. Als sie dann später hinzu kam, sah sie gerührt, dass alles schon so liebevoll erledigt wurde. Sie setzen sich an den von Samantha sorgfältig gedeckten Tisch und genossen das gemeinsame Essen. Es war im Appartement heiß, und Eleonora hatte nur ein kurzes, dünnes Nachthemd angezogen, das nur wenig von ihrer Brust verhüllte und ihre Figur durchscheinen ließ. Ihr Gesicht war nur leicht gebräunt, und ihre Augen hatten einen tiefen, dunkelblauen Schimmer, der den Schmerz der vergangenen Monate, noch immer nicht verbergen konnte. Ihre dichten tiefschwarzen Haare hingen noch feucht vom Bad fast bis zur Hüfte. Ihre Brüste wurden in den letzten Monaten praller und größer, und ihr Körper war für Samantha noch reizvoller geworden. Sie konnte den Blick von der für sie so anziehenden Freundin nicht mehr abwenden. Samantha stand auf, ging zu ihr, streifte deren Haar über die Schulter und begann Eleonora behutsam im Nacken zu küssen. Vorsichtig erkundete ihr Mund das Dekolleté, und sanft berührte sie mit den Händen den ihr entgegengestreckten Busen. Sie spürte die Lust der Freundin und befreite sie aus dem dünnen Hemd. In Küssen verschlungen gingen sie zum Bett, wo sich Eleonora nach Samantha verzerrend hinlegte. Samantha betrachtete mit lustvollem Stöhnen den schönen, willigen Körper, und langsam begann ihr Mund ihn zu verwöhnen, um dann mit dem Spiel der Hände mit immer stärker werdender Forderung sie gänzlich zu erobern. Sie belohnte das immer stärker werdende Verlangen der Geliebten, in dem sie sich mit wilder Leidenschaft ebenfalls hingab und sie endlich erlöste. Erschöpft lagen sie nun nebeneinander, um dann aber schon nach wenigen Augenblicken ihr Spiel von vorne zu beginnen. Die Lust hielt sie noch viele Stunden wach, bevor sie glücklich aneinander angeschmiegt völlig ermattet einschliefen.

KAPITEL 26 - MARGAS BERUFLICHE VERÄNDERUNG

Völlig überraschend traf Marga bei einer Friedensveranstaltung ihren ersten Freund Reinhard wieder. Er hatte gerade an einem Symposium für den Frieden und gegen den Hunger in der Dritten Welt teilgenommen. Er war nun in einigen sozialen Gruppierungen führend tägig, und sein Engagement imponierte Marga so sehr, dass sie ihn zu sich einlud. Estelle war überhaupt nicht begeistert und bewarf ihn mit Reiswaffeln. Ungeduldig reagierte er auf das Kind und war froh, als Estelle zur gewohnten Zeit schlafen ging.

Sie unterhielten sich sehr angeregt, und es kam schnell wieder zu einem vertrauten Ton zwischen Reinhard und Marga. Er erzählte ihr von seinen geplanten Veranstaltungen und wollte sie zur Mitarbeit überreden. Sie erzählte von ihren künstlerischen Aktivitäten, zeigte ihre besten Werke und berichtete ihm von ihrer Schultätigkeit. Sie hielt es für nicht notwendig, von Jürgen oder Karin zu erzählen, da sie keine Lust hatte, offen über ihre sexuelle Orientierung zu sprechen. So kam es, dass sie ihren alten Freund in der Annahme ließ, partnerlos und alleinerziehend zu sein und noch immer die große Liebe suchend. Sie plauderten stundenlang gemütlich auf der Wohnzimmercouch sitzend, als Reinhard im Laufe des Abends immer näherrückte.

Sie wollte ihn anfangs zurückweisen, da er aber so zärtlich mit dem Liebeswerben begann, stieg sie ein wenig flirtend darauf ein. Seine Bemühungen schmeichelten ihr, und als er sie nach ihrer letzten Beziehung fragte, erzählte sie ihm von Erwin und von dessen damaliger Anzeige. Er war überrascht, dass sie sich danach nicht äußerlich verändert habe, noch immer ihre langen Haare hatte, keine Frisur- oder Farbveränderung vorgenommen hatte und meinte, das dies normalerweise alle Frauen in einem solchen Fall täten.

Er kam ihr sehr nahe und begann, sie vorsichtig zu küssen. Sie ließ sich darauf ein und erwiderte seinen Kuss. Sie wollte an die Demütigungen der letzten Monate nicht mehr denken, einfach sich verwöhnen lassen und genießen. Jedoch ging es nicht. Alles sträubte sich immer mehr in ihr. Sie fand seinen Körper nicht anziehend und empfand seine Berührungen als immer unangenehmer. Er hatte ihr schon die Hose abgestreift und wollte sich auf sie legen, als es Marga richtig übel würde und sie ihn plötzlich von sich wegstieß.

Sie konnte nicht mehr. Ihr ganzer Körper verkrampfte sich vor Ablehnung und Ekel. Er verstand nicht, was geschah, und wollte einen neuen Versuch starten.

»Es hat keinen Sinn, ich liebe dich nicht. Bitte sei mir nicht böse. Ich kann nicht mit dir schlafen.« Mit diesen Worten zog sich Marga schnell wieder an und bat ihn zu gehen.

»Das ist doch kein Problem. Ich liebe dich doch auch nicht. Dennoch können wir miteinander ein wenig Spaß haben. Sei doch nicht so spießig!«

»Spaß? Wir sind doch keine Teenager mehr!« Empört wies ihn Marga zurück.

»Wo ist das Problem? Du hast doch derzeit keinen Mann für deine Befriedigung!« Er wollte nicht aufgeben und verfolgte hartnäckig sein Ziel.

Die Wahrheit wollte sie ihm nicht erzählen. Es hätte nichts an der Situation geändert. »Ich kann nicht mit einem Mann schlafen, den ich nicht liebe. Bitte, geh nun lieber.«

Nun rastete er, für Marga völlig unerwartet, vollkommen aus. »Solche Frauen wie du sind das Letzte! Zuerst werden wir aufgeheizt, und dann zeigen sie einem die kalte Schulter. Ich kann gut verstehen, wenn manche Männer in solcher Situation ausflippen und eine Frau sogar umbringen können. Ich bin ein gutmütiger Trottel, aber pass bloß auf, dass du nicht einmal auf einen anderen triffst!« Seine Stimme überschlug sich fast, und er hielt sie grob am Arm fest.

Marga befreite sich und ging zur Tür. »Verlass sofort meine Wohnung! Wie kannst du mit solch einer Haltung in sozialen Vereinen sein? Ich möchte dich nie wiedersehen!« Sie hatte keine Lust mehr zu einer weiteren Diskussion und schob Reinhard mit Nachdruck zur Tür hinaus. Von draußen drangen noch beleidigende Äußerungen zur ihr durch, aber sie reagierte nicht mehr darauf.

Zitternd und weinend saß sie danach am Boden des Flures und brauchte einige Zeit, bis sie sich wieder gefangen hatte. Langsam ging sie ins Bad, duschte fast eine Stunde lang und ging völlig fertig schlafen. Ihren Freundinnen wollte sie davon nicht erzählen. Zu sehr war sie noch von den Geschehnissen geschockt. An der Männerwelt war sie nun nicht mehr interessiert.

In der Schule, ließ Jürgen sie in Ruhe, und es stellte sich langsam wieder der gewohnte Alltag ein. Die Aufgabe zur Erstellung des Layouts der Zeitung hatte sie freiwillig abgegeben, und langsam begannen auch die Kollegen wieder mit ihr zu kommunizieren. Alle wussten nun Bescheid, dass es sich um eine Lüge und einen Racheakt von Jürgen gehandelt hatte.

Sie wusste nicht, ob es für Jürgen irgendwelche Konsequenzen hatte, da er keine Reaktion zeigte. Die Jahreszeiten wechselten und ohne besondere Vorfälle vergingen die nächsten Monate.

Es war schon wieder fast Schuljahresende, da saß sie mit Karin gemütlich im Garten. Die Freundin hatte am Stadtrand ein kleines Häuschen mit großem Garten und einem Pool. Es war angenehm, in dieser schwülen Hitze im schattigen Plätzchen unter dem Kirschbaum zu entspannen. Den ganzen Nachmittag war sie schon mit Estelle dort, und für die Kleine gab es eine Schaukel und andere Spielgeräte. Ermüdet vom stundenlangen Spiel im Freien, schlief Estelle im dafür bereitgestellten Zimmer schnell ein. Die Freundinnen wollten den lauen Abend im Garten ausklingen lassen und beschlossen zur Abkühlung, noch ein wenig in das kühle Nass des Pools zu steigen. Sie hatten Lust aufeinander und sie begannen von den sanften Berührungen des Wassers begleitet ein vertrautes Liebesspiel. Sie waren in diesem Akt so sehr vertieft, dass nicht bemerkten, als sich jemand in den Garten geschlichen hatte, der sie beobachtete. Sie nahmen auch nicht den Blitz des Fotoapparates wahr und gingen anschließend in vertrauter Umarmung ins Haus.

Nichtsahnend wurde Marga einige Tage später in das Büro des Direktors beordert, wo auch der Landesschulrat anwesend war. Man bat sie, sich zu setzten und ihnen einige Fragen zu beantworten. Marga dachte, dass es um einen schwierigen Schüler handelte und setzte sich bereitwillig zum Gespräch. E kam allerdings anders. Man fragte sie ganz direkt, ob sie noch immer ein Verhältnis zu einer Frau verleugnen würde, und da Marga dies bestätigte, legte man ihr wortlos einige Bilder vor. Sie konnte es nicht glauben: Es waren Bilder von Karin und ihr in eindeutigen Posen im Pool.

»Es ist unbedeutend welche die Quelle der Information ist. Es zählen alleine die Fakten«, sagte der Direktor mit schneidender Stimme. »Es ist nicht die Tatsache, dass sie ein ausschweifendes, nicht der öffentlichen Tätigkeit entsprechendes Privatleben führen, sondern vor allen der Vertrauensbruch ist es, der uns dazu veranlasst über unsere zukünftige Zusammenarbeit nachzudenken.« Klar und unmissverständlich kamen die Worte vom Landesschulrat und gaben keine Möglichkeit zu einer Rechtfertigung.

Marga hätte am liebsten gefragt, mit welcher Berechtigung man solche privaten Augenblicke ohne ihr Wissen aufnahm und dann auch noch die Unverschämtheit besaß, es ihr vorzulegen. Ihr Privatleben geht doch niemanden etwas an und hat nichts mit ihrer pädagogischen Arbeit zu tun. Aber die ablehnende und herablassende Art des Schuldirektors nahmen ihr den Sinn der Diskussion.

Der Landesschulrat stand auf. Für ihn war das Gespräch beendet. »Wir werden uns in den nächsten Wochen beraten, um Sie sodann über den weiteren Verlauf zu informieren. Bis dahin gehen Sie bitte in den letzten Schultagen dieses Semesters wie gewohnt ihrer Tätigkeit nach.« Ohne sie richtig anzusehen, gab er Marga die Hand und drehte sich dann von ihr weg.

Als sie das Zimmer verließ, begegnet ihr Jürgen mit einem breiten Grinsen. Leise beugte er sich zu ihr und flüsterte ihr ins Ohr: »Ich lasse mich von keiner dummen, dreckigen Lesbe fertigmachen. Alles Gute zum Geburtstag.«

Sie war völlig mit den Nerven runter und ging aus dem Schulgebäude, holte ihre Tochter und besuchte Waltraud, um sich von ihr einen Rat geben zu lassen. Doch weder sie noch die zur Hilfe gerufene Karin konnten der Unglücklichen helfen. Karin meinte, dass es normalerweise jede Schule nach eigenem Ermessen handhaben könnte. Ganz nach dem Motto: Wo kein Kläger, da auch kein Handlungsbedarf. Anders aber sehe es mit dem Vertrauensbruch aus, da dies sehr wohl ein ausreichender Grund wäre, dass Arbeitsverhältnis nicht mehr fortzusetzen. So blieb ihnen nur die Möglichkeit mit viel Bangen die Entscheidung der Schulbehörde abzuwarten.

Erst am Ende der Ferien bat man Marga zum Gespräch in die Schulbehörde. Man habe sich nach ausreichender Beratung dazu entschlossen trotz des nun fehlenden Vertrauens, den Vertrag vorerst zu verlängern, da man die Tatsache berücksichtigt habe, dass sie alleinerziehend war. Man werde die Situation jedoch weiter im Auge behalten und erwarte sich von ihr ein dementsprechend unauffälliges Verhalten im privaten Bereich.

Marga war erleichtert und versuchte, von nun an in der Öffentlichkeit nicht mehr mit ihrer Freundin gesehen zu werden. Sie wies jede Frage bezügliche ihrer Orientierung verneinend von sich. So vergingen ohne weitere Anfechtungen die nächsten Monate, und Marga glaubte, dass nun alles in Ordnung wäre.

Der Elternsprechtag kam, und wieder war nun ein Weihnachtbazar die große Attraktion. Innerhalb kurzer Zeit wurden fast alle mühselig gestalteten Kunstwerke verkauft, und man hatte dadurch eine beträchtliche Summe für Schulprojekte gesammelt. Beschwingt sah Marga auf das Treiben und glaubte nicht richtig zu hören, als der Vater einer Oberstufenschülerin zu ihr kam und sie in Anwesenheit einiger Eltern auf primitivster Weise ansprach. »Ich finde es empörend, dass meine Tochter von einer Lesbe unterrichtet wird und vielleicht noch in solch kranke Fantasien hineingezogen wird. Finden Sie, dass sie hier auf dem richtigen Platz sind, oder wird es von der Schule geduldet, dass sie sich an unsere Töchter heranmachen?«

Sofort wurden sie und der Vater von vielen neugierigen Augenpaaren umringt, und man erwartete von ihr eine Gegendarstellung.

»Wie kommen Sie zu so ungeheuren Anschuldigungen? In keinster Weise werden hier die Schülerinnen von mir oder anderen Kolleginnen bedrängt oder verführt. Und mein Privatleben ist hier nicht relevant und hat sie in nicht im Geringsten zu interessieren!« Sie versuchte, ihrer Stimme Nachdruck zu verleihen und sah bestimmt in die Augen des Mannes.

Doch dadurch wurde er nur noch wütender. »Ich werde mich über Sie beschweren - unmoralisch sein und dann noch so mit uns reden. Das hat für Sie Konsequenzen, darauf können Sie sich verlassen!« Er ließ sie einfach stehen, und es entstand eine peinliche Stille.

Sie hatte keine Lust mehr auf diese Art von Diskussion und ging in das leere Klassenzimmer, wo sie zitternd ihre weitere Vorgehensweise überdachte. Als sich draußen wieder alles beruhigt hatte, räumte sie den nun leeren Stand weg und ging noch immer sehr aufgewühlt nach Hause. Sie hatte versucht, den Vorfall zu vergessen und war irritiert, als sie am Semesterbeginn in die Direktion gebeten wurde. Ihr Vorgesetzter legte ihr eine Liste mit einer großen Anzahl von Unterschriften vor. Sie konnte damit zuerst nichts anfangen, doch schnell begriff sie, dass es sich um eine Petition gegen sie handelte. Die aufgebrachten Eltern wollten ihre sofortige Entlassung, da sie es nicht in Ordnung fanden, dass ihre Töchter von einer derartigen Person unterrichtet wurden.

Man wäre in solch einer Situation machtlos, erklärte ihr der Direktor, und er müsse sich mit der Schulbehörde absprechen. Dort erklärte man ihr nach einigen Wochen, dass es unter diesen Umständen wohl besser wär, das Dienstverhältnis nach Ende des Schuljahres nicht mehr weiter aufrechtzuerhalten. Man würde ihr nahelegen, sich nicht mehr ihre Betätigung im Schulfeld zu suchen und wünsche ihr alles Gute für die Zukunft. Es hätte keinen Sinn, juristisch dagegen vorzugehen, da es für alle Beteiligten nie zu einer zufriedenstellenden Situation kommen würde. So war es für Marga klar, dass sie sich ab Sommer beruflich, neu orientieren musste.

Nach langer Überlegung sah sie nur die Möglichkeit, sich als freischaffende Künstlerin ihr Leben zu finanzieren. So organisierte sie in nächster Zeit Ausstellungen und nahm auch private Aufträge an. Ihre Wohnung wurde für ihre ganzen Materialien und Werke zu klein. So mietete sie sich einen günstigen hellen Lagerraum, den sie zu einem praktischen Atelier umbaute. Sie bekam immer mehr Aufträge, nicht zuletzt auch durch die Unterstützung ihrer Freundinnen. Langsam begann sie die neue Situation als Chance für ihre Weiterentwicklung zu sehen. Die Tagesmutter hatte nach dem Vorfall, ihre Tätigkeit bei Marga gekündigt, jedoch fand sie einen Kindergartenplatz der Estelle gefiel. Es war nur von kurzer Dauer, weil die Kleine nun eingeschult wurde.

Da das Kind sehr sensibel war, entschied sich Marga für eine katholische Privatschule, bei der die Möglichkeit bestand, auch jederzeit eine Nachmittagsbetreuung beanspruchen zu können. Estelle war ein kluges Mädchen, das Lernen viel ihr leicht und machte ihr Freude. Schreiben und lesen begeisterte sie. Auch der Sachunterricht interessierte sie sehr. Nur dem Sportunterricht konnte sie nichts abgewinnen, und der strenge Religionsunterricht konnte sie ebenfalls nicht verzücken.

Nach einem langes Gespräch Margas mit der Klassenlehrerin musste Estelle am Morgengebet mit einer alten, strengen Schwester nicht teilnehmen. Sie war ein ausgeglichenes fröhliches Kind, und oft wurde sie von Marga schon mittags abgeholt, wenn es beruflich zu vereinbaren war.

Dann saß Estelle im Atelier und versuchte selbst mit großer Genauigkeit und Begeisterung, kleine Meisterwerke zu erschaffen. Dabei war Estelle manchmal der eigene Ehrgeiz im Weg. Sie weinte dann bitterlich, wenn ihr nicht alles so gut gelang. Nur mit Margas einfühlsamer Art war sie dann bereit, ihr eigenes Werk anzunehmen. Oft sammelten sie Blätter und andere Naturmaterialien und verschönerten damit Spanschachteln und andere Gegenstände. Diese wurden dann von Estelle an die Großeltern und den Patinnen mit Freude verschenkt.

Mit Karin verbrachte Marga immer weniger Zeit, obwohl sie sich noch immer sehr nahestanden. Es war Marga wichtiger, sich ihrer Tochter zu widmen, und daher musste sie oft auch nachts stundenlang an den Aufträgen oder für die Ausstellungen arbeiten. Wenn sie sich aber mit der Freundin traf, hatten sie schöne Stunden der Zweisamkeit, und sie fühlte sich in derer Anwesenheit noch immer sehr wohl.

KAPITEL 27 - BRUCH MIT DER FAMILIE

Es fiel Eleonora leicht, das Vertrauen des Kindes zu gewinnen. Pheobe war ein stilles, ernstes Mädchen, wohlerzogen kam sie allen Forderungen nach, und die Arbeiten für die Schule wurden von ihr pflichtbewusst erledigt. Im Deutschunterricht stellte sie sich geschickt an und stellte wissbegierig Fragen über das Herkunftsland von Eleonora.

Als Halloween immer näher rückte, wurde die Kleine immer aufgeregter. In der Stadt sah man überall gruselige Dekorationen und in fast jedem Schaufenster erstrahlte ein riesiger Kürbiskopf. Mit Verwunderung registrierte Eleonora diese Vorbereitungen. In ihrer Heimat wurde damit nicht so viel Aufwand betrieben. Samantha aber erklärte ihr, dass dieser Tag hier groß gefeiert wurde. Überall gab es Partys, wo man die verrücktesten

Verkleidungen vorfand. Die Kinder würden sich schon wochenlang auf diesen Abend vorbereiten, da sie mit ihren Kostümen von Haus zu Haus gingen, um dort Süßigkeiten zu bekommen. In der Redaktion werde ebenso an diesem Abend ausgelassen gefeiert. Selbstverständlich war sie mit Eleonora eingeladen. So kam es, dass Samantha für sie beide mit Eifer ein Kostüm besorgte, und nach nicht allzu langem Überlegen entschieden sie sich, als Engelchen und Teufel zu gehen.

Eleonora war es nicht sehr wohl dabei. Sie hatte eigentlich keine Partylaune, aber Samantha musste aufgrund ihrer beruflichen Führungsposition dabei sein. Alleine wollte Eleonora an diesem gruseligen Abend nicht sein. Als sie dort ankamen, war alles mit Skeletten und riesigen Plastikspinnen dekoriert. Das Übrige war in schwarzen und orangenen Farben gestaltet. Überall standen übergroße Kürbisse und grinsten furchteinflößend. Fast alle Kostümierungen waren gruselig.

Einer der Gäste macht ihr besonders Angst. Er stellt den Sensenmann dar und tauchte immer wieder vor ihr auf, um sich an ihrem erschrockenen Gesicht zu erfreuen. Eleonora war entsetzt über so manches brutale Aussehen und verstand nicht, was daran Spaß machen sollte. Die gespielte Technomusik war ebenso nicht ihr Geschmack und und das Niveau sank stätig bei dem reichlich konsumierten Alkohol.

Samantha fand ihre Begleiterin als Engelchen süß und verführerisch. Als sie aber sah, wie sich ihre Freundin quälte, nahm sie reichlich von dem Buffet, packte es mit Sorgfalt ein und trat mit der nun erleichterten Eleonora den Heimweg an. Auf den Straßen hörte man von überall die Rufe der Kinder: »Trick or treat!«

Zu Hause breitete Samantha das köstliche, mitgenomme Essen auf. Langsam begann Eleonora, sich wieder zu beruhigen. Ihr hatte alles Angst gemacht. Sie empfand Halloween als nicht so lustig. Die Nacht vor Allerheiligen hatte in ihr auch zu Hause immer Unbehagen und Traurigkeit verursacht. Nicht umsonst wurde früher immer behauptet, dass sich in dieser Nacht beide Welten trafen, der dünne Schleier für die wenigen Stunden gelüftet wurde.

Samantha sah lächelnd zu Eleonora. Sie verstand deren Gedanken, doch im Moment hatte sie nur große Lust auf ihr Engelchen. Sanft begann sie die Freundin zu verführen. Nur allzu gerne ließ es sich diese fallen, genoss die sinnlichen Berührungen, ließ sich von ihr in höchste Ekstase bringen. Sie pressten sich aneinander, und eine verlor sich ganz in der anderen.

Eleonora verstand sich auch mit den Eltern von Pheobe gut, und Ende November wurde sie gemeinsam mit Samantha von der Familie zu Thanksgiving eingeladen. Es gab den typisch gefüllten Truthahn, kleine Kartoffeln, Cranberrysauce sowie andere Köstlichkeiten. Der Tisch war reichlich gedeckt, und viele Kerzen und ein prachtvolles Blumengesteck verschönten den festlichen Anblick. Bevor man sich an dem guten Mahl erfreuen konnte, sprach jeder seinen Dank für das vergangene Jahr aus. Pheobe bedankte sich sogar für die Betreuung von Eleonora, und alle waren gerührt. Als Eleonora an der Reihe war, blieb es eine Weile still, da diese zunächst keine Worte fand - zu sehr war sie bewegt.

Dann aber begann sie mit leiser Stimme. »Liebe Samantha, ohne deine Liebe und Unterstützung hätte ich die letzten Monate nicht geschafft. Durch dich will ich leben und bin ich heute dankbar in dieser netten Runde zu sein.« Eleonora konnte nun ihre Tränen nicht mehr zurückhalten, aber dennoch sprach sie mit ruhiger Stimme weiter. »Ich bin auch so glücklich über das Vertrauen, dass Pheobe und ihr alle mir entgegenbringt. Ihr seid wunderbare Menschen. Ich bin so dankbar, mit euch solch schöne Momente erleben zu dürfen.« Nun konnte sie nicht mehr weiterreden, sie war zutiefst berührt.

Es war aber auch nicht notwendig. Alle hatten sie verstanden, und nun wurde sie von allen umarmt. Man genoss dann noch schöne Stunden alle feierten diesen für Amerika so wichtigen Feiertag mit fast ausgelassener Stimmung.

Die Weihnachtszeit begann, und Eleonora begeisterte Pheobe mit den Geschichten vom Christkind, da die Kleine bisher nur mit Santa Claus vertraut war. Es war für sie nicht zu verstehen, dass das Jesuskind in der Krippe auch noch Geschenke bringen sollte.

»Wie bringt denn das Jesuskind die Geschenke? Und bekommen die Kinder bei dir dann viel mehr?« Mit großen Augen sah sie auf Eleonora.

Pheobe wusste, dass Santa Claus allen Kinder in der Welt die Geschenke brachte und konnte nicht verstehen, warum in Österreich es zusätzlich vom Jesuskind etwas gab. Schließlich überzeugte Eleonora sie mit der Darstellung, dass das Christkindchen ein besonderes Engelchen war, es alle Engel unter sich hatte und diese dafür sorgten, dass die braven Kinder ihre Geschenke bekamen. Daher musste man auch einen Brief mit den Weihnachtswünschen in das Fenster stellen, welcher dann von einem Engel geholt wurde. War das Kind das ganze Jahr über brav, sorgte dann das Christkind dafür, dass rechtzeitig an Heiligabend die Geschenke unter dem geschmückten Baum lagen. Santa Claus brauchte dann in diesem Fall nicht mehr zu kommen, da die Engelchen sich mit ihm absprachen.

Aufgeregt wollte Pheobe es ausprobieren, davon überzeugt, dass nun auch zu ihr das Christkind kommen würde, da es ja auch zu Eleonora kommen musste. Gern half ihr Eleonora beim Schreiben des Briefes, und die Kleine erzählte ihr am nächsten Tag jubelnd, dass der Brief in der Nacht abgeholt wurde.

Sie liebte auch die Erzählungen vom Nikolaus, fürchtete sich vor dem Krampus und war überzeugt, dass auch für sie wie in Österreich das Geschenk vom Christkind schon am 24. Dezember unter dem Baum gelegt wurde. Natürlich besorgte Eleonora ein kleines Geschenk für Pheobe und bat deren Eltern es am Abend unter dem Baum zu legen.

Eleonora freute sich auf das erste gemeinsame Weihnachtsfest, und sie war schon Tage zuvor mit dem Anbringen von Lichterketten, kleinen Weihnachtsfiguren und dem Aufstellen des Baumes beschäftigt. Es war in New York üblich, den Baum nicht wie in Österreich erst am Weihnachtsabend, sondern schon Tage vorher zu dekorieren. Mit vielen bunten Lichterketten und glitzernden Kugeln erstrahlte nun prächtig der Baum im weihnachtlich geschmückten Appartement. Sogar einen großen, hell beleuchteten Santa Claus hatte sie sich besorgt, da sie diesen besonders originell fand.

Samantha ließ sie lächelnd gewähren und freute sich über ihre kindliche Begeisterung. Sie war froh, dass ihre Freundin sich gut eingelebt hatte und sichtbar wohl fühlte. Eleonora hatte ihr einen dunkelgrünen, mit zarten Zopfmuster versehenen Pullover geschenkt. Sie liebte es, wenn deren grünen, intensiven Augen durch die Farbe noch betont wurden und sie sich so wunderbar in ihnen verlieren konnte. Sofort bat sie die Freundin, ihn anzuziehen und war zufrieden mit der Auswahl, da er Samantha richtig erstrahlen ließ und sie wieder an ihre erste Begegnung erinnerte. Das Goldkettchen mit dem Herz, das Samantha seit ihrer Ankunft trug, hob sich nun gut sichtbar ab, und das blonde, lange Haar bot einen schönen Kontrast. Auch Samantha verwöhnte ihre Freundin mit vielen Kleinigkeiten, die ihr alle Freude machten. Sie schenkte Eleonora auch einen kleinen CD-Player, sodass sie während der Beaufsichtigung von Pheobe ihre Lieblingsmusik hören konnte. Es war einfach für sie, Geschenke zu besorgen, da Eleonora seit dem Rauswurf aus dem Elternhaus kaum etwas besaß.

Trotz der angenehm weihnachtlichen Stimmung überfiel Eleonora plötzlich eine Traurigkeit, und sie begann zu weinen. Die Wunden waren noch zu frisch, und es wurde ihr bewusst, dass es für sie nunmehr Samantha gab und keine Verbindung mehr zu ihrer Verwandtschaft und Österreich existierte. Keiner hatte ihr geschrieben - nicht einmal ihre Patentante. Man hatte es ihr anscheinend verboten. Niemand wollte an Eleonora denken, als ob sie nie existiert hätte. Der Brief der Großmutter, die schon vor Wochen für sie versucht hatte, bei den Eltern zu intervenieren, wurde zurückgesendet - die Telefonnummer geändert. Man hatte ihr die Möglichkeit zu einem Kontakt genommen.

Samantha versuchte, die Unglückliche zu trösten und zeigte ihr die Briefe und Geschenke von Suzan und der restlichen Familie. Alle hätten sie lieb, sagte sie, und sie gehöre nun zu ihnen. Sanft nahm sie die Freundin in den Arm und durch ihr sanftes Liebesspiel gelang es ihr, Eleonora von dem Kummer abzulenken.

Samantha war beruflich sehr erfolgreich, man schätzte ihren Ehrgeiz und ihr Organisationstalent. Sie war bei den meisten Mitarbeitern sehr beliebt. Anfang des Jahres hatte man einen neuen Grafiker aus Deutschland angeworben, der immer wieder ihre Autorität untergraben wollte und von Beginn an die Zusammenarbeit erschwerte. Helmut war fast vierzig, frisch geschieden und zeigte keine Bereitschaft, sich einer Frau unterzuordnen. Eleonora hatte sich bei ihrer ersten Begegnung erschrocken, da er sie sehr an Roman erinnerte und bat die Freundin vorsichtig zu sein, da sie wusste, dass solche Menschen eiskalt reagieren konnten. Immer wenn er die beiden zusammen sah, wurden seine Lippen ganz schmal, seine Augen blickten eiskalt, und er ließ dann verletzende Bemerkungen fallen. Samantha versuche daher ein Zusammentreffen mit ihm und Eleonora möglichst zu vermeiden, da sie wusste, dass ihre Freundin solchen Auseinandersetzungen noch nicht gewachsen war. Oft versuchte er auch, in der Redaktion Samantha alleine zu begegnen, ließ dann anzügliche Bemerkungen fallen und verließ anschließend jedes Mal wütend das Büro, wenn er wieder von ihr zurückgewiesen wurde. Sie gab ihm immer ganz klar zu verstehen, dass er von seinen Belästigungen Abstand nehmen sollte, da sie sonst andere Schritte einleiten müsste. Den anderen Mitarbeitern blieben seine Bemühungen nicht verborgen aber sie trauten Samantha genug Autorität zu, selbst mit dieser Situation fertig zu werden.

Manchmal musste Samantha für ein paar Tage beruflich nach Washington, nahm aber jedesmal Eleonora mit, da sie ihre Freundin nicht alleine lassen wollte. Für Eleonora war das eine willkommene Abwechslung, und abends führte Samantha sie immer stolz aus. Einmal nahm sie Eleonora auch zu einem Interview mit Österreichern mit, deren Englisch nicht so fließend war und deren Dialekt es verhinderte, dass sie sich mit ihnen auf Deutsch unterhalten konnte. Die beiden Männer waren sehr verwundert, dass die beiden so offen zu ihrer Partnerschaft standen und betonten immer wieder, was doch in den USA alles möglich war. Die übertriebene Reaktion war den beiden unangenehm, und sie waren froh, als das Interview erfolgreich beendet war.

Privat trafen sich Samantha und Eleonora in New York nur mit homosexuellen Paaren, da es wesentlich stressfreier war, wenn man unter sich war. Eleonoras seelischer Zustand war noch sehr sensibel, und immer wieder musste Samantha sie trösten und motivieren. Oft beobachtete sie ihre Freundin gar besorgt, da sie manchmal das Gefühl hatte, dass seit damals etwas in Eleonora zerbrochen wäre.

Wenn Briefe von Suzan kamen, freute sie sich zunächst, fiel dann aber sie in eine große Traurigkeit, da ihnen dieser Schritt verwehrt war. Sie wollte zu ihrer Freundin gehören, wollte ein Schild mit ihrem gemeinsamen Namen, wollte ihre Frau sein mit allen Rechten und der Akzeptanz der Gesellschaft. Eleonora ließ sich dann kaum mehr beruhigen. Erst durch die Verschmelzung der beiden Körper entspannte sie sich, hatte das Gefühl, dass alles gut war und niemand sie jemals trennen konnte.

Manchmal zeigte sie stolz durch rückenfreie Kleider die vielen Kratzer von Samantha - Spuren der Hingabe der vergangenen Nacht. Ihre Freundin ließ sie dann mit einem Lächeln gewähren und freute sich über so manch entsetzten Blick.

Eleonora kam gut mit Pheobe und deren Familie aus. Es machte ihr Freude, den Fortschritt ihrer gelehrigen Deutschschülerin zu sehen. Aber sie wusste noch immer nicht, welchen beruflichen Weg sie einschlagen sollte. Eleonora kam sich daher immer ein wenig klein neben ihrer erfolgreichen Freundin vor. Samantha wollte ihr helfen, in der Redaktion etwas zu bekommen, aber Eleonora war der Journalismus zu stressig. Sie lehnte den dafür notwendige Kontakt zu Prominenten und deren Glitzerwelt ab, da ihr deren Welt viel zu oberflächlich war. So verging das Jahr viel zu schnell, und sie mussten Ende September wieder zurück nach Irland fliegen.

KAPITEL 28 - MARGAS NEUE AUSBILDUNG

Marga wurde als freischaffende Künstlerin immer bekannter, und es mangelte ihr nicht an Aufträgen. Trotzdem hatte sie das Gefühl, dass sie immer mehr den spirituellen Bereich vernachlässigte. So entschloss sie sich zu einer Ausbildung zur esoterischen Lebensberaterin. Leider war die Ausbildung nur in Norddeutschland möglich, und ein paar Seminare waren auch in England geplant.

»Mach in Ruhe die Ausbildung. Wir werden dich gerne dabei unterstützen.« Waltraud sah sie aufmunternd an. »Ein zweites Standbein kann in der Selbstständigkeit nie schaden. Jetzt bist du dazu noch jung genug.« Marga freute sich über die positive Reaktion, aber sie war sich noch immer nicht sicher, ob sie es Estelle zumuten konnte. Auch Bernadette fand, dass diese Ausbildung gut zu ihr passen würde, da sie es schade fand, dass ihre Freundin nichts mit ihren Begabungen machte. Sie erklärte sich gerne bereit, in dieser Zeit ihr Patenkind zu sich zu nehmen.

»Es wird Estelle an diesen Wochenenden an nichts fehlen. Du weißt, wie sehr wir sie lieben.«

Marga sah dankbar zu den beiden Freundinnen. Sie wusste, dass sie ihnen vertrauen konnte. Die Ausbildung umfasste jeweils einmal im Monat ein dreitägiges Wochenendseminar. Ansonsten war alles im Fernstudium möglich. Für die Seminare in England, begann Marga ihre Englischkenntnisse aufzufrischen. Karin fand es eher uninteressant und bedauerte, dass sie nun noch weniger Zeit füreinander hatten. Sie war froh, dass sich Bernadette um Estelle bemühte, da sie nicht der mütterliche Typ war und auch beruflich stark eingespannt war. Bernadette liebte Estelle, und sie hätte selbst gerne Kinder adoptiert, aber durch die Beziehung mit Waltraud war dies zu deren beider Bedauern nicht möglich.

»Irgendwann«, sagte Waltraud, »wird es auch homosexuellen Paaren möglich sein, ihre Beziehung rechtlich gleichzustellen. Dafür werden wir in den nächsten Jahren kämpfen. Die Welt ist bereit dazu.«

Bernadette sah es realistisch. Sie wusste, dass die Akzeptanz noch lange nicht dafür da war und zeigte sich glücklich, mit Estelle ein geliebtes Patenkind zu haben.

Die Seminare waren für Marga sehr interessant, da mit der psychologischen Ausbildung auch viele andere spirituelle Themen wie Aurasehen, Astrologie, Karmaarbeit und Rückführungen inbegriffen waren. Auf die Astrologiekurse war sie besonders neugierig. Sie konnte sich vorstellen, diese Arbeitsmöglichkeit später als wichtige Grundlage bei den Beratungen zu verwenden. So könnte sie ihre hellseherischen Fähigkeiten mit der Interpretation der jeweiligen Horoskope verbinden, hätte so eine neutrale Ausgangssituation und würde damit seriöser und weniger angreifbar sein.

Aufgeregt fuhr sie zum ersten Seminar nach Deutschland und war überrascht wie viele verschiedene Persönlichkeiten dort anzutreffen waren. Vom Polizisten bis zur Ärztin und auch einige Pensionäre warteten gespannt auf die Einführung der über drei Jahre dauernden Ausbildung. Die ersten Tage begannen mit dem ersten Teil der psychologischen Ausbildung. Zu Beginn musste jeder im Kreis sich vorstellen und über die Beweggründe seiner neuen Berufswahl berichten. Es waren insgesamt sehr sympathische Teilnehmer, und in den Pausen entstanden immer rege Diskussionen und angenehme Gespräche.

Eine Teilnehmerin fiel Marga von Anfang an positiv auf. Ulrike war Psychologin, gerade dreißig Jahre alt geworden, hatte kurzes blondes Haar, und ihre großen braunen Augen blickten jeden eindringlich und forschend an. Marga gefiel ihre angenehme Gesprächsführung, die jede Aggression im Ton vermied. Sofort verstanden sich die beiden Frauen und entdeckten, dass sie viele ähnliche Begabungen hatten. Die meisten hatten Familie oder lebten in festen Partnerschaften, aber Ulrike betonte, dass sie glücklicher Single war.

Die Tage vergingen viel zu schnell, und voller frischen Eindrücken und einer neuen Freundschaft ging es wieder nach Hause.

Ulrike rief fast jeden Abend an und unterhielt sich dann ungestört mit Marga, da Estelle schon schlief. Marga erzählte ihr auch von ihren gescheiterten Männerbeziehungen, aber verschwieg ihre Beziehung mit Karin und ihre sexuelle Orientierung. Als sie sich nach einem Monat wiedertrafen, hatten sie ein gemeinsames Doppelzimmer genommen, um auch nach dem Unterricht gemeinsam die Freizeit nutzen zu können. Das Wiedersehen war herzlich, und der erste Unterrichtstag war zwar anstrengend, aber der Lehrstoff wurde interessant und abwechslungsreich durch die erfahrenen Referenten vorgetragen.

Anschließend ging sie mit Ulrike und einer kleinen Gruppe zum Abendessen, wo ausführlich über alles diskutiert wurde. Sie bemerkte, dass Ulrike sie immer wieder ansah, und als sie sich in ihr Zimmer zurückzogen, war die neue Freundin sichtlich nervös. Nachdem sie sich gewaschen und für die Nacht umgezogen hatten, setzten sie sich noch gemütlich auf Margas Bett, um sich kichernd über einen arroganten Kollegen zu unterhalten.

»Ich schlafe nur mit Frauen«, sagte Ulrike plötzlich ohne einen weiteren Zusammenhang.

Es war ganz still, und Marga wusste nicht, was sie antworten sollte. Ulrike strich ihr sanft über die Haare, und als sie bemerkte, dass Marga nicht zurückwich, näherte sie sich ihr vorsichtig und küsste sie auf den Mund. Als Ulrikes Kuss erwidert wurde, bewegten sich ihre Lippen sanft zum Ohr, um dann den Hals entlang liebkosend, den von ihr freigelegten Busen zu berühren. Sie beherrschte das Spiel mit der Zunge, und die harten Brustwarzen verrieten ihr die Lust in Marga. Sanft band sie Marga zum zärtlichen Berühren ihres von Lust geweckten Körpers ein. Sie ließen sich ganz in ihre Empfindungen fallen und offenbarten sich ohne Scham.

Am nächsten Morgen wachte Marga mit schlechtem Gewissen auf, und noch vor dem Frühstück begann sie mit ihrer Beichte. »Ich bin schon seit einiger Zeit in einer festen Beziehung mit einer Frau.« Sie sah vorsichtig zu Ulrike.

Doch diese ließ sie ohne Unterbrechung weiterreden.

»Es war nicht meine Absicht dich oder Karin zu belügen, aber gestern Nacht ging alles so schnell.« Sie sah nun, wie Ulrike lächelte, und mutig setzte sie fort. »Es zieht mich sehr stark zu dir hin, und gestern waren auf einmal sehr intensive Gefühle da, denen ich nicht widerstehen wollte«, gestand Marga. »Außerdem wusste ich zuerst nicht, wie du aus esoterischer Sicht die Homosexualität siehst und ob du diesbezüglich aufgeschlossen bist - daher habe ich dir nie von meiner Beziehung erzählt.«

Zerknirscht sah sie zu Ulrike. »Stress dich doch nicht so. Es ist alles in Ordnung.« Ulrike legte ihre Hand auf Margas Schulter. »Ich habe kein Recht dir Vorwürfe zu machen, da auch ich nicht offen zu dir war. Oft habe ich schon große Ablehnung von Esoterikern erfahren, und daher war ich vorsichtig. Wir müssen keine Entscheidung treffen. Lassen wir die Zeit entscheiden!« Sie sah es als nicht mehr notwendig, es zu zerreden, und so wurden es noch unbeschwerte und schöne Tage.

Der Unterricht war spannend, und die gemeinsamen Nächte waren für Marga sehr aufregend. Ulrike war wesentlich fordernder als Karin und hatte einen sehr offenen Umgang mit der Sexualität. Selbstbewusst präsentiert sie ihren Körper. Sie wusste, was sie wollte. Verwirrt und mit sehr schlechtem Gewissen gegenüber Karin, fuhr Marga am Montag wieder zurück nach Wien. Dort wusste sie nicht, wie sie es Karin sagen sollte, aber sie wollte die Freundin nicht hintergehen. Noch am gleichen Abend beichtete sie ihr von dem Geschehenen.

»Wie soll es nun weitergehen? Sind wir noch zusammen?« Karins Stimmlage war nicht vorwurfsvoll. Sie wollte nur wissen, wie sich Marga entschieden hatte.

»Ich weiß es nicht. Es kommt alles so überraschend, und ich wollte dich nicht verletzten. Ich kann derzeit keine Entscheidung treffen.« Verzweifelt sah sie zu Karin.

Ulrike hatte ihr klar gesagt, dass sie sich wegen ihr nicht von Karin trennen müsse, da eine Fernbeziehung immer schwierig war und man daher nichts überhasten sollte. Marga fühlte sich zu Ulrike hingezogen, aber sie war auch Karin sehr vertraut und hatte in ihr eine gute Freundin und unkomplizierte Partnerin gefunden. Wie sollte sie nun die Entscheidung fällen?

Karin sah Margas Verzweiflung. »Du musst dich nicht heute entscheiden. Belassen wir es vorerst wie gehabt.« Ruhig und liebevolle klangen Karins Worte. »Wir werden sehen, wie sich alles entwickelt. Im Moment bist du dir deinen Gefühlen zu Ulrike noch nicht im Klarem, aber trotzdem empfinden wir noch etwas füreinander, oder?«

Fragend sah sie Marga an. Diese konnte nur Bejahen, und nach einiger Überlegung fand auch sie es am besten, wenn man vorerst alles beim Alten belassen würde. Trotzdem war es für Marga ein eigenartiges Gefühl, so wenige Stunden danach mit Karin intim zu werden. Diese aber genoss die Zärtlichkeiten und verwöhnte mit gewohnter Freude ihre Freundin. Marga aber wusste nicht, wen sie nun eigentlich betrog.

Waltraud fand die Zweigleisigkeit nicht gut, erklärte es aber damit, dass Marga immer gezwungen war, aus ihrem Privatleben ein Geheimnis zu machen. Sie glaubte auch, dass Marga sicher bald, die für sie, richtige

Entscheidung fällen wurde. In der Nacht träumte Marga, dass es keine von beiden letztendlich werden würde und wachte schweißgebadet auf. Sie hatte ein fürchterlich schlechtes Gewissen. Sie wollte niemanden verletzen und dachte, dass sie bisher eine absolut treue Partnerin war. Karin war die erste Frau, die ihr zeigte, dass sie zu erotischen Gefühlen fähig war, und in ihr Vergnügen und die Lust auf die Sexualität erweckte. Nie hatte Marga bei ihren heterosexuellen Beziehungen die Berührungen und die intime Vereinigung beider Körper als angenehm empfunden. Kein männlicher Körper konnte sie erregen. Die Erkenntnis, Frauen zu lieben, brachte ihr Selbstwertgefühl und innere Harmonie. Ulrike zog sie nicht nur körperlich, sondern auch geistig an, da sie zu vielen Themen die gleichen Gedankenansätze hatten. Auch durch die gemeinsame Ausbildung konnten sie sich jetzt gegenseitig helfen und austauschen. Negativ war die weite Entfernung zu ihr. Andererseits bekannte sich Marga in der Öffentlichkeit kaum zu ihrer Beziehung. Nur wenige wussten Bescheid - nicht einmal ihre Tochter. Sie konnte sich im Moment nicht entscheiden - vielleicht hatte der Traum ihr jedoch vom Unterbewusstsein her die Antwort gegeben. Sie hatte vielleicht in keiner der beiden Freundinnen die Richtige gefunden, da sie noch immer auf der Suche war. Sie wusste, sie musste bald eine Entscheidung treffen und hoffte, dass es ihr vielleicht abgenommen werden würde.

Die Ausbildung war zwar sehr anstrengend, aber Marga hatte bisher alles gut geschafft und war sich sicher, auf dem richtigen Weg damit zu sein. Als sie ein Seminar in der Nähe von London hatte, blieb sie einen Tag länger, um die Stadt zu besichtigen. Sie war von den verschiedenen Eindrücken überwältigt, und doch schien ihr alles vertraut, obwohl sie das erste Mal hier war. Sie kaufte für Estelle einen der kleinen typischen roten Spielzeugbusse und für ihre Freundinnen einen original englischen Tee. Viel zu schnell musste sie sich vom Big Ben und dieser für sie so inspirierenden Stadt losreißen.

In der Beziehung kam es nach ihrer Zeit in London zu einer Entscheidung. Sie blieb mit Karin nunmehr rein platonisch befreundet, brauchte aber auch kein schlechtes Gewissen zu haben, denn nur einen Monat später war diese in einer neuen Beziehung.

In der Beziehung mit Ulrike wurde es immer vertrauter, doch die große Entfernung war manchmal, wie erwartet, etwas schwierig, denn man konnte sich fast immer nur zu den Ausbildungsseminaren treffen.

KAPITEL 29 - ELEONORAS NEUE PERSPEKTIVEN

Die Großmutter war froh, nach so langer Zeit Samantha und Eleonora wieder begrüßen zu können und nahm wieder beide mit Freuden bei sich auf. Da Eleonoras Aufenthaltsgenehmigung nur für ein Jahr galt, mussten sie sich nun wieder neue Möglichkeiten einfallen lassen. Samantha überlegte sogar, wieder nach England zu gehen, damit sie zusammen sein konnten. Auch Eleonora konnte sich für die Idee begeistern. Vorerst aber war Samantha noch vertraglich in New York gebunden und konnte nicht einfach nicht mehr zurückfliegen – obwohl Eleonora sie darum bat.

Die Großmutter hatte eine Überraschung für die beiden. Sie fuhr eine Woche später mit ihnen nach Dublin zu einem Notar und überschrieb den beiden völlig überraschend das Hotel mit dem dazugehörigen großen Grundstück. Sie hatte schon alles mit der Familie abgesprochen, und nach langen Gesprächen und dank ihrer Überzeugungskraft waren alle mit ihrer Entscheidung einverstanden. Sie wollte, dass die beiden mit der finanziellen Absicherung des Hotels ein gemeinsames Zuhause hatten.

Eleonora konnte es nicht fassen, dass man ihr ein Zuhause mit ihrer geliebten Samantha gab. Diese wurde nun bezüglich ihrer Berufspläne unsicher, da sie eigtlich vorhatte, wieder nach New York zurückzugehen und auch für Eleonora eine Möglichkeit zu finden. Nun aber hatte die Freundin eine berufliche Chance bekommen, wäre dann aber ans Hotel gebunden und könnte nicht mehr jederzeit nach New York gehen. Während der ganzen Überlegungen bekam die fast 80-jährige alte Dame eine schwere Lungenentzündung und musste für einige Wochen ins Krankenhaus. Plötzlich ging alles sehr schnell. Samantha setzte sich mit ihrer Redaktion in Verbindung, und man verhandelte eine für sie annehmbare Arbeitssituation aus. Ab sofort konnte sie zehn Monate in Dublin in einer Außenstelle des Verlages arbeiten, dann musste sie für zwei Monate nach New York. Dies hatte man ihr für die nächsten drei Jahre angeboten, allerdings nicht mehr in ihrer alten, führenden Position. Samantha sagte sofort zu und Eleonora konnte ihr Glück nicht fassen. Sie strahlte vor Freude, und ausgelassen alberte sie mit dem Hotelpersonal, die sie einarbeiteten. Alles schien sich für sie zum Guten zu wenden.

Die Großmutter war nun schon wieder zu Hause. und noch etwas geschwächt, beobachtete sie mit Freude Eleonoras Engagement im Hotel. Samantha war kurz in New York um das Wichtigste zu holen und den neuen Vertrag zu unterzeichnen. Anschließend arbeitete sie sich schnell und ohne besondere Schwierigkeiten in der Redaktion in Dublin ein. Es war schon um die Weihnachtszeit, als Suzan, die gerade hochschwanger war, mit ihrer Schwägerin Kathleen zu Besuch kam. Eleonora freute sich, die beiden zu sehen, aber Samantha zeigte offen ihre Ablehnung gegenüber Kathleen. Suzan hatte schon alles für das Kind vorbereitet, nur die alte Wiege wollte sie heute bei der Großmutter abholen. Samantha hatte sie schon vor einigen Tagen abgeschliffen, neu lackiert und mit einem Stoffhimmel versehen, sodass sie nun im neuen Glanz erstrahlte.

Suzan war begeistert, und die beiden gingen zum Auto, um das Prachtstück zu verstauen. Kathleen war mit Eleonora allein etwas unsicher, sodass sie kaum mit ihr sprechen konnte. So schwiegen sie eine Weile, als Kathleen auf einmal aufsprang, Eleonora heftig umarmte und trotz deren Widerstandes sie zu küssen begann. In diesem Augenblick kam Samantha zur Tür herein und sah die beiden. Sie schaute Eleonora mit durchdringendem Blick an, schwieg währenddessen Kathleen sofort den Kuss unterbrach und fluchtartig das Zimmer verließ. Samantha wollte, nachdem die beiden fuhren, auch nicht mehr darüber reden, sondern winkte bloß ab.

Abends gingen sie dann hinauf in das Schlafzimmer, und Eleonora bemühte sich liebkosend um die Freundin, die noch immer kein Wort gesprochen hatte. Als sie ihr lustvoll den Körper anbot, griff Samantha auf einmal zu dem am Stuhle liegenden, schmalen Gürtel und schlug rasend vor Eifersucht auf die Schenkel des entblößten Körpers, der sofort von einer roten Strieme gezeichnet war. Eleonora sah sie erschrocken an, blieb aber offen vor ihr liegen. Immer wieder schlug Samantha auf Eleonora ein. Aber diese wehrte sich nicht. Sie schütze nicht ihren Körper, und selbst als die Freundin ihr auch zwischen die Beine schlug und der brennende Schmerz ihren ganzen Körper durchzuckte, blieb sie offen, die Beine auseinandergestreckt vor ihr liegen und nahm ohne Widerstand die Strafe entgegen.

Irgendwann beendete Samantha die andauernden Schläge, um sogleich mit einer bisher noch nie dagewesenen Heftigkeit, alles von ihr zu fordern, um sie dann vollends zu Unterwerfen. Zitternd lagen sie anschließend nebeneinander, nicht fassend was eben geschehen war.

Am Morgen sah man am ganzen Körper, die noch zahlreichen roten Striemen. Eleonora wollte die Kennzeichnung der Nacht nicht durch die Kleidung verhüllen. Nur widerwillig kam sie der Bitte nach, es niemanden zu zeigen. Weinend entschuldigte sich Samantha bei ihr, sie hätte ihr das nicht antun dürfen, verzweifelt bat sie um Verzeihung. Sie sprachen danach nicht mehr über den Vorfall, obwohl er sie beide sehr beschäftigte, und Samantha musste sich selbst auch eingestehen, dass das Erlebte sie auch auf eine bisher noch nie gekannte Weise erregte.

Einige Tage später bat Eleonora ihre Freundin gar um Wiederholung, da sie es, wie sie sagte, verdienen würde. Alle würde sie immer nur enttäuschen, hatte auch beruflich nichts geschaffen, und sie wäre es nicht wert, liebvolle behandelt zu werden. Entsetzt sah Samantha sie an und sanft nahm sie die Geliebte in den Arm. »Du bist der positivste Mensch, den ich kenne. Durch dich habe ich erst verstanden, was Liebe ist, und du bist das Wertvollste in meinem Leben.«

Ganz ernst sah sie Eleonora an und sagte mit fester Stimme: »Niemand hatte das Recht, dich mit Schmerzen zu bestrafen, und niemals mehr werde ich dir solch ein Leid zufügen! Verzeihe mir, ich liebe dich, und durch solche gefährlichen Spiele, würden wir unsere Liebe und unser gegenseitiges Vertrauen verlieren.« Zärtlich berührte sie Eleonoras Körper, verwöhnt ihn sanft und liebevoll, aber sie erfüllte nicht ihre flehende Bitte.

Eleonora setzte auf Anraten der Psychologin ihre Sitzungen fort. Die Monate vergingen, und Eleonora gewann immer mehr an Lebensfreude. Es machte ihr Spaß, mit den Gästen zu sprechen, das Personal einzuteilen und überall zu helfen, wo es notwendig war. Sie konnte nun schon fast ohne Hilfe der Großmutter das kleine Hotel managen. Ihr Selbstbewusstsein wurde jeden Tag größer, und da es ihr nervlich gutging, war sie immer mehr belastbarer. Sie hatte den Abbruch des Kontaktes zu ihrer Familie nun akzeptiert und kam langsam über den Verlust hinweg. Die Beziehung mit Samantha wurde immer gleichwertiger und war geprägt von liebevollem Verständnis und Zuwendung. Samantha hatte nicht mehr diesen beruflichen Ehrgeiz, da ihr der Erfolg nicht mehr so wichtig war, sondern sah in der Beziehung das Wesentliche. So wurde der Alltag immer entspannter, und sie begannen miteinander, ein ausgeglichenes Leben zu führen.

Es war ein warmer Spätsommertag, und die ganze Verwandtschaft hatte sich zu einem freudigen Ereignis eingefunden. Benjamin, der nun schon acht Monate alte Junge der glücklichen Eltern Suzan und Fred feierte seine Taufe. Er war ein gesundes, fröhliches Kind, und mit lauter Stimme protestierte er gegen den nassen Segensstrahl, sodass ihn seine Patin Kathleen nur mit großer Mühe im Arm halten konnte. Neben ihr stand Paul, ein junger aufstrebender Banker, in dem sie nun ihre große Liebe gefunden hatte. Schon im nächsten Monat wollten die beiden heiraten, und alle hatten dazu schon ihre Einladung erhalten. Es war für Eleonora unverständlich, wie man von einem Geschlecht zum anderen wechseln konnte, aber sie war froh, dass es nun keine Missverständnisse mehr gab. Sie hatte jetzt wieder eine gute Gesprächsbasis zu ihr gefunden und auch Samantha hatte nun einen entspannteren Umgang mit Kathleen. Sie beschlossen aber nicht zur Hochzeit der beiden zu gehen, da es Eleonora noch immer schmerzte, dass sie Samantha nicht ihr Jawort geben konnte.

Kathleen war auch schon guter Hoffnung und war mit ihrem Zukünftigen gerade dabei ihr gemeinsames Heim in Tokio zu beziehen. Ihr Mann hatte dort für die nächsten Jahre ein berufliches Angebot angenommen. So gestaltete sich der Umzug als aufwendig und umständlich, und durch die große Entfernung konnte ihnen auch keiner von der Verwandtschaft behilflich sein. Samantha war sehr glücklich, dass Kathleen nun so viele Kilometer entfernt war. Sie würde ihr nie wirklich trauen, obwohl sie an Eleonoras Treue nicht mehr zweifelte.

KAPITEL 30 - MARGA UND ULRIKE

In Estelles Schule begannen die Vorbereitungen für die Erstkommunion. Es wurde von ein paar stark katholisch, engagierten Müttern sogar eigens eine Gruppe gegründet, die die Tischdekoration und Tischaufteilungen bearbeiteten. Marga, die sich sonst gerne kreativ betätigte, war froh, dass man nicht an sie herantrat, da sie als alleinerziehende Mutter in diesem Umfeld der streng katholischen Familien immer eine Außenseiterrolle spielte. Schon oft sah man sie missbilligend an, und so manche versnoppte Mutter, die meist aus der gehobenen, gut verdienenden Gesellschaftsschicht kam, brachte sie zur Verzweiflung. Marga war froh, dass Estelle nicht den Umgang mit diesen Elitekindern suchte, da ihr ein tolerantes Verhalten gegenüber allen Schichten wichtig war.

Eines Tages wurde sie von der Klassenlehrerin aufgeregt zu einem Gespräch gebeten, da sich ihre Tochter geweigert hatte, bei der ersten Probe mitzuwirken. Estelle war ansonsten ein stilles, unauffälliges Mädchen, die immer den Bitten der Lehrerin Folge leistete. Die Lehrerin konnte sich deren Verhalten nicht erklären, und Margas Tochter verweigerte ein diesbezügliches Gespräch. So befragte man Estelle in der Anwesenheit ihrer Mutter über ihre Beweggründe.

»Warum willst du nicht bei den Proben mitwirken?«, fragte die Lehrerin das Kind.

Zuerst schwieg Estelle, aber unter dem liebevoll, fragenden Blick der Mutter, begann sie mit Tränen ihre Erklärung. »Ich kann nicht zur Erstkommunion gehen. Ich will nicht Jesus heiraten«. Die Kleine schluchzte vor Verzweiflung.

»Wie kommst du denn auf so etwas?« Die Lehrerin schüttelte verwunderte den Kopf.

»Sie haben doch gesagt, dass wir alle kleine Bräute Jesus werden. Ich will das nicht!« Estelles Stimme war nun energisch und ablehnend.

Die alte Lehrerin konnte es nicht fassen. In den vielen Jahren ihrer Schultätigkeit hatte sie immer bei der Erstkommunion die Mädchen als kleine Bräute Jesu bezeichnet, und nie hatte ein Kind dies als unangenehm empfunden. Aber anscheinend hatte sich nun zum ersten Mal ein Kind darüber Gedanken gemacht und ihre Worte ernst genommen. Sie war aber Pädagogin genug und entschuldigte sich bei Estelle für die falsche

Bezeichnung. Anschließend erklärte sie ihr, dass Estelle nicht eine Braut wurde und gestattete ihr auf deren Wunsch mit einem halblangen winterweißen Kleid die Erstkommunion entgegenzunehmen. So kam es, dass Estelle als einzige kein langes weißes Kleid trug.

Waltraud freute sich über diese Reaktion. Bernadette war stolz über ihr starkes Patenkind und verfolgte mit Freude die überraschten Blicke der konservativen Familien. Die Großeltern, die ebenfalls zur Feier ihrer geliebten Enkelin kamen, wunderten sich zwar über die Länge und Farbe des Kleides, da Marga es aber selbst aufwendig genäht hatte, war die Mutter trotzdem mit dem hübschen Kleid zufrieden. Estelle durfte dann auch noch stolz den Kelch tragen, und so wurde es doch noch ein schönes Erlebnis für sie.

Die Beziehung zu Ulrike gestaltete sich schwieriger, als anfangs von Marga angenommen. Es war zwar angenehm, sich über den Lernstoff auszutauschen, aber die Freundin glaubte durch ihre psychologische Tätigkeit Marga weit mit dem Wissen voraus zu sein und belehrte sie des Öfteren. Nur in den esoterischen Themen hielt sie sich zurück, da sie erkannte, dass sie Margas Fähigkeiten nichts entgegenzusetzen hatte.

Im körperlichen Bereich lief es positiv, bis eines Tages Ulrike das Liebesspiel mit Hilfsmittel bereichern wollte. Sie hatten sich gerade zärtlich verwöhnt, als Ulrike kurz das intime Spiel unterbrach, um dann mit einem, um ihre Hüfte geschnürten Dildo kam und ein unpersönliches Stück Plastik bei Marga einführen wollte. Verstört und angewidert wurde sie sofort von Marga unterbrochen. Diese hatte keine Lust, etwas Künstliches in sich zu spüren. Wenn sie dies brauchen würde, dann hätte sie gleich bei ihren Männern bleiben können. Es war Marga unangenehm und erinnerte sie an ihre verkrampfte Sexualität mit ihren Ex-Partnern.

Ulrike verstand nicht, da sie in ihren vorherigen Beziehungen immer lustvoll damit umgegangen war. Zum ersten Mal fühlte sich Marga unverstanden und verunsichert. Sie hatte bisher nicht das Gefühl, dass ihr etwas entgangen wäre und konnte in der vergangenen Beziehung mit Karin auch ohne Hilfsmittel, die körperliche Nähe genießen. Ulrike drängte sodann, da sie es in das Liebesspiel einbinden wollte. So ließ es Marga schließlich geschehen, wusste aber danach, dass sie es nie wieder zulassen würde.

Im Anschluss veränderte es die körperliche Beziehung der beiden. Es war nicht mehr so entspannt und ungezwungen, denn Ulrike konnte sich mit dieser Grenze nur schlecht zurechtfinden. Trotzdem blieben sie auch weiterhin ein Paar, halfen sich beim Lernen und bei den Prüfungsvorbereitungen. Ulrike hatte großes Lob für die Kunstwerke und das Atelier von Marga übrig und bewunderte das handwerkliche Geschick der Freundin, da sie selbst eher unbedarft in diesen Dingen war. Marga stellte sie auch ihren Bekannten vor, und Estelle lernte sie als liebe Studienkollegin kennen. Sie verstand sich gut mit ihr.

Ulrike konnte gut mit Kindern umgehen. Es machte ihr Freude, mit Estelle zu spielen und ihre Fragen zu beantworten. Das kluge Kind gefiel ihr, und wenn sie zu Besuch kam, brachte sie ihr immer eine Menge Bücher und Wissensspiele mit, die von Estelle mit großer Freude entgegengenommen wurden.

So beschlossen sie zu dritt einen Urlaub zu verbringen und flogen mit der aufgeregten Estelle noch London. Sie verbrachen drei wunderschöne Wochen, besichtigten auch kleinere Städte wie Cambridge, Canterbury, Dover und Oxford und sahen sich natürlich auch Stonehenge an. Sie hatten eine schöne Zeit miteinander, und Estelle war begeistert von der Sprache. Sie wollte sich auch in englisch unterhalten, konnte durch die Schule aber nur ein paar Lieder und die Zahlen. Immer wieder versuchte sie, sich Wörter zu merken und sie auch anzuwenden. Dabei amüsierte sie die Erwachsenen. Entspannt kamen die drei nach Hause, wo Marga wieder beruflich fest eingeteilt war und sich wieder auf eine Ausstellung vorbereitete.

Die Zweizimmerwohnung tauschte Marga nach langer Überlegung gegen ein kleines gemietetes Häuschen mit Garten und hatte so die Möglichkeit, Kurse auch daheim abzuhalten. Es war ein großer Kirschbaum im Garten, und Estelle konnte ein eigenes Blumenbeet bepflanzen. Sie bot jetzt auch für Kinder Malkurse an und hatte vor, nach ihrer Ausbildung auch Kurse für Frauen mit Depressionen und anderen seelischen Erkrankungen anzubieten. Wenn es die Jahreszeit erlaubte, fanden die Kurse auch im Garten statt. Die Malkurse für Kinder wurden gut angenommen und am Ende des Kurses durften die Kinder ihre Werke vor allen Eltern präsentieren. Sie stellte im Garten auch einen kleinen Brennofen auf und hatte damit, sowohl für den Kurs, als auch für sich selbst die Gelegenheit die mit Ton gearbeiteten Kunstwerke selbst zu brennen. Es machte Marga Freude, nun doch noch ein wenig im pädagogischen Bereich tätig zu sein und die Kreativität der Kinder zu wecken.

Silvia ihre ehemalige Kollegin hatte einmal ein Enkelkind in einem Malkurs angemeldet. So kam Marga nach langer Zeit wieder mit ihr in Kontakt. Durch die damalige Schulsituation hatte sich Silvia zurückgezogen, da ihr diese Thematik unangenehm war. Durch den damaligen aprubt fehlenden Kontakt war Marga sehr verletzt. Nun aber näherten sie sich wieder langsam an, und so manches unbeschwerte Gespräch kam zu Stande.

Wenn Ulrike kam, hatte sie nun für sie ein gemütliches Gästezimmer, das auch gerne von den Eltern angenommen wurde. Sie liebten ihre Enkeltochter, und auch Estelle kam gut mit ihnen aus. Über Margas

Privatleben wurde nicht geredet, aber für das Berufliche zeigten sie großes Interesse und kamen auch zu jeder Ausstellung. Man konnte den Stolz der Eltern sehen, wenn der Künstlerin wegen ihrer Werke Bewunderung entgegengebracht wurde. Die Ausbildung ging nun langsam dem Ende zu. Marga lernte eifrig für die Prüfungen. So manches Mal wurde sie jedoch ein wenig wehmütig, da ihr die bereichernden Wochenenden, an denen sie sich so produktiv mit den andern austauschen konnte, sicher fehlen würden.

KAPITEL 31 - ALLES ZU ENDE

Sie hatten in den letzten beiden Jahren eine wunderbare gemeinsame Zeit. Das Zusammenleben lief sehr liebevoll und harmonisch ab, und Eleonora fand in der Hoteltätigkeit eine neue berufliche Herausforderung, die ihr gefiel und ihr Selbstbewusstsein stärkte. Sie kümmerten sich auch um die Großmutter, deren Beine immer schwächer wurden, nicht aber deren Verstand, der noch immer hellwach war und so manchen guten Ratschlag beinhaltete. Suzan kam oft mit ihren inzwischen zwei Kindern, und sie hatten noch immer eine vertrauensvolle Freundschaft miteinander.

Sie war dann auch bei der Großmutter und vertrat Eleonora, die mit Samantha auf den Weg nach New York war. Schon vor zwei Jahren hatte Samantha ihr Appartement aufgelöst, und sie gingen deswegen für die vorgesehen Tage in ein Hotel. Samantha hatte noch einiges mit der Redaktion zu klären, da sie nun das letzte Mal beruflich herkam. Sie konnte das ganze Jahr ihrer Arbeit in Dublin nachkommen, und nur ab und zu musste sie für wichtige Beiträge auch nach London. Es war schön, wieder gemeinsam in dieser Stadt zu sein, aber es war für Eleonora noch immer etwas beängstigend, sich mit diesen Menschenmassen durch die Straßen zu drängen. Sie konnte sich noch immer nicht an die hohen Wolkenkratzer Manhattans gewöhnen, die ihr keine Möglichkeit ließen, den Himmel zu beobachten, und kaum die Sonne durchließen, sodass oft nur das künstliche Licht der vielen Werbebilder das Auge reizte. All diese gehetzten Menschen, die kaum einander beachteten, sondern nur schnell wieder in der großen Anonymität verschwanden. Schnell ermüdete sie in dieser Stadt, doch nun wollte sie nicht in den dunklen Gedanken verweilen. Sie beschloss, diesen Aufenthalt zu genießen. Sie verbrachten einen Tag mit gemütlichem Shoppen und suchten die von ihnen ehemals besuchten Bars und Cafés auf. Ins Hotel zurückgekommen, gingen sie unter die erfrischende Dusche.

Das kühle Nass fühlte sich angenehm auf der Haut an. Sie hatten Freude sich gegenseitig einzuseifen. Sie empfanden noch immer diese starke, körperliche Anziehung füreinander. Als sie aus der Dusche kamen, gingen sie im Kuss vertieft zum Bett, um sich dort mit Lust ihre Körper gegenseitig anzubieten. Samantha hatte noch immer einen jungen, schlanken Körper, der von ihren langen blonden Haaren umrandet war. Ihre Augen hatten in den letzten Jahren noch an Intensität und Ausdruck gewonnen, und ihre vollen Lippen verrieten ihre Sinnlichkeit. Ihr fast kantiges Gesicht hatte dennoch sehr weibliche Züge, nur ihr Kinn verriet ein wenig von ihrer Kraft und Entschlossenheit. Ihre Hände näherten sich sanft ihrer Geliebten, um sie mit ihren schlanken Fingern liebevoll zu berühren. Sie liebte es, wenn Eleonora sich ihr so offen anbot, und sie begann langsam, den Körper Zentimeter für Zentimeter liebkosend mit den Lippen zu erforschen. Mit ihrer Zunge steigerte sie immer mehr die Lust der über alles geliebten Freundin. Ihre Hände begannen sich nun langsam in das Liebesspiel miteinzubinden, und geschickt brachte sie ihre Freundin dazu, sich mehr und mehr zu verlieren. Immer mehr wollte Eleonora, und der ganze Körper verlangte nach der Geliebten. Alles zuckte in der starken Erregung, und ihrer Lippen und Münder fanden sich, um dann ihre Körper eng umschlungen aneinander zu pressen, um sich sogleich mit heftigen Liebkosungen gegenseitig die Lust aufzupeitschen. Sie gaben sich ihrer ganzen Liebe hin. Es war ein stundenlanges Aufflammen der Gefühle durch gegenseitige Forderungen, Unterwerfungen und Erlösung beider bittender Körper, um danach zitternd vor Erschöpfung einzuschlafen.

Eleonora begleitete Samantha am letzten Tag in die Redaktion, und es war ihr sehr unangenehm, als sie dem Grafiker Helmut begegnete. Bei dem Anblick der beiden verzog er spöttisch den Mund, und da er keine Konsequenz mehr von Samantha zu befürchten hatte, ließ er auch einige beleidigende Bemerkungen fallen. Sie gingen darauf nicht ein, und Samantha schlug Eleonora vor, in einem gemütlichen Aufenthaltsraum auf sie zu warten.

Bis alles erledigt war, hatte es doch etwas länger als vorgesehen gedauert, und Samantha ging noch in den Kopierraum, da sie einige Unterlagen vervielfältigen musste. Sie war schon fast fertig, als Helmut den Raum betrat. Samantha wollte rasch das Zimmer verlassen, da sie mit ihm nicht alleine sein wollte. Er roch stark nach Alkohol und stellte sich Samantha in den Weg.

»Na, du abartige, kleine, dreckige Hure!« Er gab ihr keine Möglichkeit auszuweichen. »Früher einmal hat man solche Frauen wie dich und deine Freundin umgebracht, da ihr wertloses Stück Dreck seid. Doch heute lässt man euresgleichen herumlaufen!«

Samantha gab keine Antwort. Sie wollte ihn nicht provozieren. Verzweifelt versuchte sie, ihm auszuweichen, aber sie hatte keine Chance.

Mit lauter Stimmer schrie er: »Frauen werden geboren, um den Männern zu dienen. Selbst in der Bibel kann man lesen, dass sie als Gespielin für den Mann geschaffen wurden - von ihm entnommen und nicht eigens geschaffen! Eine Frau hat keine Rechte, nur Pflichten dem Mann gegenüber, und das wirst auch du, du dreckige, kleine Lesbe, jetzt kapieren.«

Er wurde immer aggressiver, und Samantha versuchte, ihn zur Seite zu stoßen. Seine Drohung machte ihr Angst. Sie spürte, dass sie in Gefahr war. Doch die Wut, dass ihn die hübsche, junge Frau immer abgewiesen hatte, machte ihm immer rasender. Er packte sie bei der Hand und presste sie mit aller Gewalt gegen den Kopierer. Sie hatte gegen seine Kraft keine Chance und rief laut um Hilfe. Er riss ihr den Rock hoch und drückte sich brutal auf sie.

»Jetzt wirst du merken, was du bist!« Mit grässlichem Grinsen beugte er sich mit seiner Alkoholfahne über sie. Er begann seine Hose zu öffnen.

Verzweifelt versuchte sie, sich zu wehren. Er lachte laut und bedrohlich, sah sich schon bald an seinem Ziel. Samantha bekam fast keine Luft mehr, so sehr stemmte er sich mit voller Kraft auf sie. Panisch erkannte sie, dass nirgendwo Hilfe kam, und plötzlich erblickte sie neben sich einen großen Brieföffner. Blitzschnell ergriff sie den Öffner und bevor er in sie eindringen konnte, stach ihn Samantha mit allerletzter Kraft in Helmuts linken Oberschenkel. Mit einem Schrei ließ er sofort von ihr ab, ohne sein Ziel erreicht zu haben. Mit Schmerzen sah er entsetzt auf seine tiefe, blutende Wunde. Samantha ließ den Brieföffner fallen und rannte zur Tür.

Er war aber schneller, nahm den Brieföffner, verfolgte sie zur Tür und bevor sie den Gang erreichen konnte, stach er blind vor Wut immer wieder auf sie ein. Sie konnte sich nicht mehr auf den Füssen halten und brach blutüberströmt noch bei vollem Bewusstsein zusammen.

In dessen war Eleonora schon auf den Weg zu ihr, da sie sehen wollte, wie lange die Freundin noch brauchen würde und kam nun auf den Gang, wo schon zwei andere Kollegen zum Kopierzimmer eilten, da diese die Schreie gehört hatten. Als sie bei der Türe ankamen, sahen sie gerade noch wie Samantha schwer verletzt zusammenbrach und Helmut den Raum blitzartig verlassen wollte. Die entsetzten Männer hielten ihn fest und verständigten den Notruf, während Eleonora mit einem Schrei zu Samantha eilte und verzweifelt versuchte, das Blut zu stillen. Es waren so viele, tiefe Wunden und ihre geliebte Freundin wurde von Minute zu Minute schwächer.

»Bleib bitte bei mir!«, schrie Eleonora und versuchte, Samantha bei Bewusstsein zu halten. Sie hielt sie verzweifelt in ihren Armen bis endlich die Sanitäter kamen und nur mit sanfter Gewalt gelang es dem Notarzt, die

Verzweifelte von Samantha zu lösen. Mit Sirenengeheul ging es in die nächstgelegene Klinik, wo man sie sofort in den Operationssaal brachte, um dort stundenlang ihre Wunden notdürftig zu verschließen, denn es waren zu viele innere Verletzungen, und man gab ihr von Anfang an keine Chance. Eleonora blieb die ganze Zeit vor dem OP-Raum und konnte einfach nicht begreifen, was eben geschah.

Nach Stunden brachte man Samantha in die Intensivstation, aber man wollte Eleonora keine Auskunft geben, sie auch nicht zu ihr lassen, da sie keine Verwandte war. Zoey, die Fotografin und ehemalige Kollegin, konnte es nur durch ihre Beziehungen ermöglichen, dass Eleonora zu ihrer Freundin in das Zimmer durfte.

Es war schrecklich. Samantha war von der Narkose noch nicht aufgewacht. Sie war an unzählige Apparaten angeschlossen. Ihr hübsches Gesicht war bleich, und ihre Lippen hatten einen leichten bläulichen Ton. Weinend saß Eleonora am Bett der Geliebten und bat sie ununterbrochen, sie nicht alleine zu lassen und endlich aufzuwachen. Nach Stunden öffnete Samantha mühsam ihre Augen und versuchte ein Lächeln, als sie in Eleonoras Gesicht sah. Ganz sanft strich ihr die Freundin über ihre Hand und mit unzähligen zarten Küssen bedeckte sie das Gesicht, um ihr immer wieder zu sagen, wie sehr sie sie liebte und dass sie es schaffen würde.

Ganz leise versuchte Samantha zu sprechen. Man sah, welche Mühe es ihr bereitete. Als die Mediziner sahen, dass sie aufgewacht war, holte man den Officer, der schon vor der Türe wartete, damit man sie zur Tat befragen konnte. Da sie so schwach war, versuchte man die Befragung kurz zu halten. Langsam, immer innehaltend und nach Luft ringend, erzählte sie den Vorgang.

Als sie wieder alleine waren, streichelte Eleonora Samantha immer wieder zärtlich. Sie wurde immer schwächer, konnte kaum mehr sprechen, aber mit ihrer letzten Kraft nahm sie Eleonoras Hand. »Entschuldige, dass ich dir nun dieses Leid zufüge« Sie rang mit der Luft, aber es gelang ihr weiterzusprechen. »Ich muss dich nun alleine lassen. Niemals wollte ich mich von dir trennen, aber es ist nun anders gekommen.«

»Bitte nicht, lass mich bitte nicht allein!« Laut weinend umarmte Eleonora die Sterbende. »Du wirst es schaffen, wir werden wieder nach Hause fliegen, und alles wird wieder gut!« Samantha hob langsam ihren Arm und streichelte sanft über Eleonoras Wange.

»Mein Darling, ich werde dich immer lieben ...«, sie musste kurz unterbrechen, da sie kaum mehr Luft bekam, »... selbst über meinen Tod hinaus.«

Verzweifelt nahm Eleonora Samanthas kraftlose Hand und küsste diese. »Ich werde es nicht zulassen, dass du von mir gehst. Du wirst gesund.«

Zärtlich sah Samantha auf die Verzweifelte. »Der Tod kann uns nicht trennen. Ich werde immer bei dir sein ...«, ihre Stimme wurde leiser und erforderte weitere Unterbrechungen. Man sah ihr die große Anstrengung an, »... denn du bist meine geliebte Frau.« Die letzten Worte kamen langsam, aber klar und fest.

Eleonora spürte wie Samanthas Hand losließ, und die geliebte Freundin verlor ihr Bewusstsein. Nur wenige Augenblicke später, starb sie in den Armen der laut weinenden Eleonora.

KAPITEL 32 - MARGA STARTET DURCH

Die Ausbildung wurde von Marga erfolgreich abgeschlossen. Nun konnte sie auch ihre Hilfe in Beratungen anbieten. Sie begann mit den Kreativkursen für Frauen mit seelischen Erkrankungen. Margas Eltern waren jedoch besorgt, dass Estelle mit diesen kranken Menschen im Haus Kontakt bekam. Es war aber problemlos, da Estelle sich während des Kurses immer im oberen Stock des Hauses aufhielt und so nie mit den Kursteilnehmern in Kontakt kam. Waltraud und Bernadette vermittelten Marga die ersten Klientinnen zur Beratung. Sie richtete sich dafür eigens einen kleinen Raum ein, und mit viel Feingefühl nahm sie sich der Hilfesuchenden an.

Am Anfang gelang es ihr nicht, die Sitzungen in der richtigen Zeitspanne anzubieten, da sie sich über zwei Stunden für jede Klientin und jeden Klienten Zeit nahm. Mit der Zeit lernte sie rechtzeitig die Beratungen zu beenden, und konnte die empfohlene Stunde einhalten. Oft kamen auch Menschen die mit Trennungen oder Schicksalsschlägen nicht zurecht kamen, aber es kamen auch Klienten, die Fragen zu esoterischen Themen hatten. Nur die Rückführungen nahm noch niemand an. Marga fand es schade, da sie aber auch so genug eingespannt war, akzeptierte sie, dass es dafür wohl noch nicht der richtige Zeitpunkt war. In Deutschland und England hatte sie durch ihre dortige Ausbildung eine große Nachfrage dafür gesehen, aber Österreich war anscheinend noch nicht offen genug.

In Estelles Schule nahm man Margas neue Betätigung nicht positiv an, und des Öfteren musste sie so manche sinnlose Diskussionen mit streng katholischen Müttern über sich ergehen lassen. Ihre Tochter war nun im Gymnasium der katholischen Privatschule und fühlte sich wohl in der ihr vertrauten Schule. Nur mit der Glaubensübermittlung gab es immer wieder Probleme, da Estelle durch Margas Erziehung keinen strafenden Gott kannte.

Zur ersten Krise kam es, als sie das Jahr darauf zur Firmungsvorbereitung ging. Estelle sah keinen Sinn im Firmunterricht und wollte sich auch nicht durch soziale Betätigungen ihre notwendigen Punkte sammeln.

Sie hatte Angst mit denen für sie unvorhersehbaren Reaktionen bei Menschen mit Einschränkungen, wollte sich aber auch nicht von alten, fremden Menschen in einem Altersheim umarmen lassen. In einem Tierheim konnte sie ebenfalls nicht aushelfen, da sie Tierhaarallergien hatte. Sie wollte lieber etwas Gutes in ihrem Umfeld tun und nicht in einer öffentlichen Institution. Man legte ihr nahe, sich über die Ferien zu besinnen und den Firmunterricht im nächsten Jahr fortzusetzen. Die Firmung selbst war aber auf jeden Fall erforderlich. Mit großem Widerwillen fügte sie sich schließlich, und bis zur vierten Klasse gab es keine größeren Probleme.

Am Ende der Unterstufe war eine Woche Klassenfahrt geplant. Man entschied sich zu dem Wahlfahrtsort nach Altötting zu fahren. Dort angekommen wurden die Mädchen in Vierzimmern untergebracht, und sie hatten für die ganze Woche ein volles Programm. Estelle war mit ihren besten Freundinnen im Zimmer. Oft kicherten sie ausgelassen bis in die Nacht hinein. Am vierten Abend beschlossen zwei Mädchen nach dem abendlichen Kontrollbesuch einer weltlichen Schwester in das Nebenzimmer zu einem Mitternachtstreffen zu gehen. Estelle und ihre beste Freundin blieben allein zurück und fanden es aufregend, sich durch die Pubertät verursachte Neugierde im Küssen zu probieren. So kam es, dass sie eng einander kuschelnd und schmusend im Bett lagen. Vorsichtig begannen sie gerade, sich gegenseitig zu entdecken, als auf einmal die Tür aufgerissen und das Licht angeknipst wurde. Eine aufgebrachte Schwester riss die Mädchen mit schriller Stimme auseinander. »Um Himmels willen! Was soll das?« Heftig zog sie Estelle aus dem Bett und starrte entsetzt auf das ein wenig entblößte Mädchen. »Wie konntet ihr nur so schamlos sein und euch zu solch einer Sünde hinreißen lassen.«

Unverzüglich musste Estelle das Zimmer verlassen und wurde in das Schwesternzimmer befohlen. Dort gab man ihr keine Gelegenheit zur Erklärung, sondern verlangte von ihr sich im Gebet zu vertiefen. Am nächsten Morgen mussten die beiden Mädchen weit voneinander, alleine frühstücken. Die Schulkolleginnen hatten natürlich schon längst von dem nächtlichen Vorfall erfahren, und es gab nicht wenige die kichernd die Situation beobachteten, während andere die Erzählungen ausschmückten. Alles war fürchterlich beschämend für die beiden Mädchen, die sich lediglich unschuldig genähert hatten.

Marga musste nach einem eisigen Telefonat ihre völlig geknickte Tochter frühzeitig abholen. Man würde solch ein Verhalten nicht länger dulden, wäre die letzten Jahre mehr als entgegenkommend gewesen und sehe sich jetzt nicht mehr länger in der Lage, das Privatleben der Mutter und die darauffolgenden Handlungen der Tochter zu akzeptieren. Man sei eine katholische Schule, müsse auch dementsprechende Werte den Kindern vermitteln und dies auch von den Erziehungsberechtigten erwarten. So waren die harten Worte der Direktion. Also kam es, dass Estelle ab Herbst in eine Oberstufe eines öffentlichen Gymnasiums ging.

Zu Haus ging Estelle ihrer Mutter aus dem Wege, da ihr alles entsetzlich peinlich war. Waltraud fand, dass es endlich Zeit war, dass Marga ihrer Tochter ehrlich begegnen sollte und sich zu ihrer sexuellen Orientierung bekennen musste. Es fiel Marga schwer, ihrer Tochter die Wahrheit zu sagen. Die ganzen Jahre glaubte Estelle, dass ihre Mutter noch den richtigen Mann suchen würde, da sie vorher mit Männern zusammen war. So kam es an einem ruhigen Abend, dass Marga ihrer Tochter erzählte, dass sie schon seit Jahren mit Frauen Beziehungen hatte und eine heterosexuelle Beziehung für sie nicht mehr in Frage käme. Estelle hatte es bei Waltraud und Bernadette immer als völlig normal gesehen, doch bei der eigenen Mutter war es für sie anders.

»Ich kann es nicht glauben. Du bist lesbisch? Das glaube ich nicht, das kann doch nicht sein. Du hattest doch Beziehungen zu Männern und bist auch schwanger mit mir gewesen.« Estelle war außer sich.

»Mein Weg war nicht so geradlinig. Ich habe es erst mit den Jahren bemerkt und mir dann eingestanden. Es ist nicht immer von Anfang an für alle klar.« Marga versuchte einen sachlichen Ton.

Die Worte erreichten bei Estelle aber nicht den gewünschten Erfolg. »Ich schäme mich für dich! Du bist ja richtig pervers, hast mit Männer und Frauen geschlafen. Das ist ja ekelhaft!« Estelle schrie ihre Mutter an. Sie war außer sich.

Marga versuchte, ruhig zu bleiben. Sie verstand die Aufregung ihrer Tochter und spürte, dass sie im Moment ihre Tochter nicht erreichen konnte.

»Niemals werde ich so wie du. Ich bin nicht lesbisch. Ich habe nur mit Julia herumgealbert. Ich möchte später einen Mann und eine normale Familie!«

Diese Worte verletzen Marga, aber sie erkannte, dass kein sinnvolles Gespräch mehr möglich war. Daher bat sie Estelle, dass sie sich alle Möglichkeiten offen halten sollte, da jede sexuelle Orientierung in Ordnung sei. »Du musst so leben, wie es sich für dich richtig anfühlt.« Sie sah, wie ihre Tochter mit sich kämpfte, konnte auch erkennen, dass sie noch nicht so weit war. Estelle war noch in ihrer Entwicklung. Sie musste erst herausfinden, wie sie empfand und dann, falls es erforderlich war, lernen dazu zu stehen.

Seit dieser Unterhaltung ging Marga mit Ulrike in der Gegenwart ihrer Tochter ganz offen um. Mit einer Selbstverständlichkeit küssten oder umarmten sie sich vor ihr, um dem Ganzen eine Natürlichkeit zu geben. Sie bekannte sich nun auch in der Öffentlichkeit zu ihrer Freundin und fand, dass es jetzt an der Zeit war, sich nach all den Jahren endlich zu outen. Es war schön mit Ulrike Hand in Hand zum Samstagsmarkt zu gehen und sich spontan zu küssen. Sie genoss es, auf einer Parkbank zu sitzen und den Kopf auf die Schulter ihrer Freundin zu legen, auch wenn die Reaktionen der anderen nicht immer nur positiv waren. Es war nun auch in der körperlichen Liebe noch lustvoller für sie. Sie fühlte sich nun befreit und bereit für ihr Leben. Sie sah keinen Grund, sich ihrer Gefühle zu schämen oder sich zu verstecken, da sie nichts Unrechtes tat.

Einige von ihren Klienten blieben nun allerdings aus. Sie wollten nicht eine Lesbe als Lebensberaterin. Andere kamen aber genau deshalb, weil sie endlich mit jemanden darüber reden konnten. Bei ihren Ausstellungen und Malkursen hatte sie kaum Schwierigkeiten. Anscheinend tolerierte man ihr Leben als Künstlerin eher.

KAPITEL 33 - ELEONORAS SCHMERZ

Der Schmerz war viel zu groß. Wie durch einen Schleier nahm Eleonora alles wahr. Nicht mehr zu einer Handlung fähig, wurde von ihr Samanthas Mutter verständigt, die sofort mit Suzan kam, um alles Notwendige zu veranlassen. Es gelang nur mit viel Mühe, sie endlich von der Verstorbenen Geliebten wegzureißen, die nun für polizeiliche Ermittlungen untersucht und erst nach Tagen zum Rücktransport nach England freigegeben wurde. Nur mit Medikamenten gelang es, Eleonora ruhigzustellen, sodass ein Rückflug überhaupt erst möglich wurde. Die Beerdigung war ein unerträglicher Schmerz, und die darauffolgenden Wochen waren für Eleonora eine unendliche Qual. Es war für sie unvorstellbar, nie mehr die geliebte Freundin zu sehen, ihre Stimme nicht mehr hören zu können, ihren Duft nicht wahrzunehmen und ihre Berührungen nicht spüren zu dürfen. Alles ließ sie von Samantha so liegen, wie es vor ihrem Abflug zurückgelassen wurde. Manchmal nahm sie einen Pullover von Samantha, um noch den Duft von ihr wahrzunehmen. Sie legte sich auf ihr Kissen und weigerte sich, die noch zum Schluss verwendete Bettwäsche zu wechseln. Wenn Eleonora durchs das Haus ging, war es ihr, als ob sie neben ihrer Geliebten gehen würde. Sie glaubte in den durchwachten Nächten, ihren Atem zu hören. Doch dann wurde ihr immer schmerzhaft bewusst, dass sie allein war – ohne die geliebte Samantha. Sie wollte zu ihr, bei ihr sein, wo immer das war - glaubte nicht an ein Leben ohne sie. Man ließ sie daher nie aus den Augen. Sie bekam auf Anraten der Psychologin starke Medikamente, da sie ansonsten Selbstmord gefährdet war.

Die Medikamente verursachten eine große Müdigkeit bei ihr. und die meiste Zeit des Tages verbrachte sie in einen Dämmerzustand, schwach und unfähig sich auch nur um den eigenen geregelten Tagesablauf zu kümmern. Alles nahm sie wie unter einem Schleier wahr, und manchmal konnte sie die besorgten Stimmen der anderen nur verzerrt und verlangsamt wahrnehmen. Doch wenn die Wirkung der Antidepressiva nachließ, war ihr der Schmerz nach ihrer Geliebten unerträglich. Als ob eine eiserne Hand ihre Kehle zuschnüren würde. Sie hatte das Gefühl ihre Lunge würde immer kleiner, und der ganze Brustkorb schmerzte. Ihre Füße waren kraftlos, und die Waden zogen wie nach einem Marathonlauf. Ihr Mund war trocken, nicht auch zuletzt wegen ihrer Verweigerung, Nahrung aufzunehmen. Sie hatte für die nächsten Monate kein Zeitgefühl mehr, bemerkte keinen Unterschied zwischen Tag und Nacht, und durch ihr andauerndes Frösteln konnte sie auch keine Wetterveränderungen wahrnehmen.

Die USA hatte dem Auslieferungsantrag von Deutschland zugestimmt, da sowohl Opfer als auch Täter Europäer waren. Nach fast einem Jahr kam es dann zur Gerichtsverhandlung in München, der Herkunftsstadt Helmuts. Sie waren alle hingefahren. Eleonora war als Zeugin geladen sowie weitere ehemalige Kollegen von Samantha. Kein Gericht der Welt konnte ihr die Freundin zurückgeben und alles Ungeschehen machen, daher sah Eleonora keinen Sinn in der Verhandlung. Die Mutter von Samantha wollte eine lebenslange Strafe für den Mörder, da es das letzte war, dass für ihre Tochter getan werden konnte.
Man befragte Eleonora genau zu ihren Beobachtungen, und auch die beiden Kollegen, die mit ihr zu gleicher Zeit an den Tatort kamen und den Täter festgehalten hatte, wurden in den Zeugenstand gerufen. Sie wurde jedoch vom Verteidiger des Angeklagten zu ihrer Beziehung zu Samantha befragt. Stockend erzählte sie vom schon jahrelangen gemeinsamen Leben - von ihrer Liebe zu einander. Sie bemerkte nicht die reservierten Blicke des Richters und des Verteidigers - überhörte die Unruhe der Aufgebrachten im Saale. Konnte nicht einmal die beleidigenden Zwischenrufe von ein paar Angehörigen Helmuts wahrnehmen. Ganz betäubt vom Schmerz der Erinnerung ging sie nach der Befragung zu ihrem Platz, wo Suzan ihre Hand hielt. Die ehemaligen Kollegen erzählten von den Hilferufen und von den beobachteten Belästigungen, welchen Samantha immer ausgesetzt war. Der Rechtsanwalt von Samanthas Familie legte das Gesprächsprotokoll vom Krankenhaus vor, wo Samantha noch kurz vor ihrem Tod über die Tat berichtete und Helmut der versuchten Vergewaltigung beschuldigte. Sie habe damals betont, dass sie sich nur verteidigen wollte, er dann aber blind vor Wut auf sie einstach.
Dann kam Helmut zur Befragung. Er sagte, dass er von den beiden immer verspottet und beleidigt worden wäre. »Die beiden Frauen waren

Männerhasser und wollten mich immer fertigmachen.« Seine Stimme nahm nun einen verzweifelten, schwachen Ton an. » Sie hatte eine leitende Position, und ich hatte nie eine wirkliche Chance, mich zu wehren. An diesem Tag hatte ich große private Probleme, und schon am Vortag hatte ich zu viel getrunken, war müde und ausgelaugt. Als ich in den Kopierraum kam, hatte mir Samantha Interesse signalisiert und mich mit ihrer eindeutigen Haltung aufgefordert, mich ihr zu nähern.«

Im Saal entstand nach diesen Worten Unruhe, und Samanthas Mutter rief ihm zu, ein dreckiger Lügner zu sein. Die Beamten forderten alle dazu auf, sich still zu verhalten, da sie ansonsten den Saal räumen würden, und den Angeklagten forderte man auf fortzufahren.

Er versuchte, seiner Stimmer Unsicherheit zu geben und setzte die Schilderung fort. »Zuerst hatte ich kein wirkliches Interesse. Aber durch den Alkohol ließ ich mich von ihr verführen und nahm dann doch ihr Angebot an. Es ging so richtig hoch her, und gerade, als ich mit ihr zur Sache kommen wollte, schrie sie um Hilfe und rammte mir den Brieföffner in den Oberschenkel.« Seine Stimme war nun aufgeregt, und er griff sich demonstrativ an seinen Fuß. »Sie wurde richtig wild, und ich bekam Panik. Hatte Angst, dass sie mich abstechen wollte. Es gelang mir ihr das Messer zu entreißen und dann stach ich voller Angst zu. Es war entsetzlich, und ich wollte doch nur mein Leben schützen.« Er begann nun zu weinen und konnte nicht mehr weitersprechen. Immer wieder betonte er dann, dass nur er das Opfer war.

Anschließend sprach der Verteidiger vom bisher unbescholtenen Leben seines Klienten, dessen tadellosen Ruf und seinen beruflichem Erfolg. Er legte auch ein Gutachten über den damaligen Promillegehalt des Täters vor. Nachdem alle Beweise vorgelegt wurden und alle Zeugen befragt waren, zogen sich die Geschworenen zum Urteil zurück.

Es war ganz still im Saal, als der Richter sein Urteil verkündigte. »Es gibt keinen Zeugen für den wahrheitsgemäßen Tatbestand. Man hatte zwar noch die Verstorbene kurz zum Tathergang befragen können, doch es gibt keinen direkten Zeugen, dadurch steht Aussage gegen Aussage. Man kann aufgrund des damaligen hohen Promillewertes im Blut des Angeklagten nicht von einer völligen Zurechnungsfähigkeit sprechen. Außerdem war der Angeklagte provoziert und gedemütigt worden und hat im Anschluss im Affekt gehandelt. Der Angeklagte wird daher zu einer Freiheitsstrafe verurteilt, wobei er durch die Untersuchungshaft nunmehr die Reststrafe von 6 Monaten antreten muss.«

Es war für die Familie unfassbar. Eleonora war über das Urteil und die Aussage des Mörders nicht überrascht. Sie war in der Zeit mit Samantha auf so viel Hass und Unverständnis getroffen, dass es für sie eine Bestätigung für die Intoleranz der Zeit war. Die Gesellschaft wollte nicht die

Liebe zwischen zwei Frauen tolerieren. Man sah es nur als etwas Unnormales und Schmutziges an. Man wollte ihnen keine Liebe zugestehen. Frauen gehörten den Männern und wenn nicht, werden sie gebrochen oder wie bei Samantha getötet. Frauen haben kein Recht in einer anerkannten und mit Rechten ausgestatteten Beziehung zu leben. Die Gesellschaft bestimmt, wen man lieben und heiraten darf. Die Frau war zum Gebären bestimmt und nicht für die Lust.

Ja, Eleonora kannte nur zu gut ihren Stellenwert und ihre Möglichkeiten. Auf einmal empfand sie eine noch nie gekannte Wut. Nein, Samantha, ihre große Liebe, sollte nicht umsonst gestorben sein. Nun wollte sie kämpfen. Kämpfen um die Rechte der Frauen, um das Recht zu lieben. Das war sie Samantha schuldig.

KAPITEL 34 - ANFEINDUNGEN GEGENÜBER MARGA

Margas Eltern versuchten, sich mit der Tatsache abzufinden, dass ihre Tochter sich nun öffentlich zur ihrer Sexualität bekannte. Es war für sie ein Trost, dass ihre anderen Kinder nicht diese Thematik verstrickt waren. Die Geschwister reagierten allerdings unterschiedlich. Da man aber kaum miteinander Kontakt hatte, war es für Margas Leben wenig von Bedeutung.

Die Schwester konnte es sich nicht vorstellen, wie es wäre mit einer Frau zusammen zu sein und fand es sehr befremdend und unangenehm. Sie hielt es aber nur für eine Phase, glaubte dass ihre Schwester alle nur provozieren wollte und war nicht bereit näher darauf einzugehen. Roswitha war Mutter von zwei erwachsenen Töchtern, die alle beide in festen, heterosexuellen Beziehungen waren. Sie fanden es als unnatürlich und schämten sich. Nicht genug, dass Marga eine Künstlerin war und sich mit Esoterik befasste, nun musste sie auch noch die Familie bloßstellen. Vor ihren Freunden vermied sie daher jedes Gespräch über Marga und scheuten jeden Kontakt mit ihr.

Ihren jüngeren Bruder Thomas war es eher gleichgültig. Er fand, dass man daraus nicht so eine große Sache machen müsse, war aber zugleich auch der Meinung, sie bräuchte es nicht jedem mitzuteilen und könne auch in der Öffentlichkeit auf den Austausch von Zärtlichkeiten verzichten. Er würde auch niemandem von seinen eigenen Affären berichten. So solle auch sie es am besten halten und ohne Wissen der anderen ihrem Tun nachkommen.

Franz der Ältere konnte in gleichgeschlechtlichen Partnerschaften nichts Normales sehen und war der Meinung, dass Marga durch ihre Künstlerszene abgerutscht sei und wahrscheinlich früher Drogen genommen hatte. Nur so konnte er sich ihrer Verwirrtheit erklären. Er konnte dies auf keinen Fall billigen und hatte unter diesen Bedingungen keine Lust, weiteren Kontakt zu pflegen. Außerdem hatte er sich seit einiger Zeit einer Bewegung angeschlossen, besuchte dort viele teure Seminare und hatte nun selbst sein erst vor ein paar Jahren aufgenommenes Studium der Psychologie abgeschlossen. Er hatte sich mit seiner Frau den Scientologen angeschlossen, und obwohl er nicht offiziell dazu stand, wusste es sein ganzes Umfeld.

Margas Eltern und auch die Geschwister hatten zu wenig Ahnung, welche Ideologien diese Gemeinschaft vertrat. Sie wollten nicht wahrhaben, wie kalt und unnahbar der Bruder wurde und dass er sich nunmehr ausschließlich für materielle Werte interessierte. Dass seine Nichte in einem homosexuellen Umfeld aufwuchs, empfand er als bedenklich und schlug sogar ein Internat als Alternative vor, da er seine Schwester nicht mehr in der Lage sah, Estelle die richtigen Werte zu vermitteln.

Marga hörte nicht auf diese vernichtenden Worte. Sie brauchte die Zustimmung ihrer Familie nicht. Sie wollte sich nur endlich von der Last der Lügen und Ausreden befreien und zu ihrer sexuellen Orientierung stehen.

Im künstlerischen Bereich lief es sehr gut. Es gab genug Aufträge, und auch ihre Kurse waren gut besucht. Man bat sie auch, in einer Klinik auf der psychiatrischen Abteilung als Maltherapeutin auszuhelfen. Sie versuchte es für einen Monat, aber dann lehnte sie weitere Angebote ab, da sie sich eine zukünftige Zusammenarbeit mit deren Heilmethoden und Therapien nicht vorstellen konnte. Die Idee war sicher nicht schlecht, Patienten zu ermöglichen, mit kreativer Gestaltung wieder schneller ausgeglichen zu werden. Im Prinzip hatte sie bei ihren eigenen Kursangeboten die gleichen Ideen, jedoch empfand sie es als unmenschlich, wie mit den Patienten im Klinikalltag umgegangen wurde. Die Medikamente wurden viel zu schnell und zu hoch verabreicht. Man behandelte die Patienten oft wie Menschen zweiter Klasse, hielt deren Intelligenz anscheinend grundsätzlich für nieder und sprach mit ihnen wie mit unmündigen Kindern. Bei den Kindern selbst konnte sie immer wieder unsensiblen Umgang und vorschnelles Einsetzen von Medikamenten beobachten. Sie sah, dass sie mit schweren Medikamenten, auch ohne Einwilligung der Eltern behandelt wurden. Denn wenn man die Behandlung als erforderlich betrachtete, hatten die Eltern kein Mitspracherecht. Hier konnte man erkennen, dass man mit Individualität nicht umgehen konnte. Jeder der etwas anderes war, nicht genau in die Norm passte, wurde mit der Zustimmung der Gesellschaft therapiert. Marga konnte einfach nicht zusehen und mit ihrer Mitarbeit diese Methoden unterstützen - leider konnte sie aber auch nichts an deren Vorgehensweise verändern.

So beschloss sie, in Zukunft bei ihren eigenen Kursen die Teilnehmer individuell zu unterstützen und bei den Beratungen mit Sorgfalt zu arbeiten, damit sie vielleicht einigen den Aufenthalt in einer Psychiatrie ersparen konnte. Die Beratungen wurden immer mehr angenommen, obwohl auch immer wieder Klienten kamen, die sie mit Kartenlegern oder Hellsehern verwechselten. Diese waren dann überrascht, dass es psychologische Gespräche verbunden mit esoterischem Wissen waren, was sie bekamen. Es kam jedoch auch vor, dass sie Klienten zu Ärzten oder Heilpraktikern weiterleiten musste, da Margas Arbeit ihnen nicht ausreichend helfen konnte. Sie hatte in der Ausbildung gelernt, dass man die eigenen Grenzen erkennen muss und hatte daher auch dementsprechende Kontaktpersonen für die Weitervermittlung.

Für die Theatergruppe versuchte sie, manches Mal ein Bühnenbild zu gestalten, und für die Kostüme bereitete sie manchmal Vorschläge, die dann gerne angenommen wurden. Nur bei der Ausführung konnte sie aus Zeitmangel nicht immer behilflich sein. Zum Mitspielen reichte Margas Freizeit schon lange nicht mehr, aber seit ein paar Monaten spielte Estelle im Ensemble mit. Sie kam selbst mit dem Willen und dem Vorschlag dazu, und alle waren überrascht, wie gut sie sich bewegen und ausdrücken konnte. Durch ihre ansonsten eher stille Art hatte man dieses Theatertalent bei ihr nicht vermutet. Man konnte sehen, dass es ihr Freude machte. Sie blühte richtig auf und ließ keine Probe aus. Bei ihrer ersten Premiere war sie sehr aufgeregt, allerdings erspielte sie sich die ganze Sympathie des Publikums.

Estelle konnte nun mit der Beziehungssituation der Mutter gut zurechtkommen. Sie hatte sich schon einige Tage später für ihre heftige Reaktion entschuldigt und hatte nach einigen Wochen auch wieder einen entspannten Umgang mit Ulrike - der unmittelbar nach dem Geständnis der Mutter fast unmöglich war. Ihr gegenüber gestand Estelle auch, dass sie sich nicht sicher war, ob sie nicht doch nur an Mädchen interessiert wäre. Ulrike gab ihr den Ratschlag, es einfach auf sie zukommen zu lassen, da sie eines Tages ganz genau spüren würde, was sie wirklich wolle, und dann könne sie dementsprechend ihre Partnerschaft leben.

Eines Morgens war Margas Briefkasten mit einer roten Farbe beschmiert. In großen Buchstaben war »*Dreckige Lesbe*« zu lesen. Marga war schockiert und auch Estelle sehr betroffen. Sie nahm ihre Mutter zum Trost in die Arme. Marga glaubte nicht, dass jemand von ihren Klienten es hätte sein können. Sie vermutete eher jugendliche Dummheit.

Waltraud und Bernadette hatten auch den Verdacht, dass es ein Partner einer Klientin gewesen sein könnte, der Marga die Schuld an der Weiterentwicklung und Emanzipation seiner Frau geben wollte. Marga hatte Klientinnen mit gewaltbereiten Partner, und sie war sich auch immer der Gefahr von ausrastenden Männern bewusst. Sie hatte bereits so manchen aggressiven Anruf bekommen, aber das niveaulose Anschmieren würde sie nicht in diesen Kreisen suchen.

Sie übermalte den Briefkasten, und weil sie schon dabei war, verzierte sie ihn noch zusätzlich mit einer großen Blume. Lächelnd beendete sie die Arbeit, nahm sich aber vor, die nächsten Tage ein wenig die Straße vor ihrem Haus zu beobachten. Immer wieder fiel ihr eine kleine Gruppe von Jugendlichen auf, die sich schon lange Zeit in der Nähe aufhielten.

Es war ein langer, anstrengender Tag. Viele Beratungsgespräche, kaum Zeit für die Kunst, und nun hatte sie auch noch einige notwendige Hausarbeiten erledigt. Sie war geschafft, wollte aber nicht in diesem ausgelaugtem Zustand zu Bett gehen und beschloss, den Tag mit einer großen Schale Eis und einem gemütlichen Telefongespräch mit Ulrike ausklingen zu lassen. Estelle hatte sich schon in ein Buch vertieft in ihrem Zimmer zurückgezogen. Es war schön, die Stimme der Freundin zu hören und sich über den Tagesablauf auszutauschen. Außerdem war wieder ein gemeinsamer Urlaub geplant, und sie versuchten, sich über ein Ziel zu einigen. Sie alberten anschließend noch ein wenig miteinander herum und nach fast einer Stunde wünschten sie sich entspannt, mit zärtlichen Worten eine schöne Nacht. Gut gelaunt kontrollierte sie noch die Balkontüre und wollte gerade die Jalousien schließen, als sie vor dem Haus die Gruppe der Jugendlichen entdeckte.

Schnell ging sie hinaus und überraschte sie mitten in den Vorbereitungen zum erneuten Beschmierens des Postkastens. »Was treibt ihr hier? Wie kommt ihr dazu, meinen Briefkasten zu bemalen?« Sie stellte sich ihnen mit energischem Auftreten in den Weg.

»Was willst du, Alte?« Ein hochgewachsener, schlaksiger, zirka 16-jähriger Junge baute sich vor ihr auf. »Wo ist das Problem? Es entspricht ja der Wahrheit!« Sein Auftreten wurde mit dem spöttischen Lachen der restlichen Gruppe begleitet.

Wütend sah sich Marga um. Wie entsetzt war sie, als sie bei genauerem Hinsehen erkannte, dass es sich um Klassenkameraden ihrer Tochter handelte. »Ihr wagt es mir gegenüberzutreten, obwohl ihr wisst, dass ich euch von der Schule meiner Tochter kenne? Das wird für euch noch ein Nachspiel haben.«

Die Jugendlichen ließen sich davon nicht beeindrucken und zeigten auch keine Bereitschaft zum Gehen.

»Verschwindet! Oder ich rufe augenblicklich die Polizei!« Sie forderte sie mit festem Ton auf, sofort ihr Grundstück zu verlassen und hatte kein Interesse mehr auf weitere Konfrontationen. Sie würde sich mit deren

Eltern in Verbindung setzen, da es sich hier offensichtlich um ein Erziehungsproblem handelte. Nur widerwillig traten die aggressiven Jugendlichen mit lauten Lästerungen den Rückzug an.

Schon am nächsten Morgen setzte Marga sich mit den Eltern in Verbindung. Diese gaben sich am Telefon sehr reserviert, wollten es als Jugendstreich abtun und gaben ihr das Gefühl verbittert und lästig zu sein. Marga war empört. Sie konnte nicht verstehen, dass man als Elternteil so uneinsichtig und unverschämt reagieren konnte. Als sie merkte, dass sie mit Höflichkeit nicht weiterkam, drohte sie einem Vater mit einer Anzeige, was diesen dann endlich dazu veranlasste kooperativ zu werden.

»Wir werden dafür sorgen, dass es zu keiner weiteren Sachbeschädigung mehr kommt. Aber Sie müssen zugeben, dass Sie an der ganzen Situation nicht unschuldig sind.« Mit arroganter Stimme versuchte er noch immer, die ganze Situation herunterzuspielen. »Wer in solchen Verhältnissen lebt, muss mit diesen Reaktionen rechnen.«

Marga beließ es dabei. Sie erkannte, dass es keinen Sinn machte, sich auf ein weiteres Gespräch einzulassen, da es diesen Eltern sowohl an Intelligenz als auch an Sensibilität fehlte. Sie verhielt sich dann den ganzen Vormittag ein wenig resignierend. Sie konnte nicht verstehen, wie man seinen Kindern derartige Intoleranz vorleben und solche falschen Wertvorstellungen weitergeben konnte.

Sie war enttäuscht und auch wütend über das Verhalten dieser Erziehungsberechtigten. Aber sie wusste, dass sie diese Menschen zu keiner Einsicht bewegen konnte. Wie kleinkariert doch manche waren, wie wenig Toleranz für andere Lebensformen da waren? Wie sollten denn jemals die Menschheit in Frieden leben, wenn es nicht einmal diese Einsicht gab? Marga konnte auch nicht verstehen, woher sich diese Menschen das Recht nahmen so niederträchtig über das Privatleben anderer zu bestimmen. Sie spürte große Traurigkeit in sich, und es dauerte einige Zeit bis sie diesen Vorfall verarbeiten konnte, da sie auch alles ein wenig als Bedrohung in ihr friedliches Leben empfand.

Estelle hatte schon vor dem Vorfall vereinzelt einige beleidigende Bemerkungen über ihre Mutter gehört, aber nach diesem Abend wurde sie von einigen Mitschülern richtig hart angegangen. »Bist wohl selbst so eine wie deine Mutter!« Spöttisch machten sich einige immer wieder darüber lustig. Viele wollten auf einmal keinen Kontakt mehr mit Estelle. Für Estelle war es sehr verletzend, aber sie versuchte sich durch das Spielen am Theater abzulenken und schloss von da an außerhalb ihrer Klasse Freundschaften. Verliebt wie andere ihres Alters war sie nie. Sie hatte Freude am Theater und las liebendgerne stundenlang Bücher.

KAPITEL 35 · WIEDER IN LONDON

Der Wind spielte mit ihren Haaren. Die Wolken standen tief und waren bereit sich von ihrer Last zu befreien. Eleonora beobachtete die schwer treibenden Wolken und nahm einen tiefen Atemzug. Es tat ihr gut, hier draußen allein vor der Tür zu stehen, der lärmenden Runde ein wenig fern zu sein und in Gedanken zu schweifen. Die Stille war ihr heute angenehm. Sie fühlte sich im kühlen Abendwind geborgen. Sie war nicht traurig und auch nicht fröhlich, aber sie konnte sich spüren - mit ihrem Atem spielen, ohne sich zu verlieren. Sie liebte diese etwas raue Landschaft und den weiten Ausblick. Liebte es wenn die Wellen mit Kraft den Felsen berührten und mit lautem Getöse zerbarsten. Es war ihr auch immer ein angenehmer Ausgleich, wenn sie erschöpft von den beruflichen Anforderungen der Woche aus London hierher kam.

Es fiel ihr damals nicht leicht, in die Stadt zu gehen, den gemeinsamen Wohnbereich und das Hotel zu verlassen und ganz alleine ein neues Leben zu beginnen. Aber der Schmerz war so unerträglich. Nichts konnte sie verändern, beließ alles so, als ob die Geliebte doch noch kommen würde. Sie versprühte immer Samanthas Parfum und sog den Duft von Vanille und Rosen ein, zog deren Pullover an und wollte sie dadurch spüren, mit ihr vereint sein. Stundenlang, manchmal auch tagelang fühlte sie sich müde, zum Aufstehen zu schwach. Dann lag sie im Bett, starr zum Fenster hinaussehend. Sie konnte nichts wahrnehmen, auf nichts reagieren oder handeln. Man zwang sie zum Essen. Sie verspürte keinen Hunger. Ihr Körper fühlte sich leer und kraftlos an, und sie verweigerte oft tagelang, die ihr liebevoll bereiteten Speisen. Nichts und niemand konnte sie erreichen und aus ihrer bleiernen Traurigkeit befreien. Sie war nicht bereit, ihren Schmerz mit anderen zu teilen, wollte nicht gemeinsam trauern.

Erst nach Monaten begannen die Worte der Großmutter sie zu erreichen. Sie ging mit ihr täglich ein paar Schritte hinaus, unsicher und kraftlos auf den Füßen, nicht stärker als die alte Dame neben ihr. Begann um sich herum mehr wahrzunehmen und weinte - immer wieder und wieder, da sie sonst den Schmerz in der Brust nicht aushalten konnte. Sie konnte dann auch mit der Familie zur Verhandlung fahren, wo sie noch einmal alles durchleben musste und das Unfassbare nicht begreifen konnte. Das Urteil war für die ganze Familie unglaublich, aber nur ein paar unsensible Zeilen in einer großen deutschen Tageszeitung waren die Anteilnahme vom Herkunftsland des Mörders. Wie Hohn kam es ihr vor - die Welt so schlecht und kalt.

Daheim begann sie zu kämpfen. Jeden Tag holte sie sich ein Stückchen Leben zurück, versuchte, es für Samantha, begann Kraft zu entwickeln und bekam immer mehr Mut. Doch sie konnte so schwer mit den Erinnerungen leben und beschloss daher ein Angebot für eine Assistenzstelle auf einem College in London anzunehmen, dass ihr von Suzan vermittelt wurde.

Sie hatte die Stadt immer so sehr geliebt, doch nun fühlte sie sich in ihr verloren. Gut war es, dass man ihr im College eine Wohnmöglichkeit gab. So musste sie nicht irgendwo alleine im Großstadtgewirr bleiben. Anfangs schmerzte ihr die Betriebsamkeit der Studenten, deren Lachen und Fröhlichkeit. Doch dann waren ihr diese Geräusche angenehm und lenkten sie immer mehr von ihrem Kummer ab. Sie musste auch selbst zwei Kurse abhalten und hatte zu Beginn große Bedenken, dass sie dieser Anforderung gerecht werden kann. Aber die Studenten waren interessiert an der englischen Literatur, und oft kamen auch viel interessante Diskussionen um die Interpretationen zu Stande. Sie ging immer mehr mit Freude zum Unterrichten und bereitete sich gewissenhaft auf die Stunden vor, benutzte stundenlang die Bibliothek, vertieft in ein Werk, um sich dann mit ihren Studenten darüber auszutauschen.

Oft setzte sie sich auch in den Park des Colleges unter ihrem Lieblingsbaum. Einer alten ausladenden Weide. Sie hörte dann den Vögeln zu und beobachtete die Schmetterlinge, wie sie mit einer Eleganz von Blüte zu Blüte flatterten. Manchmal beneidete sie deren Leichtigkeit und wurde sich dann wieder ihrer Schwere bewusst. Meist wurde sie aber, sobald sie gesichtet wurde, von ihren Studenten in Gespräche über Literatur verwickelt.

Sie musste aber auch selbst Kurse besuchen, da sie diese für ihren Master brauchte. Für ihre Arbeit hatte sie sich ›Virginia Woolf‹ und die Thematik rund um diese Schriftstellerin gewählt. Nächtelang schrieb sie an ihrer Arbeit. Oft fing sie von vorne an, da sie nicht zufrieden war, aber so war sie beschäftigt und konnte nicht im Leid versinken. Außerhalb des Colleges wollte sie weder mit den Studenten noch mit Kollegen etwas unternehmen. Nicht einmal zu einem Kinobesuch konnte man sie überreden. Sie wusste, dass sie sich dann alleine und einsam fühlen würde, zu stark waren noch die Erinnerungen an die vielen gemeinsamen Kinobesuche, die sie bei zärtlichem Händehalten mit ihrer Samantha so genossen hatte. Sie ließ niemanden an sich ran, sah nicht die interessierten Blicke mancher Männer, spürte kein Verlangen nach einer neuen Nähe.

Ihre Arbeit wurde sehr gut angenommen, und sie bekam ihren Master. Die letzten Jahre hatten sie nun stärker gemacht, und manchmal sah man sie auch schon wieder lachen. Die Leitung des Colleges hatte Interesse, sie weiter in der Unterrichtstätigkeit zu sehen und bot ihr einen Vertrag an, den sie dankbar annahm, da es ihr schwer gefallen wäre, diesen für sie nun vertrauten Bereich zu verlassen. Die Familie verstand und unterstützte sie in ihrem Vorhaben. Sie behielt die kleine Wohnung im Hotel und versuchte, so oft es ihr möglich war, dort ein Wochenende zu verbringen.

Die Tür ging auf und riss Eleonora aus ihren Erinnerungen. Lustige Stimmung drang zu ihr nach draußen. Es war Suzan, und sie legte den Arm um ihre Freundin. Sie verstand auch ohne Worte den Rückzug von Eleonora und zog sie sanft in das Innere des Hauses.

»Willst du lieber alleine sein?«, fragte sie mit leiser Stimme, damit es nicht alle hörten, denn sie wollte ihr die Möglichkeit des Zurückziehens geben.

»Nein, dass war ich in den letzten Jahren genug.« Eleonora lächelte und schüttelte den Kopf.

Gemeinsam gingen sie in das festlich geschmückte Zimmer, wo schon alle auf sie warteten. Auf dem Tisch stand eine riesige Torte mit 33 Kerzen, die schon fröhlich flackernd und auf das eintretende Geburtstagskindes warteten.

»Los, Eleonora, ausblasen! Wünsch dir was!«

Die lustige Runde feuerte sie an. Sie schaute sich dankbar in der fröhlichen Gesellschaft um und blies mit Hilfe der anderen ihre Kerzen aus.

KAPITEL 36 - ERSTE BEGEGNUNG

Marga und Estelle kamen müde, aber mit neuen Eindrücken und Erlebnissen vom gemeinsamen Urlaub mit Ulrike zurück. Sie hatten vier Wochen Frankreich bereist, genossen den Atlantischen Ozean, fuhren durch verschiedene Landschaften, sahen sich kleine und große Städte an und fuhren mit einem Schiff zum ältesten europäischen Leuchtturm. Marga war begeistert. Sie liebte Schiffe und Leuchttürme und wäre am liebsten tagelang auf dem Meer, die Weite genießend, den Wind fühlend und die Möwen beobachtend. Estelle konnte daran weniger Gefallen finden, da sie es hasste sich im Meer schaukelnd und den Untergang bedrohend einer Schifffahrt auszuliefern. An der so viel gepriesenen französischen Küche konnten sie keinen Gefallen finden und vermieden nach der ersten enthusiastischen Kostprobe alle Pasteten, die sie ein wenig an Hundefutter erinnerten.

Sie verbrachten auch ein paar Tage in Paris, waren sich aber einig, dass man den Eifelturm auch von unten genug würdigen würde. Die Aussicht von oben konnte auf Grund der nicht vorhandenen Schwindelfreiheit nicht genossen werden. Marga war begeistert vom Künstlerviertel, und sie musste sich beherrschen, nicht zu viel von dem angebotenen Künstlerbedarf zu kaufen. Aber ein paar Holzkästchen mit Öl- und Acrylfarben, kostbare Pinselsets sowie auch einige Zeichenblöcke und Bücher musste sie erwerben.

Estelle hatte schon Unmengen von Karten, Kugelschreiber und Schlüsselanhänger, da sie sich von jedem von ihnen befahrenen Ort als Andenken eines besorgt hatte. Natürlich brauchten auch alle beide einige T-Shirts, die auch daheim an die besuchten Orte erinnern sollten. Notre Dame sahen sie sich völlig alleine an, ohne dass andere Touristen dort waren. Zunächst dachten sie, dass sie nicht richtig wären, da man sie im Hotel mit mindestens einer halben Stunde Wartezeit vor der Kirche warnte. Marga kaufte sich einen kleinen Altar und auch Andenken für die Freunde in Wien und ihre Eltern. In Ruhe konnten sie in die Atmosphäre der Kirche eintauchen und konnten nicht glauben, dass sie so ungestört waren. Stunden später, als sie auf dem Rückweg zum Hotel waren, kamen sie nochmals an der Kirche vorbei und sahen staunend die Menschenmasse die sich vor dem Eingang der Kirche anstellen mussten.

In der Beziehung zu Ulrike wurde es grundsätzlich schwieriger, da diese auf eine berufliche Zusammenarbeit drängte und von Marga erwartete, dass sie zusammen mit Estelle zu ihr nach Deutschland ziehen sollte. Dort könnte sie sich ein gemeinsames großes Haus mit Praxis und Atelier vorstellen. Ihrer Tochter einen Umzug in den letzten beiden Jahren vor der Matura zuzumuten, kam für Marga nicht in Frage, und sie wollte ihr auch nicht ihre vertraute Umgebung nehmen. Außerdem hatte sich Marga nun ein Klientel aufgebaut und auch künstlerisch etabliert. Sie fühlte, dass sie sich immer mehr in verschiedene Richtungen entwickeltete, und manchmal sah man, dass die Freundin fast ein wenig eifersüchtig auf Margas beruflichen Erfolg war. Auch auf der körperlichen Ebene hatte Marga dass Gefühl, Ulrike nicht mehr zu genügen.

Ein großes gemeinsames Engagement verband sie aber. Schon seit längeren war Ulrike verstärkt in der Frauenbewegung tätig und organisierte in ihrer Heimat viele feministische Veranstaltungen und Seminare, wobei sie auch oft Referentinnen aus dem Ausland einlud. Es gab auch viele interessante Buchvorstellung von Autorinnen. Einmal stellte sich auch Waltraud dem interessierten Frauenpublikum vor. Zudem wurden viele Seminare zur Bewusstseinsentwicklung angeboten. Schon einige Male nahm Marga daran teil, und in einigen Seminaren bot sie ihre Beratungstätigkeit und Maltherapie an, die durchwegs positiv angenommen wurde.

Es war kurz nach den Weihnachtstagen, als sie zu Ulrike fuhr, die in Berlin eine Veranstaltungsreihe, für die folgenden Tage organisiert hatte. Estelle kam natürlich ebenfalls mit, da sie gemeinsam das Silvesterfest feiern wollten. An den Veranstaltungen nahm Marga aber nicht teil, sondern betätigte sich kulturell und mit ausreichend shoppen. Ulrike war ganz stolz, dass sie zum Jahresende noch ein paar interessante Referentinnen aus dem Ausland gewinnen konnte, und Marga freute sich, dass das Jahresende so motiviert mit ihren beiden Lieben ausklingen lassen zu können.

Gleich am ersten Abend kam eine Referentin aus London, und Marga war überrascht über deren perfektes Deutsch. Marga war fasziniert von ihrer Ausstrahlung und der weichen Stimme. Es umgab sie etwas Geheimnisvolles, aber auch große Traurigkeit war für Marga spürbar. Trotzdem war die junge Frau sicher und fest im Auftreten. Klar sprach sie über die Frauenbewegung in England und über das nicht vorhandene Recht von gleichgeschlechtlichen Beziehungen - brachte aber auch Beispiele aus der Vergangenheit von englischen Autorinnen und deren Schicksale, wenn sie sich zur Homosexualität bekannten. Marga hing an deren Lippen und jedes Wort von ihr erreichte Marga mit großer Intensität. Den anderen nachfolgenden Referentinnen konnte sie nicht mehr richtig folgen. Sie beobachtete stattdessen, wie die junge Frau aus England nach ihrem Vortrag in der vorderen Reihe Platz nahm und fast mit kindlicher Bewegung ihr langes, schwarzes Haar zur Seite strich. Sie wirkte fast ein wenig zerbrechlich und nicht mehr so sicher wie eben.

Am Ende des Abends wurden sie von Ulrike einander vorgestellt. Ihre Hand streckte sich ihr entgegen. Angenehm warm und mit festem Druck begrüßten sie einander. Marga gefiel dieser tiefe Blick aus den blauen Augen. Sie hatte eine stattliche Größe, war aber trotz allem von zarter weiblicher Statur, und ihr blauer Winterpullover mit den vielen weißen Sternen gab ihr ein jugendliches Aussehen, das es schwer machte ihr Alter richtig zu bestimmen. Man sah auch Ulrike an, dass sie an der jungen Frau interessiert war, denn obwohl Marga neben ihr stand, begann sie mit einer ihr sonst eher ungewöhnlich hohen Stimme zu kichern und die Referentin dauernd in ein Gespräch zu verwickeln. Es hätte wohl keiner an diesem Abend Möglichkeit zu einer Unterhaltung mit der Referentin gehabt, doch dann wurde Ulrike für organisatorische Belange gebraucht. So konnte sich Marga ungestört mit der jungen Engländerin bekannt machen.

»Sie sind Österreicherin?« Marga war verwundert, da die Referentin für sie in perfektem und akzentfreiem Englisch gesprochen hatte.

»Ich lebe und arbeite schon seit vielen Jahren an einem renommierten College in London, habe aber meinen festen Wohnsitz in der Nähe von Dublin. Ich habe keine Verbindung mehr zu Österreich. Meine Heimat ist nun Großbritannien.« Die Stimme signalisiert nun Reserviertheit, und Marga dachte eigentlich nicht, dass das Gespräch noch tiefergründiger werden würde.

Wenig später stellte sich aber heraus, dass es ein Problem mit der Hotelreservierung gegeben hatte, und man konnte auch keine andere Übernachtungsmöglichkeit finden. Alle Hotelzimmer waren wegen der bevorstehenden Silvesterfeiern besetzt. So kam es, dass Ulrike die junge Frau zu ihnen nach Hause mitnahm.

Estelle, die alles liebte, was mit England oder Amerika zu tun hatte, war sehr erfreut über diese ungeplante Situation und unterhielt sich sofort mit ihr in fließendem Englisch. Das offene, neugierige Verhalten Estelles lockerte die Atmosphäre, und die junge Frau wurde immer gesprächiger. Marga erfuhr nun, dass sie erst Mitte Dreißig war, und im Laufe des Abends entstand durch die gleichen Ansichten bei vielen Themen immer mehr Nähe zwischen den beiden. Ulrike war das nicht recht, und sie versuchte sogar ein paar Mal ganz offensichtlich, sich ihrem Gast zu nähern und mit ihr zu flirten. »Liebste Eleonora, wie kommt es, dass du nach diesem anstrengenden Vortrag noch so frisch und attraktiv aussiehst? Wie machst du das bloß?« Ulrike beugte sich zu ihr vor und ließ Einblick in ihren tiefen Ausschnitt. Mit großen, unschuldigen Augen sah sie ihren Gast an und legte sanft ihre Hand auf Eleonoras Knie.

Das verursachte aber nur noch größeren Abstand. Die junge Frau wich zurück. Es gelang Ulrike nicht ihr Interesse zu gewinnen.

Viele Stunden hatte sich Marga mit Eleonora sehr gut unterhalten. Sie hatten den Abend genossen, und am nächsten Morgen brachte Marga ihre neue Bekannte nach einem ausgiebigen, gemütlichen Frühstück zum Flugplatz. Sie versprachen miteinander in Kontakt zu bleiben. Als sie sich beim Abschied umarmten, spürte Marga ein Kribbeln im Bauch. Sie empfand den kurzen Moment der Nähe als äußerst angenehm. Marga blieb bis zum Abflug und sah dann mit einem Gefühl der Einsamkeit dem entschwindenden Flieger nach.

Daheim bei Ulrike erwartete sie eine wütende Freundin, die nicht mehr so recht in Silvesterstimmung kommen wollte. Es war bald Mitternacht, und Marga ging zum Fenster, um es zu öffnen. Der Himmel war durch die vielen bunten Raketen und Leuchtkugeln hell erleuchtet, und durch den wenigen Schnee hallten die Böller laut und aufdringlich. Sie sah hinauf zu der bunten Glitzerwelt, und auf einmal überkam sie eine große Freude und Ausgelassenheit. Beschwingt nahm sie Estelle in den Arm und drehte sich mit ihr im Kreis. Sie war sich sicher, dass es ein besonderes Jahr werden würde, obwohl Ulrike ihr in diesem Moment sehr fremd war.

KAPITEL 37 - VERWIRRUNG

Es war schön wieder in Irland zu sein, um mit der ganzen Familie gemeinsam Silvester zu feiern. Suzan und Fred waren mit ihren beiden Kindern, dem 12-jährigen Benjamin und seiner fast 11-jährigen Schwester Charleen, schon seit dem 22. Dezember bei der Großmutter. Die alte Dame hatte im Herbst durch eine schwere Grippe alle in große Besorgnis gebracht, aber nun nahm sie wieder regen Anteil an den Geschehnissen der Familie. Samanthas Mutter hatte, nachdem sie vor einigen Jahren Witwe wurde, ihren Wohnsitz zu ihr verlegt und leitete jetzt mit Eleonoras Einverständnis und deren großer Erleichterung, das kleine Hotel. Auch Freds Schwester Kathleen kam mit ihrer Tochter Brittany, die im gleichen Alter war wie Suzans Tochter, schon vor ein paar Tagen ins Hotel. Kathleen war seit drei Jahren geschieden und hatte kaum mehr Kontakt zu ihrem Ex-Mann. Dieser war noch immer beruflich in Tokio, hatte dort Karriere gemacht und nie sonderliches Interesse an seiner Familie. Die meiste Zeit war Kathleen allein mit ihrer Tochter. Als es dann mit Brittanys Schuleintritt zunehmend schwieriger wurde, hielt Kathleen nicht mehr länger an der unglücklichen Ehe fest. Sie zog mit ihrer Tochter wieder zurück in ihr Elternhaus nach London und reichte die Scheidung ein.

Es war eine harte Zeit für beide, da Brittany in der ersten Zeit große Schwierigkeiten mit der Eingewöhnung hatte. Erst der regelmäßige Kontakt mit ihrer Cousine brachte mit der Zeit Erleichterung. Nun waren die beiden unzertrennlich, und Kathleen und ihre Tochter verbrachten daher fast die gesamte Freizeit mit Freds Familie. Die erste Zeit nach ihrer Scheidung suchte sie auch wieder verstärkt Kontakt zu Eleonora, welche diesen aber heftig ablehnte, was wiederum das Verhältnis einige Zeit sehr trübte. Nun aber hatte Kathleen wieder einen neuen Partner. Dieser konnte noch nicht offiziell zu ihr stehen, da er sich gerade mitten im Scheidungskampf befand.

Eleonora kam die ganzen Jahre immer alleine nach Hause. Noch nie hatte sie jemanden außerhalb der Familie eingeladen. Fast zwei Stunden hatte ihr Flug Verspätung, und ungeduldig wurde sie von Suzan am Flughafen abgeholt. Die Freundin ging ganz in ihrer Familie auf. Beruflich pausierte sie derzeit, da sie hauptsächlich Fred unterstützte, der selbstständig in der Versicherungsbranche tätig war. Eleonora verstand sich gut mit Fred, und mit Suzan verband sie noch immer eine tiefe, vertraute Freundschaft. Die ganze Fahrt nach Hause erfuhr sie alle familiären Neuheiten und kam, was ihr aber recht war, kaum zu Wort. Sie war nun froh, endlich daheim zu sein. Die letzten Tage waren sehr anstrengend, und sie freute sich auf die gemütlichen Stunden mit der Familie. Suzan war stolz auf das soziale Engagement ihrer Freundin, die sich nun schon seit ein paar Jahren verstärkt für die Rechte von Frauen in gleichgeschlechtlichen Beziehungen einsetzte. Sie hatte sich nach Samanthas Tod um die Freundin gesorgt. Nun war sie war froh über deren neues Selbstvertrauen und ihren beruflichen Erfolg. Sie konnte verstehen, dass Eleonora keine neue Beziehung mehr hatte, sich offensichtlich für keine andere Frau mehr begeistern konnte und auch zu keiner neuen Liebe mehr fähig war.

Eleonora sah sich in ihrer kleinen Wohnung um. Noch immer hatte sie seit Jahren alles belassen, wollte nichts verändern, doch heute hatte die Vertrautheit etwas Bedrückendes und beunruhigte sie. Sie legte sich auf das Bett und dachte an ihren Vortrag in Berlin - in einer Stadt, die ihr nicht besonders gefallen hatte. Aber es waren sehr interessierte Frauen im Publikum, und sie hatte gefühlt, dass ihre Worte diese erreicht hatten. Die Psychologin und Organisatorin hatte ihr zwar sofort nach der gescheiterten Buchung gastfreundlich ein Quartier gegeben, aber sie fand es abstoßend, dass sie trotz Anwesenheit ihrer sympathischen Freundin und deren Tochter, sich um Eleonora so eindeutig bemühte. Es muss doch für die Freundin sehr verletzend gewesen sein, obwohl diese sich weiter freundlich mit ihr unterhielt.

Eleonora dachte an Margas angenehme Art und fand es interessant, wie diese Kunst und Therapie miteinander verbinden konnte. Margas Haar erinnerte sie fast ein wenig an Samantha. Ansonsten waren sie sehr verschieden. Einfühlsam und tiefgründig ging Marga auf die angesprochenen Themen ein und ging bescheiden mit ihrem großen esoterischen Wissen um. Eleonora hatte schon mit vielen Energetikern, Heilern oder Astrologen Begegnungen, aber sie konnte oft mit deren abgehobener Art nicht viel anfangen.

Es gefiel ihr, an Marga zu denken. Es hatte etwas Vertrautes und Beruhigendes an sich, und sie freute sich schon auf weiteren E-Mail-Kontakt oder deren Stimmer am Telefon zu hören. Sie überlegte, ob sie ihr schon schreiben sollte. Es wäre schön, wenn sich eine Freundschaft entwickeln könnte und wenn sie nach so langer Zeit wieder Kontakt nach Wien haben würde. Sie setzte sich an den Computer und entschloss sich, ihr ein paar Zeilen zu schreiben, obwohl sie wusste, dass diese Marga erst in ein paar Tagen daheim in Wien lesen konnte.

»*Ich würde mich sehr über einen weiteren Kontakt mit Ihnen freuen!*« Sie überlegte kurz, ob es nicht zu aufdringlich war, aber dann schrieb sie weiter. »*Es war schön Sie kennengelernt zu haben. Ich habe den Abend genossen und freue mich schon bald von Ihnen zu hören. Hoffentlich hatten Sie einen schönen Silvesterabend, und ich wünsche Ihnen ein erfolgreiches und glückliches neues Jahr.*« Eigentlich hätte dies genügt, aber sie schrieb weiter und weiter. Sie erzählte, dass sie nun mit der Familie in Irland war, in ihrem kleinen Hotel, um dort mit ihnen gemeinsam die Silvesternacht zu feiern. Sie erzählte sogar, dass sie sich ein wenig erschöpft fühlte und Berlin nichts abgewinnen konnte, da sie die Stadt als kalt und erdrückend empfand. Und sie schrieb Marga auch, dass sie von ihr fasziniert war und ihr die außergewöhnliche Verbindung von Kunst und Therapie gut gefiel. Alles sprudelte nur so aus Eleonora heraus, und sie fühlte sich in diesem Augenblick mit Marga sehr vertraut. Gutgelaunt drückte sie auf ›Senden‹, und erst jetzt wurde ihr bewusst, dass sie sich ziemlich aufgedrängt hatte. Sie war sich nun nicht sicher, ob sie nicht Marga das Gefühl gab, von ihr mehr zu wollen. Es war peinlich. Wie konnte ihr das passieren? Es hatte nun sicher den Anschein, als ob sie in deren Beziehung eindringen wolle.

Schnell fuhr sie das Program herunter und schaltete den Computer aus. Sie sah auf das Bild über dem Bett. Sie kam sich wie eine Verräterin vor, obwohl sie doch nur eine rein platonische Freundschaft anstrebte. Sie ging ins Bad, füllte die Wanne bis oben auf und gab entspannende Essenzen dazu. Es tat gut in dem warmen, wohl riechenden Wasser zu entspannen und auch ein wenig zu träumen. Anschließend zog sie sich gut gelaunt ihren Lieblingspulli und die alten Jeans an und ging zu den Wartenden, die schon längst in bester Stimmung waren. Stunden später betrachteten sie das bunte Feuerwerk. Eleonora konnte nicht anders: Sie musste lächelnd an Marga denken.

Ein paar Tage später, flog sie wieder mit vielen köstlichen Leckereien im Gepäck zurück nach London. Kaum angekommen besorgte sie eine typische Postkarte und schrieb sie Estelle, da diese solch eine Begeisterung für London zeigte. Überall sah man noch die feierliche Weihnachtsdekoration. Nun fand es Eleonora schade, dass sie die Weihnachtszeit wieder einmal so wenig beachtet hatte. Sie hatte irgendwie das Gefühl, dass sich heuer in ihrem Leben viel verändern würde, konnte sich aber nicht erklären, woher dieses Gefühl kam. Beschwingt ging sie in ihre Unterkunft ins College und verabredete sich für den nächsten Tag mit einigen Kolleginnen zum Kino.

Im Zimmer schaltete sie dann ihren Computer ein und entdeckte eine Nachricht von Marga. Sie freute sich, dass sie schon so bald von ihr eine Post bekam und las die freundlichen, sehr persönlichen Worte immer wieder. Marga hatte ihr, da Eleonora sich im Gespräch für deren Kunst interessierte, einige Fotos von ihren Werken gesendet. Eleonora war überrascht, wie bunt und lebendig die Bilder aussahen. Sie fühlte sich zu ihr sehr hingezogen und empfand für die eben erst Kennengelernte sehr viel Sympathie. Eleonora ging mit einer ungewohnten Fröhlichkeit ins Bett, dachte noch an die neue Freundschaft und schlief mit einem Lächeln ein.

KAPITEL 38 · HAUSKAUF

Nicht sehr harmonisch endete der Besuch bei Ulrike, und Marga war froh wieder in Wien zu sein. Kaum angekommen setzte sie sich vor ihrem Computer, um für ihre baldige Ausstellung einiges Organisatorisches zu klären. Sie war sehr überrascht, als sie sah, dass sie schon eine Nachricht von Eleonora hatte, war es aber noch mehr, als sie die Länge der E-Mail bemerkte. Sie las ein paar Mal die vielen netten Zeilen und sah im Gedanken die junge Frau vor sich, wie sie ihr langes schwarzes Haar unsicher ein wenig auf die Seite strich. Marga dachte an die intensiv blauen Augen, an die trotz der stolzen Größe fast zerbrechlich wirkende Figur. Als Eleonora sprach, war die Stimme so' fest, so überzeugend und entschlossen, dass man spüren konnte, wie ernst ihr das Anliegen von Gleichberechtigung war. Eleonora war von einer stillen Traurigkeit umgeben, und etwas Geheimes war tief in ihr verborgen. Sie hatten sich an dem Abend sehr gut miteinander unterhalten, aber Marga konnte auch spüren, dass Eleonora keine Nähe suchte. Daher war sie über diese sehr persönliche Nachricht verwundert. Sie suchte ein paar von ihren katalogisierten Bildern heraus, bei denen sie das Gefühl hatte, dass sie Eleonora gefallen könnten und beschloss, ihr sofort zurückzuschreiben.

»*Liebe Eleonora, ich habe mich sehr über ihre Zeilen gefreut. Natürlich würde ich gerne auch weiterhin mit Ihnen in Kontakt bleiben, und ich wünsche Ihnen ein wunderbares Jahr mit vielen inspirierenden Begegnungen und viel Liebe und Freuden. Ich hoffe, Sie bekommen durch die Bilder ein wenig Einblick in meine Arbeit, und ich freue mich schon auf ihre Antwort.*« Sie sendete die E-Mail und blieb noch ein wenig im Gedanken bei ihr. Sie beschloss, die Arbeit ein wenig zu verschieben, da sie Lust verspürte, ihre Eindrücke der vergangenen Tagen in einem Bild auszudrücken.

Sie holte ihre neuen Acrylfarben, stellte sich zur Staffelei und begann zu malen. Wenn Marga malte, dachte sie nie an das Ergebnis, sondern ließ es immer fließen, verwendete sowohl Farben als auch Motiv spontan - überließ alles ihrem Gefühl. Marga war stundenlang in ihre Arbeit vertieft. Als sie von der Staffelei zurücktrat, um ihr Werk zu betrachten, erschrak sie. Man konnte eine weitgezogene, raue, an Meeresfelsen endende Landschaft erkennen, dessen Meer seine Wellen mit großer Kraft gegen die Felsen peitschte, welche sogleich das Wasser mächtig zersprengten. Der Himmel war schwer und hatte außer den Grautönen nichts an Helligkeit und Hoffnung. Alles war düster gehalten und vermittelte Angst und eine bedrückende Einsamkeit. Nie zuvor hatte Marga solch eine Traurigkeit eingefangen. Ihre Bilder waren sonst von hellen, kräftigen Farben geprägt, umgeben von Feen und andern Fabelwesen. Ihre Landschaftsbilder hatten sonst immer farbige Blütenpracht vorzuweisen. Es fröstelte ihr ein wenig, und sie beschloss, den Abend gemütlich mit ihrer Tochter ausklingen zu lassen.

Am nächsten Tag rief Ulrike an und entschuldigte ihr Verhalten, mit der für sie nicht mehr tragbaren Situation einer Fernbeziehung. »Du musst dich endlich dazu entscheiden mit mir zusammenzuziehen. Dann wären unsere Probleme gelöst, und wir könnten endlich eine stressfreie und produktive Partnerschaft leben.«

Marga konnte ihren schmollenden Unterton hören. »Unsere Probleme lösen sich nicht durch einen Umzug zu dir. Es ist dann nicht alles in Ordnung«, entgegnet Marga. »Wir haben uns in letzter Zeit schon sehr stark auseinandergelebt und haben kaum mehr gleiche Ansichten. Ich weiß nicht, ob es …«

Jäh wurde Marga von Ulrike unterbrochen. »Ich will nicht mehr länger warten. Das Leben ist zu kurz, um immer nur in der Warteschleife zu stehen. Du musst nun eine Entscheidung treffen. Zusammenleben oder die Beendigung unserer Beziehung.« Ulrikes Stimme klang schrill und fordernd.

Marga gefiel es nicht, dass sie unter Druck gesetzt wurde. »Wie stellst du dir das vor? Ich muss die Entscheidung ja nicht nur für mich alleine fällen. Auch für Estelle wäre das eine gewaltige Veränderung. Ich glaube nicht, dass nun der richtige Zeitpunkt ist.«

Es entstand Schweigen und Marga spürte, dass Ulrike mit dieser Antwort nicht zufrieden war.

»Ich gebe dir drei Monate Zeit! Bis dahin muss ich Bescheid wissen, ob mein Leben mit oder ohne dir weitergeht.« Ulrike versuchte ihrer Stimme Bestimmtheit zu verleihen. Sie hatte sehr wohl bemerkt, dass Marga sich immer mehr von ihr entfernte, denn seit sie dieser Eleonora begegnete, hatte sie auch keine Lust mehr auf körperliche Nähe. Wenn Ulrike sie zärtlich verführen wollte, stieg die Freundin nicht mit der gewohnten Bereitschaft darauf ein, sondern verhielt sich steif und fast ein wenig ablehnend. Nun war Ulrike in Alarmbereitschaft. Sie begriff, dass sie um Marga kämpfen musste, bevor diese sich ihrer Gefühle für die Engländerin bewusst wurde. Daher sah sie nur als einzige Chance, mit Zeitdruck eine baldige Entscheidung zu erzwingen. Sie beendete das Gespräch ohne die an sonstigen zärtlichen Worte.

Marga war verunsichert. Sie hatte ihrer Freundin verschwiegen, dass ihre Vermieter ihr kurz vor Weihnachten angeboten hatten, das bis jetzt nur gemietete Haus zu einen fairen Preis samt Grundstück zu erwerben. Eigentlich hatte sie vor, mit Ulrike alles in Ruhe zum Jahreswechsel zu besprechen, doch in Berlin waren sie sich so fremd gewesen, und sie spürte Ablehnung beim Gedanken, mit Ulrike eine gemeinsame Zukunft zu planen. Auch hatte sie das Verhalten von ihrer Freundin gegenüber Eleonora wachsam gemacht. Ihr wurde wieder einmal bewusst, dass Ulrike eigentlich nicht richtig zu ihr stand und Marga ihr anscheinend nicht genügen würde. Oft hatten sie sehr verschiedene Ansichten und Bedürfnisse, auch in körperlicher Hinsicht. Sie konnte nicht mit solchen Unsicherheiten einen Umzug zu planen, hatte auch nicht den wirklichen Wunsch danach. Es war ihr wichtiger, ihrer Tochter ein sicheres Zuhause zu bewahren und so entschloss sie sich, mit den Vermietern ein Gespräch zu vereinbaren.

Sie kamen Marga mit dem Angebot entgegen, da sie in ihr immer eine zuverlässige Mieterin hatten. Die Kinder der Vermieter lebten schon lange in anderen Bundesländern, und keiner hatte Interesse einmal das Elternhaus zu übernehmen. Marga rechnete ihr ganzes Erspartes zusammen, und glücklich erkannte sie, dass nur noch ein kleiner Betrag fehlen würde.

So ging sie zu ihrer Bank, um sich über einen Kredit zu erkundigen, der dann das Ausstehende abdecken würde. Zu ihrem Entsetzen, wies man sie aber ab, und sah auf Grund ihrer Selbstständigkeit und der Situation als Alleinerzieherin zu wenig Sicherheit, um ihrem Wunsch entgegenzukommen.

»Wir bedauern es sehr, aber wenn Sie den Vater Ihrer Tochter oder einen derzeitigen Lebensgefährten als Sicherheit angegeben, können wir Ihnen selbstverständlich den Kredit gewähren.« Der Bankbeamte lächelte sie zuversichtlich an. Sie war schon lange seine Kundin, er sah kein Problem bei seinem Vorschlag. Für Marga war in diesem Augenblick ihr Traum vom Eigenheim vorbei. Niemand konnte für sie bürgen und schon gar nicht Erwin. »Ich habe niemanden, der dafür in Frage kommt. Aber ich kann doch die gleichen Sicherheiten aufbringen wie andere Selbstständige. Außerdem bin ich doch schon seit Jahren eine gute Kundin Ihrer Bank«, verzweifelt versuchte sie, den Beamten für sich zu gewinnen.

»Unter diesen Umständen kann ich leider nichts für Sie machen. Verstehen Sie bitte, mir sind die Hände gebunden. Wir haben unsere Richtlinien zu Ihrer und unserer Sicherheit.« Er sah die Enttäuschung seiner Kundin, und nochmals wies er sie auf den Kindsvater hin.

Nun hatte Marga genug. Nie hatte sie in den vergangen Jahren ihr Konto überzogen und immer pünktlich alle Forderungen bezahlt. Sie verstand nicht, warum sie als Frau weniger kreditwürdig war. Sie hatte keine Lust mehr auf diese Herabsetzung und wollte nicht mehr weiter verhandeln. Es war aussichtslos. Wütend und zugleich traurig verließ die das Bankinstitut.

Bedrückt saß sie am Abend mit Estelle zusammen, doch deren Vorschlag bei den Großeltern um Hilfe zu bitten, lehnte Marga heftig ab. Sie beschloss, mit den Vermietern zu reden. Aber es kam alles anders, es erreichte Marga eine überaschende Nachricht.

Erwin war plötzlich gestorben, und nun wurden Estelle und sie schriftlich von einem Notar kontaktiert. Es ging um den Nachlass des Verstorbenen. Estelle erbte den gesetzlichen Prozentsatz, und auch Marga hatte Erwin überraschenderweise eine stattliche Summe vermacht. Es war genau die Differenz die Marga für das Haus brauchte, was nun durch den Verlust des Vaters noch wichtiger geworden war. Sie empfand es als kleine Entschuldigung für den Schmerz, den er ihnen durch die Verweigerung an der Erziehungsbeteiligung von Estelle zugefügt hatte. In den ganzen Jahren hatte er jeden Kontakt zu seiner Tochter abgelehnt. Außer den monatlichen Alimentationszahlungen gab es keine Verbindung.

Marga dachte traurig über die vergangene Beziehung nach. Wie sehr hatte Erwin sie verletzt. Am Anfang der Beziehung dachte sie Geborgenheit zu spüren, doch in Wirklichkeit war es nur Bevormundung und verstaubtes, konservatives Denken. Welch grausames Spiel trieb er mit ihr und wie verletzend reagierte er, als Estelle geboren wurde. Mit Frösteln erinnerte sie sich an seine Bedrohungen und wie er jeden Kontakt zu seiner Tochter ablehnte.

Als die Tochter acht Jahre gewesen war, waren sie einmal unangemeldet in sein Büro gekommen. Estelle hatte ihn nie gesehen und hatte sich ein Bild von ihrem Vater machen wollen, ihn endlich kennenlernen. Erwin hatte sie beide nur angeschrien und gesagt, dass er seine Tochter nicht sehen wolle. Es gäbe keine Beziehung zwischen ihnen, und da sich Marga damals nicht unterordnen konnte, war sie schuld daran, dass sie keine Familie seien. Unter diesen Umständen hatte er auch keinen Wert darauf gelegt, seine Tochter zu sehen. In den ganzen Jahren danach hatte Estelle nie mehr ihren Vater getroffen. Nun konnte Marga wenigstens ein Heim für Estelle erwerben und ihr dadurch ein wenig Beständigkeit und Sicherheit geben.

Es waren turbulente Tage. Zunächst das Begräbnis, dann das unverhoffte Erbe, schließlich die rasche Verkaufsabwicklung und die Grundbucheintragung beim Notar. Sie konnten es beide noch gar nicht fassen, dass das von ihnen schon so lieb gewonnene Haus mit dem wunderschönen Garten nun ihres sein sollte. Voller Freude feierten sie mit Waltraud und Bernadette den Erwerb des Eigenheims. Die Freundinnen freuten sich von Herzen für die beiden. Marga hatte Ulrike vorerst noch nichts davon erzählt. Sie wollte erst einen guten Zeitpunkt abwarten und war überzeugt, dass Ulrike es verstehen würde, da es eine einmalige Gelegenheit war. Die Freundin hätte auch genauso zu Marga und Estelle ziehen können, wenn ihr das Zusammenleben so wichtig war.

Mitten in diesem Wirbel vergaß sie aber nicht, Eleonora zurückzuschreiben, die ihr wieder eine nette E-Mail gesendet hatte und ihr viele Komplimente über ihre Bilder machte. Marga war sich aber nicht ganz sicher, ob Eleonora ohne Partnerin war. In ihrem E-Mails erwähnte sie nie etwas diesbezüglich, und sie konnte sich fast nicht vorstellen, dass diese kluge, hübsche Frau Single war. Marga war auch wegen des Altersunterschiedes ein wenig unsicher. Immerhin war Eleonora acht Jahre jünger und hatte vielleicht auch keine Lust auf eine ältere alleinerziehende Mutter. Marga war jedoch immer mehr von ihr fasziniert, wollte alles wissen, sie wiedersehen. Es war ihr aber auch die große Entfernung bewusst und die ganz andere Lebensführung. Sie dachte sehr oft, viel zu oft an sie, aber sie konnte nicht anders. Sie gewann diese Frau immer lieber und hatte immer stärker das Bedürfnis sie zu treffen. So beschloss sie eines Abends, es war ruhig im Haus, da sich Estelle für eine Schularbeit vorbereitete, einfach die neue Freundin anzurufen, endlich ihre Stimme wiederzuhören und sie einfach auf deren private Situation anzusprechen.

KAPITEL 39 - ELEONORAS SEHNSÜCHTE

Es war ein anstrengender Tag, und Eleonora war bis gerade noch in der Bibliothek, um sich für einen Kurs, den sie ungeplant für eine Kollegin im neuen Semester übernehmen musste, in Ruhe vorzubereiten. Sie ging noch kurz ins Internet, um ihre Nachrichten zu überprüfen. Sie war ein wenig enttäuscht, da sie sich ein paar freundliche Zeilen von Marga erhofft hatte und las mit wenig Interesse die anderen Meldungen. Sie beschloss noch ein wenig zu lesen und ging zum Fenster, um die Vorhänge vorzuziehen. Sie sah in die Nacht hinaus. Am Campus waren, trotz Dunkelheit und Kälte, noch einige Studenten im angeregten Gespräch vertieft und ganz sanft fielen einige Schneeflocken nieder.

Sie öffnete das Fenster, und die kalte Luft war nach den Stunden in der überheizten Bibliothek angenehm und belebte ihren müden Kreislauf. Die Luft war klar und rein, tiefatmend sah sie zum Himmel hinauf, der bedeckt von schneegefüllten Wolken war, und es tanzten auch immer mehr Flocken langsam dem Boden entgegen. Die kleinen Kristalle blieben auf der kalten Fensterbank liegen und begannen sie sanft zu bedecken. Eleonora sah zu, wie der Boden unter dem Fenster immer mehr bedeckt und es langsam am Campus still wurde. Es war alles friedlich, und die Nacht hatte für sie nichts Bedrohliches mehr wie noch vor nicht allzu langer Zeit. Eleonora hielt ihre Hand aus dem Fenster, fing in Gedanken verloren einige Schneeflocken auf und beobachtete wie diese langsam zu Wasser zerschmolzen. Es begann sie nun zu frösteln. Sie beugte sich vom Fenster zurück, schloss es und entfernte sich in ihr warmes Zimmer. Sie nahm gerade ihr Buch zur Hand, als ihr Telefon läutete. Zu ihrer freudigen Überraschung war es Marga.

Sie erzählten sich von ihren letzten Tagen und beschlossen endlich einmal ins Du überzugehen. Eleonora gratulierte Marga zum Kauf ihres Hauses, und Eleonora wusste nicht, ob sie ihr auch Beileid zum Tod des ehemaligen Partners aussprechen sollte. Sie unterließ es doch, da ihr der Gedanke an diese ehemalige Beziehung unangenehm war. Sie verstand auch nicht, wie man zuerst mit Männern zusammen sein konnte. Für sie war es immer ganz klar, dass sie sich nur zu Frauen hingezogen fühlte. Eleonora wusste von vielen Erzählungen, dass Frauen oft erst später den Mut fanden, zu ihrer sexuellen Orientierung zu stehen, manche es lange nicht wahrhaben wollten und unglücklich zuerst in heterosexuellen Partnerschaften lebten. Doch bei Marga fand sie den Gedanken unangenehm, wollte nichts von vorherigen Beziehungen hören. Sie verspürte einen stechenden Schmerz in der Bauchgegend, als ob sie eifersüchtig wäre. Eleonora versuchte, ihre Gedanken zu verscheuchen und konzentrierte sich wieder auf das Gespräch.

Sie betonte, sich für Marga zu freuen, und Marga versprach ihr, einige Bilder von ihrem zu Hause zu senden. Sie unterhielten sich anschließend eher über alltägliche Themen, als Marga sie plötzlich auf ihre private Situation ansprach. »Bist du derzeit in einer festen Beziehung?«

Eleonora wusste zuerst nicht genau, wie sie antworten sollte, aber Marga fasste ihr Schweigen als Bestätigung auf. »Entschuldige meine direkte Frage. Es war natürlich unsinnig anzunehmen, dass du Single bist.«

Marga wartete einen kurzen Augenblick, als aber keine Antwort kam fuhr sie fort. »Wie lange bist du schon in festen Händen? Und lebt ihr zusammen?« Sie konnte nicht anders, sie musste endlich Klarheit haben.

Eleonora schwieg eine Weile, da sie nicht genau wusste, wie sie mit der unerwartet direkten Frage umgehen sollte. Sie wollte die neue Freundin aber auch nicht im Unklaren lassen und langsam, eher stockend erzählte Eleonora, dass sie schon seit vielen Jahren alleine sei, vorher aber in einer langen, harmonischen und festen Partnerschaft lebte. »Ich habe mit meiner Partnerin sowohl in Irland als auch in New York zusammengelebt. Wir sind getrennt worden, und es lag nicht in unserer Macht es zu verhindern.« Ihre Stimme wurde leise und unsicher.

Marga spürte, dass sie nicht weiter nachfragen sollte und wechselte daher schnell das Thema. »Ich war noch nie in New York. London habe ich schon einige Male besucht, aber Wien ist schon lange meine Heimat, und ich habe auch einige Jahre in einem Wiener Gymnasium unterrichtet.« Geschickt hatte sie eine Überleitung gefunden. »Wann bist du wieder einmal in deiner Geburtsstadt? Ich könnte dir dann unser Haus zeigen, und ich würde mich freuen dich wiederzusehen.«

Eleonora war es sehr unangenehm, an ihre Vergangenheit mit ihrem Elternhaus erinnert zu werden. Seit Jahren sah sie Samanthas Familie als ihre eigene an und hatte nun eigentlich kein Problem mehr damit, dass es überhaupt keinen Kontakt zu ihrem Herkunftsland gab. Doch nun spürte sie ein unangenehmes Gefühl in der Magengegend und wusste nicht, wie sie es Marga erklären sollte. Sie würde gerne wieder die Freundin treffen, sehen wie sie mit ihrer Tochter lebt und arbeitet, aber sie hatte kein Bedürfnis ihrer Verwandtschaft zu begegnen. So entschloss sie sich zur Wahrheit und schilderte Marga ihre Beziehung zu ihrer Familie. »Ich habe keinen Kontakt zu meiner Familie. Sie können sich nicht damit abfinden, dass ich keine heterosexuelle Beziehung führe. Ich komme aus einem sehr konservativen Elternhaus.« Sie zögerte ein wenig, sprach dann aber weiter. »Es tut mir leid, aber es sind diese Umstände, warum ich nicht nach Wien kommen kann.« Stattdessen erzählte sie nun ausführlich von ihrem kleinen Hotel in Irland und der wunderschönen Landschaft - dieser unendlichen Weit. »Ich würde mich freuen, wenn du und Estelle mich dort zu Ostern besuchen würdet.« Sie hatte nicht lange nachgedacht, ließ einfach ihr Herz sprechen und erschrak dann mitten in ihrer Euphorie, als ihr bewusst wurde, dass Marga mit Ulrike zusammen war und die beiden sicherlich schon für Ostern etwas geplant hatten. Es war Eleonora entsetzlich peinlich, wie sie so unsensibel sein konnte und Marga signalisieren konnte, dass sie sich in deren Beziehung einmischen wolle.

»Es tut mir leid! Ich wollte nicht Ulrike übergehen«, entschuldigte sie sich schnell. »Es freut mich für euch, dass ihr schon seit Jahren in einer glücklichen Beziehung seid.« Eleonora wurde unsicher, sie wusste nicht mehr was sie sagen sollte, da Marga nicht antwortete. »Wo hast du deine nächste Ausstellung?« Eleonora wollte das Thema wechseln, nichts mehr von Margas Beziehung hören.

Bereitwillig sprach Marga über ihre Arbeit und ein wenig später beendeten sie ein wenig verunsichert das Telefonat.

›Das war peinlich‹, dachte Eleonora. Wie konnte ihr das passieren? Sie wusste doch von deren Beziehung, hatte das Paar zusammen in Berlin kennengelernt. Eleonora verstand sich selbst nicht mehr, konnte sich ihre spontane Einladung nach Irland nicht erklären und hatte auch keine Ahnung, wie Samanthas Familie darüber denken würde. Noch nie hatte sie in den letzten Jahren jemanden nach Hause mitgebracht oder eingeladen, der nicht zur Familie gehörte. Es war auch wie ein Verrat gegenüber ihrer geliebten Freundin, wie eine Entweihung des gemeinsamen Daheims. Wie konnte sie Samantha so vergessen?

Sie nahm ihr Bild vom Schreibtisch, küsste auf ihren Mund, streichelte das Gesicht und legte sich mit dem Bild an ihre Brust gepresst auf das Bett. »Samantha es schmerzt so sehr!« Tränen rannen Eleonora über das Gesicht. Sie fühlt sich so allein, und ein lautes Wimmern erfüllte den Raum. Sie wurde sich ihrer Einsamkeit bewusst, und mitten im Schmerz dachte sie auch wieder an Marga und über das eben geführte Gespräch.

Es fiel ihr ein, dass Marga sich zu der Einladung gar nicht geäußert hatte, da Eleonora sich sofort entschuldigt hatte. Sie wusste nicht mehr, ob sie nur Marga mit ihrer Tochter oder alle drei eingeladen hatte - oder letztendlich keinen? Sie war mehr und mehr verwirrt, und alles war ihr irrsinnig unangenehm.

Sie setze sich auf, trocknete ihre Tränen und legte das Bild auf den Schreibtisch zurück. Eleonora überlegte, ob sie Marga sogleich schreiben sollte, alles aufklären, richtig stellen und sich nochmals entschuldigen. Sie saß noch einige Zeit untätig vor dem Bildschirm, beschloss dann, es dabei zu belassen und auf eine Reaktion von Marga zu warten. Sie ging zeitig zu Bett, und bevor sie einschlief, stellte sie sich das Haus ihrer Freundin, den Garten, den kleinen Brennofen und das kleine Atelier vor. Es wäre schön, es einmal zu sehen.

KAPITEL 40 - BEZIEHUNGSENDE

Es war angenehm, die Stimme von Eleonora zu hören, sich vorzustellen wie sie am Schreibtisch saß und ihr langes, schwarzes Haar sie umhüllte. Marga wollte es endlich wissen und deshalb musste sie fragen, aber da gab es hörbar einen tiefen Schmerz in Eleonoras Stimme. Marga hatte gespürt, dass es zu früh war, danach zu fragen, weiter vorzudringen. Fest stand, die Eleonora war derzeit ohne feste Partnerin, das fühlte sich für Marga gut an und erfüllte sie mit einer Fröhlichkeit. Wie sie sich selbst gestand, empfand sie große Erleichterung. So unangenehm konnte Eleonora die Frage außerdem nicht gewesen sein, da sie dann sogleich eine Einladung für Ostern zu sich nach Irland aussprach. Oder war dies nur, weil sie wegen ihrer Familie nicht nach Wien kommen konnte? Marga hatte nicht ganz verstanden, warum der Kontakt ganz abgebrochen war, da Eleonora nichts Genaueres darüber erzählte, konnte sich aber vorstellen, dass es wegen ihrer sexuellen Orientierung war. Sie wusste selbst, wie intolerant die Österreicher sein konnten. Sie dachte über das Gespräch nach und war etwas verwirrt, da sie nun nicht genau wusste, ob sie nun wieder ausgeladen wurde oder die Einladung nun für alle drei war. Sollte sie nun zu Ostern nach Irland kommen? Oder hatte sie alles falsch verstanden? Gab es vielleicht doch ein Interesse Eleonoras an Marga? Oder wollte sie nur eine nette Frauenfreundschaft und fand sie nicht ausreichend attraktiv für weitere Gedanken? Marga war verwirrt und beschloss, es vorerst einmal dabei zu belassen, um Eleonora in den nächsten Tagen die versprochenen Bilder vom Haus zu senden. Es würde dann sicher noch zu einem klärenden Gespräch kommen. Außerdem hatte sie mit Ulrike noch eine Beziehung. Marga musste ihr endlich vom Kauf des Hauses berichten und dann mit ihr über die weitere gemeinsame Zukunft reden. Wie weit entfernt war ihr nun ihre Partnerin? Marga spürte keine große Sehnsucht und auch kein körperliches Verlangen nach ihr. Vielmehr dachte sie noch immer an Eleonora und würde gerne ihr Heim in Irland sehen. Ihr wurde bewusst, dass sie schon seit Wochen Ulrike aus ihrem Leben ausschloss, es fast keine Offenheit und Vertrautheit mehr zwischen ihnen gab. War dies nun das Ende ihrer Beziehung?

Am Wochenende kam dann Ulrike mit guter Laune und voller Unternehmungslust. Sie hatte eine erfolgreiche Woche hinter sich und auch einiges an neuen, guten Nachrichten für Marga. Schon am ersten Abend legte sie mit glühenden Wangen einige Bilder von einem großen rosa gestrichenen Haus mit einem kleinen Erker im oberen Geschoß und einem großen Garten auf den Wohnzimmertisch. Erwartungsvoll sah sie ihre Freundin an. Verwirrt betrachtete Marga die Bilder und begriff zuerst nicht, warum die Freundin so aufgeregt ihr Mienenspiel beobachtete.

»Das wird unser Haus, Liebste«, sagte Ulrike mit fester Stimme. »Ich habe unser Angebot für das Haus schon abgegeben, und wir könnten es zu Ostern beziehen. Es ist ideal für unsere Wohn- und Arbeitssituation und unserem gemeinsamen Leben steht nun nichts mehr im Wege. Ich habe die Verträge schon zum Unterzeichnen mitgebracht, und wir müssen uns nun nur noch in Ruhe über die Finanzierung unterhalten.« Gespannt sah sie Marga an und wunderte sich über deren Gesichtsausdruck und der plötzlichen Blässe.

Diese war entsetzt und erkannte nun das Ausmaß ihres bisherigen Verschweigens. Ganz vorsichtig begann sie ihrer Freundin von der in den letzten Wochen entstanden neuen Situation zu berichten und zeigte ihr den Kaufvertrag des erworbenen Objektes. »Ich kann mir ein gemeinsames Leben in Berlin durchaus vorstellen, aber erst wenn Estelle mit der Schule fertig ist. Dann könnte ich einen längeren Aufenthalt in Berlin organisieren, da sie dann im eigenen Haus zum Studium bleiben könnte. Aber im Moment ist es für mich wichtiger, Estelle ein bleibendes Zuhause zu schaffen und sie nicht zu entwurzeln.«

Entsetzt sah Ulrike auf den Kaufvertrag. Sie konnte nicht begreifen, dass Marga diese gravierende Entscheidung alleine getroffen hatte. »Du hast mich in deine Pläne nicht eingebunden! Wie konntest du mir das alles verheimlichen?« Ulrike war fassungslos, aber zugleich wurde sie fürchterlich wütend. »Ich habe mich zur Idiotin gemacht und umsonst nach einem geeigneten Objekt für uns gesucht! Was soll das alles?« Mit energischer Bewegung schob sie den Kaufvertrag vom Tisch.

»Bitte, versuche mich zu verstehen!«, flehte Marga. »Ich konnte nicht anders handeln. Estelles Wohlergehen liegt bei mir immer an erster Stelle, das ist ja nichts Neues für dich.« Margas Blick suchte bei Ulrike nach Verständnis.

Ulrike aber ignorierte deren Bitte und unterbrach sie aufgebracht. »Gibt es vielleicht schon ein andere? Bin ich dir nicht mehr genug? Ich habe doch bemerkt, dass dich diese Eleonora sehr berührt hat. Was willst du denn mit der? Nun überschlug sich fast ihre Stimme. »Die ist doch total verklemmt - eine totale Karrierefrau! Eiskalt und wahrscheinlich gar nicht wirklich lesbisch!«

»Hör auf! Ich will solche bösartigen Verleugnungen nicht hören«, unterbrach Marga ihre Freundin. »Diese Frau hat nichts mit der Entwicklung unserer Beziehung zu tun. Ich bin mir schon seit längeren nicht mehr sicher, ob unsere Beziehung überhaupt Bestand hat. Ich habe auch nicht das Gefühl, dass du wirklich zu mir stehst.« Sie überging Ulrikes Protestrufe und fuhr fort. »Zu Silvester warst wohl eher du diejenige, die ohne Gewissensbisse neben mir Eleonora eindeutige Bereitschaft signalisiert hast. Ich zweifle schon lange an deiner Treue und glaube, dass ich dir niemals körperlich genügen werde.« Die letzten Worte kamen traurig und resignierend.

So kam es an diesem Abend zu keinem konstruktiven Gespräch. Viele verletzende Worte fielen und im Streit verging dieser Abend. Erst am nächsten Tag versuchte Marga nochmals, in Ruhe die Aufgebrachte zum Verständnis zu bewegen und schlug einen kleinen Ausflug in die nähere Umgebung vor. Sanft versuchte Marge, immer wieder ihre Beweggründe zu erklären, aber Ulrike wollte sie zum Verkauf des Hauses und zum gemeinsamen Objekt überreden. Der ganze Tag brachte keine Einigung, und am Abend versuchte es Ulrike mit Zärtlichkeit.

Sie bot der Freundin Hilfe gegen der ihrer Verspannung an, und begann sie sanft im Hals- und Nackenbereich zu massieren. Ihre Hände glitten langsam nach vor und begannen die Brüste Margas mit sanftem Druck einzunehmen. Sodann kam sie zu ihr nach vor und begann, die Warzen mit intensiver Saugbewegung ihres Mundes zur Erregung zu bewegen. Sie tastete sich mit den Händen vorsichtig zu deren Schenkel, um sich zwischen ihnen einen Weg zu bahnen und sanft ihr Liebesspiel fortzusetzen. Sie bemerkte, wie sich Marga entspannte und spürte wie sich deren Lust rührte. Ulrike hoffte, ihre Freundin mit zärtlichem Liebesspiel umzustimmen und mitten in ihrer intensiven körperlichen Begegnung flüsterte sie mit ihrer sanftesten Stimme: »Willst du auf das alles verzichten? Jeden Tag könnten wir unsere Liebe genießen, uns auf einander verlassen, zusammen arbeiten und leben. Verkaufe dein Haus, und ziehe zu mir! Es ist unsere Chance.«

Ihr sanftes Werben zeigt Wirkung. Marga wurde unsicher. Sie wusste nicht mehr, ob ihre Entscheidung wirklich richtig war.

»Wenn du mich aber nun mit meiner Bitte zurückweist, dann ist es hier und jetzt zwischen uns beiden aus!« Diese Worte kamen nun von Ulrike hart und unnachgiebig.

In diesem Augenblick empfand Marga nur mehr Ablehnung und Widerstand. Sie war ernüchtert und schob unsanft ihre Freundin von sich. Sie konnte nicht glauben, dass Ulrike sie für so schwach und unfähig hielt. Marga wusste nun, dass es vorbei war. Ulrike hatte verloren und Marga hatte kein Interesse mehr, an dieser Beziehung zu arbeiten und daran festzuhalten.

Sie stand langsam auf und sah ihre Freundin an. »Es ist vorbei, Ulrike. Ich möchte nicht mehr in dieser Form, ein Teil deines Lebens sein. Ich bin überzeugt, dass du eine andere Partnerin finden wirst, die besser zu dir und deiner Vorstellung von Liebe passt. Aber ich bin es definitiv nicht. Ich bitte dich, meine Entscheidung zu akzeptieren, und möchte, dass unsere Beziehung ohne Streit nun beendet wird. Es tut mir leid, dass das Ende nun in dieser Art und Weise stattfindet, aber ich kann nicht gegen meine Gefühle handeln, und ich möchte dich auch nicht belügen oder dir falsche Hoffnungen machen.« Marga ließ keine Unterbrechung zu und sprach weiter. »Ich denke, wir beide wissen schon seit Längerem, dass wir nicht die gleichen Wünsche und Hoffnungen haben. Lange waren wir trotzdem ein Paar, doch nur mit der großen Entfernung und mit dem getrennten Alltag konnte diese Beziehung aufrechterhalten werden. Ich habe in den letzten Wochen erkannt, dass ich andere Sehnsüchte habe - mein Leben anders gestalten möchte. Verzeih mir, aber es geht nicht mehr.« Mit diesen Worten ging sie zur Tür und ließ Ulrike alleine.

Marga ging in ihr Schlafzimmer. Die Knie zitterten ihr vor Enttäuschung und Wut, aber sie war erleichtert, dass sie nun diesen Schritt gemacht hatte. Den ganzen Tag hatte sie versucht, ihre Sichtweise Ulrike näherzubringen, hatte gehofft, dass die Freundin Verständnis für ihre familiäre und berufliche Situation aufbringen könne. Marga betonte auch immer wieder ihre Bereitschaft, an der Beziehung zu arbeiten. Sie hatte aber auch auf das fehlende Vertrauen hingewiesen und auf ihr Gefühl, Ulrike im körperlichen Bereich nicht deren Vorstellung zu entsprechen. Nun aber hatte ihr das soeben Erlebte gezeigt, dass es keinen Sinn mehr hatte, diese Beziehung weiter zu führen. Sie hörte das laute Schließen des Gästezimmers und die hohen Absätze von Ulrike, wie sie laut die Treppe hinuntereilte. Dann fiel die Haustür unsanft ins Schloss. Marga ging zum Fenster und sah, wie Ulrike wütend zu ihrem Auto ging und das Gepäck in den geöffneten Kofferraum warf. Kurze Zeit später jaulte der Motor auf, und sie fuhr rasch beschleunigend die Gasse hinauf - weg von Marga.

Es war ganz ruhig im Haus. Auch aus Estelles Zimmer hörte man keine Geräusche. Marga sah noch eine kurze Zeit auf die nun wieder leere, ruhige Straße. Es war eigenartig. Sie empfand keine Traurigkeit, sondern im Moment nur Erleichterung, obwohl sie diesen überstürzte Abgang von Ulrike übertrieben fand. Man hätte sich am nächsten Morgen in Ruhe verabschieden können. Sie hatten eine lange, gemeinsame Zeit miteinander, aber es entstand keine Wehmut, auch keine Verbitterung. Langsam ging Marga in das Gästezimmer und öffnete die Tür. Das Licht brannte noch. Es gab keine Nachricht mehr von Ulrike. Am Bett lag lediglich der zerrissene Vertrag des Hauses in Berlin.

Um etwas zu entspannen, empfand Marga lust auf ein Vollbad und ließ das Wasser mit Naturölen und reichlich Schaum ein. In der Wanne schloss sie entspannt ihre Augen. Es tat gut. Das Wasser schmiegte sich an ihren Körper, und die Essenzen verbreiteten eine duftende Wohltat. Sie fühlte sich ganz leicht und frei. Ja, frei! Jetzt war sie wieder alleine, ohne Beziehung. Sie hörte in sich hinein, wollte sicher gehen, dass es sich gut für sie anfühlte. Nach fast einer Stunde beendete sie ihre Wassermeditation, stieg gelöst und angenehm ermüdet aus der Wanne, schlüpfte in einen bequemen Pyjama und ging zu ihrer Tochter, um ihr die neue Situation mitzuteilen.

KAPITEL 41 - ELEONORAS HOFFNUNG

Es war wieder eine E-Mail von Marga gekommen. Sie hatte einige Bilder vom Haus und dem Garten gesendet und einige nette, unverbindliche Zeilen. Eleonora sah sich das kleine, gemütlich wirkende Haus an, und auch der Garten machte auf sie mit all den Skulpturen einen fröhlichen und lebendigen Eindruck. Überall sah man Zwerge und Elfen, die von Marga selbst angefertigt wurden. Richtig einladend fand sie Margas Zuhause und bedauerte, es nicht sehen zu können. Mit keinem Wort hatte Marga die Einladung erwähnt, aber auch über keine andere Osterplanung mit Ulrike geschrieben. Eleonora war sich nun sicher, dass wohl kein Interesse an einem Besuch in Irland bestand und war enttäuscht, dass Marga überhaupt nicht mehr darauf eingegangen war. Sie druckte die Bilder aus, legte sie auf den Schreibtisch und begann, Margas E-Mail zu beantworten. Eigentlich wollte sie sich nur bedanken und ihr Komplimente über das Haus und den Garten machen, doch am Ende fragte sie dennoch nach Margas Osterpläne mit Ulrike. Sie fand, dass sie Klarheit haben musste. Dann machte sie sich noch schnell fürs Kino fertig, zu dem sie sich mit einigen Kolleginnen verabredet hatte.

Einige Wochen zuvor, als sie nach so langer Zeit zum ersten Mal wieder ins Kino ging, war es für sie bedrückend, da überall Pärchen saßen und manche sich auch verliebt aneinander schmiegten. Zuerst konnte sie sich kaum auf den Film konzentrieren, doch als sie sich genauer im Saal umsah, bemerkte sie auch viele Besucher, die alleine gekommen waren, oder wie sie mit einer Gruppe. Langsam konnte sie sich entspannen, begann den Film zu genießen und war dann anschließend auch bereit, mit ihren Kolleginnen in eine Bar zu gehen. Da es für sie ein unerwartet schöner Abend wurde, ging sie von da an öfter mit ihnen aus und fand daran immer mehr Gefallen. Daher freute sich auch heute über die willkommene Abwechslung und verbrachte einen angenehmen Abend mit den Frauen.

Von ihren Kolleginnen waren die meisten in einer festen heterosexuellen Beziehung. Man wusste auch nichts weiter von Eleonoras sexuellen Orientierung. Daher konnte Eleonora sich ungezwungen die Liebesgeschichten anhören und winkte nur lächelnd ab, wenn man sie nach ihrem Liebsten fragte.

Niemand kannte ihre Vergangenheit. Keiner wusste von ihrem Privatleben, und da alle so sehr mit ihren eigenen Beziehungsgeschichten beschäftigt waren, fiel ihnen Eleonoras Schweigen nicht auf. Es war für Eleonora angenehm, nicht ausgeschlossen oder verachtet zu werden. Sie musste nichts erklären oder sich verteidigen. Man wusste, dass sie sich stark für die Frauenbewegung einsetzte, aber keine der Anwesenden war jemals bei einer dieser Veranstaltungen. Aus diesem Grund sah man sie nur als stark, emanzipierte, junge Frau. Außerhalb des Campus stand sie bei den Veranstaltungen zu ihrer Orientierung, trat dort auch ganz öffentlich dazu auf. Doch im universitären Bereich versuchte sie bisher, ihr Outing zu vermeiden. So kam sie gut gelaunt, viele Stunden später nach Hause und war überrascht, schon so rasch eine Antwort von Marga zu bekommen.

Sie las die E-Mail wieder und wieder, konnte den geschriebenen Worten kaum trauen. Mit Herzklopfen las sie nun schon zum sicher zehnten Male die Nachricht. »*Ulrike und ich haben uns für immer getrennt. Wir sind nun kein Paar mehr. Da ich keine Osterpläne habe, nehme ich gerne die Einladung an, zu dir nach Irland zu kommen.*« Eindeutig hatte ihr Marga damit mitgeteilt, dass sie nun wieder solo war.

Eleonora freute sich für Marga, sie hatte schon zum Jahresende in Berlin, die beiden nicht als harmonisches Paar empfunden und fand sie für Ulrike viel zu schade. Aber eigentlich freute es sie nicht nur für Marga, sondern auch sie fand es angenehm, nun nicht mehr auf eine Partnerin Rücksicht nehmen zu müssen. Es war ein schönes Gefühl an ihre angenehme Stimme zu denken - an Margas bescheidene Art, auf das offene

Gesicht mit den tief verständnisvollen Augen und an die wunderschönen Haare. Eleonora gestand sich ein, dass es die erste Frau war, die sie seit Samantha anziehend und faszinierend fand. Sie spürte ein leichtes Ziehen und Kribbeln über dem Bauchnabel, wenn sie an sie dachte. Sie freute sich, dass Marga nun zu ihr kommen wollte, sie sich wiedersehen und stundenlang unterhalten konnten. Eleonora war so glücklich wie lange nicht mehr.

Später überlegte sie dann, wo sie ihren Besuch am besten unterbringen sollte, entschied sich sogleich für ein Zimmer im eigenen Hotel, da sie in ihrer Wohnung, schon wegen Samantha, niemanden übernachten lassen wollte. Sie wusste auch nicht, wie die Familie reagieren würde, da es noch zu keiner solchen Situation gekommen war, und beschloss, ihnen von einer eben getrennten, traurigen Freundin zu erzählen. Dies würden sie alle verstehen, und niemand würde daran Anstoß nehmen. Erleichtert, eine Lösung gefunden zu haben, schrieb sie sogleich mit Freude zurück. Auch Suzan berichtete sie von der Einladung und war gespannt, wie diese reagieren würde.

Aufgewühlt ging Eleonora zu Bett. Sie konnte nicht einschlafen, soviele Gedanken und Bilder kreisten in ihrem Kopf. Sie wusste nicht, ob Marga nun, da sie alleine war, mehr erwarten würde – emotional wie körperlich. Das würde dann natürlich nicht gehen. Eleonora müsste ihr dann erklären, dass es da Samantha gab, sie noch nicht bereit war für eine neue Beziehung. Aber Eleonora fühlte auch etwas, dass sie schon seit Jahren nicht mehr verspürt hatte. Ihr Körper verlangte nach Berührungen. Sie wollte Zärtlichkeit geben und nehmen. Ein Verlangen, dass sie bei keiner Frau mehr hatte, es war die Sehnsucht nach Marga.

KAPITEL 42 - ELEONORAS EINLADUNG

Marga hatte ein sehr positives Gespräch mit Estelle, die den überstürzten Abgang von Ulrike von ihrem Fenster aus beobachtet und die Spannungen der letzten Monate durchaus mitbekommen hatte. Sie hatte sich mit Ulrike immer sehr gut verstanden, konnte aber einem Umzug nach Berlin nichts Positives abgewinnen und war daher froh über die Entscheidung ihrer Mutter. Sie war glücklich über den Kauf des Hauses und war dementsprechend entsetzt über Ulrikes Forderungen.

»Wir bestellen uns einen große Pizza«, tröstete sie ihre Mutter. »Wir geben diesem neuen Lebensabschnitt einen gemütlichen Anfang.«

So saßen sie wenig später mit einer riesigen Familienpizza gut gelaunt und angeregt plaudernd, bis weit nach Mitternacht zusammen. Marga war froh, dass Estelle so unbekümmert damit umging. Fröhlich ging Marga anschließend noch zum Computer um nachzusehen, ob es von Eleonora eine Nachricht gab, da sie ihr am Vortag in aller Früh, noch vor der Aussprache mit Ulrike, geschrieben hatte. Innerlich heiter öffnete sie die E-Mail und war total aufgeregt, als sie sah, dass Eleonora nach ihren Osterplänen fragte. Marga beschloss, mutig zu sein. Sie wollte es einfach mal riskieren und Eleonora in den Glauben zu lassen, dass Marga davon ausging, dass die Einladung noch immer bestehen würde. Sie berichtete von ihrem Beziehungsende und würde nun sehen, ob Eleonora an ihr interessiert war. Aufgeregt ging Marga zu Bett, und mit keinem Gedanken dachte sie an die eben beendete Beziehung. Sie war mit ihrem Herzen nur bei Eleonora, wollte sie wiedersehen und sie endlich berühren. Noch lange dachte Marga an sie und fiel dann in einen tiefen Schlaf. Sie träumte von Irland, von der rauen Landschaft, dem kleine Hotel und wie sie Eleonora sanft und innig küsste.

Gut ausgeruht und in bester Laune, wachte Marga am späten Morgen auf und war überrascht, dass Estelle ihr so liebevoll das Frühstück ans Bett brachte. Ihre Tochter wollte sie wegen der am Vorabend beendeten Beziehung trösten und war überrascht, wie leicht ihre Mutter offenbar darüber hinweg gekommen war. Genüsslich frühstückten beide und besprachen gerade die Planung des Tages, als Ulrike anrief. Sie bat um Entschuldigung über ihre gestrige, überstürzte Abreise und hatte in den vielen Stunden der Rückfahrt, über alles noch einmal nachgedacht.

»Wenn du bei deinem Entschluss bleibst, nehme ich trotzdem das Haus.« Ulrike versuchte, ihrer Stimme die Unsicherheit zu nehmen und setzte mit einem unbeschwerten Tonfall fort. »Eine junge Kollegin ist bereit, sich als Mitbewohnerin und an den Praxisräumen zu beteiligen. So wäre es wohl für alle dann die beste Lösung.« Sie wartete auf eine Reaktion von Marga, doch diese wollte nichts Näheres über die junge Frau wissen. »Sie ist noch sehr jung, gerade 23 Jahre geworden und ziemlich verloren in der Großstadt, da sie eigentlich vom Land kommt. Du kannst dir vorstellen, wie erleichtert sie ist, dass ich mich ein wenig um sie kümmere.« Man hörte Ulrikes Verlegenheit, ihre Stimme wurde immer unsicherer.

»Mach dir keine Gedanken, Ulrike, du bist mir keine Rechenschaft mehr schuldig. Wir sind getrennt, es steht dir offen, wieder eine Beziehung zu beginnen.« Marga wollte keinen Streit, aber sie war nun doch ein wenig unangenehm berührt. Sie war überrascht über das Alter der offensichtlich neuen Freundin. Hatte Ulrike nicht zu schnell einen Plan B? So schnell konnte man doch nicht eine Mitbewohnerin bekommen. Sie musste wohl schon länger mit dem Gedanken gespielt und mit der anderen zumindest schon einmal darüber gesprochen haben. Marga fragte nicht nach, seit wann Ulrike diese Alternative hatte, es kam ihr unehrlich vor, sich als Richterin aufzuspielen, wo sie doch selbst schon seit Wochen auf Eleonora konzentriert war. So beendeten sie das Telefonat mit dem gegenseitigen Versprechen, trotzdem in freundschaftlichem Kontakt zu bleiben, und erleichtert ging Marga zum Computer, um ihre Nachrichten zu überprüfen.

Erfreut sah sie, dass Eleonora die Einladung aufrechterhalten hatte und bestätigte ihr sofort den vorgeschlagenen Reisetermin. Mit klopfendem Herzen dachte Marga an den Traum der vergangenen Nacht, und sie musste sich erst ein wenig fassen, bevor sie zu Estelle ging, um ihr die Pläne von der Reise nach Irland mitzuteilen.

Diese war begeistert. Sie gab sogleich den genauen Ort in einer Internet-Suchmaschine ein. So konnten sie sich vorab ein wenig orientieren. Gemeinsam sahen sie sich die Bilder an und suchten nach Möglichkeiten für die Anreise. Da nur das Fliegen in Frage kam, suchten sie zuerst eine kostengünstige Lösung, entschlossen sich dann aber doch für einen Direktflug ab Wien mit einer österreichischen Fluglinie. Aufgeregt rief Estelle Bernadette an, um ihr von der geplanten Reise zu erzählen, ganz nebenbei erwähnte sie dann auch noch die Trennung ihrer Mutter von Ulrike, was Waltraud und Bernadette dazu veranlasste, am Abend unangekündigt zu erscheinen.

Die beiden waren überrascht, Marga in so guter Laune zu sehen, da sie sich eigentlich auf einen tränenreichen Abend eingestellt hatten. Estelle war bei der Theaterprobe, und so konnten sich alle in Ruhe unterhalten. Waltraud war entsetzt über das Verhalten von Ulrike und konnte nicht glauben, dass diese zweigleisig die Beziehung geführt hatte und nun mit einer viel Jüngeren zusammenziehen würde. »Wahrscheinlich war es hauptsächlich die Tatsache, dass ihr eine Fernbeziehung hattet. Man muss seinen Lebensalltag dann meist alleine bestreiten, und wenn man neue Bekanntschaften macht, erleben die einen immer nur als Single. Aber trotzdem ist Ehrlichkeit das Wichtigste! Wenn man sich in eine andere verliebt, muss man das sofort der Partnerin mitteilen, nicht erst wenn man schon miteinander im Bett war. Von Anfang an!« Tröstend legte sie ihren Arm um Marga.

Bernadette fand es eigenartig, dass die Beziehung so endete, wie sie begonnen hatte. Es war für sie wieder eine Bestätigung, dass man alles zurückbekommt. »Du hattest doch damals eine Zeit lang zugleich mit Karin und Ulrike eine Beziehung«, vorwurfsvoll sah Bernadette zu Marga.

»Das ist nicht mit der derzeitigen Situation gleichzusetzen!« Waltraud protestierte heftig. »Marga hatte Karin sofort davon berichtet. Alle drei wussten um ihre Ausgangslage. Damals war Marga nicht unehrlich, sondern hatte offen über das Geschehene berichtet. Aber diese Geschichte hier ist hinterhältig und verlogen, wer weiß wie lange und wie oft Ulrike Marga betrogen hat.« Es war lieb von Waltraud, wie sie Marga verteidigte.

»Es war trotzdem nicht in Ordnung, da ich damals Karin betrogen habe und mich eine Weile nicht entscheiden konnte. Bernadette hat schon recht, man bekommt alles irgendwie zurück.« Nachdenklich und ein wenig beschämt blickt Marga zum Fenster hinaus.

Waltraud wollte die Freundin etwas ablenken. »Ihr wollt nach Irland? Estelle hat uns davon berichtet. Das ist eine gute Idee, das wird euch auf andere Gedanken und zudem Abstand zur derzeitigen Situation bringen. Wie kam es zu dieser Überlegung? Wer hat euch eingeladen?« Man sah Waltraud die Neugierde an.

Mit unsicherer Stimme erzählte Marga von ihrer Begegnung mit Eleonora und dem daraus entstandenen Kontakt. Bernadette unterbrach sie mitten in der Schilderung. Sie war entsetzt, dass Ulrike neben ihr und Estelle sich um die Referentin bemüht hatte. Waltrauds genauem Blick blieb aber das Mienenspiel von Marga nicht verborgen, und sie beobachtete während der ganzen Erzählung ihre Freundin.

»Hast du ein Bild von ihr? Wie schreibt sie denn?« Sie sah den verlegenen Blick der Freundin und konnte sich nun nicht mehr das Lachen verhalten. »Gib es zu! Es hat dich erwischt! Deshalb nimmst du das Beziehungsende so locker auf.«

Marga gestand ihnen die Gefühle, die sie schon einige Zeit für Eleonora empfand, zeigte ihnen die E-Mails und erzählte vom Telefonat. Waltraud fand ihre Initiative gut und war überzeugt, dass Eleonora sich zu ihr ganz hingezogen fühlte, aber sich selbst noch nicht die Gefühle eingestehen wollte. Bernadette glaubte, dass sie nur schüchtern war und durch die Beziehung mit Ulrike sich zuerst nicht aufdrängen wollte. Marga wollte einfach nur das Gefühl der Wiedersehensfreude genießen. Sie war nun überzeugt, dass Eleonora sich für sie interessierte und fühlte sich durch den intensiven Traum der letzten Nacht bestätigt. Sie lasen in den nächsten Stunden noch einige Male die Nachrichten Eleonoras, versuchten zwischen den Zeilen zu lesen, kicherten ausgelassen und genossen den gemeinsamen Abend.

Eleonora hatte nach Margas Bestätigung mit ihr vereinbart, sie nach der Landung vom Flugplatz abzuholen, da Marga mit ihrer Tochter noch ein längeres Stück mit dem Auto fahren mussten. Nachdem Marga die Flugtickets besorgt hatte, konnten sie in einem anschließenden Telefonat noch alles Organisatorische besprechen. Sie hörte, dass auch Eleonora etwas unsicher war. Dass sie sich für Marga interessierte, war aber ebenso zu spüren.

Am Abend, wenn Marga im Bett lag, konnte sie in Ruhe über die bevorstehenden Ereignisse nachdenken. Sie fühlte dann Aufregung in ihr aufsteigen und hatte ein wenig Angst vor der Begegnung, die nun immer mehr Bedeutung bekam und die Emotionen Margas durcheinander brachte. Es war so schön an Eleonora zu denken. Marga spürte deren Sensibilität und Sanftheit, aber auch ihrer Klugheit und Bildung faszinierten sie. Auch körperlich war Marga von ihr sehr stark angezogen und hatte ganz neue, sinnliche Fantasien. An ihre eben erst beendete Beziehung dachte sie kaum. Es hatte für sie fast keine Bedeutung mehr. Sie bedauerte nicht die Zeit mit Ulrike, aber es kam auch kein Wehmut oder Schmerz auf. Marga empfand keine Eifersucht in Bezug auf die junge Kollegin und der scheinbar längst intimen Freundin. Marga war erleichtert, da sie keine ihrer sexuellen Wünsche tatsächlich ausleben konnte. Man kam viel besser auf der Verstandesebene miteinander zurecht. Auf der Gefühlsebene gab es von Anfang an Schwierigkeiten, vielleicht auch deswegen, da Marga zunächst sowohl mit Karin als auch mit Ulrike eine Beziehung hatte und sich nicht sogleich entschieden hatte.

›Wenn man wirklich liebt, gibt es kein Zögern und Überlegen‹, dachte Marga. ›Man weiß es dann sofort!‹ Tief in ihrem Innersten wusste sie immer, dass es nur eine Beziehung auf Zeit war.

Bei Eleonora war es jedoch anders. Noch nie fand sie jemanden so anziehend. Sie wollte ihr nahe sein, alles von ihr wissen, alles spüren und verstehen. Einmal versuchte sie, sich Eleonoras frühere Beziehung vorzustellen, bekam dann aber ein derartiges starkes Gefühl von Einsamkeit und Trauer, sodass sie es künftig lieber auf sich beruhen ließ. Marga fühlte, dass sie Eleonora Zeit lassen und auf ihr Vertrauen warten musste. Sie wollte sich nicht alleine mit der Vergangenheit der Freundin auseinandersetzen, respektierte ihr derzeitiges Schweigen diesbezüglich und beschloss, sich vorerst auf die Gegenwart und unmittelbare Zukunft zu konzentrieren, da dies jetzt maßgebend war.

Es gab kaum eine Zeit zum Entspannen oder Träumen. Die Mal- und Therapiegruppen erforderten ihre ganze Aufmerksamkeit, und auch die Beratungen waren in den nächsten Tagen anstrengend und Kräfte raubend. Viele komplizierte Lebensgeschichten wurden an sie herangetragen, und einige sehr verzweifelte Klienten baten um ihre Hilfe, sahen sie als letzte Möglichkeit.

Marga hatte auch schon seit Längerem eine Klientin, die schon jahrelang verzweifelt von einer heterosexuellen Beziehung in die nächste glitt und bei keiner seelische oder körperliche Erfüllung fand. Über Jahre wurde sie von depressiven Verstimmungen geplagt, fand am Leben keinen Gefallen mehr. Sie konnte sich als Frau nicht annehmen und spüren. Sie kam anfangs mit dem Wunsch einer Rückführung zu Marga, aber diese sah, dass die Ursache in diesem Leben das Verleugnen der Sexualität war. Daher ergab es für Marga keinen Sinn, auf karmischer Ebene mit der Klientin zu arbeiten. Mit viel Geduld versuchte sie, ihr die Angst vor der eigenen Sexualität zu nehmen und zeigte ihr auch die Möglichkeiten, zu einer gleichgeschlechtlichen Liebe auf. Sie veranschaulichten deren Ängste und Blockaden, und Marga versuchte, ihr die Vorurteile zu nehmen. Sie ermunterte sie, auf ihre Gefühle zu hören. Am Anfang wollte die 50-Jährige ihre Empfindungen abstreiten, versteifte sich darauf, durch eine Rückführung alles klären zu können, doch dann wurde sie nachdenklich und war am Schluss dankbar für die offenen Gespräche. Sie zeigte Bereitschaft, sich ohne Verurteile und Ängste vor möglicher gesellschaftlicher Reaktion ihrer sexuellen Neigungen zu widmen.

Es gestaltete sich manchmal schwer und erforderte oft viele Gespräche, bis jemand so weit war, sich auf dieses Thema einzulassen, und einige Frauen schafften es niemals. Sie ertrugen nicht die Reaktion und die daraus entstehenden Konsequenzen, lebten daher ihre sexuelle Orientierung auch weiterhin nicht aus. Marga stellte immer wieder fest, dass die Gesellschaft noch lange nicht dazu bereit war, gleichgeschlechtliche Liebe als völlig normal anzusehen.

KAPITEL 43 - ELEONORAS GÄSTE

Suzan war überrascht. Sie hatte noch nie etwas von einer Marga gehört, und nun sollte diese zu Ostern daheim bei Eleonora sein. Wer war diese Frau, die anscheinend zum ersten Mal wieder Gefühle bei der Freundin aufkommen ließ? Suzan konnte sich nicht vorstellen, dass die Einladung nur aus sozialen Gefühlen ausgesprochen wurde. Außerdem war diese Besucherin nach den Erzählungen Eleonoras Künstlerin, hatte eine fast erwachsene Tochter und kam aus Wien, Eleonoras Heimatstadt, wo man sie so sehr verletzt und gedemütigt hatte. Sie machte sich große Sorgen. Doch als sie mit Eleonora telefonierte, hörte sie in deren Stimmer so viel Fröhlichkeit und Zuversicht. Sie spürte das große Interesse der Freundin an der neuen Bekannten und versuchte, es positiv zu sehen. Trotzdem bat sie die Freundin, vorsichtig zu sein, ein wenig auf Abstand zu gehen, nicht so schnell zu vertrauen. Sie konnte sich auch nicht recht vorstellen, dass Eleonora Samantha vergessen würde und sich nun vielleicht sogar auf eine neue Beziehung einlassen konnte. Sie beschloss, sich diese Künstlerin auf jeden Fall anzusehen.

Eleonora spürte die ablehnende Haltung Suzans, obwohl sie ihr nichts von ihren Gefühlen mitgeteilt hatte. Aufgrund ihrer aufgeregten Stimme hörte sie heraus, dass ihr diese unerwartete Situation unangenehm war, sie sich nicht auf eine eventuelle neue Beziehung von Eleonora einstellen konnte. Es wunderte Eleonora ein wenig. Sie hatte sich mehr freudige Anteilnahme erhofft und nicht nur Ablehnung. Sie beschloss, es einfach auf sich zukommen zu lassen, hoffte auf Suzans Verständnis und dachte über den erwartenden Besuch nach, der ihre Gefühle immer mehr durcheinander brachte.

Es war ein leichtes, so unbeschwertes Gefühl, wenn sie an Marga dachte. Oft lag Eleonora in der Nacht noch lange wach, wünschte sich ihre Stimme zu hören. Manchmal versuchte sie, sich auch vorzustellen, wie sich deren Lippen wohl anfühlen würden. Sie würde auch gerne Margas Körper sehen, wollte wissen wie sich deren Haut anfühlte, wollte sie berühren und spürte ihre eigene Erregung dabei. Sie hatte dann immer ein schlechtes Gewissen gegenüber Samantha, aber das Verlangen und die Gefühle konnten nicht mehr unterdrückt werden. Sie wurden täglich stärker.

Manchmal hatte Eleonora Angst, dass sie sich alles nur einreden würde, Marga kein sinnliches Interesse an ihr hätte und in ihr nur eine junge, engagierte Frauenrechtlerin sah. Dann gab es auch noch die fast erwachsene Tochter, eine große Verantwortung für Marga. Kinder hatte Eleonora für sich nie geplant oder gewünscht. Sie konnte sich nicht vorstellen, wie man in dieser Konstellation in einer Beziehung leben könnte. Würde man als Partnerin dann immer hinten an stehen? Müsste sich dann alles nach der Tochter richten? Und welche Aufgabe hätte sie dann gegenüber Estelle? Es war kompliziert und zudem derzeit überhaupt kein Thema - wahrscheinlich niemals. Daher dachte sie viel lieber nur an die Gefühle für Marga und stellte sich ihren reizvollen Körper vor.

Es war ein belebendes Gefühl, und Eleonora spürte tagsüber eine fast kindliche Freude und hatte auf einmal viele Pläne und Ideen. Sie musste noch vieles vorbereiten, wollte ihren Gästen auch ein schönes Osterfest bereiten. Daher ging sie nach langer Zeit wieder einmal in London einige Besorgungen machen. Es war ein eigenartiges Gefühl, sich auf diese Festlichkeiten einzulassen, und Eleonora bemerkte, dass es ihr guttat.

Seit sie mit Marga Kontakt hatte, dachte sie auch immer wieder an Wien und an ihre Familie. Sie hatte seit dem Verlassen der Klinik, bis auf die nachgesendete Kleidung, nie mehr etwas von ihrer Verwandtschaft gehört. Nach Samanthas Tod schrieb Eleonora ein paar Briefe an ihre Mutter und an Lore, ihre Patentante. Alle wurden jedoch ungelesen zurückgesendet. Schrecklich war es mit dieser Härte und Unbarmherzigkeit abgewiesen zu werden. Sie verstand noch immer nicht, wie ihre Mutter so kalt sein konnte.

Eleonora war die einzige Tochter. Viele Jahre standen sie sich sehr nahe, hatten ein gutes Verhältnis. Es gab kaum Konflikte oder Streit. Doch ab dem Augenblick, als Eleonora ihre erste sexuelle Erfahrung mit einer Frau hatte, gab es keine Offenheit und kein Verständnis mehr seitens der Mutter. Diese konnte den Gedanken nicht ertragen. Selbst als sie beinahe ihre Tochter für immer verloren hätte, war ihr die gesellschaftliche Anerkennung und die eigene Stellung wichtiger, als das Leben Eleonoras.

Es war noch immer schwer an das Geschehene zu denken. Es zog Eleonora noch immer in den Strudel der Verzweiflung und Hoffnungslosigkeit. Sie hatte sich damals aufgegeben, konnte nicht mehr kämpfen, sah ihre Zukunft verloren und verraten. Es gab für Eleonora keinen Ausweg mehr. Sie fühlte sich ungeliebt. Die Eltern waren Feinde. Ihre Mutter stellte sich nie schützend vor Eleonora, versuchte sie nicht zu verstehen. Sie wollte nicht wissen, wie es ihrem einzigen Kind ging, und lehnte bis zum heutigen Tag jeden Kontakt zu ihr ab.

Die ganze Verwandtschaft hatte seither Eleonora anscheinend aus dem Gedächtnis gelöscht, als ob es sie niemals gegeben hätte. Sie war sich auch nicht sicher, ob ihre Mutter nicht schon gestorben war oder andere Verwandte, da sie keine Möglichkeit hatte, von jemandem informiert zu werden. Aber innerlich war die Mutter für Eleonora längst tot. Die vielen harten Jahre hatten Eleonora verändert. Sie würde keine Liebe mehr für ihre Mutter empfinden, konnte sich kein Vertrauen oder Innigkeit mehr vorstellen.

Nun musste sie sich durch den Kontakt mit Marga wieder mit ihren alten Gefühlen auseinandersetzen. Vielleicht war es aber auch gut, sich der Vergangenheit zu stellen, eventuell wieder einmal die alte Heimat zu sehen, zu spüren, ob man es geschafft hatte. Eleonora fühlte, dass es ihr mit Marga leichter gelingen würde, es für sie nicht mehr so schmerzhaft wäre. Ja, es war gut, dass es Marga gab. Eleonora wollte sie in ihr Leben lassen. Sie wusste nur noch nicht wie nahe.

KAPITEL 44 - MARGA IN IRLAND

Marga hatte ziemlich viel Gepäck für den Besuch bei Eleonora. Sie wusste nicht, ob Ostern traditionell gefeiert wurde und hatte sich dann trotzdem für einige österliche Gastgeschenke entschieden. Sie bestickte mit österlichen Motiven eine Tischdecke, buk einen riesigen Osterstriezel, einen Kärntner Reindling, nahm noch zwei wunderschöne selbst gestaltete große Osterkerzen und kleine Osternester mit gefärbten Eiern und leckeren österreichischen Süßigkeiten mit.

Estelle freute sich schon über den bevorstehenden Aufenthalt, da sie nun wieder ihre Englischkenntnisse erweitern konnte. Natürlich war sie auch schon auf die Landschaft und auf die Iren neugierig, da sie fasziniert von englischsprachigen Ländern war. Der Flug verlief problemlos, und aufgeregt gingen sie nach der Ankunft durch die Grenzkontrolle, wo sie anschließend schon freudig von Eleonora erwartet wurden.

Die Begrüßung fiel für alle drei sehr herzlich und unerwartet vertraut aus. Da es ziemlich stark regnete, beeilten sie sich, zum Auto zu kommen. Die drei fuhren von schlechtem Wetter begleitet fast eine Stunde und konnten schon von Weitem das kleine Hotel erkennen. Da erst vor einem halben Jahr alles neu renoviert wurde, leuchtete das Gebäude in einem zarten Gelb mit weißen Fensterrahmen ihnen einladend entgegen. Das Grundstück war gepflegt, und der große neue Wintergarten lud das ganze Jahr zum gemütlichen Entspannen ein. Ein großer gestreifter Kater hatte es sich im Hauseingang gemütlich gemacht, doch durch seine Müdigkeit schenkte er den Ankommenden kaum Beachtung.

Marga war fasziniert von der Landschaft und fühlte sich trotz des schlechten Wetters in bester Laune. Sie war glücklich, dass sie nun die nächsten Tage hier bei Eleonora verbringen würden, bis zum Abflug hatte sie immer ein wenig Angst, dass irgendetwas die Reise verhindern könne.

Eleonora half, das Gepäck auf das Zimmer zu bringen, dass sie liebevoll mit Osterdekoration hergerichtet hatte. Es war das schönste Gästezimmer und hatte sogar einen kleinen Balkon und ein eigenes großes Badezimmer.

Nachdem sich Marga und Estelle ein wenig frisch gemacht hatten, trafen sie sich mit Eleonora im Wohnzimmer der Großmutter, um sich miteinander bekannt zu machen. Die alte Dame sah die beiden interessiert aber auch sehr freundlich an und hieß sie herzlich willkommen. Sie sprach nur Englisch, und die Verständigung fiel durch ihren eigenartigen Dialekt anfangs etwas schwierig aus. Lächelnd half ihnen Eleonora aus so mancher Peinlichkeit. Sie wusste noch von ihren eigenen Anfangsschwierigkeiten. Marga übergab eine der großen Kerzen und das Ostergebäck. Man genoss dies sofort mit einem köstlichem Tee.

Als der Regen endete entschieden sich Marga und Estelle, zu einer kleinen Erkundungstour. Sie gingen in Richtung Meer, und als Marga sich genauer umsah, erschrak sie ein wenig. Sie sah, wie die Wellen mit großer Kraft auf die Felsen trafen und sah den düsteren wetterbehangenen Himmel. Sie erkannte in dieser Landschaft ihr vor einigen Monaten gemaltes Bild wieder. Sie empfand auf einmal diese unendliche Traurigkeit, und sie war sich nun nicht mehr sicher, ob die Reise wirklich eine gute Idee war. Marga war auch ein wenig verwirrt, dass Eleonora ihr nicht ihre Wohnung zeigte, hatte auf einmal ein unangenehmes Gefühl, als ob sie hier nicht erwünscht wäre. Sie hatte bei der Ankunft die ehrliche Freude von Eleonora gespürt, konnte nun aber die Gefühle nicht mehr einordnen. Ziemlich niedergeschlagen ging sie mit ihrer Tochter in das Hotel zurück, und es wurde noch ein netter, aber eher unpersönlicher Abend mit Eleonora und ihrer Großmutter.

Sie waren nun schon einige Tage hier, hatten ein paar schöne Ausflüge in die nähere Umgebung gemacht und auch Suzan eine Verwandte und ehemalige Studienfreundin von Eleonora kennengelernt. Diese war ein wenig abweisend, und es wollte kein rechtes Gespräch zwischen ihnen aufkommen. Marga war froh, als Suzan wieder abfuhr. Eleonora machte auf sie einen hilflosen Eindruck. Sie war hier nicht so stark, wie sie in Berlin auf sie wirkte.

Am Ostersonntag gab sich Eleonora große Mühe und hatte einen wunderschönen Tisch mit köstlichen Speisen aufbauen lassen und hatte für Marga und Estelle kleine Geschenke vorbereitet. Es war eine freundliche Stimmung, und auch mit der Großmutter unterhielten sie sich gut. Nur zwischen ihr selbst und Eleonora kam keine rechte Vertrautheit auf. Marga konnte sich nun nicht mehr vorstellen, dass ihr Traum sich verwirklichen würde. Am Abend wollte Estelle lieber ein wenig fernsehen, da die vielen englischen Sender ihr Interesse weckten, und so beschloss Marga, alleine einen kleinen Spaziergang zu unternehmen.

Sie stand bald am Meer, sah den brausenden Wellen zu und war so traurig, dass es zwischen ihr und Eleonora nicht klappte. Die Tränen rannen ihr vor Enttäuschung und Schmerz, und sie war so sehr in ihren Kummer vertieft, dass sie nicht hören konnte, wie sich ihr langsam die Freundin näherte. Erst als Eleonora vor ihr stand und entsetzt auf ihre Tränen sah, nahm sie diese wahr. Eleonora konnte nicht anders, als sie zärtlich zu umarmen und strich ihr sanft über ihren Kopf. Eleonora ahnte, dass es wegen des Kummers über sie war, und wollte es nicht bei diesem Eindruck belassen.

»Ich möchte zu dir ehrlich sein und dich nicht länger im Unklaren lassen. Dazu habe ich dich zu sehr liebgewonnen.« Langsam begann sie zu erzählen. Sie sprach über ihre tiefe Liebe zu Samantha und deren unfassbaren Tod und erzählte Marga vom den anschließenden schmerzvollen Jahren. Sie gingen langsam, in der Erzählung vertieft, zum Haus zurück, und Eleonora führte Marga zum ersten Mal in ihre Wohnung.

Marga konnte nun alles besser verstehen. Sie sah die vielen Bilder und die Schränke, die noch voll mit Samanthas Sachen waren. Sie sah über dem Bett ein Bild von den beiden in inniger Pose. Resignierend wollte sie aufgeben. Marga erkannte deren Hingabe und konnte sich nicht vorstellen, dass sie bei Eleonora solche erotischen Gefühle auslösen könne. Doch auf einmal wurde ihr bewusst, dass sie einen Fehler machte. Sie konnte nicht nur alles auf das Körperliche werten. Tiefe Liebe bestand nicht nur aus der sexuellen Zuwendung. Seelen müssen sich auch innerlich vereint fühlen. Marga erkannte, dass jeder mit seiner Liebe, etwas Neues in dem Partner auslöste. Sie durfte nicht mit einer Verstorbenen in Konkurrenz treten, sollte nicht gegen Samantha kämpfen, sondern nur um die Liebe dieser Frau.

Sie sahen sich lange an, und Marga spürte wieder diese Sehnsucht, die sie daheim in Wien hatte, als sie an Eleonora dachte. Auf einmal nahm diese ihre Hände, küsste sie, sah Marga an und gestand ihr mit leiser Stimme: »Ich habe mich so sehr in dich verliebt, aber ich weiß nicht, wie ich damit umgehen soll. Bitte, hilf mir dabei!«

Marga spürte eine Woge warmer und inniger Empfindungen. Sie sah die Freundin an, strich ihr das Haar zur Seite, so dass sie ihr ganzes, liebliches Gesicht sehen konnte und näherte sich vorsichtig mit ihren Lippen. Sie küsste ihr ganz sanft auf die Stirn und berührten dann zärtlich ihren Mund. Marga hatte eigentlich nicht mit mehr gerechnet, aber ihr Kuss wurde mit einer derartigen Innigkeit erwidert, dass sie mit einer nicht mehr zu bremsender Lust, ihre Zunge zum zunächst zärtlichen und anschließend immer heftigeren Liebensspiel in Eleonoras Mund führte. Ihre Münder vereinten sich stürmisch, währenddessen Eleonora Margas Brust vorsichtig anfasste, um ihr dann sogleich ungeduldig die Bluse auszuziehen. Sie streifte ihr den Büstenhalter ab und berührte mit sichtbarer Lust deren nackten Busen. Sanft begannen sie sich gegenseitig zu entkleiden, und Marga spürte, wie sich ihre Brustwarzen schon hart und mit Begierde Eleonora zeigten. Marga hatte noch nie so eine Erregung für eine Frau gespürt. Sie konnte sich an deren wunderschönen Körper nicht sattsehen. Dieser große, aber doch fast zerbrechlich wirkende Körper, löste bei ihr noch nie zuvor gespürte Gefühle aus. Die tiefschwarzen Haare fielen lang herab und betonten zusätzlich ihr feminines Aussehen, aber sie verdeckten auch nur sanft die Tätowierung am linken Oberarm. Marga erkannte den Schriftzug, aber dieser Augenblick gehörte ihr, und sie ging wieder in ihr Gefühl und sah in Eleonoras Augen, die so unendlich tiefblau waren. Es war der perfekte Moment. Nichts stieß ab oder war unangenehm für Marga. Sie wollte von Eleonora berührt werden, aber sie wollte auch selbst diese sinnliche Frau mit zärtlichen Berührungen ertasten, sie zur Erregung bringen, sie erobern und sich mit ihr vereinen.

Marga begann die sinnlichen Bereiche ihrer Freundin mit der Zunge sanft zu umspielen. Als sie sich vorwagte, bot sich ihr schon feucht deren intimster Bereich an. Sie legten sich auf das Bett, und nun begann auch Eleonora, mit sanften Bewegungen Margas Körper zu erforschen. Marga genoss die sanfte Verführung, und als die Freundin immer fordernder sich ihr begegnete, erfüllte eine nie gekannte Sehnsucht Margas ganzen Körper. Sie stöhnte vor Lust und bot sich mit wachsender Begierde ihrer Freundin an. Sie erkannte sich selbst nicht mehr, nie zuvor hatte sie die Kontrolle über sich verloren, hatte immer jede Situation beherrscht. Doch nun zuckte ihr Körper vor Erregung und verlangte nach mehr. Immer wilder wurde ihr Verlangen, und Eleonora kam mit sichtbarer Lust ihrer Bitte nach. Marga spürte die Finger von Eleonora in sich, die mit heftiger rhythmischer Bewegung nun endgültig ihrem Körper die Kontrolle entzogen. Nicht mehr möglich auch nur das geringste Schamgefühl zu empfinden, gab sie sich nun ganz hin und ließ sich von Eleonora erlösen. Noch in der wilden Verzückung begann nun auch Marga, mit nicht weniger Erregtheit, den Körper von Eleonora einzunehmen. Auch dies löste bei ihr Begierde und Lust aus, die ihre Eleonora ebenso erfüllte. Sie spürten ihre glühenden Körper und versanken stundenlang ineinander.

Am nächsten Morgen war es Marga kaum möglich, die Fahrt nach Dublin zu genießen. Estelle fotografierte alles Sehenswerte und war begeistert von der Stadt. Heute sollte der Besuch der Hauptstadt zugleich Höhepunkt als auch Ausklang ihrer Reise sein. Schon am nächsten Tag war der geplante Rückflug, da sowohl für Estelle als auch für Eleonora die Osterferien zu Ende waren. Marga versuchte daher, Eindrücke von dieser großen Stadt und deren Sehenswürdigkeiten einzufangen, aber sie konnte ihr Verlangen nach Eleonora kaum verbergen und suchte immer wieder die Lippen der Freundin, trotz der überraschten Blicke ihrer Tochter und der Passanten in der Stadt.

Sie war so glücklich. Alles hatte sich diese Nacht für sie verändert, und ihre Wünsche, mit denen sie nach Irland gekommen war, hatten sich nicht nur erfüllt, sondern in ihr wurden Empfindungen hervorgerufen, dessen sie sich bisher noch nicht bewusst war. Immer wieder musste sie die Freundin ansehen, hörte ihre angenehme, melodiöse Stimme und nahm oft ihre Hand, um sich zu vergewissern, dass dies alles kein Traum war.

Sie aßen in einem gemütlichen, kleinen, irischen Restaurant und gingen in ein typisches Pub, obwohl sie dort hauptsächlich Männer antrafen und von diesen angestarrt wurden. Sie verbrachten einen schönen Tag in Dublin und kamen abends müde und voller neuer Eindrücke in das Hotel zurück. Dort packten sie für den nächsten Tag ihre Koffer und gingen früh zu Bett, da sie am Morgen schon zeitig zum Flughafen mussten.

Estelle schlief schnell ein, aber Marga hielt es vor Sehnsucht nach Eleonora nicht mehr aus und ging leise hinauf in ihre Wohnung. Mit Herzrasen klopfte sie unsicher und ganz leise an der Tür, welche rasch von Eleonora geöffnet wurde. Sie zog Marga in die Wohnung, und ihre Lippen fanden sich zum innigen Kuss. Ohne Worte gingen sie in das Schlafzimmer. Marga konnte noch sehen, dass das Bild über dem Bett fehlte. Dann gaben sie sich einander hin.

KAPITEL 45 - NEUE LIEBE Eleonora war nun wieder in London. Sie sah aus ihrem Arbeitszimmer auf den Campus, der sich immer mehr mit den Studenten füllte. Überall hörte man fröhliche Stimmen, und auch die Gänge wurden von den jungen Menschen erobert. Aus so manchen Räumen hörte man sie laut reden. Eleonora nahm davon kaum etwas wahr, sie dachte nur an die letzten Tage - an Marga. Wie ungeduldig hatte sie vor zehn Tagen deren Ankunft erwartet und freudig die beiden in Empfang genommen. Wie gerne hätte sie der Freundin von Anfang an ihre Gefühle gestanden, doch es wurde jeden Tag schwieriger, immer weniger mutig wurde sie und immer steifer benahm sie sich gegenüber Marga.

Noch schlimmer wurde es, als Suzan kam und überhaupt nichts mir der neuen Freundin und deren Tochter anfangen konnte. Es wollte kein richtiges Gespräch, keine Sympathie aufkommen, obwohl auch Estelle sich freundlich bemühte und sich auch über die Familie erkundigte. Nach einiger Zeit bat dann Suzan Eleonora zum vertrauten Gespräch und zeigte ihr offen die Ablehnung über den Wiener Besuch. Suzan fragte sie, was sie denn mit Marga wolle, da diese doch niemals ein Ersatz für Samantha sein konnte und wie sie sich die fast erwachsene Tochter noch dazu aufladen könne. Suzan sprach sehr verletzend. Sie konnte nichts Gutes an den beiden Besucherinnen finden, fand sie langweilig und unsympathisch, redete nur von »Gratisurlaub« und »Ausnutzung«. Sie wollte auch Samanthas Mutter in das Gespräch mit einbeziehen, erhoffte sich von dieser Unterstützung, doch diese wollte aus der Situation herausgehalten werden. Sie respektierte die Gäste von Eleonora, wollte sich aber auch nicht näher mit ihnen beschäftigen, da sie dazu keine Veranlassung sah. So fuhr Suzan wütend nach Hause, und zum ersten Mal hatten die beiden miteinander Streit.

Nun wurde es für Eleonora noch schwieriger. Sie war sich nun nicht mehr sicher. Wusste nicht, ob sie sich nicht doch in etwas verrannt hatte. Sie konnte sehen, wie Marga immer stiller wurde, sich immer unsicherer verhielt. Doch es war ihr nicht möglich, dies zu ändern. So versuchte sie trotzdem, allen ein schönes Osterfest zu bereiten. Doch es wollte auch bei ihr keine rechte Stimmung aufkommen. Am Abend sah sie, wie Marga traurig alleine zum Meer hinunterging. Sie ging ihr nach, wollte sie nicht alleine lassen und war entsetzt, als sie sah wie Marga, offensichtlich wegen ihr weinte. Es schmerzte Eleonora so sehr, sie wollte doch viel mehr von ihr, wollte ihr doch ihre Gefühle zeigen, und nun hatte sie die Freundin so sehr enttäuscht und verletzt. Auf einmal spürte sie wieder ganz klar die Empfindung - die Zuneigung und Sehnsucht, die sie die ganzen Wochen in sich hatte, wenn sie an Marga dachte. Eleonora wollte Marga nicht verlieren, wollte nicht wieder alleine sein wie die vielen vergangenen Jahre zuvor. Ein Leben ohne Liebe, zu niemanden gehören, nicht umarmt und geküsste werden, alleine im Bette liegen, jede Nacht ohne zärtliche Begegnung – das wollte sie nicht. Einsam wieder den Tag beginnen, wissen, dass niemand nach der Arbeit auf sie warteten würde, um voller Ungeduld, sich endlich wieder nahe zu sein. Nein, sie wollte ihre Chance nutzen und dieser wunderbaren Frau die Wahrheit sagen. Sie nahm sie in den Arm, versuchte, sie zu trösten, und begann, ihr von Samantha zu erzählen.

Die sensible Anteilnahme tat ihr so gut. Sie sah Margas erschrockenen Blick und spürte deren Wärme und Anteilnahme. Erleichtert ging sie mit ihr in die Wohnung. Sie war froh, dass diese nun Bescheid wusste, erkannte, dass nicht sie der Grund des Rückzuges war. Doch dann sah sie Margas Entsetzten, als deren Blick alle Dinge von Samantha wahrnahm und in der ganzen Wohnung die vielen Bilder von ihnen entdeckte. Eleonora fand das Bild über dem Bett zum ersten Mal nicht angebracht. Sie schämte sich sogar ein wenig. Sie wusste nun, dass sie Marga ihre Gefühle erklären und zeigen musste, da sie Marga sonst verlor. Doch dann war auf einmal alles ganz leicht. Alles ging wie von alleine. Keine Erklärungen waren mehr notwendig. Selbst die Tätowierung löste bei der Freundin keinen Rückzieher aus. Sie konnte nun endlich, nach so vielen Wochen Sehnsucht, Marga zum ersten Mal küssen und berühren.

Es war wunderschön, doch sie wusste nicht, ob sie sie am nächsten Abend bitten konnte, zu ihr zu kommen. Es gefiel Eleonora, dass Marga sie immer wieder, trotz der Anwesenheit der Tochter, küsste, es ihr nichts ausmachte, dass die anderen, sie beide anstarrten. Eleonora wusste, dass Marga ihre Sachen zusammenpacken musste, doch sie hatte solche Sehnsucht nach ihr und sie wollte, dass die Freundin in der letzten Nacht bei ihr ist. Sie sah sich in ihrer Wohnung um und ertrug die vielen Bilder von Samantha nicht mehr. Es war kein Betrug, sie war ihr doch so viele Jahre treu gewesen. Oder nicht? Sie wollte nicht die Sehnsucht nach Marga unterdrücken, konnte nicht länger ihre Gefühle verbergen.

Sie stieg auf das Bett und entfernte vorsichtig das große Bild, um es sogleich hinter den Schrank zu schieben. Eleonora dachte an Marga. Es wurde ihr heiß, ihr Körper brannte vor Leidenschaft. Sie ertrug ihr Gewand nicht mehr und sie zog sich aus. Sie setze sich auf das Bett und betrachtete sich im Spiegel. Wie wenig Beachtung hatte sie in den letzten Jahren ihrem Körper geschenkt. Fast ein wenig fremd empfand sie sich. Sie hatte in der vergangenen Zeit nicht einmal selbst ihren Körper verwöhnt. Hatte sich jede Lust und Sehnsucht verboten. Doch nun war sie wieder erwacht und verlangte, erhört zu werden.

Sie schloss die Augen. Sanft berührte sie ihre Brust, erinnerte sich an Margas Berührungen und wurde durch das Klopfen an der Tür aus ihren Träumen gerissen. Wie erleichtert war Eleonora als Marga ins Zimmer ziehen und mit sehnsuchtsvoller Lust sich ihrer Geliebten hingeben konnte.

Am Flughafen mussten sie dann voneinander Abschied nehmen. Eleonora wurde nach Wien eingeladen und war nun bereit, nach so langer Zeit wieder ihre Heimat zu besuchen. Es fiel Eleonora schwer, die Freundin gehen zu lassen. Sie spürte schon jetzt Sehnsucht nach ihr, konnte sich nicht vorstellen, sie zunächst nicht wiederzusehen.

Sie mochte auch Estelle, verstand sich gut mit ihr und war überzeugt, dass sie auch in Zukunft gut miteinander auskommen konnten. Sie musste Marga nochmals spüren, schmiegte sich ganz fest an sie und nahmen mit einem innigen Kuss von ihr Abschied.

Allmählich verdrängte sie diese Gedanken in ihrem Arbeitszimmer. Sie musste sich für den Unterricht vorbereiten, sich ein wenig in die Materie einlesen und ging sodann in die Bibliothek. Es fiel ihr schwer sich zu konzentrieren. Immer wieder sah sie Marga vor sich, liebte den Gedanken, wieder mit ihr zusammen zu sein. Sie hatte noch keine Ahnung wie es weitergehen sollte. Mit Marga hatte sie nicht über die Zukunft gesprochen. Wollte Marga überhaupt eine gemeinsame Zukunft mit ihr? Eleonora war sich unsicher, wusste nicht mehr, wie Marga ihr begegnen würde, ob sie fest zusammen waren. Beide hatten einen festen Wohnsitz, eigene Häuser, die viele hunderte Kilometer enfernt lagen. Vielleicht hatte sich Eleonora falsch ausgedrückt, Marga in den Glauben gelassen, dass sie noch immer nur mit Samantha zusammenleben mochte. Sie beeilte sich, in ihr Zimmer zu kommen. Sie wollte es bei Marga klarstellen.

Als sie sich an ihren Schreibtisch setzte, sah sie Samanthas Bild und betrachtet es. Sie fand, dass diese sie fast ein wenig traurig und vorwurfsvoll ansah. War es Verrat? Hatte Eleonora ihren Schwur, sie selbst über deren Tod hinaus immer zu lieben, gebrochen? Ja, sie war im Begriff die geliebte Freundin zu vergessen, wenn Eleonora an sie dachte spürte sie nicht mehr diese Vertrautheit. Es war alles verschwommen, weit weg, fast nicht mehr greifbar. Eleonora erschrak, empfand es als Strafe, dass sie nun nicht mehr diese Gefühle wahrnahm. Die Tränen rannen ihr übers Gesicht. Was hatte sie nur getan? Sie fühlte sich schrecklich alleine, wusste nicht mehr was sie tun sollte. Sie hätte so gerne mit Marga gesprochen, wollte wissen, ob alles in Ordnung war. Aber sie konnte nicht mehr. Sie fühlte sich zu schwach, so hilflos.

Das Telefon läutete einige Male, bis Eleonora sich entschloss abzuheben. Sie vermutete Suzan, aber ihr Herz pochte wild, als sie die geliebte Stimme von Marga hörte. Sie spürte sofort wieder diese Sehnsucht nach ihr und war beruhigt, als die Freundin ihr gestand, andauernd an sie zu denken. »Wann kommst du nach Wien? Ich möchte dir so gerne auch mein Zuhause zeigen. Wollen wir einen Termin vereinbaren?« Margas Redefluss war kaum zu bremsen. »Wir haben noch so vieles zu besprechen. Es ist alles so ungeklärt und offen.« Kurz hielt Marga inne. »Ich habe solche Sehnsucht nach dir!« Diese Worte kamen nun leise, aber intensiv.

»Es würde in zwei Wochen gehen«, sagte Eleonora. »Ich könnte zwar nur für drei Tage bleiben, aber mit dem Flugzeug ist die Entfernung schnell zu bewältigen, und wir können trotzdem ein wenig Zeit miteinander verbringen.« Die Tränen waren versiegt, Ihr Herz war wieder beruhigt. »Ich denke die ganze Zeit nur an dich und kann mich nicht mehr auf meine Arbeit konzentrieren. Meine Gedanken kreisen nur um dich und um unsere erlebte Zärtlichkeit.« Es fiel ihr nun leicht, über ihre Empfindungen zu sprechen. Sie konnte sich nun Margas Gefühle sicher sein. Das restliche Gespräch verlief vertraut, und gut gelaunt beendeten sie erst nach zwei Stunden das Telefonat.

Eleonora konnte sich gelassen auf die Woche vorbereiten. Es fiel ihr leicht, sich für die bevorstehenden Kurse vorzubereiten. Rasch hatte sie sich in das Wesentliche reingelesen und erarbeitete die wichtigsten Unterrichtspunkte. Als alles erledigt war, ging sie erleichtert zum Fenster. Mit Schwung öffnete sie es und atmete tief die frische Luft ein. Am Campus war es ruhig, und die Nacht erschien ihr friedlich. Sie sah zum sternenklaren Himmel, und eine unsagbare Freude erfüllte sie. Sie war überzeugt, dass Leben hatte doch noch Schönes für sie geplant.

KAPITEL 46 - DAS IST LIEBE

Es war nicht einfach, sich wieder ein wenig zu beruhigen. Marga war aufgewühlt. Die Gefühle waren zu stark, als dass sie ohne Weiteres zum Alltag übergehen konnte. Es war so viel geschehen, solche intensiven Empfindungen kannte sie bisher nicht, hätte nie geglaubt, dass sie derartig die Kontrolle verlieren könnte. Sie hatte durch Karin begriffen, dass sich ihre sexuelle Orientierung eindeutige auf Frauen bezog, lernte durch sie, diese Empfindung zuzulassen, bekam ihren ersten Orgasmus und begann, Sexualität zu genießen. Bei Ulrike kam der geistige Austausch hinzu, die gleichen Interessen aber auch das Verständnis für Estelle. Sie konnte manchmal mit Ulrike die Sexualität genießen, aber sie konnte sich nie vollkommen fallen lassen, war immer sehr kontrolliert und auch mit der Entfernung zu Ulrike beschäftigte sie sich nicht, da sie nicht unbedingt das Bedürfnis hatte, andauernd mit ihr zusammen zu sein. Eigentlich dachte Marga, dass es wohl ihr Naturell war, dass sie gerne Abstand zu ihren Partnerinnen hatte. Zudem musste sie sich auch auf Estelle konzentrieren. Es war für sie in Ordnung so, und Marga sah darin keinen Grund, darüber nachzudenken oder es zu verändern. Doch nun war alles ganz anders.

Es war wunderschön, in der Nähe von Eleonora zu sein. Mit großer Sensibilität begegnete diese allen Menschen, wollte niemanden verletzen, sprach über keinen abwertend. Auf der anderen Seite war sie sehr stark, setzte sich für die Rechte der Frauen ein, wollte gesetzliche Gleichberechtigung für homosexuelle Partnerschaften und ließ sich dabei nicht mundtot machen. Genau dies machte Eleonora so einzigartig, so liebenswert. Man konnte sich ebenfalls über verschiedene Themen mit ihr unterhalten, da sie sehr belesen und interessiert war.

Wenn Marga Eleonora ansah, dann spürte sie eine Woge der Liebe in sich aufsteigen. Marga wollte sie dann bei den Händen fassen, sie berühren. Es war so schön Eleonoras Wärme zu spüren, ihren Atem zu hören und ihren Duft wahrzunehmen. Noch nie hatte sie der Körper einer Frau so angezogen. Eleonoras Liebkosungen hatten in Marga eine derartige Sehnsucht und Begierde ausgelöst, dass sie nicht mehr im Stande war, sich zu kontrollieren. Sie hatte keine Scham mehr gefühlt, sondern nur Lust auf mehr. Auch jetzt, Tage später und schon längst wieder daheim, kam Margas Körper noch immer nicht zur Ruhe, verlangte nach der Geliebten. Ihr Herz sehnte sich so schmerzvoll nach ihr. Marga konnte nicht anders, musste sie anrufen, mit ihr ein Wiedersehen vereinbaren, da sie es sonst nicht ausgehalten hätte.

Die Wienerin war so glücklich, Eleonoras Stimme zu hören. Sie hatten sich zwar gleich nach der Rückfahrt geschrieben, doch dabei wurde nichts Genaueres besprochen. Nun sprachen sie allerdings über ihre Gefühle. Der Besuch bei Marga in Wien wurde schon für das übernächste Wochenende verabredet. Marga hatte nun genug Zeit, um in Ruhe ihre vielleicht gemeinsame, weiter Zukunft zu besprechen. Marga musste wissen, wie es nun weitergehen sollte. Waren sie nun schon ein festes Paar? Oder waren die Gefühle für Samantha noch so stark, dass Eleonora dies nicht zulassen würde? Marga wollte verstehen, dass Eleonora noch Zeit brauchte, aber sie fühlte sich ihr so nahe, wünschte sich so sehr eine feste Beziehung mit ihr.

Das Erlebte war für Eleonora natürlich bis heute ein Albtraum. Marga war noch immer erschüttert über diese gewaltsame Trennung der beiden, und es war ihr klar, dass bei solchen Schicksalsschlägen für immer auch

Narben bleiben, aber sie wollte Eleonora durch ihre Liebe helfen und einen gemeinsamen Neubeginn ermöglichen. Außerdem sah sie auch alles aus karmischer Sicht, war sich sicher, dass die beiden ihre Zeit miteinander hatten, dass Beste daraus entnahmen, aber anscheinend auch sie mit Eleonora aus vergangenen Leben verband. Nun könnten sie also ihre gemeinsame Liebe leben, miteinander ihren Weg gehen. Marga konnte es kaum erwarten Eleonoras Hände zu halten, in ihren tiefen Augen deren Empfinden für sie zu sehen. Ansonsten würde Marga keine weiteren Pläne machen, da Eleonora selbst Wienerin war und vielleicht bestimmte Orte nach so langer Zeit gezielt aufsuchen möchte.

Marga hatte mit dem Verständnis ihrer Tochter gerechnet, aber diese war schon in Dublin verwirrt durch das Liebesgeturtel gewesen. So offen kannte sie ihre Mutter nicht. Sie wusste bis zu diesem Augenblick nicht, dass ihre Mutter eine derartige Erwartung an diese Reise gestellt hatte, hatte gedacht dass es sich nur um eine rein freundschaftliche Einladung handelte. Sie fand Eleonora nett, aber den Abstand zu der eben erst beendeten Beziehung mit Ulrike zu knapp. Außerdem war die neue Freundin doch einige Jahre jünger als ihre Mutter.
Marga war traurig über die ablehnende Haltung ihrer Tochter. Sie wollte nicht die Harmonie zwischen ihnen gefährden, aber sie war auch nicht bereit, sich von Estelle ihre Liebe nehmen zu lassen. Sie wusste, dass in ein paar Jahren diese sicher selbst in einer Beziehung sein würde. Sollte Marga nun wegen Estelle auf diese Beziehung verzichten, wäre Marga dann unglücklich allein, hätte diese wunderbare, einmalige Liebesschance für immer verloren. So stellte sie es ihrer Tochter frei, ob sie während des Besuches von Eleonora zu Bernadette und Waltraud ging. Sie ließen die Entscheidung noch offen, und Marga versuchte Estelle nicht bei ihrer Enttäuschung zu beeinflussen – deren Einstellung schmerzte Marga jedoch.

Die kommenden zwei Wochen vergingen Marga viel zu langsam, obwohl sie sehr stark beruflich eingespannt war. Aufgeregt fuhr sie am Freitag um die Mittagszeit zum Flughafen, um Eleonora abzuholen. Sie war sich wieder ein wenig unsicher, hatte Angst, dass die Freundin vielleicht wieder auf Abstand ging. Marga wurde aber derart zärtlich von Eleonora begrüßt, dass ihre Gefühle wieder mit einer explosiven Kraft für sie spürbar waren. Sie war nun einfach nur glücklich, endlich die geliebte Freundin wiederzusehen.
Marga freute sich, als sie sah, wie begeistert Eleonora von ihrem Haus und vom Garten war, den viele selbstgestaltete Figuren einzigartig machten. Sie war überwältigt vom Atelier und vom Talent der Freundin, und

Marga gefiel ihre fast kindliche Begeisterung für alles. Sie zeigte ihr das restliche Haus und brachte mit ihr zusammen das Gepäck ins Gästezimmer. Eigentlich wollten sie nun bei einem guten Essen ein wenig über die Pläne des Wochenendes sprechen, doch als sie Eleonoras kleinen Koffer im Zimmer abstellte, begann diese sie zärtlich zu küssen. Marga, die selbst schon voller Sehnsucht war, erwiderte die Lust und ließ es geschehen, dass sie von der Freundin auf das Bett gezogen wurde. Sie hatte sich vorgenommen, zunächst einmal alles mit Eleonora zu klären, bevor sie wieder intim wurden, doch sie konnte ihrem Vorsatz nicht treu bleiben, da ihr Herz sich so sehr nach deren Liebe sehnte und ihr Körper sich nach Eleonoras Berührungen verzerrte.

Als Eleonora ihr behutsam das Kleid und den Slip auszog, war es Marga nicht mehr möglich, auch nur den geringsten Widerstand zu leisten. Sie wollte nun endlich wieder in das Meer der Gefühle tauchen. Sie streifte nun auch ihrer Geliebten den Rock und die Bluse ab und befreit deren Schambereiche vom zarten Spitzenstoff. Mit großer Vertrautheit öffneten sie sich einander und erhörten ihre Sehnsucht.

Nachdem sie ihre Liebe genossen hatten, bekamen sie Lust, auf das von Marga bereits zubereitete köstliche Essen und beschlossen, anschließend zu einem Stadtbummel aufzubrechen. Sie gingen währenddessen vergnügt und miteinander vertraut in ein Dessous-Geschäft und suchten sich füreinander reizvolle Kleidungsstücke aus. Beide wollten gerade in einem gemütlichen Café ein wenig Kraft sammeln, als eine elegante Dame mit einem älteren, streng und verhärmt aussehenden Mann das Café betrat. Marga hatte dabei ein unangenehmes Gefühl. Da sie es aber nicht einordnen konnte, wandte sie sich wieder ihrer Freundin zu und erschrak. Eleonora war auf einmal kreidebleich und blickte starr auf die Café-Gäste. Intuitiv berührte Marga sofort Eleonoras Hände, die sich eiskalt anfühlten.

»Was ist mit dir?«, fragte sie die Freundin besorgt.

In diesem Augenblick kamen die für Marga Fremden an ihrem Tisch vorbei. Die Frau blieb stehen, starrte auf Eleonora, sah die Hand von Marga und biss sich auf die Lippen. Man sah ihr an, dass sie sprechen wollte, aber ihre Augen sahen die beiden eiskalt an. Sie drehte sich zu ihrer Begleitung und dieser schob die Frau wortlos wieder in Richtung Ausgang.

Nur Sekunden später war der Spuk zu Ende. Sie hatten das Café, ohne noch einmal zurückzusehen, verlassen. Eleonora saß noch ein paar Minuten schweigend da.

»Dies waren meine Mutter und mein Stiefvater.« Leise und kraftlos kamen diese Worte.

Marga umarmte die Freundin und strich ihr zärtlich über den Kopf. Sie spürte die tiefe Verletzung, konnte nur ahnen, wie verstört nun Eleonora war. »Wir gehen nach Hause. Ein Kamillentee wird uns gut tun.« Sanft nahm sie Eleonoras Arm, und sie machten sich in gedrückter Stimmung auf den Weg.

Marga bereitete den Tee zu, und Eleonora erzählte nun von ihrer ersten lesbischen Erfahrung, der Reaktion von Schule und Familie, vom Stiefvater und schließlich von ihrem Suizidversuch, dem anschließendem Rauswurf aus dem Elternhaus und dem daraus folgendem Abbruch des Kontaktes zur gesamten Familie. Marga konnte nun besser verstehen, begriff, wie viel Leid ihrer Freundin angetan wurde. Sie wusste nun auch, dass Eleonora lernen musste, mit der Familiensituation zurecht zu kommen. Andernfalls konnten sie keine feste Beziehung führen, da Eleonora in Zukunft wieder Wien meiden würde.

Nun fand Marga es ganz gut, dass Estelle sich für ein Wochenende bei ihrer Patin entschieden hatte. So konnte sie mit Eleonora in Ruhe über ihre derzeitige Situation reden. Marga spürte, dass der Weg für eine feste Beziehung noch lang war, aber Eleonora beteuerte, dass sie sich eine gemeinsame Zukunft durchaus vorstellen könne, aber keine Ahnung habe, wo sich ein gemeinsames Leben ermöglichen lassen würde, da sie beide mit ihren Wohnsitzen derzeit gebunden waren.

»Es gäbe vielleicht auch die Möglichkeit, sich für ein Semester für eine Professur an der Wiener Universität zu bewerben«, dachte Eleonora laut nach. »Ich will es versuche, so könnten wir miteinander vertraut werden und herausfinden, wie es mit uns beiden weitergehen soll.« Verzweifelt sah Eleonora zu Marga. Sie wollte wissen, wie diese dazu stand.

»Das wäre wunderschön«, sagte Marga. Doch sie wusste genau, dazu müsste Eleonora ihre Wiener Vergangenheit überwinden. Marga sah die Freundin an. Sie hatte diese schon so lieb gewonnen, konnte sich nicht mehr vorstellen, sie zu verlieren. Sie mussten eine gemeinsame Lösung finden. Marga strich ihr vorsichtig über die linke Wange und begann, sie zärtlich zu küssen. Sanft umschlossen ihre Lippen deren Mund. Eleonora erwiderte und immer leidenschaftlicher wurden die Küsse. Sie begannen einander teilweise zu entkleiden. Sie gingen in das Schlafzimmer, wo sie sich am Bett genüsslich der restlichen Kleidung entledigten. Ihre Körper zeigten die Sehnsucht aufeinander. Marga spürte eine starke Erregung, als Eleonora sanft mit den Zähnen ihre Brustwarzen berührte, und zugleich beglückte sie mit ihren Fingern Margas intimste Zone. Immer leidenschaftlicher und fordernder spürte Marga die Berührungen ihrer Geliebten, und ihr ganzer Körper signalisiert ihre Begierde nach mehr. Sie bot sich ihr mit lustvollem Stöhnen an, mit grenzenloser Bereitschaft übergab sie ihr die vollkommene Kontrolle. Margas ganzer Körper zitterte und zuckte vor Erregung und ließ sich von Eleonora in eine noch nie gekannte Ekstase führen. Kaum erlöst, begann sie mit gleicher Leidenschaft, ihre geliebte Freundin zu erfüllen.

Marga brachte am frühen Nachmittag ihre Freundin mit Wehmut zum Flugplatz. Sie hatten die vergangen Stunden mit intensiven, offenen Gesprächen verbracht und waren nun bereit, es vorerst mit einer Fernbeziehung zu versuchen. Sie wussten, dass schon allein wegen Eleonoras Vergangenheit, es nicht ratsam war, längere Zeit getrennt zu sein. Daher wollte auch Eleonora über die Möglichkeit nachdenken, in Wien eine Lehrtätigkeit anzunehmen. Es fiel Marga sehr schwer, sich von Eleonora zu verabschieden. Noch nie hatte sie für eine Freundin so tiefgehende Gefühle empfunden. Sehr traurig und ein wenig verzweifelt fuhr Marga anschließend nach Hause.

KAPITEL 47 - ELEONORAS ÄNGSTE

Aufgewühlt flog Eleonora zurück nach London und hatte keine Ahnung, wie sie diese Fernbeziehung führen sollte. Sie fühlte sich so stark zu Marga hingezogen, hatte aber große Probleme mit Wien. Die Begegnung mit ihren Eltern hatte ihr gezeigt, dass sie weiterhin von ihnen gedemütigt werden würde. Es war in ihren Augen auch eigenartig, dass Estelle nicht anwesend war - sich die ganzen drei Tage nicht hatte blicken lassen.

Es war offensichtlich, dass sie mit der Situation nicht einverstanden war. Dies war für Eleonora sehr verletzend, und sie wusste auch nicht, wie sie damit umgehen sollte, da sie sich in Irland mit Estelle ganz gut verstanden hatte. Wenn sie also tatsächlich nach Wien ziehen würde, wäre sie bei Margas Tochter nicht willkommen. Dieser Anfang wäre sogleich das Ende der Beziehung.

Und was würde Samanthas Familie denken. Sie wären wohl nicht mehr für sie da. Eleonora hätte dann nur noch Marga. Bei einem Scheitern der Beziehung wäre sie ganz allein - ohne Heimat, ohne ein Zuhause.

Es schnürte ihr den Hals zu. Sie bekam kaum mehr Luft. Eleonora spürte ihre Liebe zu Marga, aber ihre Angst wurde immer mächtiger. Als sie im College war, legte sie sich erschöpft aufs Bett und dachte an die zärtlichen Stunden voller Innigkeit. Es überkam sie eine starke Sehnsucht nach der Geliebten, und sie fing bitterlich zu weinen an. Sie liebte Marga so sehr, sah aber keine Möglichkeit für ein glückliches Zusammenleben. Marga mit ihrer Tochter entzweien wollte Eleonora nicht, sich nicht zwischen sie drängen – allerdings wollte sie auch nicht mehr, ohne diese immer stärker werdende Liebe sein. Eleonora rief Marga an. Sie wollte ihre Stimme hören, beruhigt sein, glauben dass es doch möglich war. Zärtlich wünschten sie sich letztlich einander eine gute Nacht, flüsterten sich Worte der Liebe zu und beteuerten ihre Zuneigung zueinander.

In den nächsten Wochen verstärkten sich Eleonoras Zweifel. Sie war voller inniger Liebe, aber die Probleme wurden für sie immer unüberwindbarer. Wahrscheinlich hätten die kommenden Wochen keine Veränderung gebracht, hätte nicht die Todesnachricht von Samanthas Großmutter die tieferschütterte Eleonora dazu veranlasst, sofort nach Irland zu fliegen. Es war schrecklich, dass sie sich von der geliebten alten Dame nicht mehr verabschieden konnte.

Alle waren bei der Beerdigung sehr ergriffen, da die Verstorbene vielen Menschen mit ihrer mitfühlenden Art geholfen hatte und in der näheren Umgebung sehr beliebt war. Es kamen unzählige Trauernde, um ihr die letzte Ehre zu erweisen.

Ein paar Tage später mussten dann alle Erben zum Notar. Die Verstorbene hatte Eleonora eine kleine Geldsumme vermacht und in einem gefühlvollen Brief der Familie die Notwendigkeit des Erhaltes des Hotels als Eleonoras Zuhause erklärt. Wie gut taten da Eleonora die tröstenden Worte Margas in diesen schmerzvollen Tagen.

Auch Suzan war sehr traurig, und am Abend vor der Abreise saß sie mit Eleonora zusammen, um ihr weiteres Vorgehen zu besprechen.

Samanthas Mutter war weiterhin bereit, dass Hotel zu führen, sodass Eleonora in London ihrer Arbeit nachgehen konnte. In den Ferien erwartete sie allerdings, von Eleonora entlastet zu werden, da sie nicht das ganze Jahr einsatzbereit sein wollte. Eleonora war entsetzt, da sie den Sommer hauptsächlich in Wien bei Marga verbringen wollte. Sie versuchte ihnen daher, ihre neue Situation zu erklären, und hoffte auf deren Verständnis. Suzan war außer sich, sie konnte nicht begreifen, wie sie die Liebe zu Samantha mit dieser Frau verraten konnte.

»Du musst dich entscheiden, wo du hingehörst. Wenn du mit deiner neuen Freundin ein gemeinsames Leben führen möchtest, dann kannst du nicht mit unserem Verständnis rechen. Auf keinen Fall werden wir sie in der Familie aufnehmen.« Mit diesen Worten rannte Suzan hinaus und war den ganzen Abend zu keinem Gespräch mehr bereit.

Auch Samanthas Mutter konnte der neuen Situation nichts abgewinnen und zeigte keine Bereitschaft im Sommer für Eleonora einzuspringen. So flog Eleonora resignierend nach London zurück, um dort in einem langen Telefonat Marga von der neuen Situation zu berichten. Diese bot ihr in den Ferien ihre Hilfe an, doch Eleonora wusste nun, dass Samanthas Verwandtschaft ablehnend auf die Freundin reagieren würde und wollte Marga und deren Tochter diese unangenehme Begegnung ersparen. So kehrte

Eleonora am Ende des Sommersemesters nach Irland zurück, um sich dort um ihr Hotel zu kümmern. Sie sah keine andere Möglichkeit und glaubte nicht mehr an ihr Liebesglück.

Der Sommer war anstrengend. Die Arbeit im Hotel machte ihr keinen Spaß, und außerdem sah sie in ihrer andauernden Anwesenheit keinen Sinn, da der Betrieb auch ohne sie gut laufen würde. Die Beziehung zu Samanthas Mutter war nun unterkühlt. Es fehlte an der vergangenen Herzlichkeit, und auch Suzan kam nur kurz, um sich dann schmollend zurückzuziehen. Eleonora hatte den ganzen Sommer keine Möglichkeit gefunden, Marga zu besuchen. Sie hatten zwar jeden Tag miteinander telefoniert, doch Eleonora spürte und hörte auch bei den Telefonaten den langsamen Rückzug Margas. Sie konnte Marga verstehen, aber sie konnte an der Situation nichts ändern. Es zerriss ihr fast das Herz vor Liebeskummer, aber am Ende der Ferien beschloss sie, die Beziehung zu Marga zu beenden. Voller Schmerz und nun wieder ohne Liebe in ihrem Leben begann das neue Semester.

Oft sah sie sich die Fotos von Margas Haus an, versuchte sich vorzustellen, wie diese nun im Atelier vor der Staffelei stand, durch den so liebevoll gestalteten Garten ging und fröhlich mit Estelle zusammensaß. Sie dachte dann an Margas helles Lachen, an ihre ruhige Besonnenheit und sehnte sich nach ihren Umarmungen. Aber Eleonora sah sich in ihren Verpflichtungen gefangen, sah keine Möglichkeit für diese Liebe und war überzeugt, dass sie wohl niemanden Glück brachte. Sicher würde Marga bald wieder eine liebenswerte Partnerin finden. Vielleicht wurde sie schon längst von einer Frau umworben.

Bei diesem Gedanken verkrampfte sich Eleonoras Magen. Es brannte ihr in der Brust, und sie öffnete das Fenster, da sie ein wenig Atemnot hatte. Das würde nun also ihr weiteres Leben sein. Ohne Beziehung irgendwann einmal verbittert und viel zu streng bei den Beurteilungen ihrer Studenten. Wahrscheinlich würden dann ihre Lippen schmal werden, und geräuschempfindlich würde sie dem fröhlichen Treiben der Jugend Einhalt gebieten. Vielleicht sollte sie zum Malen beginnen, doch dies würde wohl zu sehr schmerzen, da es sie andauernd an Marga erinnern würde.

Es gab aus der Einsamkeit kein Entrinnen. Sie stellte wieder alle Bilder von Samantha auf. Einige hatte sie in der Zeit mit Marga weggeräumt. Doch nun konnten sie wieder den Raum ausfüllen.

In den nächsten Wochen versuchte sich Eleonora ganz in den Unialltag einzubringen, bereitete sich gewissenhaft vor und war wieder bei der Frauenbewegung aktiv. Eine der Kolleginnen war angeblich durch Zufall bei einen der Vorträge, bei denen Eleonora sich wiederholt für die Gleichberechtigung von Homosexualität einsetzte und sich auch selbst dazu bekannte. Erst am Schluss sah Eleonora die Kollegin, dachte sich aber nichts Böses, sondern sah diese eher als Betroffene. »Schön, dass ich dich hier sehe. Ich habe dich bisher noch nie bei unseren Veranstaltungen gesehen.« Freudig begrüßte Eleonora die junge Frau.

Die Kollegin sah sie mit zusammengekniffenen Lippen an, gab ihr aber zur Begrüßung die Hand. »Ich bin auch zum ersten Mal bei so etwas«, geringschätzig sah sie sich im Raum um. »Mir war gar nicht klar, dass es diese Vorträge gibt, und ich wusste nicht, dass du dich dafür so engagierst. Wie lange bist du schon dabei?«

Der Blick wurde nicht freundlicher, und nun begriff auch Eleonora, dass es sich hier nicht um eine Betroffene oder tolerante Interessierte handelte.

»Ich bin schon seit einigen Jahren in der Frauenbewegung tätig. Mir ist die Gleichberechtigung von homosexuellen Paaren ein sehr großes Anliegen.« Fest und sicher kamen diese Worte. Eleonora hatte nun ohnehin keine Möglichkeit, ihr Engagement zu verheimlichen.

»Der heutige Abend war für mich sehr aufschlussreich, ich habe nun meine Antwort auf so manche Frage bekommen.« Ein bitterböser Blick streifte Eleonora, und die Kollegin hatte es plötzlich sehr eilig. Sie ließ sich auf kein weiteres Gespräch ein. Mit hocherhobenem Haupt verließ sie raschen Schrittes den Saal.

Irritiert blieb Eleonora zurück. Was war das? Wurde sie von den Kolleginnen ausspioniert? Sie wollte sich nicht unnötig beunruhigen. Vielleicht sah sie alles zu negativ. Es würde sicherlich keine Konsequenzen haben.

Das böse Erwachen kam schon ein paar Tage später, als die gewohnte Kinorunde keine Zeit an dem vereinbarten gemeinsamen Abend hatte. Eleonora beschloss, alleine zu gehen, da sie sich auf den Abend gefreut hatte und den Film nicht versäumen wollte. Sie glaubte ihren Augen nicht, als sie alle Kolleginnen fröhlich vereint im Kino antraf. Sie begriff, dass ihre angenehme Zeit im College nun vorüber war. Sie ahnte dass Abgrenzung und Hohn folgen würden. Es erübrigte sich, jemanden darauf anzusprechen. Das Gerücht ging in Windeseile über den ganzen Campus, und selbst bei so manchen Studenten spürte und hörte sie mit verletzenden Worten die Ablehnung. Sie fühlte sich wieder in ihre Wiener Zeit zurückversetzt und konnte nicht glauben, dass sie schon wieder so ausgegrenzt wurde. Die vielen wohltuenden Diskussionen mit der Jugend über ihre Lieblingspassagen der Literatur, der Austausch über deren Interpretationen und die gemütlichen Kinoabende mit ihren Kolleginnen hatten nun ein jähes Ende gefunden. Viele waren nun nicht mehr bereit mit ihr zu reden. Auch so manche Studentin wollte nicht mit der »Lesbe« zusammen gesehen werden.

Eines Tages klebte auf ihrer Tür ein Zettel: »*We do much better without you here! Get your things together and get back to where you came from! There you can screw your lesbian bitches, you dirty little dyke!*« Zutiefst verletzt entfernte Eleonora die eindeutige Botschaft an ihrer Tür.

Eleonora saß in ihrem Zimmer und konnte ihre eigenen Handlungen der letzten Monate nicht mehr nachvollziehen. Was hatte sie gemacht? Sie hatte ihr Glück zerstört, ihre geliebte Freundin von sich gestoßen, nicht ihre Liebe verteidigt oder darum gekämpft. Sie hatte sich von Samanthas Familie erpressen lassen, die ihr vor Jahren so sehr geholfen und nun für eine neue Liebe kein Verständnis hatten. Eleonora war bereit, sich von Estelle vertreiben zu lassen, anstatt sich zu bemühen, deren Sympathie zu gewinnen.

Sie entdeckte im Internet, dass auf der Webseite der Wiener Universität im Institut für Anglistik und Amerikanistik eine Stelle ausgeschrieben war. Sie dachte nicht lange nach und sendete ihre Bewerbung ab.

Nach einigen Wochen bekam sie einen positiven Bescheid und nach kurzer Absprache einen Einjahresvertrag angeboten. Sie vereinbarte mit ihrem College, dass sie ab dem nächsten Semester für ein Jahr auf die österreichische Universität gehen könne. Man kam ihr durch die nun immer mehr angespanntere Situation sogleich entgegen und beurlaubte Eleonora für ein Jahr. Nun folgte jedoch der schwierigste Teil. Sie rief nach langer Zeit Marga wieder an.

Diese war überrascht über Eleonoras Vorgehen, sie verhielt sich jedoch distanziert und war sich nicht sicher, ob sie ihr noch eine Chance geben sollte. Eleonora versuchte, sie zu überzeugen, bat Marga eindringlich, es nochmals unter ganz neuen Bedingungen zu überdenken. »Wir hätten so ein ganzes Jahr die Möglichkeit herauszufinden, ob unser gemeinsames Leben funktionieren würde.« Mit aller Kraft versuchte sie Marga zu überzeugen. »Ich habe schon den Vertrag für Wien bekommen, daran kannst du erkennen, dass es mir wirklich ernst ist. Ich will mit dir zusammen sein!« Immer wieder beteuerte Eleonora, dass ihre Gefühle nie erloschen waren.

Da Marga noch immer zögerte, nahm Eleonora entsetzt an, dass diese eine neue Liebe haben musste und begann zu weinen.

»Nein, es ist nicht, wie du denkst! Da gibt es keine andere. Aber ich habe in den letzten Monaten sehr unter unserer Trennung gelitten.« Marga beruhigte Eleonora aber sie wurde immer unsicherer. Sie spürte wieder diese starken Gefühle für Eleonora. »Du kannst nicht sofort von mir eine

Antwort erwarten. Ich muss zumindest noch eine Nacht darüber schlafen.«

Eleonora verstand, dass sie Marga ein wenig Zeit lassen musste. So verbrachte sie nach dem Telefonat lange Stunden zwischen Bangen und Hoffen. Am nächsten Tag hatten sie nochmals ein langes Gespräch und Marga war bereit, Eleonora bei sich aufzunehmen. Die Voraussetzung allerdings war, es langsam angehen zu lassen, da Marga erst wieder Vertrauen zu Eleonora finden musste.

So kam es, dass Eleonora Anfang Februar mit ziemlich viel Gepäck, aufgeregt und mit großer Sehnsucht zu Marga flog. Eleonora war sicher, dass es das Richtige war und dass sie ihre Chance für diese große Liebe wahrnehmen musste und nicht mehr vor Schwierigkeiten davonlaufen konnte. Als sie von Marga willkommen geheißen wurde, begann Eleonora, hemmungslos zu weinen, entschuldigte sich immer wieder und beruhigte sich erst, als sie von Marga liebevoll in die Arme genommen und zärtlich von ihr geküsst wurde.

KAPITEL 48 - ANKUNFT IN WIEN

Es war nicht einfach für Marga, Eleonora ruhig und gefasst vom Flughafen abzuholen. In den letzten Monaten ging es ihr oft sehr schlecht. Sie war niedergeschlagen aufgrund der Entwicklung in ihrer Beziehung. Nicht nur, dass Estelle sich nicht mit der neuen Situation anfreunden konnte, auch Eleonora kam immer weniger mit der Fernbeziehung zurecht, litt unter der Entfernung und zweifelte. Marga konnte ihr auch nach dem Tod der Großmutter nicht beistehen, da sie danach den ganzen Sommer in Irland verbrachte und nicht den Mut hatte, sie einzuladen. Marga hatte solche Sehnsucht nach ihr, aber sie spürte, dass Eleonora sich von ihr abwandte. Sie verstand, dass es die Angst vor den Verlust war, dass Eleonora nicht auch noch die Familie und ihr Zuhause verlieren wollte. Marga konnte nicht alles ersetzten, obwohl sie überzeugt war, dass es durch ihre Liebe möglich wäre, sich ein gemeinsames Zuhause zu schaffen. Wenn Eleonora nicht bereit war für die Liebe zu kämpfen und die Zustimmung von Samanthas Familie dazu brauchte, hatte ihre Beziehung auch keine Chance. Eleonora musste lernen Verantwortung für ihr Leben zu übernehmen und sich nicht immer nur unterzuordnen und eigene Bedürfnisse zurückzustellen.

Marga war sehr unglücklich, als Eleonora die Beziehung beendet hatte, aber sie wollte sie auch nicht umstimmen oder beeinflussen. Sie wollte nichts erzwingen, und daher brach sie den Kontakt ab.

Wie sehr schmerzte es, an die schönen Stunden zu denken, an all diese Innigkeit, es war für sie nicht vorstellbar, diese Frau nie mehr wieder zu sehen, niemals mehr sie zu spüren. Sie fühlte sich wochenlang unmotiviert und kraftlos, wollte keine Beziehung mehr eingehen, beschloss, sich von nun an nur mehr um ihre Tochter und um ihren Beruf zu kümmern. Noch nie zuvor hatte sie ein Mensch, außer ihrer Tochter, so tief berührt. In keiner vorhergehenden Beziehung hatte Marga solche Gefühle empfunden, sich so sehr nach Berührungen gesehnt und erstmals einen Körper derartig begehrt. Noch nie hatte sie sich so grenzenlos geöffnet und vertraut. Das Beziehungsende war für sie nicht begreifbar. Sie konnte nicht glauben, sich so getäuscht zu haben. Oft wollte sie Eleonora anrufen, ihre geliebte Stimme hören oder wenigstens eine E-Mail schreiben – wissen, wie es ihr geht.

Manchmal wachte sie in der Nacht auf, die Tränen rannen ihr über die Wangen. Ihr Magen zog sich in einem ziehenden Schmerz zusammen, und ihre Brust fühlte sich eng und schwer an. Den ganzen Tag fühlte sie sich kraftlos, musste sich zwingen, ihren Alltag zu bewältigen. Sie begann eines Tages, ganz im Gedanken vertieft, Eleonora zu malen. Sie musste weinen, als sie realisierte, was sie produziert hatte, deren Bildnis wahrnahm. Es gab auch nach Wochen keine Erleichterung. Der Schmerz wurde nicht geringer.

Marga liebte die Weihnachtszeit. Doch diesmal war ihr schwer ums Herz. Sie konnte sich an den Feierlichkeiten nicht erfreuen. Auch ihrer Tochter blieb ihr Schmerz nicht verborgen. Estelle bemühte sich Marga ein wenig abzulenken. Längst hatte sie ein schlechtes Gewissen wegen ihrer anfangs ablehnenden Haltung Eleonora gegenüber, hatte nun begriffen, wie sehr ihre Mutter diese Frau geliebt hatte.

Gerade als Marga beschloss, endgültig ihre Liebe zu Eleonora aufzugeben, rief diese sie unerwartet an. Als Marga deren Stimme hörte, begann ihr Herz wild zu schlagen. Sie musste sich setzen, da es ihr schwindlig wurde, sie eine Schwäche spürte und wackelige Knie bekam. Marga versuchte ruhig und gelassen zu klingen, bemühte sich um emotionalen Abstand. Aber nach dem Geständnis und der Bitte ihrer Freundin war sie total verwirrt, konnte keinen klaren Gedanken fassen. Sie konnte noch keine Entscheidung treffen, bat um Bedenkzeit bis zum nächsten Tag.

Was für eine Nacht. Sie schlief kaum eine Stunde. Alle Erinnerungen waren wieder derartig stark spürbar, dass sie anfangs nur weinte. Sie wollte so gerne wieder mit Eleonora zusammen sein, aber Marga hatte Angst wieder zurückgestoßen zu werden, dann wieder alleine zu sein. Sie wusste, dass sie das nicht erleben wollte, keine Kraft dazu hatte. Diese zweite Chance nicht zu nutzen, schien ihr aber bei Weitem unmöglicher. Ihr

Herz wollte diese Liebe. Marga würde es sich nie verzeihen, wenn sie wegen dieser Angst diese Beziehung nicht einginge. So erklärte Marga sich am nächsten Morgen einverstanden, es behutsam noch einmal zu versuchen und vereinbarte mit Eleonora alles Weitere. Estelle war zunächst nicht begeistert, erinnerte sich aber an den Schmerz ihrer Mutter und erklärte sich schließlich mit dem vorübergehenden Einzug von Eleonora einverstanden.

Marga wollte Eleonora nicht sofort wieder ihre Gefühle für sie zeigen und versuchte daher, sie nur freundlich aber mit Abstand zu begrüßen. Durch Eleonoras Entschuldigungen und ihre Tränen, spürte sie, wie eine große Woge der Liebe in ihr aufstieg, und sie musste sie umarmen und küssen. Ihr Herz jubelte vor Wiedersehensfreude.

Und nun saß die Freundin mit ihren Koffern im Auto neben ihr. Marga konnte es kaum fassen, dass sie nun mindestens für ein Jahr eine neue Chance hatten. Zu Hause brachten sie die Koffer in das gemütlich hergerichtet Gästezimmer. Marga hatte zusätzlich einen kleinen Schreibtisch mit Tischleuchte und Internetanschluss sowie einen kleinen Tisch, auf den eine Vase mit wunderschönen, frischen roten Rosen stand und einem gemütlichen Schaukelstuhl in das Zimmer gestellt. Zudem hatte sie Eleonora, ein damals zu Ostern aufgenommenes und gerahmtes Foto aus Irland über den Schreibtisch gehängt. Gemütliche rote Vorhänge und ein Bettüberwurf im gleichen Farbton belebten zusätzlich das Zimmer. Auf die Mitte des Bettes hatte sie ihr eine hübsche Schüssel mit bunten Herzpralinen gestellt. Marga freute sich, als sie sah, wie sich ihre Freundin sichtlich gerührt über das liebevoll hergerichtete Zimmer zeigte.

»Mit so viel Liebe hast du alles vorbereitet!« Eleonora standen Tränen in den Augen. Mit soviel Aufmerksamkeit hatte sie nicht gerechnet.

Anschließend gingen sie in das Wohnzimmer, wo schon Estelle mit einem hübsch dekorierten Tisch, gerade das Essen anrichtete. Es war für Marga eine große Erleichterung, dass ihrer Tochter Eleonora freundlich begrüßte und sie sich dann alle drei gemütlich beim Essen miteinander unterhielten. Ihre Tochter zog sich anschließend ins eigene Zimmer zurück, da sie für die Schule noch einiges zu tun hatte und in fast drei Monaten die schriftliche Matura anstand.

Marga räumt nach dem Essen den Tisch ab, brachte noch zwei Gläser Rotwein und setzte sich zu ihrer Freundin auf die Wohnzimmercouch. Sie war so glücklich in deren tiefe Augen zu blicken und hielt verliebt ihre Hand. Sie wollte alles von ihr wissen, bat Eleonora, ihr von den letzten Monaten zu erzählen und schmiegte währenddessen ihren Kopf an Eleonoras Schulter - betäubt von ihren Gefühlen. Stundenlang erzählten sie einander vom Erlebten, und als sie müde wurden, begleitete Marga Eleonora hinauf, um ihr beim Auspacken behilflich zu sein.

Im Zimmer aber begann Eleonora sie zu küssen und mit sanften Berührungen zu umspielen. Marga spürte die starke Lust, und sie hätte sich nur zu gerne mit ihr vereint, aber es erschien ihr noch zu früh. Daher unterbrach Marga liebevoll das Werben. Sie küsste Eleonora zärtlich, wünschte ihr eine gute Nacht und verließ das Zimmer.

Sie lag bereits ein paar Stunden in ihrem Bett, aufgewühlt von ihren Empfindungen, konnte nicht schlafen, da die Sehnsucht nach der Freundin so mächtig war. Plötzlich hörte sie ein zaghaftes Klopfen, und Eleonora kam in ihr Zimmer. Zitternd stand sie im dünnen Nachthemd vor ihr und sah Marga flehend an. Marga war es nicht möglich, ihre Empfindungen zu verbergen. Man sah im schwachen Licht, den ästhetischen Körper durch das zarte Gewebe. Marga erkannte die Lust der Freundin und zog sie in ihr Bett, um sogleich den von ihr so sehnsuchtsvoll begehrten Körper vom Seidenstoff zu befreien. Nichts sollte die Hitze der beiden Körper trennen.

Welch unbeschreiblich schönes Gefühl durchflutete Marga. Ihr Körper konnte nach dem monatelangen Verlangen die Begierde nach der geliebten Freundin nicht mehr verdrängen. Sie berührte sie mit zärtlicher Forderung, entdeckte wieder deren Körper mit nicht zu stillernder Lust und bot sich auch ihr mit dem schon gekannten, unbegrenzten Vertrauen an. Marga spürte Eleonoras Erregung, ließ sich ganz von ihr einnehmen, übergab ihr die völlige Kontrolle. Marga Körper bettelte und bäumte sich nach der Geliebten auf. Von ihr erlöst versanken sie mit größter Leidenschaft ineinander.

KAPITEL 49 - ELEONORAS VERGANGENHEIT

Trotz der Semesterferien musste sich Eleonora langsam mit der Universität vertraut machen. Sie wurde schon einigen Kolleginnen und Kollegen vorgestellt und begann, ihre Unterlagen für die Kurse vorzubereiten. Anfangs war es ein beklemmendes Gefühl. Sie hatte Angst, bekannten Gesichtern zu begegnen, befürchtete Schwierigkeiten und Ablehnungen und machte sich Sorgen, den Anforderungen nicht gerecht zu werden. Alle begrüßten den Neuzugang jedoch freundlich. Man war erleichtert, jemanden kompetenten für die Literaturkurse gefunden zu haben, und Eleonora begann, sich langsam zu entspannen. Sie freute sich nun auf das neue Aufgabengebiet.

Sie bummelte schon einige Male alleine durch die Stadt, brachte kleine Besorgungen mit nach Hause und versuchte so, Marga ein wenig zu unterstützen. Eleonora war so glücklich, dass die Freundin ihr noch eine Chance gegeben hatte. Es klappte auch mit Estelle recht gut. Sie spürte keine Ablehnung mehr. So verbrachten sie einige gemütliche Abende plaudernd zu dritt. Eleonora war froh, dass Marga für die nächsten Wochen beruflich nicht so stark eingeteilt war. Ihr Zimmer wurde von Marga liebevoll hergerichtet. An alles hatte sie gedacht, wollte Eleonora Rückzugsmöglichkeiten lassen, hatte sogar zusätzlich ein Bücherregal aufgestellt.

Die Nacht verbrachte Eleonora aber nicht in dem vorgesehenen Bett, sondern in Margas gemütlichem Schlafzimmer. Dort vertieften sie mit Innigkeit ihre Liebe. Eleonora liebte es, die Freundin zu spüren und ganz mit ihr vereint zu sein. Durch das nun geplante Jahr, entspannten sie sich beide und begannen ihre Beziehung langsam zu festigen.

Kurz vor Semesterbeginn feierten sie zum ersten Mal Eleonoras Geburtstag. Sie freute sich wie ein kleines Kind über die Geburtstagsfeier, zu der auch Bernadette und Waltraud kamen, die sie einige Tage zuvor kennengelernt hatte. Sie scherzten miteinander, aber sie unterhielten sich auch über die Probleme von gleichgeschlechtlichen Paaren. Eleonora konnte die Heiratswünsche Bernadettes gut verstehen, da sie vor Jahren unter dieser nicht gegebenen Möglichkeit selbst so gelitten hatte. Keine Rechte hatten sie, konnten im Extremfall nicht einmal die geliebte Partnerin auf der Intensivstation eines Krankenhauses besuchen, und kein Arzt würde sie um deren Gesundheitszustand aufklären. Doch sie waren überzeugt, dass sich rechtlich bald etwas ändern würde, dass es endlich Zeit für eine Gleichstellung war. Am Ende des Abends hatte Eleonora in den beiden, neue Freundinnen gefunden, und sie fühlte sich bei Marga immer mehr daheim.

Bei Estelle konnte sie ein paar Tage später viele Sympathiepunkte gewinnen. Diese hatte in Mathematik immer ein wenig Schwierigkeiten, obwohl sie ansonsten eine sehr gute Schülerin war.

»Ich werde niemals die Matura in Mathe schaffen.« Verzweifelt saß Estelle vor ihren Unterlagen. Schon seit Stunden versuchte sie sich an den vielen ungelösten Wahrscheinlichkeitsrechnungen.

»Das schaffst du schon, versuche, dich nicht selbst fertigzumachen.« Marga wollte ihre Tochter motivieren aber es gelange ihr nicht so richtig.

»Darf ich mal sehen?« Eleonora war hinter die beiden getreten und blicke neugierig auf die Aufgaben.

Estelle schob ihr die angefangene Rechnung hin. »Kennst du dich ein wenig aus?« Skeptisch sah sie auf Eleonora.

Mit ein paar schnellen Rechengängen löste Eleonora sodann blitzschnell zur Begeisterung aller die Aufgabe.

»Warum bist du in Mathe so gut?« Total erstaunt sah Estelle auf.

»Es war schon immer mein Lieblingsfach, und ich habe mir darin nie schwer getan. Wenn du willst, kann ich dir gerne helfen.«

Dieses nette Angebot nahm Estelle mit Freuden an. So lernten sie fast täglich miteinander, und Estelle konnte mit Eleonoras Nachhilfe ihre Fähigkeiten in diesem Fach immer mehr festigen. So entstand ein entspannter, freundschaftlicher Umgang, und Estelle borgte sich auch gern von ihr englische Bücher aus. Eleonora war glücklich, nun so einen guten Zugang zu Margas Tochter gefunden zu haben, und wenn sie die beiden beobachtete, dachte sie auch oft an ihre eigene Familie und an ihre damalige Maturazeit. Eleonora wusste, dass sie sich noch einmal mit ihrer Mutter auseinandersetzen musste, aber sie wollte sich zuerst im Unialltag einleben.

Dieser unterschied sich durch einen lockereren Umgang untereinander und durch weniger Disziplin und Pünktlichkeit. Ansonsten aber lebte sich Eleonora sehr positiv ein und hatte mit dem Institut keine Schwierigkeiten. Sie war erleichternd, dass sich alles als so angenehm fügte.

»Stell dich trotzdem auf kommende Ausgrenzungen ein, wenn man erfährt, dass du in einer gleichgeschlechtlichen Partnerschaft lebst.« Margas musste sie darauf hinweisen und erzählte ihr von ihren eigenen Schwierigkeiten in ihrer damaligen Lehrtätigkeit.

Eleonora war überzeugt, dass sie damit umgehen könne und genoss diese unbeschwerte Zeit. Da sie sich nach einiger Zeit voller Kraft fühlte, beschloss sie, in Margas Begleitung zum Hause ihrer eigenen Mutter zu fahren. Sie wollte sehen, ob es ihr möglich war, ohne Schwierigkeiten in der Nähe des Hauses zu sein oder sogar ihre Eltern zu treffen. Marga fand die Idee nicht gut, ohne Voranmeldung zu erscheinen, aber sie wollte Eleonora nicht bevormunden und erklärte sich bereit sie notfalls zu unterstützen.

Es war ein warmer Sonntagnachmittag Anfang April als sie langsam die Gasse zum Elternhaus hinauffuhren. Eleonora fühlte sich immer schlechter, der Mut schien sie zu verlassen, und man sah ihr die Angst an.

»Du musst das nicht machen«, sagte Marga. »Wir können noch immer umdrehen und nach Hause fahren. Vielleicht ist es besser, wenn du zuerst telefonisch Kontakt zu deiner Mutter aufnimmst.« Sie dachte mit Unbehagen an die damalige unerwartete Begegnung im Café und konnte sich nicht vorstellen, dass der nun unangekündigte Besuch ein Erfolg werden würde.

»Nein, ich hatte so viele Jahre keinen Mut, wollte der Konfrontation ausweichen und habe die Erinnerung verdrängt. Nun ist es an der Zeit, dass ich mich mit meiner Mutter ausspreche.« Ihre Worte klangen überzeugend, aber ihr Blick war unsicher. Scheinbar entschlossen fuhr sie weiter zur Hauseinfahrt, wo zu ihrem Erstaunen einige Autos die Auffahrt verstellten.

»Warum ist die Zufahrt so zugeparkt? Glaubst du, dass etwas passiert ist, oder gibt es irgendeinen Anlass für eine Familienfeier?« Marga war sehr beunruhigt und die ganze Aktion wurde ihr immer unangenehmer.

Eleonora antwortete nicht, stattdessen parkte sie mit etwas Abstand zu den anderen und öffnete die Autotür. Aus dem Haus drang laute Musik, und die vielen fröhlichen Stimmen unterstrichen den Verdacht eines Festes.

»Ich glaube, ich kenne einige der Autos. Dies hier ist wohl von meinem Onkel.« Sie zeigte auf einen weißen Audi und betrachtet neugierig die restlichen PKWs. Auf einmal fiel ihr der Grund dieser Ansammlung ein. »Ich habe den Geburtstag meiner Mutter vergessen. Ein runder Geburtstag. Daher hat man anscheinend heute zum Fest geladen.« Aufgeregt sah sie Marga an.

»Lass uns fahren! Eine Geburtstagsfeier ist nicht der richtige Zeitpunkt für eine Aussprache. Wir kommen nächsten Sonntag wieder hierher.« Marga schob Eleonora zum Auto, doch das wollte Eleonora auf keinen Fall.

Sie hatte sich in London geschworen, nicht mehr vor den Schwierigkeiten davonzulaufen und war nun bereit, sich mit ihrer Mutter und der gesamten Verwandtschaft auseinanderzusetzen. »Komm endlich!« Ungeduldig ging Eleonora zur geöffneten Eingangstüre, zog ihre Freundin energisch mit und betrat zu Margas Entsetzen, ohne zu läuten das Haus. Eleonora folgte dem Klang der lauten Musik und betrat mit raschen Schritten, als hätte sie Angst es sich nochmals zu überlegen, das Wohnzimmer. Es waren wesentlich mehr Gäste als angenommen. Die ganze Verwandtschaft, aber auch viele Bekannte der Eltern waren der Einladung gefolgt. Überall sah man kleine Grüppchen, die sich angeregt und fröhlich miteinander unterhielten. Auf der Seite des Raumes war ein riesiger Tisch, auf dem die mitgebrachten Präsente lagen. Überall sah man viele üppige Blumensträuße.

Eleonora blieb am Eingang des Wohnzimmers stehen und wurde sofort von ihrer Mutter entdeckt. Diese machte kreidebleich ihren Mann auf die neuen Besucher aufmerksam, und sofort bewegte sich Roman auf sie zu. Nun hatte auch Onkel Harald sie bemerkt, und er wollte ebenso die in seinen Augen Unwürdige am Weitergehen hindern. Seine Frau, von ihm schnell instruiert, ließ die Musik stoppen, und so wurde es auf einmal ganz still. Alle Augenpaare richteten sich auf Eleonora und Marga.

Man konnte das Entsetzen, die Verwunderung, aber auch die Ablehnung in den Gesichtern der Verwandten erkennen. Die Freunde der Eltern waren Eleonora weitgehend unbekannt, und diese sahen die beiden auch nur neugierig und überrascht an. Ihre Cousinen tuschelten aufgeregt mit ihren Partnern, welche dann teilweise belustigt, aber auch angewidert auf die beiden Ankömmlinge starrten.

»Kommt, Kinder, das ist nichts für euch. Diese Perversität wollen wir uns ersparen.« Eine Cousine ging mit diesen Worten mit ihren Kindern aus dem Raum.

Es war eine fast unerträgliche Spannung, und Eleonoras Mutter stand steif, ohne ein Wort an ihre Tochter richtend, dafür aber mit säuerlicher Miene auf Marga blickend da. Roman stand nun hinter ihr, abwartend wie sich die Situation entwickeln würde. Tante Lore hielt sich die Hand vor dem Munde, in der Angst etwas Falsches zu sagen oder einen unpassenden Laut von sich zu geben. Onkel Harald war nun anscheinend bereit die Familienehre zu verteidigen. Er bewegte sich mit entschlossener Miene auf Eleonora zu, und man sah, dass er, obwohl er nicht der Hausherr war, sie aus dem Hause verweisen wollte. Eleonora aber ignorierte ihn und wandte sich mit durchdringendem Blick und fester Stimme an ihre Mutter.

»Du hast mich nicht erwartet, Mutter?« Sie sah ihrer Mutter in die Augen, die keine Reaktion zeigte. »Willst du nicht, dass deine einzige Tochter dir zum Geburtstag gratuliert oder hast du keine Tochter mehr? Habt ihr mich alle vergessen, totgeschwiegen, weil ich nicht in eure gesellschaftliche Vorstellung passe? Ist es für euch noch immer abstoßend und unnormal, dass ich eine Frau liebe?« Eleonora hörte das schrille Auflachen ihrer Cousinen und sah ruhig in deren Augen.

Sie hatte auf einmal keine Angst mehr. Sie empfand fast ein wenig Mitleid mit dieser aufgescheuchten Meute. Sie sah sich um, und sah, dass ihre Cousinen schon viele Kinder hatten und zwei auch einen neuen Partner. Sah ihre Patentante, die in den ganzen Jahren zu feige war, sich bei ihr zu melden, und nun in ihr Taschentuch schluchzte. Eleonora blickte wieder zur Mutter, fest und ohne sichtbare Rührung, da sie nun erkannte, dass ihr deren Liebe nicht mehr wichtig war. Sie empfand nichts mehr, auch keinen Hass, nur Erkenntnis über deren Egoismus und Kälte. Eleonora sah ihren Stiefvater, der nun hilflos in der Situation war, da die Ausgestoßene so stark und unverletzbar vor ihm stand. Er versuchte, sie nun aus dem Raum zu drängen.

»Was ist, Roman? Weißt du nicht, wie du vor deinen Freunden reagieren sollst? Möchtest du ihnen nicht deine Härte zeigen? Deiner Stieftochter gegenüber, die du am Anfang geduldet, aber dich nie für ihre Seele interessiert hast?« Wut schwang nun in Eleonoras Stimme mit, als sie sich an seine vergangen, harten Aktionen erinnerte.

»Verlasse sofort mein Haus!« Roman versuchte, Haltung zu bewahren. Aber seine Stimme zitterte vor Empörung. »Ich sagte dir deutlich, dass in meinem Haus kein Platz für deine Liebesgeschichten ist. Wie kannst du es wagen, mit einer derartigen Unverschämtheit das Fest deiner Mutter zu stören?« Er packte sie am Arm und versuchte, sie hinauszudrängen. »Du bist hier nicht erwünscht! Du hast vor Jahren deine Entscheidung getroffen. Wir haben keine Tochter!«

Seine Worte brachten weiter Unruhe bei den Gästen, aber es gab niemanden der zu Eleonora stand. Eleonora wusste nun, dass sie ihre Familie nicht mehr brauchte, dass sie stark genug für ihr eigenes Leben war. Sie sah sich nochmals in der Runde um, so schnell ließ sie sich nicht aus dem Haus drängen. »Ich wundere mich, dass ihr euer Spiegelbild ertragen könnt, denn ihr seid armselig, kalt und ohne Liebe. Ich bin froh, nicht mehr in euer Leben und zu eurer Familie zu gehören. Ich bin stolz, dass ich euch nicht ähnle.« Mit diesen Worten befreite sie sich von der Hand des Stiefvaters, drehte sich um und ging erhobenen Hauptes, Hand in Hand mit Marga aus dem Haus.

Ihr Onkel und Roman blieben ein wenig hilflos stehen. Die restliche Geburtstagsgesellschaft versuchte, mit lautem hysterischem Gelächter und Entrüstung die unangenehme Situation zu meistern. Ihre Mutter rührte sich einige Zeit nicht, stellte dann ihr Glas ab, ging zu Roman, entschuldigte sich bei allen Anwesenden für das unangebrachte Benehmen ihrer Tochter und bat dann mit ruhiger Stimme alle zum reichlich angerichteten Buffet.

Währenddessen saß Eleonora schon wieder mit Marga im Auto, die mit erhöhtem Tempo nach Hause fuhr. Sie konnte kaum fassen, was soeben geschehen war. Eleonora wusste nur, dass sie sich von ihrer Familie endgültig befreit hatte, und es fühlte sich für sie nach dieser langen Zeit sehr gut an. Nun konnte ihr Leben beginnen, ein Leben in ihrer Heimat mit einer vom ganzen Herzen geliebten Frau an ihrer Seite. Als Eleonora und Marga daheim waren, begann sie, herzhaft zu lachen. Sie konnte nicht anders. Übermütig befreite sie sich von der jahrelangen Last und umarmte glücklich ihre Freundin.

KAPITEL 50 - MARGAS FAMILIE

Marga konnte es kaum glauben, dass Eleonora diesen Schritt geschafft hatte. Sie empfand die Reaktionen der Familie als sehr demütigend und verletzend und war fast ein wenig irritiert, dass ihre Freundin nun so gelassen damit umgehen konnte. Sie befürchtete, dass Eleonora erst in einiger Zeit den nun endgültigen Bruch mit der Familie realisieren würde. Marga war sich bewusst, dass es sicher noch einer Aufarbeitung erforderte. Vorerst aber freute sie sich mit Eleonora über den gelungen Auftritt, deren Festigkeit und Unerschrockenheit sie bewunderte. Marga liebte die Sensibilität ihrer Freundin, sie war nun aber stolz auf deren Stärke, den Willen das Leben zu meistern und die neue Beziehungschance zu nutzen. Sie konnte nun sehen, wie ernst es Eleonora mit ihnen beiden war, dass sie bereit war, für die Liebe zu kämpfen, und dass Eleonora ihr Leben darauf abstimmte.

Marga war unendlich erleichtert, dass Estelle mit der neuen Situation so gut umgehen konnte. Man konnte sehen, dass sich die beiden nun gut verstanden, dass das Zusammenleben immer mehr harmonierte. Für Marga war es ein entspanntes Gefühl, den Alltag nun mit der Geliebten leben zu können. Sie genoss es, wenn Eleonora von der Universität kam, sie gemeinsame Mahlzeiten einnahmen und die Freizeit miteinander verbrachten. Sie liebte die tiefen Gespräche mit ihr, die Vertrautheit zwischen ihnen und den Austausch der vielen Zärtlichkeiten. Es war ein wunderbares Gefühl, mit ihr jeden Abend innig einzuschlafen, nachts wenn sie wach wurde, ihren Atem zu hören, ihren Duft wahrzunehmen, um dann wieder an ihr gekuschelt einzuschlafen und in der Früh als erstes wieder ihr liebliches Gesicht zu sehen. Marga liebte es, den Tag gemeinsam zu beginnen. Sie spürte ein großes Glücksgefühl, liebte ihre Freundin von Tag zu Tag mehr. Ein Leben ohne sie, war nicht mehr vorstellbar.

Auch in Margas Arbeit konnten die Klienten von ihrer Ausgeglichenheit profitieren. Sie war nun noch einfühlsamer und verständnisvoller, nahm sich entspannt Zeit für deren Probleme und ließ alle an ihrem Optimismus teilhaben. Ihre Bilder waren wieder fröhlich, ausdrucksstark und mit einer noch stärkeren Farbenvielfalt als bisher. Sie spürte durch die Ordnung in ihrem Leben, die Schwingungen der Menschen, konnte ihren Kummer und deren Ängste wahrnehmen, sah, woran es ihnen fehlte, und konnte ihnen daher noch effektiver helfen.

Marga und Eleonora versuchten, Estelle so gut es ging bei ihrer Vorbereitung zur Matura zu helfen und waren glücklich, dass sie mit so guten Noten die Prüfungen bestand. Marga bereitete im Garten ein großes Fest und sie feierten mit Estelles Einverständnis zugleich Margas Geburtstag. Eleonora half beim Aufstellen der Fackeln und Girlanden, und sie bereiteten einige Platten mit köstlichen Snacks, vielen frischen Salaten, kleinen raffinierten Häppchen und eine riesige Torte, die mit Glückwünschen verziert und lustig dekoriert wurde. Marga hatte eine wundervoll duftende Erdbeer-Waldmeister-Bowle zubereitet und ausreichend alkoholfreie Getränke gekühlt. Es kamen nicht nur Bernadette und Waltraud, sondern viele von der Theatergruppe und Margas Eltern, die jedoch sichtbar Schwierigkeiten mit der neuen Freundin hatten. Die veränderte Wohnsituation war ihnen scheinbar unangenehm.

»Wie lange bleibt denn euer englischer Gast?«, fragte die Mutter. Sie konnte das gemeinsame Leben dieser Frau mit ihrer Tochter nicht akzeptieren.

Marga wollte keine Konfrontation und gab daher keine Antwort. Die Begrüßung zu Eleonora fiel unterkühlt und distanziert aus. Die Eltern zeigten offen, dass sie dieser Beziehung nichts abgewinnen konnten. Ulrike war immer weit weg, doch nun war mit Eleonora eine unakzeptable Situation eingetreten. Dies war plötzlich ein richtiges Zusammenleben, und es war den Eltern peinlich, dass die Tochter damit allen ihre Neigung zu Frauen zeigte. Für ihren Vater war es ohnehin irrsinnig. Man konnte seiner Ansicht nach in solch einer Konstellation nicht von Liebe reden.

Während des Festes zog sich Margas Mutter sogar einige Male ins Wohnzimmer zurück, um dort den Kummer über ihre Tochter mit Tränen freien Lauf zu lassen. Sie konnte nicht begreifen, wie Marga ihnen allen dies antun konnte, sie dermaßen gesellschaftlich blamieren konnte, wo die Eltern doch immer alles für sie getan hatten. Dem Enkelkind zuliebe, ging die Großmutter immer wieder zurück in den Garten, um dort mit verquollenen Augen allen ihr Leid darzustellen.

Für Margas Vater war die hübsche Estelle die große Hoffnung auf eine normale Beziehung. Er war überzeugt, dass sie den richtigen Weg zur Ehefrau und Mutter einschlagen würde, trotz der Entgleisung Margas. Wohlwollend gab er Estelle daher ein wenig Geld zur bestandenen Matura.

»Verwende es für eine Reise!« Der Großvater tätschelte ihr die Wange.

»Danke!« Mit Freude nahm Estelle das Geld entgegen. »Schottland wäre eine Überlegung wert, ich werde mit Mutti darüber reden.«

»Die Maturareise macht man nicht mit seiner Mutter! Vielleicht kennst du einen netten, jungen Mann. Ihr könntet dann gemeinsam Edinburgh erkunden.« Er zwinkerte ihr verschwörerisch zu und sah seine Enkelin aufmunternd an.

Verwundert sah ihm Estelle entgegen. Sie hatte den Verdacht, dass dem Großvater die Bowle ein wenig in den Kopf gestiegen war. »Ich habe keinen Freund und werde mich auch in Zukunft nur auf das im Herbst beginnende Studium konzentrieren.«

Sie bemerkte, wie eine Zornesfalte seinen Blick verfinsterte, und bemühte sich schnell ein paar versöhnliche Worte einfließen zu lassen. »Alles kann man aber nicht planen, wer weiß, wann die Liebe zu mir kommt.«

Damit gab sich der alte Mann zufrieden. Er nickte ihr noch aufmunternd zu und ging dann vergnügt zum Buffet.

Als am späten Abend alle Gäste fröhlich die Feier verlassen hatten, übernachteten Margas Eltern widerwillig auf der ausgezogenen Couch im

Wohnzimmer, da Eleonora das Gästezimmer benutzte. Als es im Hause still wurde, schlich Eleonora leise in Margas Zimmer, da es ihr zuerst wegen der Eltern unangenehm war. Sie wollte die beiden nicht unnötig provozieren.

Doch Marga beruhigte sie. »Es ist nicht notwendig, dass wir uns leise und vorsichtig verhalten. Meine Eltern müssen endlich mein Liebesleben akzeptieren.«

Eleonora dachte an die frostige Begrüßung. »Ich möchte aber nicht einen unnötigen Streit auslösen - schon aus Rücksicht zu Estelle. Deine Eltern sollen nicht noch unsere Intimitäten mitbekommen. Das wäre mir doch sehr unangenehm. Gute Nacht, Liebes!« Sie gab Marga noch einen Kuss und drehte sich zum Schlafen auf die Seite.

Vielleicht war es der Geburtstag oder ein wenig zu viel von der Waldmeisterbowle, jedenfalls begann Marga, ihre Freundin zu verführen. Eleonora vergaß schnell die Ängste und stieg in das Liebesspiel ein. Marga genoss es, diesen wunderschönen Körper zu berühren. Sanft strich sie ihrer Freundin über die Brustwarzen, begann, zärtlich mit der Zunge die Erregung von Eleonora zu steigern, und ihre Hände bewegten sich zwischen Eleonoras festen Schenkeln. Diese begann, in Margas rechtes Ohr sanft ihren Atem zu hauchen, während ihre Hand fordernd über Margas Po strich. Erregt zeigte Marga Bereitschaft auf mehr und bot sich offen ihrer Freundin an. Geschickt und liebevoll steigerte Eleonora immer mehr deren Begierde, und Marga stöhnte und schrie vor Spannung und Lust nach der Geliebten. Sie dachte nicht mehr an ihre Eltern, hatte keine Kontrolle mehr, sondern verspürte nunmehr das Verlangen, die geliebte Freundin zu spüren und ganz in das Gefühl der Verschmelzung einzutauchen.

Eisige Stimmung beim liebevoll gedeckten Frühstückstisch schlug Marga und Eleonora am nächsten Morgen entgegen. Ihren Eltern waren die nächtlichen Geräusche nicht verborgen geblieben, und sie waren entsetzt über die derartige Zügellosigkeit, wollten sich diese Perversität, wie es ihnen erschien, nicht vorstellen und fanden es abstoßend, was sich vergangene Nacht in dem Hause ihrer Tochter abgespielt hatte.

Bitterböse sah Margas Vater auf Eleonora. Sie war in seinen Augen ein verdorbenes Geschöpf, unwürdig, dass man sich noch näher mit ihr auseinandersetzte. Von seiner Tochter war er unendlich enttäuscht. Sie hätte genug Möglichkeit auf eine normale Beziehung gehabt. Doch anscheinend wollte sie die Familie beschmutzen. Er war sich aber auch nicht sicher, ob nicht doch eine psychische Krankheit Ursache ihrer Handlungen war. Vielleicht nahm sie Drogen wie viele andere Künstler? Das sie nie ganz normal war, immer anders als die wohlgeratenen Geschwister, war auch eine Tatsache. Wer konnte sonst noch Erdbeben vorhersehen oder träumte Erlebnisse im Voraus. Marga hatte ihnen immer etwas Angst gemacht. Der Vater war sich sicher, dass bei ihr schon immer etwas nicht in Ordnung war. Und nun kam noch ihr perverses Liebesleben dazu, das grenzenlose Ausleben ihres Triebes, ähnlich wie bei Tieren. Er hatte keine Lust mehr, länger mit ihr an einem Tisch zu sitzen.

»Ist dir bewusst, in welche unmögliche Situation du deine Mutter und mich gebracht hast?« Erbost sah er seine Tochter an. »Wir konnten die ganze Nacht nicht schlafen, und deine Mutter ist völlig fertig.«

Die Mutter schluchzte demonstrativ auf und sah vorwurfsvoll in die Runde.

»Deine Wände sind dünn, und wir mussten alles mit anhören. Das ist alles nicht normal!« Unwillig stieß er den Stuhl zurück. Er hatte keine Lust mehr auf weitere Diskussionen.

»Du hast uns so enttäuscht!« Mit tränenüberströmtem Gesicht sah die Mutter auf Marga. »Warum? In Gottes Namen, warum bist du so geworden?« Ihre Nerven beruhigten sich nicht mehr. Ihr ganzer Körper zitterte unter dieser seelischen Belastung.

»Genug, Mutter, wir fahren!« Der Vater unterbrach sie und nahm sie am Arm. »Wolltest du das, Marga, bist du nun zufrieden?« Müde und verbittert sah er auf seine Tochter. Er wollte nur fort. Er hatte keine Lust mehr, sich dieses Drama länger anzusehen. »Komm, Frau, es hat doch alles keinen Sinn mehr.« Das laute Weinen der Mutter begleitete die beiden, als sie den Raum verließen und auf das Zimmer gingen, um ihre Sachen zu packen.

Es war still in der Küche, und Marga und Eleonora sahen sich an.

»Es macht keinen Sinn in dieser aufgebrachten Stimmung ein Gespräch zu führen.« Marga nahm ein Brötchen und begann, es genussvoll mit Butter und Marmelade zu bestreichen. Sie sah Eleonoras bestürzten Blick, und beruhigend legte sie die Hand auf deren Schulter. »Sie werden sich schon wieder beruhigen. Nimm es nicht so tragisch.«

»Wie kannst du jetzt essen? Ich bekommen kaum noch Luft. Das ist alles so peinlich. Wir hätten uns heute Nacht beherrschen müssen. Was werden deine Eltern von mir denken?« Eleonora war zutiefst erschrocken. Sie wollte der Freundin nicht solche Schwierigkeiten machen.

Die Eltern brachen wenige Augenblicke später überstürzt zur Rückfahrt auf. Zeugen von nächtlichen Aktivitäten zu sein, hieß nun auch, die Sexualität in dieser Beziehung nicht mehr verleugnen zu können. Von Eleonora verabschiedeten sie sich nicht. Sie sahen diese Frau als das Übel, die Ursache der Entgleisung. Tränenüberströmt saß die Mutter im Wagen, während der Vater wütend im höchsten Tempo die Straße herunterfuhr.

»Es tut mir so leid!« Eleonora war alles sehr unangenehm. Sie machte sich große Vorwürfe.

Marga winkte ab. »Unsere Sexualität ist völlig normal, und wir müssen uns nicht über unsere Gefühle und unsere Lust schämen, nur weil wir zwei Frauen sind. Hätte ich diese stürmische Liebesnacht mit einem Mann erlebt, hätten sie daran niemals Anstoß genommen - vorausgesetzt ich wäre mit diesem Mann verheiratet gewesen. Es ist unser Leben! Wir müssen nicht Rechenschaft gegenüber unseren Eltern ablegen.« Marga fühlte sich zwar von dem Verhalten der Eltern etwas verletzt, aber sie regte sich trotzdem nicht sonderlich auf. Sie versuchte, Eleonora abzulenken. Es machte keinen Sinn, darüber stundenlang zu diskutieren. Es hätte ihnen die Stimmung verdorben. »Ich sehe noch nach Estelle, und dann wollen wir in Ruhe frühstücken.«

Estelle war über den Abgang der Großeltern irritiert. Sie hatte von ihrem Zimmerfenster aus gesehen, wie ihre Großeltern abfuhren. Sie hatte nicht einmal Gelegenheit gehabt, sich zu verabschieden. Man hatte sie in der ganzen Aufregung vergessen. Estelle erkannte nicht den Grund für den Streit. Sie hatte nichts von den nächtlichen Aktivitäten ihrer Mutter mitbekommen. In der Früh hatte sie länger als sonst geschlafen und wurde erst durch das Geschrei der Großeltern geweckt. Sie konnte die Ablehnung gegen die Beziehung ihrer Mutter nicht verstehen. Estelle fand, dass die beiden sehr gut zusammenpassten, war froh, dass ihre Mutter so glücklich war und verstand sich bestens mit Eleonora.

Sie hatte sich für die Studienrichtung der angewandten Kulturwissenschaften entschieden und war froh, in Wien zu sein, da sie sich hier wohlfühlte und sich auch nicht vorstellen konnte, irgendwo anders zu studieren. Eleonora bot ihr zudem die Möglichkeit, ein Auslandssemester in London zu verbringen. Estelle wäre auch dort nicht allein, da Eleonora voraussichtlich ab dem nächsten Jahr wieder dort unterrichten müsste. Auch für Marga wäre es möglich, mit genauer Vorbereitung ihre Beratungstätigkeit und wenn sie ihre Kurse für die kurze Zeit aussetzen würde, sich ganz ihrer Kunststudien hinzugeben und ein Semester in London bei Eleonora zu sein. Marga dachte oft über diese Möglichkeit nach, und sie begann sicherheitshalber, jede Woche ein wenig Geld zu sparen, falls es doch ein Thema werden würde.

KAPITEL 51 - FÜR IMMER ZUSAMMEN

Es war ein angenehmes Semester. Eleonora ging gerne zum Unterrichten auf die Universität und verstand sich gut mit dem Lehrkörper und den Studenten. Sie war auch froh über das gute Verhältnis zu Estelle, und mit Marga empfand sie das Zusammenleben als das Schönste in ihrem bisherigen Leben. Sie wollte nicht Samantha vergessen oder verleugnen, diese hatte für immer einen tiefen Platz in ihrem Herzen, aber mit Marga war alles anders. Sie war so verständnisvoll, so ruhig und ausgeglichen, forderte nicht, sondern freute sich über die positive Entwicklung ihrer Beziehung. Marga gab sich ihr vertrauensvoll hin. Eleonora konnte jeden Tag die Liebe und das Begehren von Marga spüren, und auch ihre Liebe zu ihr war tief und ehrlich. Für den Sommer hatten sie einen gemeinsamen Aufenthalt in Irland geplant. Estelle freute sich schon darauf, da sie keine Maturareise wollte.

Nachdem es mit Samanthas Familie zunehmende Schwierigkeiten gab, interessierte sich Ulrike für das kleine Hotel in Irland, da sie es gerne als Seminarhotel und Arbeitsbereich nutzen wollte. Sie würde sich gerne mit ihrer neuen, jungen Freundin verändern und wäre in Bezug auf ein paar Jahre in Irland nicht abgeneigt. Marga hatte auch weiterhin einen guten freundschaftlichen Kontakt zu ihr, und sie hatten sich auch schon zweimal zu viert getroffen. Als Ulrike von Eleonoras Problemen hörte, war sie bereit, sich das Hotel anzusehen, um es eventuell einige Zeit mit deren Einverständnis zu führen. So flogen sie nach Semesterende erwartungsvoll nach Irland - in der Hoffnung, dass sich alles regeln lassen würde.

Ulrike war begeistert, und auch ihrer jungen Freundin gefiel das Anwesen sowie die raue Landschaft. Karoline war eine junge unbeschwerte Psychologin, mit viel Elan begeisterte sie sich für das Vorhaben, sah es als wunderbare Möglichkeit, ihre Abenteuerlust und Reisefreude damit ein wenig zu befriedigen. Eleonora war froh, dass beide so positiv reagierten, zeigte ihnen das ganze Hotel und stellte sie dem Personal vor. Nur ihre kleine Wohnung sollte von ihnen nicht bewohnt oder genutzt werden.

Samanthas Mutter war überhaupt nicht begeistert von der neuen Situation. Da sie aber mit der Arbeit selbst nicht mehr zurechtkam, war es für sie die beste Lösung. Sie wollte jedoch trotzdem hier bleiben, um die Dinge wenigstens ein wenig im Auge behalten zu können, da sie den Fremden nicht traute. Eleonora konnte es verstehen, und auch Ulrike verstand die Bedenken und war auch froh, eventuell auf Unterstützung hoffen zu können. So flogen die Ulrike und Karoline in die Heimt, um alles Notwendige zu regeln und kamen einige Wochen später, um sich langsam, noch während Eleonoras Anwesenheit, einzuleben.

Eleonora hatte mit Marga die kleine Wohnung bezogen. Es war am Anfang ein eigenartiges Gefühl, aber sie verstaute Samanthas Kleidung liebevoll in Kisten und stellte diese in den Keller. Ein paar Lieblingsstücke bewahrte sie im Kleiderkasten auf, und auch Marga fand, dass Eleonora Samantha nicht vergessen sollte. Sie konnte ruhig auch manchmal liebevoll und trauernd an die Verstorbene denken. Ein Bild blieb noch aufgestellt, die Restlichen verstaute sie vorsichtig. Nun konnte sie sich mit Marga ausbreiten und wohlfühlen. Eleonora empfand es längst nicht mehr als Verrat gegenüber Samantha, nahm glücklich ihre neue Beziehung an. Estelle bezog ein gemütliches Zimmer mit TV- und Internetanschluss. So konnte sie ungestört sein.

Eleonora musste noch alles regeln und war sehr froh über die Unterstützung Margas. Trotzdem unternahmen sie jedoch Ausflüge nach Dublin und in die nähere Umgebung. Einmal fuhren die drei für fast vierzehn Tage durch das nähere Land, erkundeten mit dem Auto Irland und waren beeindruckt von der Landschaft.

Suzan hatte sich einige Monate sehr ablehnend gegenüber Eleonora verhalten. Es war fast zum Kontaktabbruch gekommen. Sie brachte kein Verständnis für die neue Beziehung auf, doch als sie zu Besuch gekommen war, wollte sie sich wieder mit Eleonora versöhnen. Sie führten ein langes Gespräch, und Suzan war bereit sich mit der neuen Situation langsam anzufreunden. Sie versuchte, auch mit Marga auszukommen, die neue Liebe von Eleonora zu akzeptieren.

Eleonora verstand die vergangene Ablehnung. Sie wusste das Suzan Angst hatte die Freundschaft zu verlieren und war bereit, ihr Zeit und Verständnis entgegenzubringen. Sie war froh, dass sich auch in dieser langen Freundschaft ein positiver Weg abzeichnete, es die Möglichkeit gab, miteinander weiterhin befreundet zu bleiben. Sie genoss die Zeit in Irland und unternahm lange Spaziergänge mit Marga und war glücklich, der Freundin bei ihr ebenfalls ein Zuhause geben können. Selbst in der körperlichen Liebe konnten sie sich entspannt einander hingeben, und am Ende des Sommers flogen sie mit vielen glücklich, erlebten Momenten zurück nach Wien. Eleonora konnte alles geregelt und beruhigt Ulrike und Samanthas Mutter überlassen.

Voller Elan startete Eleonora in das neue Semester und freute sich, dass sie Estelle in deren Anfangszeit ein wenig behilflich sein konnte. Margas Tochter hatte durch ihr Studium auch einige Lehrveranstaltungen am Institut der Anglistik und nahm diese mit Eifer wahr. Estelle war in dem letzten Jahr immer klarer geworden, dass sie sich nur zu Frauen hingezogen fühlte, aber sie wollte auf jeden Fall warten, bis sie es wirklich fühlte. Sie hatte keine Lust auf irgendwelche oberflächigen sexuellen Abenteuer. Nun aber hatte sie sich verliebt, ihr Gefühl galt einer vierzehn Jahre älteren Sprachwissenschaftlerin.

Shila war eine hübsche junge Frau, die es verstand, dass junge Mädchen in ihren Bann zu ziehen. Estelle spürte eine noch nie gekannte Anziehung und Sehnsucht, und Shila genoss deren stille Bewunderung. Eleonora war überzeugt, dass sie beiden sehr gut zusammenpassen würden, fand aber, dass Estelle mutiger sein müsse. Doch gerade dazu konnte sich die sehr Zurückhaltende nicht überwinden. Es fiel ihr schwer, ihre Gefühle zu zeigen, da sie große Angst vor einer Ablehnung hatte. Sie traute sich trotz Eleonoras Ermutigung nicht, ihre Empfindungen zu offenbaren. Estelle litt immer mehr unter dieser unglücklichen Situation, war aber nicht im Stande, es zu ändern. Sie hoffte, dass Shila den ersten Schritt machen würde.

Mit den anderen Studierenden hatte Estelle nur Kontakt, wenn es um das Studium ging. Sie empfand es als uninteressant, sich am Abend mit ihnen zu treffen, um dann Unmengen von Alkohol zu konsimieren oder sinnlose Gespräche zu führen. Sie konnte daher auch mit niemanden über ihre unglückliche Liebe sprechen, denn die Tatsache, dass sie in eine Frau verliebt war, machte es nicht leichter. Im Gegenteil, die meisten hätten sowieso kein Verständnis für diese Liebe gehabt. Sie fanden es zwar in Ordnung, dass man ein wenig herumexperimentierte, ja, es gehörte fast dazu, einmal mit einer Freundin ein wenig zu knutschen oder sich auch einmal auszuprobieren, aber manchmal wurde es auch nur dazu verwendet, um die jungen Männer auf sich aufmerksam zu machen. Zu einer gleichgeschlechtlichen Liebe zu stehen, richtige Gefühle zu empfinden, dies fanden sie dennoch abartig.

So konnte sich Estelle außer ihrer Mutter und Eleonora gegenüber niemandem anvertrauen und versuchte sich daher, mit dem Lernstoff abzulenken - noch immer in der Hoffnung, dass Shila endlich die Initiative ergriff. Das Studium selbst machte Estelle Freude. Sie war motiviert und wollte es auf jeden Fall mit guten Ergebnissen absolvieren, obwohl sie nicht genau wusste, wie es beruflich danach weitergehen sollte - jedoch waren es bis dahin noch einige Jahre.

Eleonora liebte den kühlen Herbstwind, konnte stundenlang dem Blättertreiben zusehen und verspürte ein wenig Melancholie. In mitten dieser Betrachtungen fasste sie den Entschluss, Marga zu überraschen. Sie fühlte sich in der Beziehung mit ihr so wohl, konnte sich ein Zusammenleben mit ihr für immer vorstellen und wollte es mit einer liebevollen Geste zeigen. Sie hatte erfahren, dass es ab 2005 in England möglich sein würde, für gleichgeschlechtliche Paare eine eingetragene Partnerschaft zu beantragen. Wie gerne würde sie mit Marga diesen Schritt gehen. Doch es wäre nur möglich, wenn diese dann bei ihr in London wäre, oder sie müssten warten, bis Österreich es endlich ermöglichen würde. Es wäre dann zwar noch immer keine absolute Gleichstellung gegenüber Heteropaaren, aber wenigstens ein Beginn.

Sodann ließ sie zwei wunderschöne Silberringe einer Gravur anfertigen. der Name der beiden und das heutige Datum. Mit einem gegenseitigen Versprechen würden sie an diesem Abend den endgültigen Schritt in ihrer Beziehung setzen wollen.

Als Eleonora nachmittags nach Hause kam, hatte Marga noch Beratungen. Eleonora war aufgeregt, konnte kaum ihre Ungeduld verbergen. Sie wusste noch nicht genau, wie sie Marga damit überraschen würde, hatte schon über viele Möglichkeiten nachgedacht, aber keine als die Richtige angesehen. Zuerst wollte sie ein festliches Menü zubereiten, dies kam ihr dann aber zu alltäglich vor - genauso ein Restaurantbesuch oder sonstige übliche Aktionen. Sie wollte es lieber an den Moment anpassen, es im letzten Augenblick entscheiden und versteckte die Ringe einstweilen im Schlafzimmer unter dem Kopfkissen.

Als Marga nach Beendigung der Arbeit ins Wohnzimmer kam, versuchte Eleonora, sich nichts anmerken zu lassen. Sie verbrachten einen gewöhnlichen und gemütlichen Abend, erzählten sich von ihrer Arbeit und planten den nächsten Tag. Eleonora hatte ein wenig Angst, dass Marga die ganze Symbolik als kindisch oder als zu verfrüht betrachten würde. Vielleicht wollte sie auch nicht dieses feste Versprechen, wollte sich alles noch offen halten. Sie hatten nie konkret darüber gesprochen. Eleonora wusste eigentlich nicht, ob Marga solch ein späterer Schritt wichtig war. Sie wurde unsicher, hatte immer größere Bedenken. Sogar bei den Ringen war sie sich nicht mehr schlüssig, ob sie die richtige Wahl getroffen hatte.

Eleonora war erleichtert, als Marga noch im Wohnzimmer mit zärtlichen Küssen um sie warb. Sie gingen im Kusse verschlungen langsam zum Schlafzimmer hinauf, streifen sich dort zärtlich ihre Kleider ab und begannen, einander zu berühren. Eleonora spürte Margas lustvollen Mund an ihrem Busen. Es erfasste eine heiße Woge ihren Körper, und sie verlangte nach mehr Intensität. Sie genoss es, wie Marga immer erregter sich um ihren Körper bemühte. Ungestüm öffnete sie sich ihr, um sogleich das Spiel zu wenden und nun Marga zu erobern. Eleonora nahm sie immer mehr ein, und Margas Becken kreiste vor Lust und Sehnsucht. Unfähig sich noch länger zu kontrollieren, verlangte der ganze Körper nach ihr. Sie steigerte deren Verzückung in eine fast unerträgliche Spannung. Marga war nunmehr in einem Strudel von Empfindungen. Ihr Körper vibrierte, sie schrie nach der Geliebten und wurde fast am Ende ihrer Kräfte von ihr erhört.

Eleonora sah, wie sich Margas Körper nicht beruhigen konnte, wie sie es noch immer nach ihr dürstete und immer wieder begann Eleonora die Freundin fordernd einzunehmen und sich dann mit ihr zu verschmelzen. Irgendwann konnten sie nicht mehr. Fest umschlungen erlaubten sie ihren zitternden Körpern Ruhe.

Nach einer Zeit wollte sich Eleonora sanft lösen, da sie die Ringe unter dem Polster hervorholen wollte, doch Marga klammerte sich an Eleonora, ließ sie nicht los. Erst einige Augenblicke später, als Marga das Polster zur Seite schob, entdeckte sie verwundert das Schmucketui. Eleonora hatte es zwar so nicht geplant, doch sie fand es, nach dieser intensiven Vertrautheit mehr als angebracht. Eleonora griff danach, öffnete es und entnahm die Ringe.

»Meine Liebe, vielleicht findest du meine Geste verfrüht, aber ich wollte dir damit meine Gefühle zeigen.« Sie entnahm einen Ring und hielt ihn Marga entgegen. »Ich möchte, dass diese Ringe unsere Liebe symbolisch vereinen und ein gegenseitiges Versprechen sind.« Sie sah Margas überraschten Gesichtsausdruck und wurde unsicher. »Ich weiß, im Moment ist es nicht möglich, aber schon bald gibt es für gleichgeschlechtliche Paare die Aussicht auf eine eingetragene Partnerschaft. Dann würde ich gerne mit dir diesen Schritt gehen.« Sie sah, wie Marga die Tränen kamen. Selbst sehr gerührt sprach sie weiter. »Wir wollen diese Ringe daher als unsere Verlobungsringe sehen, die uns immer an unser Versprechen erinnern sollen. Bist du einverstanden?« Nun konnte sie nicht mehr weitersprechen. Sie war zu bewegt.

»Natürlich bin ich dazu bereit, obwohl ich heute nicht damit gerechnet habe.« Marga nahm den ihren Ring entgegen und steckt Eleonora den weiteren an. »Ich liebe dich, und ich werde unser Versprechen immer ernst nehmen.«

Erleichtert umarmte Eleonora die Freundin.

KAPITEL 52 - BESUCH IN DER HEIMAT

Marga war überglücklich über die Entwicklung in ihrer Beziehung, sie hatte nicht mit diesem Engagement von Eleonora gerechnet. Sie war schon verwundert über deren Vergangenheitsbewältigung, hatte die schönen Sommermonate mit ihr in Irland genossen, war glücklich über das gute Auskommen mit Estelle, hatte aber nicht mit diesem romantischen Versprechen gerechnet. Sie empfand das Zusammenleben als sehr harmonisch, obwohl sie sich auch oft über Eleonoras Eifersucht ein wenig amüsierte, da diese auf so manche Klientin skeptisch reagierte, sofort Interesse von einigen Frauen vermutete. Am Anfang war der Freundin auch der Kontakt zu Ulrike und Karin unangenehm. Erst als Eleonora die beiden in fester Beziehungen sah, fiel ihr der Umgang leichter. Wenn Marga ihr dann erklärte, dass auch sie ihre Vergangenheit mit Samantha nicht wegleugnen würde, konnte sie es verstehen, hatte aber trotzdem Probleme damit, sich Marga in der Vergangenheit zärtlich mit einer anderen vorzustellen.

Desweiteren hatten sie kaum Meinungsverschiedenheiten und ergänzten sich im Alltagsleben gut. Marga hatte Eleonora derart liebgewonnen, dass ihr diese symbolische Verbundenheit durch den Ring sehr wichtig war. Sie empfand ebenso, und wenn eine Ehe möglich werden würde, so wäre Eleonora für sie der erste und einzige Mensch, mit dem sie sofort zu diesem Schritt bereit erklärt hätte. In keiner ihrer vorherigen Beziehung hatte sie diesen Wunsch verspürt, doch für Eleonora empfand Marga eine derartig tiefegehende Liebe, dass sie sich sicher war, dieses Gefühl für immer zu haben.

Marga wusste allerdings nicht wie es ab Februar weitergehen sollte, da Eleonora voraussichtlich wieder nach London zurück musste. Marga überlegte sogar ganz zu ihr zu ziehen, sich langsam auch dort einen Arbeitsbereich aufzubauen, da aber Estelle sie in Wien brauchte, kam es vorerst nicht in Frage.

Mitten in all den Überlegungen kam die Nachricht vom Tod ihres Vaters, der sich schon einige Jahre nicht im bestem Gesundheitszustand befand.

»Ich möchte, dass du einige Tage vor dem Begräbnis mit Estelle kommst.« Der Tonfall der Mutter war bestimmend und duldete keinen Widerspruch.

»Wir können frühestens zwei Tage vorher kommen. Estelle und auch Eleonora sind in der Uni eingeteilt. Dann bin ich aber gerne für dich da.« Marga versuchte, ihrer Stimme Freundlichkeit zu verleihen, obwohl sie vom Befehlston der Mutter genervt war.

»Wie soll ich alles alleine regeln? Ich kann nicht alle verständigen und das Begräbnis organisieren.« Die Mutter fing an zu weinen. »Ich kann ja nicht einmal alle Formulare ausfüllen und habe noch nie die Bankgeschäfte erledigt. Ich muss ein Konto bekommen, da Vaters Konto gesperrt ist. Du kannst mich doch nicht im Stich lassen!«

»Natürlich helfe ich dir.« Marga beruhigte die Mutter. »Wir kommen und werden dir zur Seite stehen.«

Doch kaum versicherte Marga ihr baldiges Kommen, hörte die Mutter sofort mit ihren Wehlauten auf. Mit scharfem Ton versuchte sie nun, ihren Wunsch klarzumachen. »Es geht auf keinen Fall, dass Eleonora mitkommt.« Ihre Stimme klang aufgebracht und hart. »Der Trauerfall betrifft nur die Familie. Was soll unsere Verwandtschaft denken? Außer deinen Geschwistern weiß hier keiner Bescheid. Wo sollte sie auch übernachten? Hier im Haus geht es auf keinem Fall! Wie stellst du dir das vor?«

Marga hatte mit dieser Reaktion nicht gerechnet. Trotz Trauer hatte die Mutter nur Sorge um den Ruf der Familie. Nicht einmal der Tod des Vaters hatte sie einsichtiger gemacht. Auf jeden Fall musste die Freundin nach Margas Ansicht bei der Trauerfeier dabei sein. Außerdem wollte sie Eleonora der ganzen Familie vorstellen, ihr auch einen Einblick in ihr Elternhaus geben und ihr ihre Herkunft zeigen. Marga fand es wichtig, dass Eleonora sich auch ein Bild über ihre Kindheit machen konnte, sah, in welcher Umgebung sie aufgewachsen war.

»Du musst dich entscheiden! Entweder ist Eleonora willkommen, oder Estelle und ich kommen ebenfalls nicht.« Marga war zu keiner Diskussion mehr bereit, und schließlich gab die Mutter nach.

So fuhren alle drei in Margas Elternhaus und wurden von einer, trotz Trauer, missbilligenden Mutter empfangen. Zunächst hielt sich diese zurück und versuchte, Eleonora zu ignorieren. Als sich aber alle langsam auf das Begräbnis vorbereiteten, nahm sie Marga zur Seite. Sie wollte, dass Eleonora nicht zum Grab mitkam. Es war für sie nicht passend, der Verwandtschaft diese Frau zu präsentieren. Außerdem war anschließend eine Messe, und es wäre undenkbar, wenn der Pfarrer, den sie doch schon viele Jahre kannten, dieses gottlose Verhalten von Marga mitbekommen würde. Doch Marga fühlte sich mit der Freundin verbunden und wollte sie bei diesem wichtigen Familienereignis nicht ausschließen. Sie gehörte zu ihr, war mit Estelle nun ihre Familie, und Marga verlangte die Akzeptanz ihrer Mutter. So gingen sie trotz des Protestes ihrer Mutter, dem verzweifelten Blick ihrer Schwester und der Wut des Bruders gemeinsam zum Begräbnis, da sie Marga die Teilnahme an der Trauerfeier nicht verbieten konnten.

Ihr jüngster Bruder fand das ganze Theater übertrieben. Er fixierte Eleonora, und man konnte erkennen, dass sie ihm gefiel. Er hatte ein Mannsweib, wie er sich ausdrückte, erwartet und war positiv überrascht, solch perfekte Weiblichkeit anzutreffen. Er kannte lesbische Frauen nur mit kurzem Haar, nicht auf das Äußere bedacht, mit eher maskulinem Aussehen und Auftreten. Galant half er Margas Freundin sogar in den Mantel und war der Einzige, der sich immer wieder mit ihr unterhielt. Marga nahm ihren Bruder daher zur Seite und versuchte, ihm klarzumachen, dass es nicht nur um das Aussehen, sondern auch um die inneren Werte und gleiche Interessen ging. Thomas zwinkerte ihr nur zu, hatte dazu offensichtlich seine eigene Meinung.

Roswitha wich ihnen aus, wollte mit Eleonora nicht sprechen und fand die ganze Situation schon wegen ihrer Töchter unangenehm. Sie hielt auch ganz demonstrativ die Hand ihres Mannes, da sie damit ein sichtbares Zeichen für ihre Heterosexualität setzen wollte, und genauso verhielten sich auch ihre Töchter. Marga fand es lächerlich. Ihre Beziehung hatte genug Stabilität, sodass sie darüber hinwegsehen konnte.

Die nicht so nahe Verwandtschaft nahm weniger daran Anteil, da sie über Margas Beziehungsstand nicht so genau Bescheid wussten, sie dachten, dass es sich um eine gute Bekannte handeln würde, und die Freunde der Familie hatten ebenso keine Ahnung.

Anschließend saßen alle im Elternhaus zusammen, und Marga konnte Eleonora nun auch ihr altes Kinderzimmer zeigen, ihr Einblicke in die Jahre ihres Aufwachsens geben. Da es zur Heimfahrt zu spät war, musste die Mutter alle drei im Haus übernachten lassen, allerdings mit der Bedingung, dass Eleonora allein im Gästezimmer schlief. Marga und Eleonora wollten sich wegen dieser Albernheit nicht aufregen und akzeptierten lächelnd die Vorgabe.

Am nächsten Morgen bat ihre Mutter um ein Gespräch unter vier Augen. »Solange du mit dieser Frau zusammen bist, brauchst du kein Erbe erwarten.« Die Mutter presste ihre Lippen aufeinander und rüstete sich für einen Streit.

Doch Marga hatte keine Lust auf diese Konfrontation und versicherte ihrer Mutter, auf den Pflichtanteil zu verzichten. Marga interessierte das ganze Theater nicht. Sie kam mit ihrem Einkommen gut aus, brauchte und erwartete nichts. Sie hatte schon längst erkannt, dass niemand an seinem Ende etwas mitnehmen konnte, und zu Lebzeiten genügt es, wenn man ein gutes Auskommen hat. Sie wollte nichts Anhäufen und schon gar nicht über Geld streiten oder gar prozessieren.

Bevor sie nach Hause fuhren, bummelten Eleonora und Marga noch durch die Stadt, und Marga zeigte ihrer Freundin die ehemalige Schule. Sie gingen in ihr damaliges Lieblingscafé. Es hatte zwar längst den Besitzer gewechselt, war aber noch im gleichen Stil eingerichtet. Völlig überraschend kam im Café eine ehemalige Schulfreundin auf Marga zu. Sie begrüßten sich herzlich und diese setzte sich zu ihnen, um zu erfahren, was Marga in all den Jahren gemacht hatte. Sie begrüßte auch Eleonora freundlich und zeigte freudig Bilder von ihrer Familie. Eine gute Unterhaltung entstand, und man plauderte aufgeregt über vergangene Zeiten.

»Ich finde es toll, dass du selbstständig geworden bist und dich auch künstlerisch so weiterentwickelt hast.« Anerkennend sah die ehemalige Schulkollegin Marga an. »Als Alleinerzieherin war das sicher nicht immer so einfach. Ich könnte mir die Erziehung meiner Kinder nicht ohne meinen Mann vorstellen. Aber du wirst schon sehen, die Liebe wird sicher noch bei dir anklopfen.« Aufmunternd blickte sie Marga an.

»Ich habe mein Liebe gefunden. Sie sitzt neben mir.« Sanft legte Marga ihre Hand auf Eleonora.

Erst jetzt begriff die Bekannte. Es folgt eisiges Schweigen und dann ein überstürzter Aufbruch, da ihr auf einmal ein wichtiger Termin einfiel, den sie nun beinahe vergessen hatte. Man konnte erkennen, dass es ihr nun unangenehm war, zusammen gesehen zu werden.

Marga und Eleonora trafen unterwegs noch einige frühere Bekannte Margas. Diese grüßen und kondolierten ihr, hatten es dann aber ebenso eilig, als Marga offen zu ihrer Partnerschaft mit Eleonora stand. Man konnte an ihren Mienen die Ablehnung und Verwunderung spüren. Marga fand es nicht besonders überraschend. Sie hatte keine anderen Reaktionen erwarten. Trotzdem ließ sie sich die Stadtführung nicht vermiesen. Sie war glücklich ihrer Freundin Einblicke in ihre Jugend gegeben zu können und fuhren entspannt mit ihr nach Hause.

Die Wochen vergingen, und überall sah man schon weihnachtlichen Schmuck in festlicher Beleuchtung. Von den Weihnachtsmärkten erklangen unaufhörlich stimmungsvolle Adventlieder, und der Duft von Edelkastanien lockte nicht nur Kinderherzen. Marga bummelte mit Eleonora über den Wiener Rathausplatz, wo der große Markt mit vielen kleinen Kunsthandwerken ihre Aufmerksamkeit weckte. Sie war glücklich über Eleonoras Freude, da sie wusste, dass ihre Freundin in den letzten Jahren kaum in weihnachtlicher Stimmung gewesen war. Aber auch für Marga war heuer der Advent etwas Besonderes. Zum ersten Mal konnte sie gemeinsam mit Eleonora diese stille Zeit genießen. Auch Zuhause hatten sie alles weihnachtlich dekoriert. Jeden Abend zündeten sie eine Kerze an und kuschelten beim Kaminfeuer zu stimmungsvoller Musik. Zum Nikolausabend luden sie Bernadette, Waltraud und Karin ein. Das tiefsinnige Gespräch erinnerte Marga fast ein wenig an ihre Studienzeit, wo sie mit ihren Freundinnen die Abende verbracht hatte und so manches spirituelles Erlebnis hatte. Es war für Marga ein schönes Gefühle zu sehen, wie gut sich alle mit Eleonora verstanden.

Am Weihnachtsabend saßen Marga und Eleonora gemütlich mit Estelle vor der gemeinsam festlich aufgeputzten Tanne, genossen ein köstliches Weihnachtsessen, unzählige selbstgebackene Kekse und erfreuten sich mit gegenseitigen kleinen Geschenken. Der Tannenduft erfüllte den ganzen Wohnbereich, und im Kerzenlicht glitzerten die goldenen Kugeln sowie viele Engelchen. Marga ging mit Weihrauch durch das ganze Haus. Sie reinigte damit die alten Energien und baute zugleich Schutz für sich und ihre beiden Liebsten auf. Es war für sie ein wichtiges Ritual, dass sie sowohl am Weihnachtsabend als auch zu Silvester vollzog. Danach zogen sie sich für die Mitternachtsmette um. Dort war sie schon seit Jahren nicht mehr gewesen, doch es war Eleonoras Wunsch, in der Weihnachtsnacht zum Gottesdienst in den Stephansdom zu gehen.
So kam es, dass sie schon lange vor Beginn der Messe im Dom waren, um sich noch einen Sitzplatz sichern zu können. Sie hatten Glück. Marga saß in der Mitte ihrer Liebsten und war überrascht, so viele bekannte

Gesichter zu sehen. Majestätisch erstreckten sich die vier großen Tannen, die paarweise links und rechts vom Altar mit unzähligen Strohsternen, roten Bändern und vielen flackernden Lichtern geschmückt waren. Der Tannengeruch verband sich mit dem Weihrauch zu einem angenehmen Dufterlebnis, und durch das gedämmte Licht strahlten die Kerzen mit einer Feierlichkeit, sodass die freudige Stimmung die ganze Kirche flutete. Man sah an den geduldigen Kindern, dass sich bei vielen ihre Weihnachtswünsche erfüllt hatten, und auch bei den meisten Erwachsenen konnte man die friedliche Stimmung erkennen. Der Chor begeisterte Marga mit seinen feierlichen Weihnachtsgesängen, und auch die Solisten konnten sie tief berühren. Die Streicher untermalten diese Stimmung sanft. Die Orgel spielte heute nicht würdevoll und stark, sondern begleitete leise und stimmungsvoll den Gesang. Die Worte des Pfarrers störten fast die feierliche Stimmung, rissen aus dem Träumen und unterbrachen den harmonischen Fluss.

Marga blickte auf Eleonora und sah gerührt, wie glücklich sie war. Ihre Augen leuchteten nicht weniger als die der vielen Kindern. Marga spürte wie eine Woge der Liebe sie erfasste. Sie nahm Eleonoras Hand. Mit sanftem Druck erwiderte diese und lehnte sich an Margas Schulter. Sie wurde von einigen Klientinnen erkannt, und diverse Kursteilnehmer lächelten und winkten ihnen zu. Auch Eleonora traf Kollegen aus der Universität. An deren verwunderten Gesichtern konnte man erkennen, dass sie bisher nichts von ihrer Beziehung wussten.

Marga hielt Eleonoras Hand. Sie konnte die irritiert blickenden Augen sehen. Es hatte wenig mit weihnachtlich friedvollen Gedanken zu tun. Sie ließ sich allerdings nicht die Stimmung verderben und wurde von den wundervollen Klängen der Musik verzaubert. Es war eine sehr schöne Messe, und Zuhause waren sich alle drei einig, dass es ein harmonischer Ausklang dieses Abends war.

Silvester war aber die größte Überraschung für Marga. Eigentlich dachte sie schon mit Bauchschmerzen an den Februar. Sie hatte Angst vor der Trennung, da Eleonora wieder zurück nach London gehen musste. Sie wollte nicht an das kommende Jahr denken, obwohl sie immer wieder geträumt hatte, dass Eleonora hierbleiben würde. Doch nun waren es nur mehr wenige Wochen bis zum Abschied. Traurig bereitete sie daher alles für die Silvesternacht vor.

Sie hatten die Freundinnen eingeladen, und inmitten den Vorbereitungen kam Eleonora und sah Margas gedämpfte Stimmung. Sie ahnte deren Ängste und wollte ihr daher die gute Nachricht nicht länger verschweigen.

»Eigentlich wollte ich dir erst nach Mitternacht von den neuen Entwicklungen berichten.« Eleonora verlieh ihrer Stimme eine außerordentliche Spannung.

Marga sah verwundert zu Eleonora. Sie wusste nicht, worum es ging.

»Ich muss es dir sagen!« Eleonoras Stimme wurde vor Aufregung ganz dünn und schrill.

Nun wurde Marga unruhig. Sie war irritiert. »Rede doch, du machst mich ganz fertig.« Marga wurde ungeduldig.

Eleonora hielt sie an den Armen. »Man hat mir schon vor den Weihnachtsferien einen positiven Bescheid auf meinen Antrag gegeben. Mein Vertrag wurde nochmals für zwei weitere Semester verlängert.«

Margas Mund öffnete sich staunend, aber sie wollte vorerst nicht unterbrechen.

»Anschließend muss ich aber nach London zurück, da dort sonst für mich keine Lehrtätigkeit mehr möglich wäre. Das heißt, wir haben wieder ein Jahr und daher genügend Zeit unsere weitere gemeinsame Zukunft zu planen und zu meistern.« Gespannt und glücklich sah sie Marga an.

»Das ist die schönste Silvesternacht meines Lebens!« Überglücklich umarmte Marga die geliebte Freundin. Sie hatte an das kommende Jahr keine Wünsche mehr. Für sie hatte sich schon alles erfüllt.

Als wenig später die Gäste kamen, freuten sich alle für die beiden, und auch Estelle war glücklich, dass Eleonora nun noch bei ihnen blieb.

KAPITEL 53 - ELEONORAS SELBSTBEWUSSTSEIN

Es waren für Eleonora wunderschöne Weihnachten. Diesmal wurde es wirklich zu einem Fest der Liebe. Wie strahlte doch das Gesicht ihrer Freundin, als sie ihr mitteilte noch für mindestens ein Jahr hierbleiben zu können. Nun konnten sie ihre gemeinsame Zukunft entspannt planen.

Auf der Universität gab es nach den Ferien einige unangenehme Spannungen mit einigen Kolleginnen und Kollegen. Diese hatten nach der Begegnung während der Weihnachtsmette Anlass für eine Recherche gesehen. Sie wussten demnach, dass Eleonora in einer gleichgeschlechtlichen Partnerschaft lebte. Dadurch bedingt gab es einige sehr negative Reaktionen. Eleonora fand es lächerlich, dass eine Kollegin regelrecht vor ihr flüchtete, nie mit ihr alleine in einem Raum sein wollte, als ob Eleonora sich auf sie stürzen würde. Sie spürte nun manche Ablehnung.

Ein älterer Kollege fand sie gar für die Universität untragbar. »Hier ist ein öffentlicher Bereich. Wir haben einen Bildungsauftrag den ich ernst nehme und mit Vorbild vorangehe.« Missbilligend musterte er Eleonora und sah sich um Zustimmung in der Runde um.

Neugierig wurde sie von einigen KollegInnen betrachtet, aber niemand äußerste sich dazu.

Eleonora antwortete mit einem Lächeln. »Ich bin mir um meine wichtige Vorbildfunktion durchaus bewusst, daher schon seit Jahren bemüht, eine Orientierung für Schwächere zu sein. Seit Jahren bin ich aktiv in einer Bewegung, die sich für die Rechte von gleichgeschlechtlichen Paaren einsetzt.« Sie sah sein abfälliges Grinsen und gab ihm keine Gelegenheit, sie zu unterbrechen. »Meine sexuelle Orientierung ist unabhängig von meiner Leistung. Sie haben daher kein Recht, sich so zu äußern, da meine sprachliche Kompetenz zu keiner Diskussion steht.« Sie war nicht mehr bereit Anfechtungen zu erdulden. Sie konnte sich nun behaupten, war bereit zu kämpfen. Eleonora wollte nicht mehr flüchten und sich demütigen lassen. Sie hatte keine Lust, dieses intolerante Benehmen einfach schweigend hinzunehmen.

Schweigen nämlich würde auch heißen, die Schuld einzugestehen. An ihren Handlungen war jedoch nichts Unrechtes. Eleonora wollte allerdings nicht provozieren oder verletzten. Sie hatte wie jeder das Recht auf Liebe. Sie konnte nicht verstehen, dass es noch immer Menschen gab, die nicht begriffen, dass Liebe nicht auf ein Geschlecht bezogen sein kann. Warum verstand man nicht, dass die Liebe zwischen zwei Frauen genauso normal war wie zwischen Mann und Frau. Wichtig war doch nur, dass zwei Menschen in Liebe zueinander gefunden haben. Wahre Zuneigung kann nie schlecht sein, erfordert daher keiner Entschuldigung, Rechtfertigung oder Scham.

In den folgenden Wochen mied sie nicht die Auseinandersetzungen mit ihren Kolleginnen und Kollegen, sondern versuchte, sich den Diskussionen zu stellen, sprach sie auf Unterstellungen und Beleidigungen an und forderte von ihnen Erklärungen. Bei manchen verursachte ihr Verhalten noch mehr Aggression - andere ließen sie aber in Ruhe.

Bei ihren Studenten machte es sehr schnell die Runde. Einigen Burschen gingen offenbar nur die Szenen durch den Kopf, die sich beim Sex zwischen Eleonora und ihrer Partnerin abspielten und grinsten unverschämt. Mädchen blickten angewidert. Aber mit den meisten hatte Eleonora keine Probleme. Man wollte ja keine schlechten Noten und war bemüht ihren universitären Anforderungen gerecht zu werden. Eleonora hatte den Ruf, streng zu sein. Von ihr bekam keiner ohne entsprechende Leistung gute Noten. Mir zwei Kolleginnen verstand sie sich allerdings noch immer sehr gut, das diese selbst ihre sexuelle Orientierung auslebten. Sie waren sehr positiv überrascht von Eleonoras Outing.

Eleonora wurde immer selbstbewusster. Sie bemerkte, dass sie nicht mehr so verletzlich auf die Ablehnung und Beleidigungen reagierte - wahrscheinlich durch die ruhige, besonnene Art Marga, die standfest und ohne Zögern zu ihrer Beziehung stand.

Eleonora hatte in letzter Zeit auch einige ehemalige Schulkolleginnen gesehen. Diese waren auf Grund ihrer Tätigkeit an der Universität immer sehr höflich, gaben sich ganz freundschaftlich und tolerant, wollten sich mit ihr sogar zu einem Kaffee verabreden. Eleonora konnte das geheuchelte Verhalten leicht durchschauen und wusste, dass sie noch die gleiche Intoleranz wie zur gemeinsamen Schulzeit in sich hatten. Daher lehnte sie jeden weiteren Kontakt von sich aus ab.

Eigentlich waren Freundschaften nur zu ebenfalls Homosexuellen möglich. Von anderen war meist starke Ablehnung oder teilweise sogar Spott spürbar. Sie war daher froh, dass Margas Freundinnen sie so positiv angenommen hatten. Zu Bernadette und Waltraud hatte sie überhaupt einen guten Draht und fand das harmonische Paar sehr sympathisch. So manchen entspannten Abend, ausgefüllt mit interessanten Gesprächen und viel Unbeschwertheit, hatten sie schon miteinander verbracht. Es waren jedoch keine sogenannten Busenfreundinnen. Eleonora hatte in Marga eine Partnerin und Freundin gefunden, mit der man alles bereden konnte. Es gab nichts, was sich die beiden nicht anvertrauten. Alles wussten sie. Es gab keinerlei Geheimnisse voreinander. Eleonora konnte immer wieder beobachten, wie bei heterosexuellen Beziehungen die Frauen zusätzlich Freundinnen brauchten, bei denen sie sich aussprechen und anvertrauen konnten. Dies war bei ihnen nicht so. Sie genügten sich, brauchten keine anderen Vertrauten, waren sich immer ganz nahe, ganz füreinander da.

Eleonora fühlte sich immer wohler in Wien, kam mit ihrer Vergangenheit besser zurecht und konnte sogar eine flüchtige, zufällige Begegnung mit ihrer Mutter in einem Kaufhaus ohne weitere negative Emotion verarbeiten. Es war für sie nicht mehr schmerzhaft, löste keine Verzweiflung und Hoffnungslosigkeit aus, war für sie nicht mehr wichtig. Sie hatte keinen Hass auf sie, hegte aber auch sonst keine Gefühle.

So kam einmal Lore, ihre Patin, zur Universität und wollte mit ihr sprechen. Sie konnte sich dazu nicht überwinden, wollte sich nicht mit ihr zusammensetzten, irgendwelche Ausreden und Verteidigungen für das jahrelange Schweigen und des Rücksendens von Eleonoras so liebevoll geschriebenen Briefen hören. Es war zu spät, es waren zu viele Jahre des Verlassens und des Zurückweisens. Ihre Seele wurde von der Familie zu sehr verletzt. Sie konnte sich auf keine Gefühle einlassen und spürte kein Verlangen nach Kontakt. Es gab keinen Grund für gezwungene Freundlichkeit. Eleonora hatte nun eine Familie in Marga und deren Tochter Estelle gefunden. Mehr benötigte sie nicht. Sie lebte in einer Beziehung mit viel Liebe und Geborgenheit und war nun stark genug für ihr eigenes Leben ohne ihre ursprüngliche Familie.

Sie bewunderte Marga für ihr künstlerisches Talent, konnte immer wieder beobachten, wie die Teilnehmer aller Altersgruppen sich in Margas Malkursen entfalten konnten, ihre Blockaden sich lösten und sie ihre eigene Kreativität entdeckten. Als Marga ihr das Bild von Irland zeigte, dass sie gleich nach ihrer ersten Begegnung gemalt hatte, glaubte Eleonora kaum, was sie sah. Die Stimmung und die Landschaft waren total realistisch wiedergegeben worden, ohne das Marga zu diesem Zeitraum weder den Ort noch Eleonoras Gefühlslage kannte. Die Verbundenheit war von Anfang an zwischen ihnen. Das Portrait, das Marga nach der damaligen Trennung malte, hatte sie sehr berührt, da ihre Freundin sie so liebevoll und schön dargestellt hatte.

In den letzten Wochen füllte sich der Skizzenblock Margas mit unzähligen Bildern von ihr - teils in sehr erotischer Pose. Mit Kohlestiften hielt sie Eleonoras Ausstrahlung fest, skizzierte den ästhetischen Körper viele Male, hielt jede Falte, jede Vertiefung oder Erregung fest. Es gefiel Eleonora, sich für die Freundin vertrauensvoll, offen und ohne Scham darstellen zu lassen. Sie gehörten einander. Es gab nichts Schlechtes oder Schmutziges. Ihre Sexualität war gestärkt und vertieft durch die Liebe zueinander.

Eleonora empfand es daher als sehr schön, dass Marga ein richtiges Ölbild von ihr malte. Sie legte sich dazu auf das Sofa, ihren reizvollen Körper völlig entblößt, die langen naturschwarzen Haare fielen sanft und fast ein wenig eigenwillig über die Brust, gaben aber noch genug Einblick auf ihren festen Busen, endeten an der Hüfte. Ihr schlanker, aber dennoch sehr weiblicher Körper, reckte sich sinnlich der Malerin entgegen. Ihre Augen, mit langen dunklen Wimpern benetzt, leuchteten in einem strahlend tiefen Blau. Die einstige Melancholie konnte man nicht mehr finden. Stattdessen spiegelten sich in ihnen Lebensfreude und Stärke. Man sah Eleonora auch den Genuss an der Liebe an, von dem auch ihre durchblutenden Lippen und der rosige Teint ihres Gesichtes zeugte. Ihre Haut schimmerte im hellen Licht seidig glänzend. Man konnte an der Straffheit des Körpers noch ihre Jugend erkennen. Ihrer Nägel glänzten in einem zarten Violett und betonten sanft und unaufdringlich ihre schlanken Finger.

Es war eine angenehme Atmosphäre geschaffen. Obwohl Eleonora im hellen Lichte posierte, verzauberten viele Kerzen den restlichen Raum in romantische Stimmung. Im Hintergrund warb sanfte Musik und eine duftende Mischung von Rosen, Orangen und Lavendel verströmte wohltuend und nahm den beißenden Geruch der Ölfarben. Eleonora sah, wie ihre Freundin immer wieder um Konzentration rang. Sie spürte deren Lust, und es gefiel Eleonora, sich ihr immer mehr in verführerischer Position zu zeigen. Marga führte mit Präzession die Pinselstriche und mischte mit großer Sorgfalt auf der mit der linken Hand haltenden Palette die zartesten Farben. Es fiel Marga leicht, die Stimmung Eleonoras einzufangen. Sie malte ihr Motiv mit dem Blick der Geliebten und verlieh dem Bild daher einen stark erotischen Ausdruck - nicht aber abstoßend oder ordinär, sondern lustvoll lockend erstrahlte die Schöne mit unendlicher Anmut.

Eleonora versuchte bald darauf, die unglückliche Estelle zu trösten, diese hatte erfahren, dass Shila in die USA wollte. Sie hatte es ihr selbst mitgeteilt und Estelle war am Boden zerstört, denn das würde das Ende ihres Traums bedeuten. »Es hatte auch keinen Sinn, darauf zu hoffen, dass sie hierbleiben wird. Denn Tatsache ist, dass sie offensichtlich aus Österreich weg möchte, und ich kann ihr daher wohl kaum etwas bedeuten.« Tränen rannen über Estelles Gesicht. Sie konnte ihr Leid nicht länger verbergen. »Anscheinend habe ich Shilas Signale falsch gedeutet oder mir alles eingebildet. Wahrscheinlich hat sie sich nie wirklich für mich interessiert und nur mit meinen unschuldigen Gefühlen gespielt.« Traurig sah das junge Mädchen zu Eleonora.

Diese konnte Shilas Wunsch nicht verstehen. Sie hatte in ihrer Zeit mit Samantha die USA nicht nur von der positiven Seite kennengelernt. Man war dort als Österreicher, oder besser gesagt, wenn man aus dem deutschsprachigen Raum kam, nicht so gerne gesehen. Ein Sozialsystem war kaum vorhanden. Wenn man erfolgreich war, lebte man gut, aber es gab keine Sicherheiten. Dem Schulsystem konnte sie dort nichts abgewinnen. Es gab keine Möglichkeit für individuelle Freizeitbeschäftigungen, da die Schule fast den ganzen Tag beanspruchte, und das Rechtssystem erlaubte es sogar, dass ein achtjähriges Kind in der Nacht mit Handschellen von der Polizei geholt werden konnte - wenn auch nur wegen Kleinigkeiten. Es war eine Glitzerwelt neben dem brutalen aggressiven Alltag, wobei man in vielen Gegenden nicht alleine unterwegs sein durfte.

Am Anfang dachte Eleonora, dass man es als Homosexuelle dort leichter haben würde. Doch dies war nicht so. Nur in Künstlerkreisen hatte man es leichter. In der restlichen Arbeitswelt gab es die gleichen Schwierigkeiten wie hier. Man hatte es nicht leichter, Freundschaften zu finden oder akzeptiert zu werden.

Außerdem kam es dort auch immer wieder zu Amokläufen in Universitäten. Es war kein angenehmes Gefühl, dass schon in den High-Schools bewaffnete Sicherheitsleute anwesend waren. Nicht zu vergessen die ständige Terrorgefahr, die seit dem 11. September 2001 nicht geringer wurde und auch die Gefahr von den unberechenbaren Hurrikans war nicht zu unterschätzen.

Eleonora hoffte, dass Shila vielleicht doch nicht diesen unsinnigen Schritt machte. »Ich bin noch immer der Meinung, dass ihr gut zusammenpassen würdet. Warte noch ein wenig! Vielleicht ändert sie noch ihre Meinung.« Sanft versuchte Eleonora, Estelle zu trösten. »Liebe ist das Wichtigste im Leben und Shila wird dies schon noch erfahren.« Sie sah den zweifelnden Blick des jungen Mädchens und in ihren Gedanken versunken, setzte sie fort. »Man begegnet vielen Menschen, aber oft nur einmal dem wirklichen richtigen, den man wahrhaftig liebt und mit dem es sich lohnt, dass Leben zu bestreiten. Wenn man dies achtlos opfert, wartet man oft das ganze restliche Leben umsonst auf das Glück.« Eleonora wusste, dass es ihr nicht zustand, sich einzumischen, aber es tat ihr im Herzen weh, den Schmerz Estelles, und den falschen Weg Shilas beobachten zu müssen. Ja, Eleonora würde niemals mehr ihre Liebe verleugnen oder loslassen. Sie wusste nun, auf was es im Leben ankam. »Nicht Karriere ist wichtig, sondern wenn man einen über alles geliebten Menschen an seiner Seite hat, zusammen lachen kann, weinen und sich grenzenlos vertrauen. Das zählt! Sonst nichts!«

Estelle begriff Eleonoras Worte, aber sie fühlte wohl instinktiv, dass Shila wohl nicht so dachte. Als Eleonora wieder in ihre Vorlesung ging, dachte sie noch lange über dieses Gespräch nach. Allerdings wusste sie, dass sie den beiden nicht helfen konnte.

KAPITEL 54 - BERUFLICHE ERFOLGE

Marga hatte wieder viele Vorbereitungen für die kommende Vernissage durchzuführen. Doch sie war glücklich, dass nun auch zum ersten Mal Eleonora dabei war. Sie hatte auch Einladungen an die eigene Familie versendet, doch außer Margas Mutter, die ihr mit einem verbitterten Anruf absagte, hatte es keiner der Mühe wert gefunden, darauf zu antworten. Natürlich hatte sie das Bildnis Eleonoras nicht zur Ausstellung gegeben. Nicht weil sie einen Grund zur Scham verspürte, sondern da es ihr zu intim und kostbar war. Marga wollte ihre Freundin nicht zur Schau stellen und ihre Offenheit nicht mit anderen teilen. Diese kostbaren Momente gehörten nur ihnen, waren nicht für die Öffentlichkeit bestimmt. Eleonora war auch ganz aufgeregt. Man sah ihr die Bewunderung für Margas Kunstwerke an. Sie empfand Wehmut bei dem Gedanken, sich von diesen trennen zu müssen. Oft hatte Eleonora Marga beim Arbeiten zugesehen, sah, wie in vielen Stunden die ausdrucksstarken Werke entstanden, und verband damit auch innige Gespräche und ein vertrautes Beisammensein. Am Abend der Eröffnung kamen viele Besucher, auch viele Klienten und Kursteilnehmer wollten dieses Ereignis nicht versäumen und begrüßten freundlich die Künstlerin sowie ihre Tochter und Freundin. Es gab ein reichhaltiges Buffet und für die Anwesenden zur Begrüßung ein Glas Sekt. Man bat Marga, einige Worte an alle zu richten, und nachdem sie sich bei allen für das zahlreiche Erscheinen bedankt hatte, richtete sich ihr Blick auf Eleonora, die sich ein wenig unsicher in den Hintergrund gestellt hatte. Marga begann, sich mit weicher, aber sicherer Stimme an diese zu wenden. »Ich möchte mich bei dir Eleonora bedanken - für deine Liebe, die mir soviel Inspiration und Sensibilität für diese Werke gab.« Mit tiefer Zärtlichkeit sah sie Eleonora an. »Seit wir zusammen sind, fühle ich mich von dir beflügelt. Du gibst mir unendlich viel Hoffnung, Freude und Kraft, lässt mich tiefe Liebe spüren. Liebe, von der ich zuvor nicht mal geahnt hatte.«

Alle Blicke richteten sich auf Eleonora. Einige Klienten klatschten leise, aber schon bald folgten die anderen, und lauter Beifall ertönte. Man sah bei einigen zwar etwas Verwunderung, aber die meisten wussten von Margas Privatleben und sahen mit freundlichem Lächeln ihre Partnerin an. Eleonoras Wangen brannten feuerrot. Sie hatte nicht mit solch einer liebevollen Geste gerechnet, war gerührt und zugleich verwundert über diese positive Reaktion der anderen. Sie begriff, dass man Künstlern, auch hier in Österreich, ein ungewöhnlicheres Privatleben zugestand, offensichtlich niemand ihre Partnerschaft anstößig empfand. Es war angenehm von niemandem verachtend oder strafend angesehen zu werden. Die Anspannung wich, und Eleonora lächelte in die Menge. Marga erzählte im Anschluss in ein paar Sätzen von ihren verwendeten Techniken und ging dann zu Eleonora. Den ganzen Abend verbrachten sie Seite an Seite. Auch bei den Verkaufsgesprächen blieb Eleonora bei ihr.

Es wurde sehr spät, als sie an diesem erfolgreichen Abend nach Hause fuhren. Estelle freute sich über das Glück Eleonoras. Sie fühlte sich nicht übergangen, da Marga sie in den vergangenen Jahren immer eingebunden hatte. Nun gönnte sie den beiden das Glück der Zweisamkeit.

Wochen später gab es ein sehr freudiges Ereignis in Margas Familie. Die Nichte hatte einen Sohn bekommen. Sie besorgte einiges für das Baby eine von ihr unterschriebenen Glückwunschkarte, sendete sie der Nichte mitsamt einem Geschenkpaket. Es waren Strampler, Hosen, Shirts und zwölf Garnituren für verschiedene Altersstufen bis zum zweiten Lebensjahr sowie eine kuschelige Decke für das Baby und ein weiches Kuscheltier.

Ein paar Tage später rief sie bei ihr an, um sicher zu gehen, dass die Nichte es auch erhalten hatte, und war ein wenig enttäuscht, dass diese sich nicht selbst gemeldet hatte, da sie es anscheinend nicht als notwendig ansah, sich zu bedanken.

»Sie wird durch die Geburt, die ganze Aufregung und durch die durchwachten Nächte wohl nicht dazugekommen sein.« Marga versuchte, die aufgebrachte Estelle zu beruhigen.

»Ein Telefongespräch dauert ein paar Minuten. Dafür wird sie wohl sicher Zeit haben.« Estelle war wütend auf die Cousine und fand, dass die Mutter zu gutmütig war. »Wahrscheinlich sind ihr die Sachen nicht gut genug, da wir auf Markenware verzichtet haben.« Ihre Stimme wurde immer lauter. »Die hat doch einen Höhenflug und war schon immer unverschämt!«

»Lass es gut sein.« Gelassen winkte Marga ab.

Eleonora hielt sich lieber aus dem Gespräch raus. Sie kannte die junge Frau kaum und wollte sich daher zu keinem Urteil hinreißen lassen.

Der Höhepunkt der Verletzung kam drei Monate darauf. Längst hatte Margas Mutter ihr von der bevorstehenden Taufe berichtet, und schon seit einiger Zeit wusste sie den genauen Termin. Marga erwartete die Einladung auf dem Postweg, bis sie endlich begriff, dass sie keine bekommen sollte. Ein paar Tage vor dem Ereignis rief Marga jedoch ihre Mutter an und wollte wissen ob man sie vergessen hatte.

»Ich habe damit nichts zu tun, aber ich weiß, dass es der Wunsch von Roswitha ist, ohne dich die Taufe zu feiern.« Die Mutter wollte sich zu keinem weiteren Gespräch einlassen und verwies sie auf die Schwester. »Streite mit Roswitha! Ich kann dazu nichts sagen.«

Unsanft wurde das Gespräch beendet und Marga kochte vor Wut. Sie wollte sich nicht aufdrängen, aber diese Verletzung erforderte eine Aussprache. Ein paar Tage nach der Familienfeier rief sie ihre Schwester an. Sie wollte eine Erklärung für das Verhalten.

Roswitha war von Anfang an unhöflich. Sie schien keine Notwendigkeit für das Gespräch zu sehen. Doch Marga drängte, sie wolle den Grund wissen.

»Die Taufe fand nur im engsten Familienkreis statt, daher haben wir dich nicht eingeladen.« Schnippisch kamen die Worte, die bei Marga sofort Zorn verursachten.

»Was sind wir dann für euch? Bist du verrückt, ich bin deine Schwester!« Marga wartete auf Roswithas Erklärung aber diese schwieg. »Estelle und ich gehören genauso wie Mutter und unsere Brüder zur engsten Familie, und zudem bin ich die Taufpatin deiner Tochter. Was soll das alles? Ich kann dich nicht verstehen.«

»Du gehörst für mich nicht zur Familie. Immer, wenn du kommst, gibt es Streit und Unruhe. Wir wollen das nicht! Wir sind nicht so wie du.« Arroganz schwang in der Stimme Roswithas mit. »Außerdem bringst du uns alle immer wieder in absurde Peinlichkeiten. Ich verstehe nicht, was du willst. Warum ereiferst du dich so? Du hast doch damit rechnen müssen. Du bist für uns in der Öffentlichkeit untragbar.« Die Stimme war ablehnend, und ihre Worte waren für Marga derart verletzend, dass sie eigentlich keinen Sinn mehr in dem Gespräch sah.

Marga begriff. Die Worte waren nur zu deutlich. Ihre Schwester hatte sie also aus der Familie hinausgeworfen, weil ihr offensichtlich ihr Lebensstil nicht zusagte, sie nicht ihre gleichgeschlechtliche Partnerschaft akzeptieren konnte. Man konnte wohl ihre Geschenke annehmen, nicht aber ihre Anwesenheit ertragen. Nun reichte es der Gutmütigen. Mit fester Stimme erklärte sie ihrer Schwester, dass sie nicht mehr bereit war, sich weiterhin so behandeln zu lassen und es daher besser war, auf jeden weiteren Kontakt zu verzichten. Enttäuscht aber dennoch erleichtert sich nicht mehr diesen unsinnigen Konfrontationen und Diskussionen stellen zu müssen, beendete Marga das Telefonat mit dem Wissen, dass es für sie nun keine Treffen mehr mit den Geschwistern geben würde.

Sie wollte für Estelle eigentlich immer den Kontakt zur Verwandtschaft erhalten, hatte sich die ganzen Jahre darum bemüht. Doch nun erkannte sie, dass ihre Familie niemals unterstützend für Estelle da sein würden, da diese nun selbst ihre Orientierung zu Frauen festgestellt hatte und daher in Zukunft wohl ebenfalls von der Familie gedemütigt werden würde.

Am Abend erzählte sie Eleonora von dem Gespräch, und diese tröstete liebevoll die Geknickte, erinnerte sie auch an ihre künstlerischen Erfolge und dass sie dort auch viele positive Reaktionen bezüglich ihrer Partnerschaft erfahren hatten. Es gab auch Menschen, die nicht nur negativ über ihr Leben sprachen. Es gab sogar einige, die sie für ihren Mut bewunderten, es gut fanden, dass sie zu ihrer Liebe standen und sie gemeinsam lebten.

Marga gab Eleonora recht. Jedoch fand sie, dass es auch Tatsache war, dass sie nur mit homosexuellen Paaren befreundet waren oder eingeladen wurden. Manche versuchten zwar, Toleranz zu zeigen, aber sich in ihrer Nähe wohlzufühlen und unbeschwert miteinander etwas zu unternehmen, dazu fehlte noch immer bei den meisten Heterosexuellen die Akzeptanz. Auch wollte die Gesellschaft in dieser Konstellation keine richtige Familie in ihnen sehen. Hätte Marga einen Mann als Partner, würde man ihn und Estelle, selbstverständlich als komplette Familie sehen, auch wenn man wüsste, dass er nicht Estelles Vater war.

Spät abends, sie sprachen lange über Margas Familie, gingen sie zu Bett und Eleonora gelang es mit ihren sinnlichen Berührungen sie vom Kummer abzulenken und nachdem sie sich liebevoll einander hingaben, schliefen sie engumschlungen mit einem Lächeln ein.

Marga arbeitete die nächsten Wochen intensiv. Mit ihren Mal- und Kreativgruppen war sie ausgelastet. Mit Eleonora wollte sie wieder den ganzen Sommer in Irland verbringen, und Ulrike, die nun mit Erfolg Seminare anbot, hatte sie in ihr Sommerprogramm aufgenommen. Marga hatte einen Malkurs für Frauen in schwierigen Lebenssituationen und Rückführungen angeboten und war schon ausgebucht. Sie freute sich in dieser wunderschönen Landschaft und vor allem in Eleonoras Zuhause arbeiten zu können. Eleonora wollte ihr beim Malkurs assistieren und auch selbst daran teilnehmen. Estelle wollte sich vor allem erholen, hatte noch einige Arbeiten für die Uni zu schreiben. In erster Linie wollte sie die Sprache vertiefen. So flogen sie kurz nach Semesterende gut gelaunt nach Irland und wurden dort von Ulrike und Karoline herzlich empfangen. Auch Samanthas Mutter empfing die drei herzlich. Sie verstand sich mit Ulrike und deren Freundin sehr gut, war nun mit der Situation durchaus zufrieden und half den beiden gerne. Sie hatte daher beschlossen, hier zu bleiben, konnte sich hier in Irland ihren Alterssitz vorstellen.

Estelle bekam ihr gemütliches Zimmer mit Balkon wieder, und Marga bezog mit Eleonora die kleine Wohnung. Marga hatte kaum etwas an Arbeitsmaterialien mitgenommen, da sie es sinnvoller fand, vor Ort alles zu besorgen. So fuhren sie am nächsten Morgen nach Dublin und besorgten Staffeleien, Farben, Paletten, Pinsel und Leinwände. Mit vollbepacktem Auto ging es wieder zurück zum Hotel, und alles wurde im praktisch hergerichteten Seminarraum verstaut. Marga bat auch Estelle das Wochenseminar zu besuchen, was von dieser gerne angenommen wurde, nicht zuletzt wegen der Möglichkeit ihre Englischkenntnisse an den anderen Teilnehmern auszuprobieren – da die meisten Teilnehmerinnen, bis auf wenige deutsche Frauen, hauptsächlich aus England oder Irland kamen. Marga war froh, dass sie mit ihrer Tochter und Eleonoras Hilfe die Sprachbarriere meistern konnte. Ihr Englisch reichte nicht für die verschiedenen Dialekte und schnellen Redewendungen.

Die Frauen waren sehr aufgeschlossen und zeigten wesentlich mehr Bereitschaft zur Mitarbeit, als Marga es in Österreich kannte. Viele hatten mit ähnlichen Seminaren bereits Erfahrung und sahen den Kurs als Bereicherung und Motivation. Marga empfand das Arbeitsklima als sehr angenehm, und auch Eleonora wurde von der Stimmung mitgerissen, versuchte, sich mit Farben auszudrücken und in die Tiefe zu gehen, ihre Empfindungen wahrzunehmen und zu verarbeiten.

Am Ende des ersten Tages saßen sie noch lange mit den Teilnehmern zusammen, die offen über ihre Probleme und Ängste sprachen. Angereichert mit den Eindrücken des erfolgreich absolvierten Tages gingen Marga und Eleonora spät am Abend in die Wohnung.

Marga konnte schon beim Kurs Eleonoras Enthusiasmus erkennen, doch kaum alleine brach ein wahres Feuerwerk an Gefühlen aus ihr heraus. Marga sah, dass ihre Freundin es kaum erwarten konnte, sie zu spüren.

Die ganze Woche waren die Teilnehmerinnen erfüllt von Inspiration, und so manche ließen ihren Gefühlen mit vielen Tränen freien Lauf, begannen, sich von den aufgestauten, negativen Belastungen zu befreien und verliehen ihren Seelen Flügeln. Für Marga war das Seminar sehr erfolgreich, und am Ende tauschten sie untereinander die Adressen und versprachen, in Kontakt zu bleiben. Ein paar blieben noch einige Tage, da sie auch die Rückführungen gebucht hatten.

Für die nächsten Wochen hatte Marga diesbezüglich schon einige Termine und war daher immer wieder dazwischen eingeteilt. Sie hatte aber Freude daran, da ihre karmische Arbeit in Österreich nicht so angenommen wurde. Hier waren die Klienten sehr aufgeschlossen und waren ausreichend über die verschiedenen Methoden informiert. Marga kam immer sehr schnell in die zu lösende Problematik, und auch Ulrike war einige Male dabei anwesend, da sie sich noch einiges abgucken wollte.

Eleonora durfte bei der Arbeit nicht anwesend sein, da es für sie nicht gut gewesen wäre und sie auch nicht über eine diesbezügliche Ausbildung verfügte, um damit richtig umgehen zu können. Marga erklärte es ihr liebevoll, damit sie keinen Grund zur Eifersucht haben musste.

KAPITEL 55 - ELEONORA LÄSST LOS In der Zwischenzeit unternahm Eleonora mit Estelle einige Ausflüge in die nähere Umgebung und gestaltete mit deren Hilfe ihre Wohnung fröhlicher und einladender. Sie war stolz auf das erfolgreiche Arbeiten der Freundin, konnte sehen wie sich die Klienten auf die innere Suche einließen und dadurch enorme Fortschritte im Gefühlsbereich machten. Die Rückführungen interessierten sie ebenso, aber sie akzeptierte, dass Marga ihre Bitte danach nicht erfüllte, da diese keinen Handlungsbedarf bei ihr sah und auch durch ihre Liebesbeziehung zueinander nicht objektiv mit ihr arbeiten hätte konnte.

So nutzte Eleonora die Zeit um mit Estelle nach Dublin zu fahren und um dort neues Mobiliar für die Wohnung zu besorgen. Zunächst suchten sie ein bequemes Doppelbett aus, das durch seine Schlichtheit und die weinrote Rückwand Eleonora sofort gefiel. Auch ein neue Tagesdecke sowie eine mit dezentem Muster versehe Bettwäsche ergänzten den in ihren Augen sinnvollen Einkauf. Marga hatte sich zwar nie darüber beschwert, aber Eleonora hatte ausreichend Feingefühl, um zu erkennen, dass es für diese nicht einfach war, mit ihr im Bett von Samantha zu schlafen. Eleonora wollte nicht, dass alles in der Wohnung an die geliebte Verstorbene erinnerte und somit Marga keine optimale Möglichkeit zur Entspannung gab. Eleonora wünschte sich, dass die Freundin sich bei ihr ebenso zuhause fühlte. Sie kaufte Vorhänge, einen neuen kleinen Teppich und ein paar lustige Tassen sowie fröhliche Badutensilien. Sie hing sogar ein selbstgemaltes Bild auf, das sie in Margas Kurs gemalt hatte. Mit Estelle befestigten sie vorsichtig die Vorhänge, legten den Teppich aus und dekorierten das Bad. In das neue Regal stellte sie die fröhlichen Tassen und dekorierte mit vielen Kerzen den gesamten Wohnbereich.

Am Abend öffnete sie Marga die Türe und diese sah sich staunend in der Wohnung um.

»Nun habe ich uns auch hier ein gemeinsames Zuhause geschaffen.« Eleonoras Stimme klang aufgeregt. Sie freute sich über Margas Begeisterung, die es kaum fassen konnte, dass Eleonora sich von Samanthas Möbel getrennt hatte und es nun für sie beide so gemütlich gestaltet hatte.

Marga hätte niemals dazu gedrängt, obwohl es für sie nicht immer einfach war, mit dem Mobiliar der Verstorbenen umgeben zu sein, es zu verwenden und darin auch zu schlafen. Eleonora hatte mit dieser Entscheidung, wieder einen richtigen Schritt in ihre gemeinsame Zukunft gesetzt.

»Es ist total verändert und hat nun deinen persönlichen Stil, und das Bett ist super!« Ausgelassen legte sich Marga darauf und empfand es als sehr gemütlich. »Alles wurde von dir so liebevolle und geschmackvoll eingerichtet.« Man sah, wie entspannt Marga auf die neue Wohnsituation reagierte. Alles wurde nun genau begutachtet, und sie konnte nur positive Worte finden. Später probierte sie dann zum ersten Mal das Bett aus, und Marga hatte nicht mehr das Gefühl, dass Samantha noch bei ihnen war.

Eleonora war glücklich, aber sie wollte ihre Handlung auch Samantha erklären und ging daher an einem Nachmittag alleine zum Friedhof, um dort am Grabe ihrer Samantha nah zu sein. Es war ein kleiner Friedhof, umgeben von einer Steinmauer und hohen Bäumen, die immer Schatten warfen und daher kaum die Sonne durchließen. Eine fast gespenstige Stille umgab das gesamte Grundstück. Nur ein paar Krähen riefen mit krächzender Stimme, und der Wind spielte mit dem Blätterkleid der Bäume. Die Erde roch trotz des Sommers feucht und modrig, und überall überzog Moos den Boden. Die meisten Grabsteine waren schon alt, und so manchem sah man seine Zeit durch Risse und Absenkungen an. Die Steinkreuze waren groß, ohne besondere Verzierungen und betonten zusätzlich die trostlose Atmosphäre. Niemand war zu sehen. Ganz alleine ging Eleonora langsam zu Samanthas Grab und stellte die mitgebrachten roten Rosen in eine in die Erde gesteckte Vase.

Es fiel ihr nicht leicht, an diesem Platz zu sein. Die Vorstellung dass hier nicht allzu tief in der Erde Samamtha lag, war für sie ein noch immer unerträglicher Gedanke. Sie wollte aber mit ihr nun reden, ihr erklären, dass sie niemals ihre Liebe vergessen würde, aber nun auch bereit für ein neues Leben mit Marga war.

Es gelang ihr nicht. Zu düster war dieser Ort. Er hatte nichts Hoffendes. Alles empfand sie als trostlos und energieraubend. Sie hatte nicht das Gefühl, dass Samantha hier war. Sie konnte bestimmt nicht an solch einen dunklen Ort verweilen. Wie oft hatte Eleonora sie doch in den vergangenen Jahren gespürt, glaubte dann ihren Duft wahrzunehmen oder ihre Stimme zu hören. Es war aber niemals auf dem Friedhof, sondern daheim in ihrer Wohnung oder in London.

»Samantha ich werde dich niemals vergessen.« Leise und zögernd kamen ihre Worte. »Es ist kein Verrat oder Betrug dir gegenüber, aber ich möchte wieder glücklich sein und geliebt werden - und lieben. Unsere gemeinsamen Möbel sind nicht wertlos für mich, aber sie würden mich zu sehr an unsere glückliche, gemeinsame Zeit erinnern.« Nun rannen ihr doch die Tränen über die Wangen. »Ich möchte mit Marga zusammenleben. Sie soll nicht nur ein Gast sein, sondern sich auch hier zuhause fühlen.« Sie konnte nun nicht mehr. Es schmerzte zu sehr. »Bitte, verstehe mich! Ich liebe dich.« Sie zündete noch eine mitgebrachte Engelskerze an und ging traurig und müde zum Ausgang.

Sie sah wie jemand den Friedhof betrat. Als sie die Person erkannte, erfüllte sich ihr trauriges Herz mit großer Erleichterung und Freude. Es war Marga, die ihr langsam entgegenkam und sie sanft in die Arme nahm. Eleonora ließ sich von ihr über ihr Haar streichen und nahm deren Wärme und Verständnis nur zu gerne an. Es tat so gut, dass sie bei ihr war, sie nun nicht mehr alleine an diesem trostlosen Ort war. Sie verließen sich umarmend den Friedhof und gingen schweigend zum Hotel zurück.

Kurz bevor sie dort ankamen, blieb Marga stehen, sah Eleonora liebevoll an und sprach sanft zu ihr. »Deine Samantha ist nicht auf diesen düsteren Ort. Sie ist wahrscheinlich hier bei dir, bei uns. Sie wird auch immer einen Platz in deinem Herzen haben. Ich würde auch nicht wollen, dass du sie jemals ganz vergisst. Deshalb stört mich auch nicht deine Tätowierung. Ich bin nicht auf deine Zeit mit ihr eifersüchtig.« Sie strich Eleonora sanft eine Haarsträhne nach hinten und sah sie zärtlich an. »Du kannst ihr hier in der Wohnung und auch daheim in Wien eine kleine Ecke geben - mit ihrem Bild, frischen Blumen und einer Kerze ihr Andenken erhalten.«

Eleonora sah Marga an, und man konnte erkennen, dass ihr dieser Vorschlag gefiel.

Marga nahm ihre Hände. »Du sollst nicht alleine auf dem Friedhof in trübe Gedanken verfallen, nicht daran denken, wo sich ihr Körper befindet, sondern erkennen, dass ihre Seele schon längst den Ort verlassen hat. Sie war sicher schon viele Male um dich herum. Sie hat dich auch sicherlich in deiner schmerzvollsten Zeit begleitet, damit du dein Leben weiterführen konntest. Doch nun kannst du ohne ihre ständigen Anwesenheit leben, und du musst dich nicht wegen unserer Liebe schlecht oder als Verräterin fühlen.«

Gerührt wurde sie von Eleonora umarmt, die glücklich über Margas Verständnis war.

Am nächsten Tag kam Suzan, die sich nun immer besser mit Marga verstand. Auch die neue Einrichtung in der Wohnung wurde von ihr positiv aufgenommen. Das Verhältnis war wieder sehr entspannt, und sie plauderten in der gewohnten Fröhlichkeit miteinander. Im vergangenen Jahr hatten sie regen telefonischen Kontakt, und über den Computer tauschten sie Neuigkeiten aus.

»Marga ist ein absoluter Glücksgriff, und auch Estelle ist eine sehr liebenswerte junge Frau.« Ehrlich kamen die positiven Worte von Suzan. »Ich finde, Estelle erinnert mich fast ein wenig an dich, während deiner Studienzeit.«

Eleonora freute sich über die neue Einstellung von Suzan. Sie war froh, dass die lange Freundschaft die Krise überstanden hatte. Die Ehe von Suzan und Fred war noch immer sehr harmonisch. Die beiden passten wirklich sehr gut zusammen. Auch mit den Kindern gab es keine größeren Probleme. Sie waren gut erzogen und hatten die Offenheit und das liebenswerte Verhalten ihrer Mutter sowie die Cleverness ihres Vaters.

Doch mit Kathleen gab es immer wieder Probleme, da diese mit ihrer Tochter nicht zurechtkam. Sie hatte auch mit ihrem geschiedenen Mann immer wieder Streit. Außerdem hatte es auch mit der neuen Beziehung nicht geklappt, und derzeit war deren Leben wieder mit Unruhe und Schwierigkeiten gepflastert. Eleonora war froh, dass Kathleen nicht mitgekommen war, da Eleonora keine Lust auf eine Auseinandersetzung hatte. Suzan glaubte, dass Kathleen noch immer auf sie fixiert war und dieser unangenehmen Situation, wollte Eleonora auch Marga nicht aussetzen. Suzans Anwesenheit war eine angenehme Abwechslung, und als sie nach ein paar Tagen wieder fuhr, war auch eine Freundschaft zu Marga und ihrer Tochter entstanden. Man vereinbarte daher einen baldigen Besuch in Wien.

Es war ein schöner Sommer mit vielen angenehmen Erlebnissen und vielen entspannten und intensiven Momenten. Eleonora wusste nun auch, dass sie auf keinen Fall alleine nach London zurückgehen würde. Entweder ging Marga für ein Semester mit, oder sie würde versuchen, einen längeren Vertrag auf der Wiener Universität zu bekommen. Die Sommer würden sie auch in Zukunft immer gemeinsam in Irland verbringen. Eine räumliche Trennung kam für beide nicht mehr in Frage.

Das neue Semester begann mit der unangenehmen Konfrontation eines schon ziemlich alten Kollegen. Er diskutierte in ihrer Anwesenheit mit einigen Kollegen über die lächerlichen Frauenbewegungen dieser Emanzen.
»Diese Frauen haben nicht ihre eigentliche Aufgabe erkannt und sind offensichtlich hirnkrank.« Spöttisch klang seine Stimme.
Eleonora konnte dies nicht so einfach stehen lassen und fragte daher nach, was er damit genau sagen wolle.
Er sah sie verachtend an, und mit zynischer Stimme antwortete er: »Die ganze Frauenbewegung ist Unsinn. Sie ist unter frustrierten und verwirrten Frauen, die offensichtliche Hassgefühle gegen Männer haben, entstanden. Alles nur, weil diese durch ihr krankes Hirn nicht ihre Aufgaben erkennen. Alles Lesben, die sich noch vor 40 Jahren nicht in der Öffentlichkeit dazu bekennen durften. Damals hatte man in den USA dafür eigene Hirnoperationen, um dieses Problem zu lösen.« Er wurde immer heftiger, steigerte sich mehr und mehr hinein. »Aber jetzt darf man ja nichts mehr dagegen unternehmen. Man muss zusehen, wie die moralischen Werte von diesen Frauen getreten werden. Das Familienleben wird durch solche beschmutzt und die Ehe entweiht. Alles nur, weil sie unter einer offensichtlichen Hirnstörung leiden, die behandelt werden müsste.«
Keiner der anderen Kollegen versuchte, ihn zu unterbrechen, alle beobachteten nur neugierig Eleonoras Mienenspiel.
»Die Natur hat den Frauen die Gebärfähigkeit gegeben. Damit wurde eindeutig die sexuelle Ausrichtung bestimmt. Alles andere ist abartig und krank.« Er erwartete von seinen Freunden Unterstützung und sah sich fragend in der Runde um.
Zwei Kollegen hatten es nach seiner Aussage plötzlich eilig. Sie wollten nicht in den Streit hineingezogen werden. Eine Kollegin nickte sogar dazu, und ein anderer winkte wie nach einen guten Witz ab.
Eleonora war entsetzt und forderte eine sofortige Entschuldigung.
Der Kollege sah sie jedoch nur verächtlich an und meinte: »Ich habe es nicht nötig, mich vor Ihnen zu verbiegen und sehe das Gespräch als beendet an.« Mit erhobenem Haupte drehte er sich um und ging, ohne noch einmal zurückzusehen, den Gang hinunter in seinen Unterricht.
Eleonora überlegte, ob es angebracht wäre, den Institutsvorstand über dieses Gespräch zu informieren, aber sie verwarf den Gedanken, da es ihr bewusst war, dass sie dadurch eine Lawine ins Rollen bringen könnte und

ohne Unterstützung wäre. Sie würde dadurch nur ihren Arbeitsplatz gefährden. Genau das, wollte sie schon wegen Marga nicht riskieren.

So wendete sie sich von der nun spöttisch blickenden Kollegin ab und ging mit festen Schritten zu ihrer Vorlesung. Sie wusste, dass in Zukunft noch viele derartige Beleidigungen entstehen konnten. Sie war nunmal keine Künstlerin, war von ganz andern Menschen umgeben als Marga. Ihr war klar, dass sie lernen musste mit den täglichen Anfeindungen fertig zu werden. Sie wollte nicht immer auf jede dumme Äußerung einsteigen und musste gelassener werden. Ihr Ziel war es schließlich, einen längeren Vertrag zu bekommen. Ein diesbezügliches Gespräch hatte sie schon geführt, und es war noch nicht entschieden. Sollte ihr keine Vertragsverlängerung angeboten werden, müsste sie sich beruflich anders orientieren.

KAPITEL 56 - INTOLERANZ DER GESELLSCHAFT

Marga war sehr bestürzt, als sie die schreckliche Nachricht bekam. Die Kollegin von einer Klientin, eine angesehene Ärztin, hatte vor einigen Tagen ihr Leben selbst beendet. Sie war um die 40 Jahre alt, hatte sehr viel Erfolg im Beruf und war durch ihre einfühlsame Art bei allen Patienten sehr beliebt. Nur privat wusste kaum jemand etwas von ihr, da sie immer bemüht war, nichts von ihrem Leben außerhalb der Klinik mitzuteilen.

Schon seit Jahren führte sie eine gleichgeschlechtliche Beziehung, aber nur wenige wussten davon. Sie wollte sich nicht Demütigungen lassen und einem beruflichem Spießrutenlauf aussetzen. So ließ sie immer alle in dem Glauben, schon seit Jahren in einer glücklichen heterosexuellen Beziehung zu sein. Die andauernde Abwesenheit erklärte sie mit einer Fernbeziehung, in der man nur ein paar Mal im Jahr miteinander Zeit verbringen konnte, da sie und ihr Partner im Moment beruflich gebunden waren.

Doch im letzten halben Jahr, wurde die Wahrheit durch ein paar geschwätzige Kolleginnen in Umlauf gebracht, sodass letztendlich auch über die Station hinaus alle Bescheid wussten. Schlimm genug, dass sie nun von vielen geschnitten wurde, hatte es aber auch berufliche Konsequenzen. Die ihr schon vor langer Zeit versprochene leitende Position, bekam kurzfristig jemand anders - nicht so qualifiziert wie sie, aber dafür ohne, wie man sagte, schwieriges Privatleben. Sie konnte diese Ungerechtigkeit nicht verstehen. Gerade in ihrem Beruf hatte ein Großteil der Kollegen eine Scheidung hinter sich. Kaum eine Beziehung hielt. Und wenn doch, dann nur, weil die Partnerinnen stillschweigend die sexuellen Verhältnisse ihrer Männer duldeten, sich mit dem finanziellen Ausgleich trösteten. Trotzdem trat man dann bei diversen gesellschaftlichen Ereignissen als perfektes, kultiviertes Paar auf. Die Kinder dieser Paare besuchten meist teure Privat- oder Eliteschulen im Ausland, während die Frau des Hauses gesellschaftlichen Verpflichtungen nachging, sich mit Tennisstunden, Theater- und Konzertbesuchen, Wellness und beim Shopping in großen, europäischen Städten die Zeit vertrieb. Es war kein Geheimnis, dass so manche Krankenschwester sich wie eine reife Frucht vom Baum pflücken ließ. Je jünger, desto leichter hatte es so mancher Kollege. Aber auch außerhalb wurde das Revier abgesteckt, da ein Mediziner noch immer zu den bevorzugten Partien gehörte. Doch dies war gesellschaftlich vertretbar, wurde als völlig normal und in Ordnung gesehen, gab zu keiner beruflichen Diskussion Anlass.

Wenn aber eine Frau sich gleichgeschlechtlich orientierte, dann lief mit ihr etwas nicht richtig, dann hatte man anscheinend das Recht, sie zu verurteilen, ihr Schwierigkeiten zu machen, sie zu mobben, sie zum Gespött zu machen und sie auszugrenzen.

Dies alles war ihr geschehen und dann kam eben der Tag, die Stunde, die Minute wo es für sie nicht mehr zu Ertragen war. Sie konnte nicht mit diesen ewigen Ausreden und Versteckenspiel leben. Doch nun, wo es geschehen war, der Suizid vollendet war, sah keiner die Schuld bei sich. Keiner wollte begreifen. Sie mutmaßten dass es wohl an der homosexuellen Freundin gelegen haben musste, wollten auch keine Sekunde die eigene Schuld erkennen. Diese Unfähigkeit zur Toleranz und Akzeptanz, dieses unverschämte Einmischen in den intimsten Bereich ihrer Kollegin und dieser völlig zu Unrecht hochgehaltene moralische Zeigefinger hatten die Verzweiflungstat ausgelöst. Alles nur, weil es noch immer genug Menschen gab, die an der Liebe zwischen zwei Frauen etwas Anstößiges sahen, nicht glauben wollten, dass es sich um tiefe reine Gefühle handeln kann und dass die körperliche Anziehung die ganz natürliche Ergänzung dazu war. Was sollte schlecht daran sein, wenn eine Frau von einer Frau geküsst und körperlich verwöhnt wurde? Warum sollte dies nur Männern vorbehalten sein? Frauen sind nicht der Besitz von Männern.

Es war ein trauriger Abschied von einer wundervollen Frau, die sich durch die ganzen seelischen Verletzungen nicht mehr im Stande sah Kraft zur Verteidigung und Rechtfertigung aufzubringen. Ohne Schutz war sie permanenten Demütigungen ausgesetzt. Sie gehörte nicht dieser Gruppierung junger Menschen an, die in einer sogenannten ›Loveparade‹ auf sich aufmerksam machten und nur schrille Partystimmung verbreiteten. Auch wenn manche von dem Thema gar nicht betroffen waren.

Dies aber war Realität, war ihr Alltag, dem sie letztendlich aufgrund der Kälte der Gesellschaft nicht gewachsen war. Es war makaber, dass gerade die, welche sie am meisten verletzt hatten, zum Begräbnis kamen, in ihre Taschentücher heulten, sprachen wie nett sie war und dass sie es nicht begreifen können. Wie konnten Menschen so heuchlerisch und unverschämt sein? Wie abgebrüht musste man sein? Oder war es nur deren Dummheit?

Auch Eleonora war sehr betrübt. Nur zu genau erinnerte sie sich an ihren damaligen Versuch, aus dem Leben zu scheiden. Marga wurde dadurch auch wieder bewusst, dass ihre Freundin vielen Anfeindungen ausgesetzt war und sie hatte Angst um sie, war besorgt, ob sie diesen Druck aushalten würde. Selbst um Estelle, waren die Sorge nicht geringer. Daher versuchte, Eleonora sich um diese zu kümmern. Estelle war noch immer in Shila verliebt, keine andere kam für sie in Frage. Nachdem sie nun von dem Selbstmord der Ärztin erfahren hatte, versuchte sie zu verstehen, dass die Shila bemüht war, sich hier beruflich niederzulassen und dass das Ausland die letzte Möglichkeit war, und noch immer hoffte Estelle mit ganzem Herzen, dass Shila hierblieb. Sie wollte mit ihr eine Beziehung und wäre dafür bereit, Ausgrenzung und Anfeindungen auf sich zu nehmen. Wenn Estelle mit ihr zusammen wäre, gäbe es für sie keinen Grund deshalb am Leben zu verzweifeln. So wichtig waren ihr die Urteile der andern nicht. Sie hatte nie einen großen Freundeskreis, es war ihr nicht wichtig dazuzugehören. Eleonora versuchte daher, Marga beruhigen. Sie fand, dass Estelle den Belastungen gewachsen war.

Als Eleonora mit der Idee kam, sich neben der Arbeit auf der Universität langsam ein Nachhilfeinstitut aufzubauen und Übersetzungen anzubieten, dachte Marga zuerst nicht an den Erfolg. »Es wird doch schon so viel Nachhilfe angeboten. Fast jeder Student verdient sich damit sein Geld. Und ein richtiges Institut? Wie sollte das gehen?« Margas Stimme war unsicher, und man konnte ihr die Zweifel ansehen. Eigentlich versuchte sie immer, jede Idee Eleonoras in irgendeiner Form zu unterstützen. Doch hierbei sah sie wenig Sinn. »Vielleicht ein paar Nachhilfestunden, aber ob du wirklich Aufträge für Übersetzungen bekommst, das ist fraglich.« Marga konnte sich nicht begeistern, obwohl sie grundsätzlich die Idee, nicht in der Abhängigkeit der Universität zu stehen, gut fand. »Sich ein zweites Standbein aufzubauen, ist sicher gut, aber ich denke nicht, dass es in dieser Form so einfach ist.« Skeptisch sah sie Eleonora an und bereute zugleich, ihr widersprochen zu haben.

Traurig sah diese sie an, und Eleonoras anfängliche Begeisterung war verschwunden. »Ich wollte eben eine Möglichkeit finden hierzubleiben, auch wenn es mit der Uni nicht mehr klappt.« Resignierend kamen nun die Worte über Eleonoras Lippen.

Es tat Marga leid, und schnell versuchte sie einzulenken. »Ich werde dir ganz tolle Visitenkarten entwerfen und einen bunten, ansprechenden Folder gestalten. Man kann mit gezielter Werbung sehr viel bewegen.« Sie sah nun wie Eleonora sich wieder entspannte und fuhr mit Begeisterung fort.

»Ich werde auch bei meinen Klienten und bei meinen Malkursen für dich werben.«

Eleonora strahlte und war glücklich über das Engagement Margas.

»Auch in meiner ehemaligen Schule und mit ein paar damaligen Kolleginnen werde ich mich in Verbindung setzen. Vielleicht bekommst du so einen Kundenstamm.« Marga war nun bereit, ihrer Freundin zu helfen, denn es ging auch darum, die gemeinsame Zukunft zu sichern.

Wenige Tage später ließ Eleonora die von Marga entworfenen Visitenkarten und Broschüre drucken. Marga legte dies alles in ihrem Beratungszimmer und bei den Kursen aus. Die fröhlich gestaltete Broschüre fiel allen auf, und viele hatten Interesse an der Nachhilfe für ihre Kinder. Es entstand die Idee zusätzlich an den Wochenenden oder Semesterferien, die Kreativkurse mit dem Sprachkurs zu ergänzen und somit alles an einem Tage anzubieten. Vormittags die Sprache und nachmittags den kreativen Teil - so boten sie schon kurz darauf den ersten Wochenendkurs an.

Nachdem sie schon zwanzig Anmeldungen hatten, beschlossen sie, die Gruppe zu teilen. Während die einen sich in die Sprache vertieften, konnten die anderen ihrer Kreativität freien Lauf lassen. Nach dem Mittagessen wurde getauscht. Schnell war klar, dass Eleonora schon wegen der verschiedenen Altersklassen Unterstützung brauchte. So bat sie Estelle und Shila um Hilfe, die gerne dazu bereit waren eine Gruppe zu übernehmen. So übernahm Estelle die Kleinsten, und die älteren übernahm Eleonora und Shila. Sogar die Erwachsenen fanden die Idee sehr gut und fragten ebenso für sich an. Niemals hätte sich Marga solch einen Andrang erwartet. Sie hatten nun schon alle dafür geplanten Wochenenden bis weit in das Frühjahr ausgebucht, und auch die Semesterferien waren schon voll belegt.

Mittendrin bekam Eleonora für die nächsten vier Jahre eine Vertragsverlängerung der Universität in Wien. Nun konnte sie entspannt der Zukunft entgegensehen, da mit der Anstellung und der neuen freiberuflichen Tätigkeit einem gemeinsamen Leben in Wien nichts im Wege stand. So flogen Marga, Estelle und Eleonora zwei Wochen später nach London, damit Eleonora mit dem dortigen College alles regeln konnte.

Marga liebte London. Es gefiel ihr die Atmosphäre der Stadt, die verschiedenen Menschen mit der Vielfalt ihrer Kulturen und die vielen sehenswerten Gebäude und Plätze. Sie hätte sich durchaus vorstellen können, eine Weile hier zu leben. Sie verstand Eleonoras Wehmut, aber sie war unendlich froh, ihre Freundin bei sich zu haben.

Voller Freude kaufte sie fast ein wenig verschwenderisch in den weihnachtlich geschmückten Kaufhäusern ein. Sie konnte nicht widerstehen. Alles war so verlockend. Es gab so viele Souvenirs. Sie kaufte sich Schirme mit einem Big-Ben-Aufdruck, Taschen, Tücher, Pullover, T-Shirts, Schlüsselanhänger, Kugelschreiber, Untersetzer und viele Andenken mehr. Da die weihnachtliche Stimmung sie sehr stark inspirierte, sie liebte die typisch englische Weihnachtsdekoration, besorgte sie Weihnachtsgeschenke für ihre Liebsten. Natürlich musste sie bei Harrods Unmengen ›Breakfast Tea‹, ›Englisch Afternoon Tea‹, ›Finest Earl Grey Tea‹ und Süßigkeiten einkaufen. Sie besorgte für Waltraud und Bernadette sowie für Karin Kleinigkeiten. Marga war in einem richtigen Kaufrausch, mit dem sie auch Estelle ansteckte, die sich ebenso mit schickem Gewand und vielen Kleinigkeiten eindeckte.

Zu Eleonoras Entsetzten mussten sie daher noch zwei zusätzliche Koffer besorgen, natürlich mit englischen Motiven, um alles zu verstauen. Alles bestens geregelt, flogen sie mit zusätzlichem Gepäck und überglücklich nach Hause. Marga war richtig entspannt. Sie konnte nun zum ersten Mal und ohne Angst der gemeinsamen Zukunft entgegensehen Sie wusste, dass sie es nun schaffen würden.

KAPITEL 57 - ABSCHIED VON LONDON

Eleonora hatte den Vertrag zum Bedauern einiger Kollegen und Kolleginnen bekommen. Sie wusste nicht, wie es in vier Jahren sein würde, aber sie war zuversichtlich, sich auch mit dem Lerninstitut und den gemeinsamen Kursen mit Marga ein zweites Standbein aufbauen zu können. Vielleicht klappte es auch noch mit dem Übersetzen. Vorerst war sie abgesichert, konnte zuversichtlich nach vorne blicken und ihre Professur in London aufgeben, um mit Marga ein gemeinsames Leben zu leben. Vor zwei Jahren wäre es für sie noch unmöglich gewesen, an einen längeren Aufenthalt in Wien zu denken und schon gar nicht ein Gedanke an ein Zurückkommen zu verschwenden. Sie hatte schon längst mit ihrer Heimatstadt abgeschlossen, wollte nicht mehr an ihre Vergangenheit erinnert werden und hatte sich schon als Britin gefühlt. Sie glaubte, nur in Großbritannien glücklich zu sein, sich dort entwickeln und arbeiten zu können. Glaubte, dass es ihr unmöglich war, mit der österreichischen Mentalität zurechtzukommen. Sie lehnte deren Vorurteile und kleinkariertes Denken ab. Doch nun war alles anders. Sie hatte sich durch Margas Liebe mit der Vergangenheit ausgesöhnt, hatte begriffen, dass es auch hier in Österreich Menschen gab, die es wert waren, von ihr geliebt und geschätzt zu werden. Hatte verstanden, dass man überall glücklich werden konnte. Sie hatte nun ihre Familie gefunden, noch einmal hatte ihr das Leben diese Chance gegeben. Nach dem schrecklichen Tode Samathas hatte sie nicht daran gedacht, nochmals die Liebe zu erleben, in solchen Maße vom Glück beschenkt zu werden. Sie hatte zwar

Anfeindungen wegen ihrer Liebe zu Marga erlitten, würde wohl auch in Zukunft noch genug Intoleranz erfahren, aber das alles war ihr die Liebe zu ihrer Freundin wert. Eleonora wusste, dass die Menschen noch lange nicht dazu bereit waren, gleichgeschlechtliche Liebe als etwas Normales zu sehen. Selbst wenn die Eheschließung erlaubt werde würde, wäre keine Gleichstellung erreicht, weder vor dem Gesetz noch in den Köpfen und Herzen der Menschen. Trotzdem war es für sie ganz klar, dass sie diesen Schritt mit Marga gehen wollte. Es war wichtig, diese Gemeinsamkeit auch nach außen zu demonstrieren, sich nicht wegen der Gefühle zu verstecken. Es war dennoch ein eigenartiges Gefühl, von ihrer geliebten Stadt Abschied zu nehmen. Durch Margas Anwesenheit fiel es ihr leichter, alles zurückzulassen.

Als Eleonora auf den Campus kam, waren ihr noch so manche Gesichter vertraut, wenn auch schon viele Neue das Areal füllten. Alles kam ihr so nah vor, dennoch hatte sie das Gefühl, als ob alles hier kürzlich Erlebte in einem anderen Leben stattgefunden hätte. Als sie vor vielen Jahren hierherkam, fühlte sie sich noch vom Verlust der verstorbenen Freundin wie gelähmt, konnte kaum noch die Umgebung wahrnehmen. Nur die Bücher waren ihr vertraut und gaben ihr anfangs auch die Kraft, den Alltag zu meistern. Durch die Lebendigkeit der Studenten begann sie, am Leben wieder teilzunehmen, freute sich über interessante Gespräche und die Möglichkeit ihnen etwas zu übermitteln. Sie war durch ihr Masterstudium wieder inspiriert, hatte Wissensdurst, wollte sich weiterbilden, hatte wieder Zukunftspläne. Nahm für die Abschlussarbeit eine Schriftstellerin zum Thema, deren Schicksal und Leben sie berührten, sah, dass man kämpfen musste, sich als Frau nicht alles gefallen lassen durfte. So begann sie, sich für das Frauenrecht zu interessieren, schloss sich Gruppierungen an, um etwas zu bewegen, um sich für gleichgeschlechtlichen Paare einzusetzen. Fast fluchtartig war damals ihr Aufbruch zu Marga. Sie wusste zu dem Zeitpunkt nicht, ob ihre Beziehung funktionieren würde, hoffte es sehr. Sie riskierte und gewann alles. Nun war sie mit Marga an genau diesem Ort, der ihr Freiheit brachte, und nahm Abschied.

Langsam ging sie zum Büro des Institutsvorstandes. Sie hatte telefonisch den Termin vereinbart. So war es nun Zeit für immer Abschied zu nehmen. Zögernd betrat sie das Zimmer, wo man schon auf sie wartete und ihr höflich einen Stuhl anbot.

»Wir haben immer sehr gerne mit Ihnen zusammengearbeitet, da ihre Kompetenz eine Bereicherung für unser College war.« Freundlich sah man sie an. Nichts spürte man von der vergangen Ablehnung und den Schwierigkeiten. Man sprach nur von ihren beruflichen Qualifikationen.

»Ich war sehr gerne in London. Sie gaben mir vor Jahren die Möglichkeit mich beruflich zu finden und dafür werde ich Ihnen immer dankbar sein.« Eleonora versuchte, ihrer Stimme Sicherheit zu geben. Sie blickte in die Augen des schon in die Jahre gekommenen Dekans.

Ruhig und wohlwollend sah dieser sie an. »Ich freue mich für Sie und werde ihnen von unserer Seite keine Steine in den Weg räumen.« Er legte ihr seine Hand auf die Schulter, und Eleonora erschrak ein wenig, da sie nicht mit einer so positiven, vertraulichen Geste gerechnet hatte. »Ihr Engagement beim Unterrichten und ihr fachliches Interesse an der Jugend brachte Frische und Lebendigkeit in unser Institut. Es wäre schade, wenn wir in Zukunft ganz auf Sie verzichten müssten.«

Rot brannten Eleonoras Wangen aufgrund des unerwarteten Lobs, und die Situation machte sie unsicher.

»Wir möchten Ihnen auch gerne die Möglichkeit für Gastvorträge oder eine externe, nicht permanente Lehrverpflichtung anbieten. So würden Sie uns noch erhalten bleiben«.

Damit hatte Eleonora nicht gerechnet. Der Gedanke nicht ganz loslassen zu müssen, manchmal für einige Tage wieder hierherzukommen und ein wenig die Londoner Metropole zu genießen, begeisterte sie. Mit Freude nahm sie das Angebot an. So fiel ihr der Abschied nicht mehr schwer.

Ein paar Stunden später bummelte sie mit Estelle und Marga durch London. Alles war ihr noch so vertraut, dass es fast schmerzte. Wenn sie aber Marga neben sich ansah, dann wusste sie, wofür sie diesen Weg ging, dass es sich lohnte England loszulassen. Sie sah sich um und freute sich über die glitzernde Weihnachtbeleuchtung und die hellerleuchtenden Schaufenster, welchen den Blick auf die aufwendig und liebevoll gestaltete Dekorationen freigaben. Noch nie hatte Eleonora diese Stimmung so geliebt wie heute, konnte sich nicht satt sehen an dem Lichtermeer und wurde von einer tiefen Freude erfasst. Die Düfte von Zimt, Bratäpfel und Minze erfüllten die Straßen und Geschäfte. Langsam umhüllte sanft der Nebel die Straßen zur Themse. So manches Mal hatte sie der Nebel in eher depressive Stimmung versetzt, aber nun empfand sie ihn als angenehm. Er gab ihr ein Gefühl von Geborgenheit. Die vielen Souvenirläden nervten sie ein wenig, sie wollte nichts davon mitnehmen, war sie doch selbst jahrelang eine von hier. Sie empfand es als unangenehm und unangebracht. In ›Shakespeare's Globe Theatre‹ nahm sie jeodch große Poster, Karten und Informationen für den Unterricht mit.

Mitten in ihrer nostalgischen Tour wurde sie von Margas Kauffreude verblüfft. So ausgelassen kannte sie die ruhige, besonnene Freundin nicht. Überrascht verfolgte sie deren Einkäufe, und als sie die unzähligen Einkaufstüten kaum in das Hotel geschleppt hatten, konnte sie nunmehr herzhaft über die doch etwas ratlose Marga lachen. »Wir besorgen noch zwei zusätzliche Koffer, damit ihr beiden alles unversehrt nach Hause transportieren könnt.« Ausgelassen umarmte Eleonora ihre Freundin. Nun war keine Sentimentalität oder Wehmut mehr für sie spürbar. Sie war erfüllt von tiefer Liebe zu dieser Frau, die eben auch nicht perfekt war, sondern wie man nun erkennen konnte, manchmal auch etwas unvernünftig und fast zur Kindlichkeit neigte. Es gefiel Eleonora diese, bisher noch nicht gekannte Seite an Marga, da sie doch ansonsten immer so weise und stark war, für alle immer ein offenes Ohr hatte und unendlich viel Liebe und Wärme geben konnte. Entspannt ließen sie London hinter sich, und immer wieder lehnte sich Eleonora an Marga, hielt ganz fest deren Hand. Sie flogen sodann glücklich nach Hause.

KAPITEL 58 - EINE SEELE KANN NICHTS VERGESSEN

Viele Jahre später war Margas runder Geburtstag. Sie wurde 50 Jahre alt. Alles war schon festlich dekoriert und viele Gäste wurden für die nächsten Stunden erwartet. In der Küche war sie, mit Eleonora und Estelle, noch mit den letzten Vorbereitungen beschäftigt. Sie hatten ein reichhaltiges Buffet vorbereitet, viele Salat sowie eine große Käseplatte gab es für die Vegetarier. Zudem wurden gefüllte Eier, Schinkenrollen, kalte Schweinsbraten, gefüllte Hühnerbrust und Unmengen von kleinen, appetitlich angerichteten Sandwiches angeboten. Margas berühmte Erdbeer-Waldmeister-Bowle durfte natürlich nicht fehlen. Darüber hinaus gab es hauptsächlich alkoholfreie Getränke, die gut gekühlt schon bereit standen.

Marga war stolz auf ihre Tochter, die schon vor einem Jahr erfolgreich das Studium der Kulturwissenschaften abgeschlossen hatte und es nun mit einem zweiten Studium ergänzte. Sie studierte schon das zweite Semester Theaterwissenschaften und glaubte, sich dadurch weitere Arbeitsmöglichkeiten zu sichern. Sie hatte durch ihr jahrelanges Mitwirken bei der Amateurtheatergruppe, ihr Interesse für die Theaterwelt entdeckt. Es war für sie ein faszinierender Ort, der ungeachtet der gesellschaftlichen Normen Spielraum für jede individuelle Entwicklung zuließ. Sie wurde in den letzten Jahren mit genug Ausgrenzungen und Ungerechtigkeiten in der Universität konfrontiert, war manchmal dieser Intoleranz und Anfeindungen müde und fühlte sich in der Welt des Theaters wesentlich wohler.

Als Estelle öffentlich zu ihrer sexuellen Orientierung stand, hatten viele sie gemieden, wollten mit ihr nicht zusammen gesehen werden oder befreundet sein. Nur beim Austausch der Unterlagen und Mitschriften, konnten sie auf einmal höflich sein, wo zuvor nur geschmacklose Gerüchte von ihnen verbreitet wurden.

Die Liebe zu Shila wurde für Estelle zur größten Enttäuschung ihres Lebens. Zuerst hatte es den Eindruck, als ob es zwischen den beiden wirklich gut funktionieren könnte, sie war sich auch sicher, ehrliche Signale bei Shila zu spüren. Doch diese entschied sich dann, ohne der Beziehung auch nur die geringste Chance zu geben, dagegen. Sie sah im Ausland ihre Zukunft, wollte alles Enge, Kleinkarierte hinter sich lassen, fühlte sich nicht mit ihrem Herkunftsland verbunden, idealisierte das amerikanische System. Die Karriere waren ihre wichtiger. Shila wollte unbedingt in die USA, wollte allen beweisen, was in ihr steckte. In bester Aufbruchstimmung und ohne auf die Gefühle des zerbrochenen Mädchens zu achten, nahm sie eine Stelle in den USA an.

Es war für Estelle die Hölle und nur mit größter Anteilnahme gelange es Marga ihre Tochter aufzufangen. Schlimm genug der tiefe Schmerz der Trennung, nun musste sie auch in der Universität alleine mit den Demütigungen und Ausgrenzungen fertig werden, die durch das öffentliche Bekennen ihrer sexuellen Orientierung entstanden waren. Als Shila noch anwesend war, konnte Estelle es leichter ertragen. Die Liebe zu ihr war Estelle wichtiger. Durch das Gefühl gestärkt, konnte sie gut mit den Anfeindungen zurechtkommen. Doch danach war sie überaus verletzlich. Keine ihrer Studienkolleginnen fand tröstende Worte. Bei keiner konnte sie sich erleichtern. Hätte ihr Liebesschmerz einem jungen Mann gegolten, hätten alle verständnisvoll reagiert. Man wäre unterstützend für sie da gewesen. So kam ihr aber zusätzlicher Spott und Schadenfreude von den anderen entgegen.

Der Unialltag fiel ihr schwer. Sie musste sich jeden Tag überwinden, wollte schon ihr Studium aufgeben, da sie darin keinen Sinn mehr sah. Das liebgewonnene Englisch konnte sie nicht ertragen. Oft hatte Marga Angst, dass Estelle daran zerbrechen konnte. Nur zu gut kannte sie die Sensibilität ihres Kindes, wusste wie stark sie auch körperlich reagieren konnte.

Doch Estelle lernte Nora kennen, die mit ihrer einfühlsamen Art, schon lange um sie warb. Diese war drei Jahre älter und wirkte mit ihren schulterlangen braunen, naturgelockten Haaren und ihren warmen braunen Augen sehr jugendlich. Manchmal trat sie fast ein wenig verlegen auf. Nur wenn es um das Berufliche ging, zeigte sie Selbstvertrauen und Kompetenz. Sie war sehr belesen, und Estelle fühlte sich in ihrer Gegenwart sehr wohl und gewann an Selbstwertgefühl. Nora gab ihr das Gefühl, sie zu verstehen. In vielen Themen hatten sie die gleichen Ansichten, vertraten oft dieselbe Meinung. Sie war ebenso wie Estelle sehr zuverlässig, war in der Vergangenheit aber auch sehr strebsam, da sie drei

Studiengänge abgeschlossen hatte. Nora hatte aber nichts von Arroganz an sich. Ihr hübsches offenes Gesicht machte sie sehr sympathisch, und sie war einfühlsam, sah nicht nur in der Karriere ihr Ziel, sondern stellte eine harmonische Partnerschaft über alles. Sie ließ Estelle Zeit und schließlich gelang es ihr, deren Herz zu erobern. Nun konnte sich Estelle zum ersten Mal ganz vertrauensvoll fallen lassen. Sie genoss die zart beginnende Beziehung mit ihrer Freundin, und mit jedem Tag empfand sie eine immer tiefere Liebe für diese. Immer stärker fühlte sie sich zu ihr hingezogen und auch körperlich war sie nicht nur elektrisiert, sondern empfand eine tiefe Hingabe und starke Sinnlichkeit. Die beiden führten eine sehr liebevolle und ausgeglichene Partnerschaft. Marga war sehr froh über diese Entwicklung. Sie freute sich über das Glück der beiden.

Der Salat war fertig, und Marga garnierte die fertigen Fleischplatten mit kleinen Cocktailtomaten und Oliven. Alles sah köstlich aus und lud zum lustvollen Essen ein. Es wurde langsam Zeit, sich aus dem Küchengewand zu schälen und es gegen ein fröhliches Sommerkleid zu tauschen. Eleonora hatte sich schon mit einem kurzen, roten Sommerkleid vorteilhaft gekleidet. Wegen der schwülen Hitze hatte sie ihr langes Haar schwungvoll aufgesteckt, und dezent geschminkt strahlten deren ausdruckstarken Augen im tiefsten Himmelblau. Die roten Lippen und der hellrote Nagellack unterstrichen ihr elegantes Auftreten.

Marga dachte an die vergangenen Jahre, sie hatte turbulente Zeiten hinter sich. Die Beziehung mit Eleonora hatte sich noch mehr gefestigt, und sie waren sowohl im Beruflichen als auch im Privaten ein gutes Team. Ihre gegenseitige Liebe war stark und hielt auch den unangenehmsten Anfeindungen stand. Marga hatten die Idee des Lerninstitutes ausgebaut und beschäftigte zusätzliche Studentinnen, da Eleonora durch ihre universitäre Arbeit nicht alles alleine bewältigen konnte. Auch die Wochenend- und Semesterferienkurse waren immer ausgebucht und wurden von Jung und Alt gleichermaßen gerne in Anspruch genommen. Die Beratungen hatte sie im Moment etwas reduziert, da sie ansonsten kaum Freizeit haben würde. Es war Marga wichtig, genug Zeit mit Eleonora zu haben. Finanziell war sie gutsituiert, und es lag nicht in ihrem Anliegen sich Geld anzuhäufen und gestresst einen 12-Stunden-Arbeitstag zu führen.

Zweimal im Jahr veranstaltete sie eine große Ausstellung, die mit reichlichem Interesse besucht wurde. Viele ihrer Werke, brachten ihr dann eine ansehnliche Summe ein. Man erwarb gerne ihre Bilder, viele spürten die davon ausgehende positive Kraft, und manche behaupteten, dass ihre Bilder etwas Heilendes und Tröstendes dem Betrachter schenkten. Genau das war auch Margas Anliegen. Sie wollte mit ihren Kunstwerken, die Menschen im Herzen erreichen und ihre Wunden schließen. Marga wollte ihnen Trost und Ermutigung sein, sie zu einem Leben in der Liebe inspirieren.

Bei den Beratungen versuchte sie hauptsächliche, mit Menschen zu arbeiten, die wirklich ihre Hilfe benötigten. Sie wollte ihre Zeit nicht mit unnötigen Diskussionen verschwenden, sah es nicht als ihre Aufgabe, Klienten über ihre Börsengänge oder deren flatterhafte Beziehungseinstellung zu beraten. Sie versuchte mit ihren Möglichkeiten, dass man sich besser erkennen und finden konnte, dass man den Mut für seinen individuellen Weg fand. Meist half ihnen auch die karmische Astrologie. Nur selten war wirklich eine Rückführung notwendig. Sie bot die Beratungen sehr kostengünstig an, da sie allen es ermöglichen wollte. Es sollte nicht am Geld scheitern.

Es war schön Margas Ehrentag mit so vielen von ihr liebgewonnen Menschen zu feiern, obwohl ihr auch die Zweisamkeit mit Eleonora diesen Tag versüßt hätte. Bernadette und Waltraud kamen in den Garten. Sie waren die ersten Gratulanten. Es war noch immer eine schöne Freundschaft die sie miteinander verband. Sie waren in den ganzen Jahren für Estelle immer unterstützend und hatten auch Eleonora liebgewonnen.

»Na, wie fühlst du dich als halbes Jahrhundert?« Schelmisch sah Bernadette Marga an.

»Anscheinend jung genug, um alles wieder einmal fast alleine herzurichten.«

Verblüfft sah Waltraud auf das große Buffet. »Hast du die ganz Stadt eingeladen?«

Sie bekam keine Antwort, da in diesem Augenblick Karin mit lautem, fröhlichen Gratulationsgesang auf Marga zustürmte und sie umarmte. »Herzlichen Glückwunsch, Geburtstagskind!« Im Schlepptau hatte sie Renate ihre feste Partnerin, eine fröhliche, liebenswerte Frau, die sie während eines Krankenhausaufenthaltes kennengelernt hatte, wo diese als Krankenschwester tätig war.

Aber auch Ulrike kam zur Feier. Sie war schon zwei Tagen zuvor mit Karoline extra aus Irland angereist, um ebenfalls bei diesem runden Ereignis anwesend zu sein. Sie hatten für die nächsten Tage bei Waltraud und Bernadette Quartier bezogen. Auch zu Ulrike und ihrer Freundin verband Marga und Eleonora noch immer ein starkes Freundschaftsband, und durch die Sommermonate in Irland riss der Kontakt nie ab.

Es kamen ebenfalls langjährige Klienten und Kursteilnehmer. Astrid, die immer Margas Ausstellungen organisierte, und ihr Bruder Thomas kam mit seiner hochschwangeren Ehefrau Sabine, mit der er nun seit einem Jahr verheiratet war. Er hatte damals, trotz der Proteste der Geschwister, Marga und Eleonora zu seiner Hochzeit eingeladen. Es gab unangebrachte Reaktionen von einigen Verwandten, doch Marga fand es trotzdem richtig, dass sie bei der Eheschließung dabei waren. Es würde immer negative Äußerungen geben, aber es gab auch ein paar Gäste, die sich ungezwungen mit ihnen unterhielten. Thomas war der einzige von Margas Geschwistern, der regelmäßig mit ihr in gutem Kontakt standen.

Der Garten war gefüllt mit der fröhlichen Geburtstagsgesellschaft, und das Geburtstagskind, in einem luftigen Sommerkleid mit roten Mohnblumen übersät, stand fast ein wenig verlegen in der Schar der Gratulanten. Eleonora hatte die mitgebrachten Geschenke, auf einem dafür vorgesehenen kleinen Tisch gestapelt und ging flink und gut organisiert auf die Wünsche der vielen Gäste ein. Marga sah, wie sehr ihrer Freundin die Rolle der Gastgeberin gefiel. Sie freute sich über deren Engagement, da Eleonora auch für die Einladungen und die gesamte Planung verantwortlich war. Das Buffet wurde von allen mit Begeisterung angenommen, die Kochkünste der vier wurden mit viel Lob anerkannt, und am Ende der langen Feier, blieb kaum etwas auf dem reichlich gedeckten Tisch übrig. Es gab auch Livemusik, da einige von der Theatergruppe auch musikalisch auftraten und nun für Stimmung sorgten. Es wurde für Marga ein wunderbares Fest. Sie war unendlich dankbar für so viel Aufmerksamkeit und Liebe und ließ sich bis spät in die Nacht gerührend feiern.

Bereits beim letzten Aufenthalt in Irland fiel Marga der Husten Eleonoras auf, doch diese war nicht zu einem Arztbesuch zu bewegen. Kurz nach Beginn des Semesters, litt Eleonora während einer Vorlesung unter Übelkeit und Atemprobleme, sodass sie den Unterricht abbrechen musste. Marga wurde von der Freundin angerufen, da diese sich nicht im Stande sah, alleine nach Hause zu fahren. Sie war zu geschwächt. Nun hatte Marga kein Verständnis mehr für die ablehnende Haltung zu einem Arztbesuch. Sie fuhr mit Eleonora zu einem Internisten, doch der verwies sie wegen der akuten Atemnot sofort in das Krankenhaus.

Dort machte man eine Erstuntersuchung und gab Eleonora ein krampflösendes Medikament, sodass sie wieder leichter atmen konnte. Anschließend kam sie zum Lungenröntgen. Nach nicht allzu langer Wartezeit, holte man, auf die Bitte von Eleonora hin, Marga, die beim Gespräch dabei sein durfte. Es war ein weiterer Arzt hinzugezogen worden. Sie sahen nur kurz vom Röntgenbild auf. »Man kann auf der linken Lungenhälfte eindeutige Veränderungen feststellen.« Mit ernster Miene sahen die beiden Mediziner auf das Lungenbild.

Erschrocken sah Eleonora auf Marga, die ebenso nicht zu einer Frage fähig war.

»Wir müssen auf jeden Fall eine Gewebeprobe entnehmen, um Genaueres sagen zu können.« Die Stimme des Oberarztes klang hart, unnahbar und routiniert. Man konnte erkennen, wie oft er schon diesen Satz gesagt hatte.

»Was heißt das genau? Und wie schaut meine weiter Behandlung aus?«, fragte Eleonora nach.

»Ohne Gewebeprobe kann ich nichts sagen. Es ist vorerst nur ein kleiner Eingriff für die Entnahme notwendig. Erst nach dem Ergebnis werden wir dann dementsprechende Behandlungen abstimmen.«

Marga war am Boden zerstört. Sie ahnte, was das Ergebnis bringen würde, überließ aber Eleonora die Entscheidung. Diese wollte sich jedoch nicht festlegen und erst eine Nacht über den Röntgenbefund schlafen.

Der Arzt erklärte dann, dass bei einem negativen Ergebnis, sofort mit einer Behandlung begonnen werden müsste. Jeder Tag würde dann zählen. Niedergeschlagen fuhren Marga und Eleonora nach Hause, und Marga erklärte ihr, wie diese Behandlung dann aussehen würde. Darüber hinaus bat sie Eleonora einen Heilpraktiker hinzuzuziehen.

KAPITEL 59 - ELEONORAS KAMPF

Die Diagnose war ein Schock für Eleonora. Sie konnte es nicht fassen, dass sie nun, wo sie so glücklich war, vielleicht nicht mehr lange leben würde. Sie empfand es als Ironie des Schicksals, denn nach Samanthas Tod hatte sie oft die Sehnsucht der Geliebten zu folgen, mit ihr vereint zu sein und konnte am Leben keinen Gefallen mehr finden. Damals hatte sie keine Angst vor dem Scheiden, sondern es war ihr sehnlichster Wunsch.

Dies war aber nicht ein Zustand für ein paar Wochen, sondern viele Jahre verspürte sie kein Interesse an einem langen Leben. Sie war damals in dem Glauben, ihre Lebenserfüllung schon erlebt und daher ihr Glück schon ausgeschöpft zu haben. Sie konnte sich nicht vorstellen, noch einmal zu lieben oder sich tatsächlich für etwas begeistern zu können.

Sie hatte nun jedoch längst das Leben wieder angenommen und konnte sich für vieles Begeistern und Mitfühlen. Sie liebte Marga so sehr, wollte noch so viel mit ihr gemeinsam erleben. Auf einmal kam ihr der Gegenwind in der Universität oder aus anderer Richtung so lächerlich und unbedeutend vor. Sollten sie sich doch alle denken, was immer sie wollten. Es zählte nicht, war nicht von Wichtigkeit. Wozu hatten diese Bemerkungen oder Handlungen sie so sehr gekränkt oder verletzt? Sie hatte in Marga die wundervollste Partnerin. Sie führten ein solch, liebevolles und harmonisches Zusammenleben. Was spielte es da für eine Rolle, ob es andere verstanden, oder nicht?

Eleonora wollte gesund werden. Sie konnte nicht Marga zurücklassen und ihr solch ein Leid zufügen. Nun wollte sie für ihr Glück kämpfen. Sie war bereit, alles dafür zu tun.

Als sie mit Marga zum Heilpraktiker fuhr, war es für Eleonora der erste Kontakt zu alternativen Heilmethoden. Sie hatte zwar in Irland energetische Heilarbeit kennengelernt, aber sie war noch nie bei einem Mediziner, der sich ganz zur Homöopathie orientierte. Er hatte in einem alten, freundlich restaurierten Haus seine Praxis, die mit seinem Wohnbereich verbunden war. In einer Nische an der Eingangswand stand eine große Muttergottesstatue.

Eleonora war es bei dem Anblick ein wenig mulmig. Es erinnerte sie an ihre ehemalige, katholische Privatschule. Über der Tür strahlte eine aufgemalte Sonne und lud fröhlich zum Eintreten ein. Sie hörte rasche Schritte, und dann wurde die Tür von einem großen, schon etwas älteren Mann, seine grauen Schläfen wollten aus dem Alter kein Geheimnis machen, mit einem kräftigen Ruck geöffnet. Seine blauen Augen blickten sie freundlich, aber auch tief forschend an. Sein Händedruck war fest, aber nicht unangenehm. »Hereinspaziert, die Damen, ich freue mich, Sie hier bei mir zu begrüßen.« Er öffnete weit seine Haustür, und es drang der intensive Duft von Kräutern zu Ihnen. Schmunzelnd sah er Eleonoras verwunderten Blick über die Ansammlung seiner unzähligen Pflanzen.

»Ich sammle meine Kräuter alle selbst - immer zeitig in der Früh oder am Vormittag, da man nicht alle Pflanzen bei der starken Mittagssonne pflücken soll. Und nachdem sie im Haus sorgfältig getrocknet werden, riecht es bei mir immer so erfrischend.«

Eleonora sah sich um und konnte neben den getrockneten Kräutern auch viele Bilder von Sonnenaufgängen und Berggipfeln erkennen. Frische Blumen waren in einer bauchigen Vase hübsch angeordnet, und positive Affirmationssätze zierten die Wände. In der Ecke war eine große Statue, und bei genauerem Hinsehen erkannte sie den Heiligen Franziskus, der einen Rosenkranz mit blauen, eingefassten Steinen hielt. Ein kleiner Tisch mit drei Stühlen stand in der anderen Ecke und ein kleines Regal mit Büchern reihte sich an.

Er ließ ihr Zeit, alles in Ruhe zu betrachten und ging voran. Er öffnete das Besprechungszimmer.

»Ich hätte gerne Marga dabei.« Eleonoras sanfte Stimme bat unsicher nach dieser Möglichkeit. »Selbstverständlich, Sie bestimmen die Vorgehensweise. Es ist ihr Recht zu entscheiden.« Freundlich ließ der Therapeut auch Marga in den Raum. Der große Mahagonitisch fiel Eleonora sofort auf und eine alte, mit Mosaiken verzierte Lampe überragte nahezu ein Drittel des Tisches. Fein säuberlich angeordnet lagen Unterlagen, Notizbücher und unzählige Stifte sowie ein Laptop darauf. Er bat sie Platz zu nehmen und wies auf die Stühle gegenüber des Tisches. Sie waren groß und hatten gemütliche Lehnen, aber das Besondere waren die Schafwollfelle, die über die Stühle gelegt waren.

Eleonora war sehr aufgeregt. Doch mit ruhiger Stimme ging er auf ihre Unsicherheit ein. »Sie werden sich sicherlich über das Schafwollfell wundern. Es hat nichts mit Wärme oder Optik zu tun, sondern hält Strahlungen ab. So können Sie sich optimal entspannen, und ihr Körper wird nicht unnötig belastet.« Er hatte erreicht, dass Eleonora ihre Verwunderung ablegte und zunehmend die Angst verlor. »Erzählen Sie mir ein wenig über ihr Leben, ihre Interessen und Angewohnheiten.« Er sah ihren irritierten Blick und lächelte ihr freundlich zu. »Ich möchte wissen, wer mir gegenübersitzt, möchte den Menschen und nicht nur die medizinischen Werte hören. Sie sind das, was sie leben und dementsprechend kann ich davon auch ein mögliches Ungleichgewicht und Störung einzelner Organe erkennen.« Das hatte ihr in den letzen Tagen kein Arzt gesagt. Alle wollten nur die Befunde sehen. Sie war nicht auf diese Offenheit gefasst.

Zögernd erzählte sie von der Universität, ihrer Ausbildung und von ihrer Beziehung zu Marga. Sie erzählte auch von ihrer Vergangenheit und ihren Verlusten. Eleonora wollte aber nicht ausführlich berichten. Schon bald schilderte sie von ihren Beschwerden und gab ihm die Befunde, sowie einen Behälter mit ihrem Morgenurin ab, wie mit ihm am Telefon vereinbart. Der Therapeut notierte sich alles und befragte sie noch über ihre Essgewohnheiten. »Essen Sie lieber scharf oder mild, süß oder sauer, mehr Gemüse oder Fleisch, und sind ihre Mahlzeiten regelmäßig?« Er hinterfragte alles genau, und sie gingen dann in das anschließende Behandlungszimmer. Der Heilpraktiker nahm dann das Urinfläschchen, füllte es in die dafür bereitgestellten Glasstäbchen und fügte in einigen eine Substanz bei. Dann nahm er beschichtete Papierstreifen, tauchte sie in den Harnstoff und verglich die anschließenden Verfärbungen. Alles wurde ohne Hektik und mit geduldigen Erklärungen ausgeführt, dann nahm er das Röntgenbild und sah es lange an, bevor er es mit ihnen ausführlich besprach.

Immer mehr schwand Eleonoras Angst. Sie fühlte sich bei dem Arzt wohl, hatte das Gefühl, ernst genommen zu werden. Sie entspannte sich und nahm auf dem weißen Behandlungsbett Platz um sich der von ihr so ungeliebten Blutabnahme zu unterziehen. Doch diesmal empfand sie es als nicht unangenehm. Er erklärte ihr seine weitere Vorgehensweise, verschrieb ihr Medikamente und erklärte ihr auch, mit welchen homöopathischen Medikamenten er sie behandeln würde und wie die weitere Zusammenarbeit aussah. Ingesamt war sie über zwei Stunden bei ihm, und sie vereinbarten, dass er sich nach der Ausarbeitung des Blutbildes bei ihr melden würde, um dann alles weitere besprechen zu können.

Während der ganzen Zeit war Marga neben ihr, hielt zwar manchmal unterstützend die Hand, aber überließ ansonsten ganz alleine Eleonora das Gespräch. Gestärkt von der sensiblen Untersuchung verabschiedeten die Frauen sich, gingen in ein Restaurant, um sich zu stärken, und fuhren anschließend in ein kleines Hotel, da es für die sofortige Rückfahrt zu anstrengend war und sie auch noch das Blutbild abwarten mussten. Eleonora war ganz aufgewühlt, und in Ruhe reflektierten sie nochmals die vorgeschlagene Behandlung.

Am Abend gingen Marga und Eleonora noch eine kleine Runde um das Hotel. Eleonora kannte diese Gegend nicht und war überrascht von der unberührt erscheinenden Landschaft. Alles war von Wäldern umgeben, und nur wenige Häuser fand man neben der kleinen Dorfkirche, aus deren offener Tür man ein leises Orgelspiel vernahm. Sie zog Marga mit in die Kirche hinein, wollte einen Blick auf die Orgel werfen, da sie sich wissen wollte, wer solch liebliche Töne aus diesem wuchtigen Instrument zaubern konnte.

Die Kirche war sorgfältig mit unzähligen Blumen geschmückt, und die vielen kleinen Mosaikfenster brachen die letzten Sonnenstrahlen des Tages mit bunten Lichterkegeln. Alles erschien so warm und einladend, und der junge Organist stimmte sie mit seiner sanften Melodie in eine Ausgeglichenheit und innere Freude. Obwohl die ganze Kirche in Schlichtheit erstrahlte, war Eleonora beeindruckt von der angenehmen Atmosphäre und sie ging zu einem kleinen Seitenalter, wo auf einem kleinen, eisernen Gestell kleine Kerzen mit ruhiger Flamme die Andacht betonten. Sie verspürte auf einmal den Drang, ein Gebet zu sprechen, sich dem gottvertrauenden Ort zu öffnen, sie warf eine Münze in die dafür vorgesehene Kasse. Sie entnahm eine der Kerzen und entzündete sie mit Bedacht. Sie wollte einen Augenblick diesen Zustand des Vertrauens genießen und bat Marga sich mit ihr in die nächstliegende Sitzreihe zu setzen.

Die Bank war hart, trotz der roten, schon abgewetzten Sitzkissen, und ihr Blick fiel auf die abgegriffenen Liederbücher, in denen unzählige Heiligenbilder steckten. Das löste bei ihr nun doch ein unangenehmes Gefühl aus. Es erinnerte sie an das kleinkarierte Verhalten so mancher Kirchengänger in ihrer Vergangenheit, und sie wollte nicht mehr in Demut hier sitzen, wo enges Denken und Verurteilung so dicht beieinander waren. Leise flüsterte Eleonora der Freundin ins Ohr. »Bitte, lass uns gehen, ich fühle mich ein wenig erdrückt.« Sie wollten nicht das Spiel des jungen Künstlers stören, und sie gingen leise nach draußen, atmeten erleichtert die Frische nach diesem modrigen Geruch des Kirchinneren.

Trotzdem war sie auf einmal nicht mehr so verzweifelt, sondern sah nun einen Lichtblick in der ganzen bedrückenden Situation. Ihr Blick fiel auf Marga, deren helles Haar im Lichte der untergehenden Sonne erstrahlte, und Eleonora sah, wie diese mit ihren Tränen kämpfte. Marga wollte stark sein, konnte es aber durch ihre große Angst nicht schaffen. Und wieder einmal wurde Eleonora bewusst, dass es sich lohnte, um ihre Gesundheit zu kämpfen. Sie drückte fest Margas Hand. Langsam gingen sie wieder zurück in das Hotel. Nach einer unruhigen Nacht besprachen sie am nächsten Tag mit dem Heilpraktiker das Blutbild und das weitere Vorgehen.

Nachdem sie sich auch im Krankenhaus über die dortigen Behandlungsmöglichkeiten erkundigte, entschied Eleonora sich für die alternative Behandlungsform. Sie war überzeugt, dadurch ihre Krankheit erfolgreich bekämpfen zu können, aber sie hatte auch immer wieder große Angst, es ohne Schulmedizin nicht zu schaffen. Sie wollte auch kaum mehr mit Schulmedizinern darüber sprechen, die negative Reaktion der Wiener Ärzte hatten ihr genügt. Man stellte ihre Handlung als unverantwortlich und nicht nachvollziehbar dar, wollte ihr klarmachen, dass die Chemotherapie doch viel sanfter geworden und nur dadurch Heilung möglich war. Doch sie informierte sich auch bei Betroffenen, sah die von der Chemotherapie Gezeichneten und wie manche den Kampf verloren. Es gab eigentlich keinen Beweis, ob man durch die Chemotherapie wirklich länger leben würde, den Krebs dadurch bekämpfen konnte. Tatsache war, dass der ganze Körper geschwächt wurde und so manches Herz zu schlagen aufhörte, da es mit den Nebenwirkungen nicht mehr zurecht kam. Daher konzentrierte sie sich auf ihre eigene Behandlung und versuchte, bei den Sitzungen mitzuarbeiten. Im Grunde genommen hatte sie keine andere Alternative. Sie wollte leben.

An manchen Tagen fühlte sie sich sehr schwach, hatte ein leichtes Schwindelgefühl, und auch die Übelkeit kam immer wieder und erschwerte ihr manchmal den Tagesablauf. Oft wachte sie in der Nacht auf, doch sobald sie sich bewegte, rann ihr über den ganzen Körper der Schweiß. Ihr Herz ließ den Körper vibrieren. Sie lag dann ganz still, rührte sich kaum und hörte das pulsierende Rauschen des Blutes in ihren Ohren. Sie bekam dann immer ein wenig Angst, hatte oft ein wenig Panik, den nächsten Morgen nicht mehr zu überleben. Doch dann gab es auch wieder Tage, wo sie sich gestärkt und gesund fühlte, kaum glauben konnte, dass sie so schwer erkrankt war.

Sie erzählte dem Heilpraktiker von ihren nächtlichen Beschwerden und dieser erklärte ihr, dass dies hauptsächlich die Nerven wären. Er gab ihr eine Teemischung, durch die sich die nächtliche Unruhe wieder legte und sie wieder ohne zusätzliche Ängste durchschlafen konnte. So lernte sie langsam mit der Situation umzugehen, versuchte, nicht mehr andauernd nach Beschwerden zu suchen und in ihren Körper zu horchen. Sie fing an, an die Behandlung zu glauben, regelmäßig die homöopathischen Medikamente zu nehmen und arbeitete, so gut sie konnte, bei den Sitzungen mit. Eleonora versuchte, sich Luft zu machen und unterdrückte unwichtige Emotionen. Manchmal kam es vor, dass sie wie ein Häufchen Elend zusammengekauert im Wohnzimmer saß und laut weinte. Doch dann gab es wieder Stunden, wo sie ausgelassen lachte, fast kindlich reagierte.

Diese Stimmungsschwankungen waren laut des Therapeuten wichtig. Alles Aufgestaute musste raus. Die Seele musste die Möglichkeit der Befreiung haben. In den folgenden Wochen wurde sie aber immer ausgeglichener. Man konnte die positive Veränderung erkennen, und ihre Blässe und die fast bleierne Müdigkeit schwanden. Eleonora konnte wieder problemlos ihren Unialltag bewältigen und hatte auch abends Kraft und Lust für gemeinsame Unternehmungen, freute sich, wenn sie und Marga Besuch bekamen und übernahm gerne die Rolle der Gastgeberin.

KAPITEL 60 - MARGAS HOFFNUNG

Marga war froh, Eleonora zu dem ihr bekannte Arzt und Heilpraktiker gebracht zu haben. Sie kannte ihn noch von ihrer Ausbildung und war mit ihm in guter Verbindung. Anfangs war der Gesamtzustand Eleonoras nicht gut, und das Blutbild war ebenfalls sehr schlecht. Der Wert der Entzündungen im Körper waren sehr hoch, und alles wies auf negative Gewebsveränderungen hin.

Es waren lange Gespräche, in denen Marga versuchte, mit ihrem Wissen von der einstigen Ausbildung Eleonora mehr Durchblick zu geben und ihr so bei der Entscheidung der Behandlung zu raten. Schluchzend schlief Eleonora oft in ihren Armen ein und klammerte sich die ganze Nacht an sie. Marga konnte es nicht fassen. Wie war es möglich, dass in mitten des Glücks, solch ein Schicksalsschlag über ihnen einbrach - nun, da ihr gemeinsames Leben so wunderbar harmonisch verlief.

Sie versuchte, sich auf ihr Wissen und auf ihr Gefühl zu konzentrieren, und dann war es für sie ganz klar: Die Seele eines Menschen vergisst nichts, auch Verletzungen, die einem zugefügt wurden und lange zurückliegen, konnten sich Jahre später bemerkbar machen. Bei Eleonora waren es zu viele schmerzvolle Ereignisse, die sie nicht aufgearbeitet hatte. Zuerst diese Scham und die Zurechtweisung von der Schule und der Mutter. Der letztendliche Bruch mit den Eltern, wobei die beiden sie fast in den Tod gedrängt hatten. Ihre Verzweiflung über den Liebesentzug und des Schweigens ihrer Familie. Man hatte ihr mit dieser Reaktion den Halt und das Zuhause genommen, gab ihr dadurch das Gefühl schlecht zu sein und sie wurde dadurch schwach und beeinflussbar, war bereit alles für die Liebe zu tun. Ihre ganze Konzentration galt bald nur Samantha. Diese war ihr einziger Halt, ihr neues Zuhause. Die grausame Trennung von ihrer Geliebten riss ihr dann den Boden unter den Füßen weg. Damals hatte wohl Eleonoras Seele beschlossen, nicht mehr zu leben, vielleicht hatte sie sich selbst bis heute noch nicht erlaubt, wieder glücklich zu sein.

Marga wusste nun, was sie tun mussten, war bereit mit ihrer ganzen Kraft, der geliebten Freundin zu helfen. Sanft strich sie ihr fast die ganze Nacht immer wieder über den Kopf, hielt die Geliebte ganz fest und versuchte, sie zu beruhigen.

In den nächsten Wochen arbeitete Marga mit Eleonoras vierten Chakra und deren Nebenchakra, das Knie, außerdem besorgte sie die homöopathischen Medikamente, welche ihnen vom Heilpraktiker in Deutschland aufgeschrieben wurden. Sie wusste, es musste mit der Arbeit begonnen werden. Man konnte nicht länger wegsehen, glauben, dass die Zeit alles heilen würde. Eleonoras sensible Seele war mit den ganzen Erlebnissen nicht zurechtgekommen. Nun musste gehandelt werden.

Marga ging mit Eleonora noch einmal in das Krankenhaus, und sie suchten das Gespräch mit einem zuständigen Arzt. Es war sehr niederschmetternd. Ungeduldig erklärte man ihnen mit knappen Worten, dass man auch abklären müsste, ob schon andere Tumorbildungen im Körper seinen und auch eine daher notwendige Chemotherapie in Erwägung gezogen werden müsste. Die Unterhaltung war kalt. Sie fühlten sich unter Druck gesetzt und bevormundet. Man entließ sie mit vielen unbeantworteten Fragen und mit den Nerven am Ende besprachen sie daheim fast die ganze Nacht diese schwierige Situation.

Marga war erleichtert, dass sich Eleonora für den alternativen Weg entschieden hatte. Sie wollte weiter vom Arzt in Deutschland behandelt werden. Außerdem nahm sie auch dessen Angebot für kinesiologische Sitzungen an, um langsam alle ihre Erlebnisse aufzuarbeiten. Sie verstand Margas Erklärungen, fühlte dass die Freundin damit richtig lag und war bereit, ihre schmerzvollen Erlebnisse aufzuarbeiten. In Bezug auf ihre eigene Arbeit war ihr bewusst, dass Marga diese nun reduzieren musste. Sie wollte kein Semester aussetzten. Sie liebte ihre Vorlesungen, und auch die gemeinsamen Wochenendkurse waren ihr ein Anliegen und machten Freude. Die Leitung des nun gut gehenden Lerninstitutes übergab sie Nora, die neben ihrer selbstständigen Übersetzungstätigkeit und dem Schulunterricht gerne dazu bereit war. Nora hatte nicht nur ein abgeschlossenes Sprachenstudium, sie konnte auch mit ihrem erfolgreich absolvierten Psychologiestudium und mit ihrem Wirtschaftsabschluss optimal unterstützen. So wurde Eleonora entlastet und konnte sich mehr

Ruhe gönnen, war aber genug beschäftigt, um sich nicht mit Ängsten zu blockieren.

Alle zehn Tage fuhr Marga mit Eleonora zum Heilpraktiker, um die Medikamente wieder neu abzustimmen, und zugleich hatte Eleonora auch immer eine Sitzung. Marga war stets zu einem Gespräch bereit, war versucht, mit ihr deren Geschehnisse zu analysieren. Aber sie war auch bemüht, dass nicht immer über die Krankheit geredet wurde. Sie versuchte, Eleonora zu stärken, ihr bewusst zu machen, dass ihr Körper es schaffen würde, nichts unmöglich war. Sie war auch die erste, der sie von den eigenen Krankheitserfahrungen erzählte. Marga schilderte Eleonora, unter welchen Umständen sie gesund wurde und Estelle bekam. Marga sah, dass ihre Gespräche sie erreichten, sah, dass die Freundin zuversichtlicher wurde, nicht mehr die ganze Zeit nur in Angst mit ihrem eigenen Körper verbrachte.

Beide unternahmen auch ganz Unbeschwertes, lebten ihre Lust auf einander ganz intensiv aus und alberten auch oft miteinander bei einem vergnüglichen Spieleabend herum. Sie luden ihre Freundinnen ein, und Marga überließ Eleonora die Rolle der Gastgeberin. Sie schmückte in der Weihnachtszeit das ganze Haus mit immer frischen Tannenzweigen, da sie wusste, dass es für Eleonora heilsam war, und sie gingen warm angezogen durch die winterliche Landschaft. Das Paar hatte wunderschöne harmonische Weihnachtstage, und Marga bemerkte, dass ihre Freundin kaum an die Erkrankung dachte. Sie sah, wie diese sich wohlfühlte, die stille Zeit genoss. Kurz vor Jahresende hatten sich die Blutwerte erheblich gebessert. Man konnte sehen, dass die Medikamente ansprachen und auch die Sitzungen zur Besserung beigetragen hatten. Obwohl es nun schon längst eiskalte Temperaturen waren, war Eleonora nicht erkältet, hustete auch kaum mehr, und schon lange verspürte sie keine Übelkeit.

Eigentlich war keine große Silvesterfeier geplant, doch dann musste Marga kurzfristig ihr ganzes Küchentalent beweisen, da sich überraschend einige liebe Gäste angekündigt hatten. Schon am Nachmittag kam völlig unerwartet Suzan mit ihrer ganzen Familie. Eleonora war überglücklich, ihre Freundin zu sehen, und Fred sah sich mit Begeisterung das Atelier an. Er war zum ersten Mal hier, denn Suzan hatte sie zweimal ohne Familie besucht. Dann kamen Bernadette und Waltraud, und kurze Zeit später tauchten Karin und Renate auf. Marga war froh, von Nora und Estelle unterstützt zu werden. Am Ende schafften sie es, ein köstliches Essen zuzubereiten, und es gab ausreichend Mehlspeisen für alle.

Mit guter Laune verstand sich die Gruppe und Suzans Kinder, Charleen und Benjamin, gingen in der Begleitung von Estelle und Nora nach dem Essen in die Innenstadt. Sie wollten sehen, wie man in Wien feierte. Es war ein fröhlicher unbeschwerter Abend. Marga freute sich über den entspannten Zustand ihrer Freundin, und um Mitternacht küssten sie sich lange und ausgiebig, hielten einander an den Händen, und ohne dass sie es aussprachen, wussten sie ihren sehnlichsten Wunsch für das neue Jahr.

Anschließend gingen sie in dicke Mäntel eingehüllt in den Garten und sahen sich das wunderbare Feuerwerk an, das über die ganze Stadt leuchtete. Es hatte den ganzen Tag ein wenig geschneit, doch nun war der Himmel klar, und man konnte das Lichtermeer von den unzähligen Raketen und Leuchtkugeln genießen. Alles war hell erleuchtet, und der Schnee reflektierte die bunte Glitzerwelt, fing gnädig ein wenig den Lärm auf. Es war ein beeindruckendes Spektakel, und so mancher Wunsch wurde in diesen Minuten hinaus in das nun neue Jahr geflüstert - oder auch nur still gehofft.

Als die Raketen immer seltener wurden, ging Marga engumschlungen und gedankenverloren mit Eleonora ins Haus, um für die Gäste eine Mitternachtssuppe anzurichten. Auf einmal blieb sie stehen und sah Eleonora ruhig in die Augen. »Ich weiß es ganz genau, du wirst es schaffen. Du spürst doch selbst, wie stark schon dein Körper ist und wie deine Seele sich immer mehr entspannt.« Sie strich ihr zärtlich über die Wangen und sah, wie Eleonoras Augen sich mit Tränen füllten. »Liebes, wir könnten hier nicht miteinander gehen, wenn du nicht schon auf dem Weg der Besserung wärst. Lass deine Angst los, wir haben schon zwei Drittel des Genesungsweges hinter uns.« Sanft kamen Margas Worte und sie spürte, wie sie Eleonora damit erreichte.

»Du hast recht«, sagte Eleonora. »Ich fühle es wie du. Wir bleiben zusammen. So schnell wirst du mich nicht los.« Nun konnte sie sogar schon wieder darüber scherzen. Ein besseres Zeichen gab es wohl nicht.

Langsam gingen sie zu den anderen und gut gelaunt saßen sie angeregt plaudernd noch bis drei Uhr in der Früh zusammen.

KAPITEL 61 - ALLES IN ORDNUNG

Als Ende des Jahres das Blutbild sich langsam besserte und auch der Gesamtzustand immer mehr Hoffnung gab, begann Eleonora sich ein wenig zu entspannen. Sie glaubte nun an den Erfolg der Therapie. Sie spürte schon lange keine Übelkeit mehr, und auch die Atemnot kam nicht mehr. Sie war gerührt von Margas Fürsorge, die sogar bei der Malerei auf sie Rücksicht nahm, die Ölfarben wegließ und mit anderen Maltechniken arbeitete, da sie die Inhaltsstoffe der Ölfarbe als aggressiver und lungenbelastender empfand. Die besorgte Freundin verbot Eleonora auch, sich für längere Zeit im Atelier aufzuhalten, das sie nicht wollte, dass Eleonora mit dem beißenden Geruch der Farben in Kontakt kam. Sie wusste, dass Marga immer wegen ihr die frischen Tannenzweige im ganzen Haus verteilte, und sie genoss es, von ihr immer wieder zärtlich, körperlich verwöhnt zu werden. Manchmal konnte sie kaum glauben, dass sie krank war.

Im Frühjahr machte sie nach langer Zeit erstmals wieder ein aktuelles Röntgenbild, und man konnte es kaum glauben. Es gab keine neuen Wucherungen, und die Veränderungen bildeten sich langsam zurück. Sie hatte es geschafft. Eleonora musste zwar noch weiter in der Behandlung bleiben, aber man konnte sehen, dass die kombinierte Therapie ansprach. Der Körper und die Seele waren bereit zu genesen. Überglücklich realisierte Eleonora den Befund. Sie wusste nun, dass sie gesund wurde, sie weiterhin mit Marga ein gemeinsames Leben führen konnte. Die Reaktionen der anderen waren ihr nun unwichtig. Sie wollte sich auch nicht mehr über die fehlenden Rechte von gleichgeschlechtlichen Paare aufregen. Sie war nunmehr bereit ihr Leben mit Marga anzunehmen. Eleonora hatte begriffen, dass sie sich vor niemanden rechtfertigen musste, nur vor sich selbst ihre Handlungen verantworten musste. Es war ihr Leben, ihre Liebe, und ihr Glück musste nur sie sich gestatten.

Mit diesem Ansatz konnten sie auch die Sitzungen besser greifen. Es war ihr immer mehr möglich, ihre schmerzhaften Erlebnissen zu verarbeiten. Sie fühlte sich nach und nach ausgesöhnt und ausgeglichen. Sie hatte begriffen, dass vor allem der Liebesentzug der Mutter und deren rigoroses, kaltes Verhalten Ursache für ihre seelischen Zusammenbrüche war, da sie sich durch dieses herzlose Handeln, haltlos und heimatlos fühlte und keine Kraft für ihre eigene Lebensführung hatte. Tief im Inneren empfand sie sich als schlecht und unwürdig für die Liebe, sah Schuld nur bei sich und hatte dadurch Ängste entwickelt, die sie letztendlich, trotz derzeitigen Glückes, immer mehr erstickten. Nun aber hatte sie in den letzten Monaten mit Hilfe der Kinesiologie viele dieser Verletzungen aufgelöst, war nun auf dem besten Wege, diese Blockaden aufzulösen, und langsam konnte ihre Seele gesunden.

Trotz Erkrankung konnte sie ohne Ausfall das Sommersemester beenden. Sie war in den letzten Monaten mit den Kollegen ausgekommen, da sie keine unsinnigen Diskussionen führte, sich nicht mehr provozieren oder verletzen ließ, sondern jeden Tag gerne auf die Universität ging und dankbar war, dass sie ihr Leben mit immer mehr Kraft und Freude führen konnte.

Der ältere Kollege, der Eleonora viele Jahre mit spöttischer Ablehnung entgegentrat, war nun in Pension gegangen, und die anderen nahmen kaum mehr Anstoß an ihrer Beziehung. Es gab nunmehr wenig Interesse daran. Sie hatte es sich zur Gewohnheit gemacht mindestens eine Stunde am Tag hinzulegen, entspannt ein Buch zu lesen oder Musik zu hören. Sie vermied Stress und sie besuchte regelmäßig mit Marga einen Bauchtanzkurs, der allen beiden sehr viel Spaß machte, obwohl ihnen die ungewohnten Bewegungen zunächst etwas unangenehm waren und auch Verlegenheit in ihnen auslöste.

Kurz bevor sie nach Irland flogen, zeigte die Untersuchung eine fast vollständige Genesung. Eleonora musste zwar auf ihre Lunge achten und sollte extreme Belastungen vermeiden, doch ihre Seele und ihr Körper waren mehr und mehr im Gleichgewicht. Sie gestattete sich selbst ihr Glück und ihre Liebe. Mit ausgelassener Stimmung verbrachte sie mit Marga einen wundervollen Sommer in Irland, ihrer zweiten Heimat. Diesmal arbeitete Marga nur zwei Wochen. Die restliche Zeit verbrachten sie mit langen Ausflügen und entspannten sich fern vom Stress und der Arbeit. Oft saßen sie Hand in Hand am Meer, um lange den oft peitschenden Wellen bei ihrem Spiel zuzusehen. Die klare Luft reinigte ihre Köpfe, und der Wind spielte mit ihren Haaren. Eleonora hatte sich noch nie so wohlgefühlt. Sie war glücklich, konnte das Leben ohne Bitterkeit genießen und fühlte sich frei und ohne Belastung. Beide planten mit Eifer ihre Zukunft und kamen gestärkt und mit vielen neuen Ideen nach Wien zurück, um dort wieder gemeinsam den Alltag zu erleben.

KAPITEL 62 - WIR SIND EINE FAMILIE

Marga wusste, das Leben ist wunderschön. Man muss nur dazu bereit sein. Nun war endlich ihre Freundin ebenfalls offen für das Glück, konnte zu ihrer Liebe stehen und das Miteinander ohne Schuldgefühle genießen. Sie hatte ihre Verletzungen aufgearbeitet, der Körper war wieder in Balance, und die Seele konnte wieder aufatmen. Vor einem Jahr wurde die schreckliche Diagnose gestellt, doch nun war die Freundin wieder gesund und sie konnte den Herbst mit seiner Farbenpracht genießen. Marga ging in den Garten und sah sich das bunte Blätterkleid der umliegenden Bäume an. Die Sonne ließ vom leuchtendem Rot bis zu Goldgelb die Farben hell erleuchten, und Marga spürte, wie ihr Herz sich öffnete und voll Freude den Anblick in ihr aufnahm. Sie benötigte für ihre Kurse, Blätter in allen Größen und Farben. Emsig sammelte sie daher die Schönsten und war dabei ganz in den Gedanken versunken. Sie war so unendlich erleichtert, welch große Angst hatte sie in den vergangenen Monaten beherrscht, doch keine einzige Minute wollte sie während der ganzen bangen Zeit, an ein Leben ohne ihre geliebte Freundin denken.

Stattdessen hatte sie mehr und mehr den Wunsch nach einer Eheschließung mit der Geliebten. Laut Auskunft von Waltraud, war ab dem nächsten Jahr die gleichgeschlechtliche Ehe in Österreich möglich. Seit 2005 waren in Großbritannien homosexuelle Beziehungen durch das Gesetz anerkannt und eine eingetragene Partnerschaft möglich. Nun sollten 2010 endlich auch hier die gesetzlichen Bedingungen dafür geschaffen werden. Jahrelang gab es schon politische Diskussionen, viele Organisationen waren dagegen, fühlten sich in ihren moralischen Vorstellungen verraten und waren besorgt um die derzeitige Familienkonstellation. Sie wollten eine Familie nur mit Mann und Frau anerkennen und wehrten sich gegen die Möglichkeit das gleichgeschlechtliche Paare auch Adoptionsrechte haben sollten. Nun war es der Plan, dass ab dem nächsten Jahr, die eingetragenen Partnerschaften gesetzlich verankerte wurden, zwar noch ohne Adoptionsmöglichkeit, aber wenigstens die gesetzliche Anerkennung von gleichgeschlechtlichen Beziehungen. Bernadette wollte schon bei den Ersten sein, und auch Marga konnte sich durchaus vorstellen, dass auch sie mit Eleonora beim erstmöglichsten Termin zugegen sein würde. Noch immer mit ihren Zukunftsplänen beschäftigt, ging sie langsam ins Haus hinein, da sie Eleonora erblickte, die an der Tür schon ungeduldig auf sie wartete.

Es war eine aufregende Adventszeit, denn nur ein Thema beherrschte ihr Herz: der geplante Termin für ihre eingetragene Partnerschaft. Der Nationalrat verabschiedete am 10. Dezember das Eingetragene Partnerschaftsgesetz, genannt EPG, und ab 1. Januar 2010 war es nun auch in Österreich möglich, die gleichgeschlechtliche Partnerschaft eintragen zu lassen. Wie sehr hatte sich auch Eleonora über diese positive Nachricht gefreut? Sie war wie Marga vom Wunsch beherzt, einen der ersten Termine wahrzunehmen. Es war nicht die Angst um Eleonoras Gesundheit, die beide zu dem schnellen Schritte veranlasste. Es ging ihr gut, und es gab auch keine Anzeichen für einen Rückschlag. Es war nur deren sehnlichster Traum, endlich in einer vom Staate rechtlich anerkannten Beziehung zu leben. Sie wollten es in der Öffentlichkeit demonstrieren, sahen keinen Grund, sich ihrer Liebe zu schämen oder zu verstecken, wollten auch vor dem Gesetz ein Paar sein. Marga überließ ihrer Freundin die Entscheidung der Namensgebung. Für sie stellte es kein Problem dar.

»Wir sollten auf jeden Fall den gleichen Nachnamen haben.« Aufgeregt klang Eleonoras Stimme. »Ich nehme deinen Familiennamen an. So sind wir auch nach außen eine richtige Familie. Es würde sonst keinen Sinn ergeben.« Ihre Lippen kräuselten sich fast ein wenig trotzig, und sie war verwundert, dass Marga es nicht selbst so sah.

Lächelnd registrierte Marga die kindliche Reaktion. »Ich empfinde es ebenso, aber ich wollte dir die Entscheidung lassen.« Sie umarmte die Freundin und flüsterte ihr liebevoll ins Ohr: » Ich freue mich, dass wir dann offiziell eine Familie sind.«

Eleonora war glücklich. Voller Eifer plante sie das kommende große Ereignis. Angedacht war es, nach der Unterzeichnung ein schönes Fest mit den engsten Freunden zu veranstalten. Alles wurde mit großer Sorgfalt besprochen und organisiert.

Zuerst wollte Bernadette, dass sie alle vier gemeinsam am gleichen Tag diesen Schritt setzten sollten, doch Eleonora und auch Marga fanden, dass jedes Paar seinen eigenen Tag haben sollte und die eigene Feier. Bernadette nahm es ihnen nicht übel. Sie verstand, dass es sich die beiden nach dieser harten Zeit verdient hatten. Sie einigten sich auf den Freitag den 29. Januar, und gleich Anfang des Jahres erledigten sie dafür alle nötigen Schritte. Auch Estelle ließ sich von der Begeisterung anstecken, sie war für ihre Mutter glücklich, fand es auch in Ordnung, dass Eleonora ihren Namen annahm.

Der langersehnte Tag war da. Sie wurden gemeinsam wach, und aufgeregt hielten sie sich festumschlungen für einen kurzen Augenblick fest. Die meisten Vorbereitungen hatten sie in den letzten Tagen bereits erledigt. Die Gäste mit längerer Anfahrt kamen im Laufe des gestrigen Tages. Ulrike und Karoline waren bei Bernadette und Waltraud einquartiert worden. Suzan und ihre Familie fanden bei Karin für die nächsten Tage eine Bleibe.

Karin hatte ihnen dafür gerne ihre Gästezimmer bereitgestellt. Sie freute sich für Marga und Eleonora. Sie selbst konnte sich diesen Schritt für ihre Beziehung jedoch nicht vorstellen. Sie liebte ihre Freundin, aber ihre Unabhängigkeit war ihr wichtiger. Sie wollte sich nicht für immer festlegen, war sich nicht so sicher wie die beiden. Suzan hatte sich total über die Einladung der beiden gefreut. Sie war erleichtert, dass ihre Freundin wieder gesund war und gönnte ihr vom ganzen Herzen deren Glück. Auch ihre Familie freute sich für Eleonora. Sie hatte auch Samanthas Mutter mitgebracht, die in den letzten Jahren sehr liebevoll mit Eleonora umgegangen und in den Sommermonaten auch Marga freundlich entgegengekommen war. Sie fühlte sich ihr gegenüber wie eine Mutter, freute sich über deren Glück, und obwohl sie schon weit über siebzig war, strotzte sie vor körperlicher und geistiger Vitalität.

»Ich freue mich für dein Glück, mein Kind.«

Die Worte der alten Dame taten Eleonora gut. Sie spürte deren ehrliche Anteilnahme.

Ulrike sah man am Vorabend recht nachdenklich. Ihre Beziehung gestaltete sich als etwas schwierig, da Karoline nun mehr forderte. Das Gefühl hatte, sich nunmehr nicht weiterentwickeln zu können. Auch der Wunsch nach einem Kind war bei der Freundin immer präsenter. Sie wollte mit Ulrike eine richtige Familie gründen und dachte daher über eine künstliche Befruchtung nach. Bernadette konnte deren Wunsch nachvollziehen, und Ulrike spürte die Sehnsucht Karolines und wusste, dass sie bald eine Entscheidung treffen mussten. Waltraud hatte ebenfalls schon alles Notwendige für den eigenen Termin erledigt, und in drei Wochen war es dann bei ihnen endlich soweit. Alle saßen am Abend schon gemütlich beisammen, und die geschickte Suzan half Marga auch noch beim Backen.

Eigentlich war schon alles vor- und zubereitet, war gut verstaut im Kühlschrank. Nur paar Salate mussten noch frisch angerichtet werden. Marga und Eleonora konnten daher noch miteinander kuscheln und entspannt ihren wichtigen Tag beginnen. Liebevoll sah Marga ihre geliebte Freundin an, strich ihr das Haar aus dem Gesicht und erblickte deren strahlende Augen. Marga war sich ihrer Liebe so sicher, wusste dass sie für immer zusammenbleiben wollten und spürte die Geborgenheit dieser Beziehung. Sie fühlte das tiefe Empfinden für Eleonora, liebte ihr Wesen und ihre Eigenheiten, war stolz auf deren Kraft und Mut, den sie während ihrer Erkrankung entwickelt hatte und war unendlich glückliche solch eine wunderbare und feinfühlige Frau an ihrer Seite zu haben. Aber auch körperlich fühlten sie sich noch immer stark zueinander hingezogen, und auch da begegneten sie sich mit Zärtlichkeit und gegenseitiger Hingabe

Sie küssten sich noch lange und innig, lösten sich langsam und gingen zum Frühstück, dass sie trotz immer stärker werdender Aufregung brauchten. In der Küche warteten schon Estelle und Nora mit einem liebevoll gedeckten Tisch auf die beiden, und sie frühstückten gemütlich miteinander.

Beide wollten für die Unterzeichnung hübsch, aber nicht übertrieben hergerichtet aussehen. Daher hatte sich Marga für ein winterweißes, bis unter die Knie gehendes Kleid mit einer Vielzahl kleiner, roten Mohnblumen entschieden. Eleonora hatte ein kurzes, rotes, sehr ihre Figur betontes Kleid, das wunderbar zu ihren langen, schwarzen Haaren passte. Das Paar wirkte sehr attraktiv. Das Glück ließ die beiden jung erscheinen, und Nora fotografierte sie bevor sie aus dem Haus gingen.

Für den festlichen Rahmen hatten sie das Rathaus mit einem großen Saal gewählt, und alle ihre Freunde waren bei ihrer Ankunft schon da. Auch Margas Bruder Thomas war mit seiner Frau und seinem kleinen Kind als einziger Verwandter gekommen. Die anderen Geschwister und auch die Mutter wollten bei dieser Verrücktheit, wie sie es nannten, nicht Zeuge sein und das ganze unterstützen. Sie distanzierten sich klar von Margas Vorhaben und konnten diesen Schritt in keinster Weise akzeptieren. Ihre Mutter hatte ihr nun auch klargemacht, das Marga kein Erbe von ihr erhalten würde und hatte das Haus dem älteren Bruder überschrieben, der Marga als perverse Verrückte bezeichnete. Von ihrer

Schwester wurde sie nicht mehr erwähnt. Ihr war alles nur peinlich, und sie musste sich seither auch von ihrem Mann so manches Gefallen lassen, da dieser ihre Schwester als Schande empfand und jede Ablehnung von ihr sofort als lesbische Reaktion bezeichnete. Von Eleonoras Verwandtschaft kam natürlich niemand, aber dafür war Suzan mit ihrer Familie und Samanthas Mutter gekommen.

Sie wurden alle pünktlich in den Saal gelassen, und die zarten Töne einer Geigenmusik begleiteten sie in den festlichen Raum. Die Musik ertönte zwar nur von einer CD, aber dennoch unterstrich sie die feierliche Stimmung. Ein schöner Blumenschmuck mit weißen und roten Rosen schmückte den großen Tisch, und zwei mit rotem Samt überzogene Stühle standen für sie bereit. Marga sah auf die aufgeregte Freundin und musste über deren fast kindliche Freude ein wenig lächeln. Sie sah wunderschön in ihrem roten Kleid aus, und Marga erinnerte sich an ihre erste Begegnung, wie sehr hatte sie sich schon von Anfang an zu ihr hingezogen gefühlt. Sie hatte damals schon diese Vielfältigkeit in ihr erkannt, das sie weich und sensibel war, voll mit romantischen Träumen und Vorstellungen, aber auch das starke, kraftvolle und überaus kluge Wesen zog sie damals wie heute in deren Bann.

Eleonora bemerkte Margas Blick. Sie sah nun diese liebevoll an, war unendlich glücklich. Diese Frau brachte so viel Liebe und Wärme in ihr Leben, deren kreative Ader verschönerte ihr gemeinsames Heim und ihr umfassendes Wissen hatte immer einen Rat parat. Sie sah überall einen Weg und eine Möglichkeit. Marga sah so hübsch und anziehend in ihrem selbstgeschneiderten Kleid aus, sodass Eleonora trotz Feierlichkeit, starke Sehnsucht nach ihr bekam. Sie sah sich im Saale um und erkannte in den Gesichtern der Freunde deren Freude über das Geschehen. Sie konnte nicht anders, sie musste Margas Hand nehmen, sie ganz fest drücken, damit Eleonora wusste, dass sie dieses wunderbare Ereignis nicht nur träumte. Marga ahnte, was in der Geliebten vorging und erwiderte deren Händedruck.

Eleonoras Herz klopfte laut und schnell. Sie konnte sich kaum auf die freundlichen Sätze des Standesbeamten konzentrieren. Dann mussten sie ihre eingetragene Partnerschaft unterschreiben, und ihre Hände zitterten vor Aufregung. Nora filmte ununterbrochen das ganze Geschehen, aber auch die vielen Gäste und den Saal. Bei der Unterschrift ging sie sogar ganz nach vorne, um die Unterschriften genau aufzuzeichnen und die beiden glücklichen Gesichter mit ihrer Kamera aufzufangen. Anschließend küsste sich das Paar innig. Alle kamen nach vorne, um beide zu umarmen und ihnen zu gratulieren. Mit ausgelassener Stimmung verließ die Hochzeitsgesellschaft nach nur kurzer Zeit den Saal, und sie fuhren ins Haus, um dort zu feiern.

Wunderschöne Blumengestecke betonten den besonderen Anlass. Die schon fertigen Speisen wurden auf Tablettes separat aufgestellt, und die nun in Eile frisch zubereiteten Salate wurden dazugestellt. Alles verführte durch die wohlriechenden Düfte und das appetitliche Aussehen. Die fröhliche Gästeschar nahm beschwingt ihre Plätze ein, und jeder nahm sich von der lockenden Tafel nach Lust und Belieben. Es wurde eine lange, ausgiebige Feier mit vielen lustigen Erzählungen in ausgelassener Stimmung. Alle verstanden sich, und nichts war gekünstelt. Niemand fühlte sich ausgeschlossen oder übergangen. Sie hatten sich alle mit ehrlicher Freude zum Fest eingefunden. Jeder in der Runde gönnte Eleonora und Marga ihr heutiges Glück.

Estelle hatte noch ein paar Theaterfreunde als Musikgruppe engagiert. Diese spielten alle Lieblingsmelodien der beiden und so manches Tanzbein schwang sich zu den mitreißenden Rhythmen. Bis weit in die Nacht dauerte das ungezwungene Fest, dass allen gefiel. Mit herzlicher Verabschiedung ließ man Marga und Eleonora erst spät in der Nacht alleine. Nur das Nötigste wurde noch weggeräumt, dann gingen das Paar eng aneinander geschmiegt nach oben.

KAPITEL 62 - HERBST 2013

Marga holte den Kuchen aus dem Backofen, stürzte in auf den dafür schon bereitgestellten großen Teller, streute noch ein wenig Puderzucker darüber und ging mit ihm in das Wohnzimmer, wo sie auf dem sorgfältig gedeckten Tisch platzierte. Sie ging zum Wohnzimmerfenster und blickte in den von Sonnenstrahlen gefluteten Garten. Nachdenklich dachte sie an die vergangenen, turbulenten Jahre.

Die Reaktionen nach der eingetragenen Partnerschaft waren sehr unterschiedlich. In Margas beruflichem Umfeld gab es sehr viele positive Bemerkungen. Viele fanden ihre Offenheit sehr couragiert und fanden es an der Zeit, dass homosexuelle Paare diese Möglichkeit nutzen sollten. Einige waren auch nur neugierig, wollten wissen, warum Eleonora und Marga diesen Schritt gegangen war und interessierten sich für die rechtliche Grundlage. Andere sahen in Marga auch dadurch die typische Künstlerin, die sich nicht um gesellschaftliche Normen kümmern musste, diesbezüglich keine Verpflichtungen hätte und daher auch ihre Handlung keine für sie negative Konsequenz hatte. Familiär sah es schon etwas anders aus, da ihre Mutter es ihr bis zu deren Tode nicht verziehen hatte. Sie konnte und wollte die Handlung ihrer Tochter nicht verstehen und hatte bis zum Schluss das Gespräch mit Eleonora verweigert. Als sie starb, konnten der ältere Bruder und auch Roswitha, ihre Schwester, nicht schnell genug das Haus ausräumen. Die Wertgegenstände wurden schnell aussortiert und nur das für Marga Unwesentliche blieb im Haus und konnte begutachtet werden. Marga wollte eigentlich nur ein einige Dinge aus Kindheitstagen mitnehmen sowie ein paar Fotoalben - auch zur Erinnerung für Estelle. Marga hatte keine Lust, sich um irgendetwas zu streiten. Wozu? Niemand kann letztendlich etwas mitnehmen, und sie hatte genug, benötigte nicht noch Zusätzliches.

Mit Thomas ihren jüngeren Bruder hatte sie noch immer guten Kontakt. Zur restlichen Verwandtschaft hatte sie so gut wie keine Verbindung mehr.

Bei Eleonora waren die Reaktionen aus dem beruflichen Bereich nicht nur positiv - da dort viele eine eingetragene Partnerschaft als grenzwertig sahen. Einige Kollegen fanden alles übertrieben, bezeichneten es als unnötige Handlung, die trotzdem niemals eine Gleichstellung bringen würde. Besonders negativ fand man aber ihre Namensgleichstellung. So mancher Kollege lachte dazu zynisch, und man meinte, dass dadurch wohl eindeutig die Rollen verteilt waren. Einer fragte sie sogar, wo denn nun ihre Emanzipation sei, sie würde sich doch nun an eine Frau anpassen, wieder nicht eigenständig sein.

Ganz wenige nur fanden es gut, beglückwünschten sie und zeigten Verständnis. Es spielte für Eleonora jedoch keine wesentliche Rolle. Sie hatte durch ihre vergangene Krankheit gelernt, darüber zu stehen, es nicht zu ernst zu nehmen. Die negativen Reaktionen und Urteile hatten auf ihre, für sie glückliche Lebensführung keine Auswirkung mehr. Ansonsten wirkte es sich auf ihre Arbeit nicht aus. Man war mit ihrer Lehrtätigkeit zufrieden, und auch bei den Studenten konnte sie mit Sympathie punkten.

Privat blieb ebenfalls alles ruhig. Ihre ursprüngliche Familie hatte wohl davon erfahren, da es aber keinen Kontakt gab, fand auch keine Konfrontation statt. Sie hatte einige Monate später, in der Zeitung von dem Tod des Stiefvaters erfahren, doch es löste bei ihr keine besondere Regung aus. Sie waren sich immer fremd geblieben. Er war für sie nie eine Vaterfigur gewesen, und ihre Mutter hatte auch nun, keinen Kontakt zu ihr gesucht.

In Irland verbrachten sie noch immer ihre gesamten Sommermonate, und einmal flogen sie den ganzen Februar zu viert in die USA. Marga empfand den Flug als unangenehm, sie war immer ein wenig in Angst vor Terroranschlägen, und auch die Zeitverschiebung machte ihr zu schaffen. Sie nutzen aber die Zeit und besuchten viele sehenswerte Orte, genossen eine wunderbare Vorstellung in der Metropolitan Opera und waren auch in einem Musical am Broadway. Eleonora hatte zuerst Angst, wieder die ihr noch so vertraute Stadt zu sehen. Sie ging nochmals am Redaktionsgebäude vorbei, und es wurde ihr ein wenig übel. Doch als sie Margas feste Hand nahm, wurde ihr wieder bewusst, dass sie nicht alleine war und nun wieder eine Familie hatte. So konnte auch Eleonora wieder der Stadt langsam etwas Positives abgewinnen und übernahm die Rolle der Reiseführerin. Sie besuchten umliegende Städte, und auch Estelles Besichtigungswünsche wurden berücksichtigt. Letztendlich war es für alle eine schöne Reise.

Ulrike hatte Karolines Wunsch erfüllt, und sie hatten sich daher zu einer unkonventionellen künstlichen Befruchtung entschieden. Karoline war nicht bereit, auf Kinder zu verzichten, und da es noch immer nicht die Möglichkeit einer Adoption gab, sahen sie es als einzige Alternative. Die Schwangerschaft von Karoline war problemlos, und Ulrike kümmerte sich fast aufopferungsvoll um ihre Partnerin. Alles verlief stressfrei, und auch die Geburt bereitete keine größeren Schwierigkeiten. Ulrike versuchte Karoline so gut es ging zu unterstützen, und sie bekamen mit Björn einen gesunden, fast vier Kilo schweren Jungen. Der ganze Alltag wurde nun auf das Kind abgestimmt, und jeder konnte das Glück dieser kleinen Familie sehen. Zur Taufe kamen dann auch Marga und Eleonora, aber auch Estelle und Nora waren anwesend, da Estelle freudenstrahlend die Patenschaft übernahm. Alle hatten noch immer eine sehr herzliche Freundschaft zueinander, trotzdem wollte Ulrike mit ihrer Familie jedoch höchstens bis zum Schuleintrittalter des Kindes in Irland bleiben.

Suzan war nun schon glückliche Großmutter von Zwillingen. Stolz zeigte sie ihre erst ein paar Wochen alten Enkelinnen. Die beiden sahen sich zum Verwechseln ähnlich. Doch wenn man genauer hinsah, dann erkannte man, das strahlende Blau in den Augen der einen und das tiefe Grün der anderen, das alle an Samantha erinnerte. Man gab ihr auch ihren Namen und wenn Eleonora die kleine Samantha in den Armen hielt, lächelte das Kind sie an und schlief beruhigt ein. Es war fast so, als ob Samantha wieder unter ihnen war.

Bernadette und Waltraud hatten im gleichen Jahr, ein paar Wochen nach Marga und Eleonora, ebenfalls ihre Partnerschaft eingetragen und es mit einer großen Party und mit fast Hundert Gästen gefeiert.

Karin liebte noch immer ihre Unabhängigkeit. Sie hatte zwar eine Partnerin, sah aber keinen Grund für eine Eheschließung. Stattdessen hatte sie nun ihre Reiselust entdeckt, die sie mit einigen Kreuzfahrten auslebte, da sie, nun schon im Pensionsalter, endlich genug Zeit dafür hatte. Zurückkommend zeigte sie stets ihre Aufnahmen und unterhielt alle mit ihren abenteuerlichen Geschichten. In ihrer Freizeit setzte sie sich für misshandelte und vergewaltigte Frauen ein, gab ihnen kostenlose Rechtsberatung und versuchte, für diese auch finanzielle Unterstützung aufzutreiben.

Marga war erleichtert, dass Eleonoras Gesundheitszustand stabil war und es keine Anzeichen mehr für eine Erkrankung gab. Die letzten Jahre waren harmonisch. Nur manchmal lösten Eleonoras Eifersucht und deren Temperament kleine Unstimmigkeiten aus. Eleonora wollte nicht, das andere Frauen Marga zu sehr bewunderten oder auch nur zu lange ansahen. Sie war nicht bereit, sich mit diesen zu verstehen, sondern demonstrierte immer eifersüchtig und besitzergreifend ihre Liebe zu Marga. Diese Eigenschaft war, trotz unzähliger Sitzungen, nie verschwunden. Sie begehrten einander noch immer mit hoher Intensität und Leidenschaft und liebten ihre Körper trotz der Alterserscheinungen. Sie veranstalteten die gemeinsamen Kurse, die immer ausgebucht waren, von jung und alt gleichermaßen in Anspruch genommen wurden und ließen einander auch genug Freiraum, da jede auch andere berufliche Verpflichtungen hatte.

Langsam kam Marga wieder aus den Erinnerungen und beschloss, in den Garten zu gehen. Es war noch Zeit bis Eleonora von der Universität kam. Was würde nun wohl die Zukunft bringen? Ihre Wünsche wurden erfüllt, es lagen viele Jahre der Verzweiflung hinter ihr, aber letztendlich musste wohl alles so geschehen, damit sie sich langsam alles zu ihrem Glück entwickeln konnte. Was wäre geschehen, wenn man sie nicht aus dem Schuldienst entlassen hätte? Sie wäre niemals den Schritt der Selbstständigkeit gegangen, hätte wohl kaum die Ausbildung für ihre Beratungstätigkeit gemacht, niemals Ulrike kennengelernt und dadurch später Eleonora. Wieder einmal erkannte sie, dass alles immer einen Sinn ergab - auch wenn man es just im gegenwärtigen Augenblick oft nicht erkennen konnte. Es machte auch Sinn, dass ihr nur lieblose Männer begegnet waren. Dadurch wurde sie gezwungen, sich selbst zu entdecken und zu erkennen.

Vor langer Zeit, sagte ihr ein alter Heilpraktiker, der auch sehr weitsichtig war, dass der eigene Geburtsort auch immer eine Aufgabe stellt. Man sollte sich dort den Herausforderungen stellen, nicht flüchten und dem Vertrauten und sehr oft dem Unangenehmen den Rücken kehren. Hier muss man für sein Glück kämpfen und etwas Weiterbewegen.

Marga ging über die Terrassentür nach draußen und atmete tief die klare Luft ein. Langsam ging sie zu den noch immer üppigen Blumenbeeten. In ihr breitete sich ein Ruhegefühl aus. Ihr Leben war ausgeglichen und in jeder Hinsicht erfüllend. Sie genoss diesen schönen Spätsommertag, und angenehm erwärmten die Sonnenstrahlen ihre Haut.

ISBN 978-3-942277-34-1
494 Seiten
Taschenbuch
€ 11,90 (D)

Roman
Staub von den Sternen
von Lily Konrad

Wenn Silvia an diesen Mann dachte, überkamen sie stets gemischte Gefühle. Sie wusste, dass er jede Frau haben konnte, und dennoch erlag sie lange seinem Einfluss. Robin war ein gutaussehender und wohlhabender Mann, der seine Chancen nutzte, wie sie ihm geboten wurden. Kalt und gefühllos stieß er aber letztlich jede Frau von sich, die mehr von ihm verlangte. Nur konnte das nicht immer so weitergehen. Robins Vater erwartete mehr von einem Nachfolger der eigenen Firma ...

In mehreren Handlungssträngen erzählt die Autorin Lily Konrad mit ihrem frischen Humor die Geschichte um Liebe, Sehnsucht, Sex und Existenzängste. Geschickt führt sie die Epi-soden der Protagonisten immer wieder zusammen und lässt so einen spannenden Roman entstehen.

Thriller

Das dunkle Zimmer
von Bernd Kissero

Die Ermittler Stefan Wedding und Paul Keller stehen sich einem geheimnisvollen und brutalen Mordfall gegenüber. Ein Paar wurde in der eigenen Wohnung getötet - aber war da noch ein Kind? Bald bekommen die Berliner Polizisten Hinweise aus einer ungeahnten Richtung: ein Video einer Geiselnahme taucht auf.
Zudem schiebt sich Julia Braun, die Schwester der Toten ins Geschehen. Ihre militärische Ausbildung unterstützt sie bei der Suche des Mörders auf eine Faust. Wedding und Keller sind von Julia Brauns Einsatz jedoch alles andere als begeistert.

Ein actiongeladener Thriller mit zahlreichen Wendungen, der mit der spannenden Erwartung des Lesers spielt.

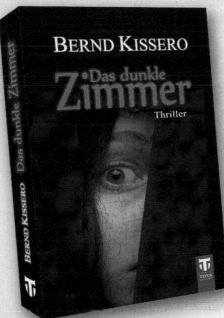

ISBN 978-3-942277-52-5
286 Seiten
Taschenbuch
€ 10,90 (D)

Kriminalroman
Der Richter und sein Mörder
von Andreas Kimmelmann

Der Richter Robert Bergmann ist ermordet worden. Durch ein Geständnis einer Mandantin wird der Rechtsanwalt Alwin Eichhorn in den Mordfall verwickelt. Er glaubt jedoch nicht an die Schuld seiner Mandantin. Ist ein Waffenhändler der Drahtzieher im Hintergrund? Welche Bedeutung hat die Mordwaffe?

Der Autor und Jurist Andreas Kimmelmann erzählt einen weiteren spannenden Kriminalfall um den Junganwalt Alwin Eichhorn. Authentisch und mit einer Prise Humor.

ISBN 978-3-944935-09-6 | 180 Seiten
Taschenbuch | € 9,90 (D)

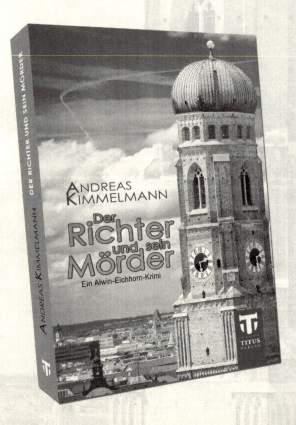